THE
JEWISH CENTURY

封面图片如有侵权，请联系告知。

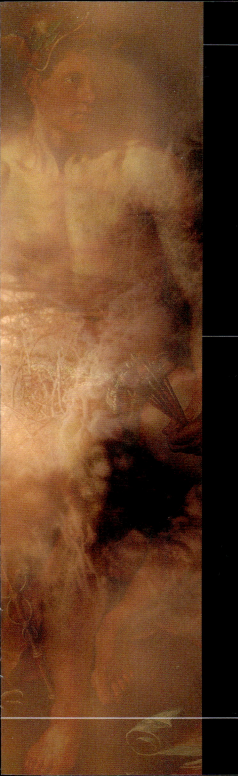

犹太人
的
世纪

YURI SLEZKINE

〔美〕尤里·斯廖兹金 〉著

陈晓霜 〉译

 社会科学文献出版社
SOCIAL SCIENCES ACADEMIC PRESS (CHINA)

Contents /

前　言

　　我在苏联长大，和祖母、外祖母都很亲近。我的祖母安吉丽娜·伊万诺夫娜·兹赫达诺维奇（Angelina Ivanovna Zhdanovich），出身于贵族家庭，就读于贵族少女学院，毕业于莫斯科马勒剧院（Maly Theater）表演学校。1920 年，在弗拉季卡夫卡兹市，突然遭遇红军。她以哥萨克祖先为荣，在革命中失去了自己拥有的一切。在她生命的最后阶段，她是一名忠实的苏联公民，与过去和平相处，在国内自在生活。我的外祖母贝塔（布罗赫）奥谢夫娜·科斯特林斯卡娅（Berta [Brokhe] Iosifovna Kostrinskaia），出生于栅栏居住区（Pale of Settlement），没有完成学业，以共产党员身份入狱，后来移居阿根廷，1931 年回国参加社会主义建设。晚年，她为自己的犹太祖先而感到非常自豪。本书是为纪念她而写的。

序　言

　　现代时期是犹太人的时代，尤其是 20 世纪，这个世纪是犹太人的世纪。现代化是指每个人都变得城市化、流动灵便、知文达理、能言善辩、头脑睿智、生活考究、职业灵活；现代化是指如何培养人、创造符号，而不是耕耘土地、牧放牛羊；现代化是指为学问而追求财富，为财富而追求学问，为财富和学问本身而追求财富和学问；现代化是指把农民和王公变成商人和牧师，用努力争取的声望取代世袭继承的特权，为个人、核心家庭和读书部落（民族）的利益而摧毁社会等级制度。换句话说，现代化就是每个人都成为犹太人。

　　有些农民和王公做得比别人好，但没有人比犹太人更擅长做犹太人。在资本时代，他们是最有创造力的企业家；在异化时代，他们是最有经验的流亡者；在专门知识的时代，他们是最精通的专业人士。一些最古老的犹太专长——商业、法律、医学、文本解释和文化调解——已成为所有现代追求中最基本的（也是最"犹太"的）专长。犹太人正是因为他们是典范古人而成为模范现代人的。

　　现代时期的主要宗教是民族主义，这种信仰将新社会视作旧族群，让新城市化的王公和农民们在国外有宾至如归的感觉。每个国家必须是一个部落；每个部落都必须有一个国家。每一片土地都是应许之地，每一种语言都是亚当的语言，每一个首都都是耶路撒冷，每一个民族都是上帝选民（古老民族）。换句话说，民族主义时代就是每个民族都成为犹太民族的时代。

在 19 世纪的欧洲（民族主义时代的诞生地），最大的例外是犹太人自己。他们是现代部落中最成功的，也是最脆弱的。他们是资本主义时代的最大受益者，也是民族主义时代的最大受害者。他们比任何其他欧洲人都更渴望得到国家保护，却最不可能得到国家保护，因为没有哪个欧洲民族国家可以声称自己是犹太民族的化身。换句话说，大多数欧洲民族国家都有公民取得惊人的成功，他们却是无可救药的部落外来人。犹太人的时代也是排犹主义的时代。

所有主要的现代（反现代）预言也是解决犹太人困境的方案。以犹太人为主的弗洛伊德主义宣称，新获"解放"的人遭遇的孤独困境，是一种普遍的人类状况，并提出了一种治疗方法：对个人灵魂进行自由制衡（受控的缺陷）。"犹太复国主义"是所有民族主义中最古怪的一种，它认为克服犹太人脆弱性的正确方法不是让其他人变得像犹太人，而是让犹太人变得像其他人。马克思本人的马克思主义源于这样一个命题：只有彻底摧毁资本主义（因为资本主义是赤裸裸的犹太人特征），世界才能最终摆脱犹太特性。当然，在所有民族主义中，最残酷的是纳粹主义，它认为只有彻底摧毁犹太人（因为犹太特性是赤裸裸的世界主义），才能建立一个天衣无缝的民族共同体。

20 世纪之所以成为犹太人的世纪，一个原因是希特勒试图将其幻想付诸实践，结果导致作为绝对邪恶的纳粹主义得以弘扬，犹太人全体再次成为受害者。其他原因与俄罗斯帝国栅栏居住区的崩溃和随之而来的三次弥赛亚式"朝圣运动"有关：犹太人移民到美国，这是犹太人贯彻自由主义最一致的版本；犹太人移民到巴勒斯坦——世俗化犹太人的应许之地；犹太人移民到苏联的城市，一个既没有资本主义也没有部落主义的世界（或貌似如此）。

本书试图讲述犹太时代的故事，解释其起源和含义。第一章从比较的角度探讨教居犹太人的生活；第二章描述了农民如何变成犹太人，以及犹太人如何变成法国人、德国人等；第三章集中论述俄国革命中的犹太人革命；第四章讲述了送奶工台维的女儿们到美国、巴勒斯坦，尤其是莫斯科的故事。本书结束于犹太世纪末——但犹太时代尚未终结。

本书各章在体裁、风格和篇幅上都各不相同（篇幅以两倍的速度递增，但是在四倍的时候就止住了）。不喜欢第一章的读者可能喜欢第二章（反之亦然）。不喜欢第一章和第二章的读者可能喜欢第三章。不喜欢第一章、第二章和第三章的读者再读下去就无益了。

最后，本书写的是犹太人的世纪，同时也写犹太人。在这个故事中，"犹太人"是传统犹太群体的成员（按照出生、信仰、姓名、语言、职业、自我描述和正式归属是犹太人），以及他们的子孙后代（无论其信仰、姓名、语言、职业、自我描述或正式归属）。故事的主要目的是描述台维的孩子们的经历，不管他们对台维及其信仰有什么看法。故事的中心主体是台维的孩子们，他们抛弃了台维及其信仰，并因而一度被家庭其他成员遗忘。

/ 第一章　墨丘利的凉鞋：犹太人和其他游民

> 让阿瑞斯打会盹，在那些一直
> 信奉早熟的赫尔墨斯的人士
> 和那些不加疑虑地
> 服从自负的阿波罗的人们
> 之间，又一场战争
> 马上要宣布开始。
>
> ——W. H. 奥登，《何方竖琴下》

/ 004

在中世纪和近代早期欧洲，犹太人的社会和经济地位并不异乎寻常。许多农牧社会中都有一些定居的陌生人，他们执行当地人无法或不愿执行的任务。丧事、贸易、魔法、荒野、金钱、疾病和内部暴力通常由自称或被指定有不同宗教信仰、语言和出身的人处理。这些专职的外国人可作为奴隶、文书、商人或雇佣兵被零散获得，也可作为人口完整的内婚族群长期留驻。他们可能被允许或被迫专门从事某些工作，因为他们是陌生人，或者他们可能成为陌生人是因为他们专门从事某些工作，无论如何，他们把可再生的种族划分与危险的职业结合在一起。在印度，这种自我繁殖但不自给自足的社群形成了复杂的象征性、经济等级；在其他地方，在没有获得宗教认可的种姓制度下，他们作为被遗弃者，过着岌岌可危、有时是幽灵般的生活。

在中世纪的朝鲜，贱民被雇佣为篮子编织工、鞋匠、猎人、屠夫、巫师、施刑者、边防卫士、小丑、舞蹈演员和木偶师。在日本的阿什卡加和德川，秽多（Eta）专门从事动物屠宰、公开处决和丧葬服务，而秽多非人（Hinin）则垄断乞讨、卖

/ 005

淫、杂耍、训狗和弄蛇术行业。在 20 世纪初的非洲，伊比尔人（Yibir）在索马里人中间从事魔术、外科手术和皮革工作；埃塞俄比亚南部的富加人（Fuga）是礼仪专家和娱乐人士，也是木雕匠和陶工；在萨赫勒（Sahel）、撒哈拉和苏丹各地，流动铁匠通常也充当牛贩子、掘墓人、割礼人、小商贩、珠宝商、音乐家和冲突调解人。在欧洲，各种"吉卜赛人"和"旅行者"团体专门从事锡金制作、磨刀、扫烟囱、马匹交易、算命、珠宝制作、流动商贩、娱乐和捡拾（包括乞讨、偷窃、收集并转售废旧金属和旧衣服）。[1]

大多数流动职业都带有交易性质，一些少数民族"陌生人"成为职业商人。阿富汗东部的什克汗人（Sheikh Mohammadi）沿着季节性迁徙路线，以制成品来换取农产品；尼泊尔远西地区的胡姆里 – 胡亚巴人（Humli-Khyampa）用藏盐换取尼泊尔大米；马拉维湖地区的瑶族（Yao）开辟了印度洋贸易网络的重要部分；瓦苏鲁（现在的马里）的库鲁克人（Kooroko）从铁匠变成遍及瓦苏鲁各地的交易商，然后成为城市商人，最后成为大型可乐果经销商。

在非洲其他地方和欧亚大陆很多地区，从贱民发展成资本家的职业路线并不少见。犹太人、亚美尼亚人和景教人（亚述人）的企业家利用其越界专长成为豪商巨贾，尽管他们大多数提供服务性劳动的亲属继续从事传统的低地位行业，如商贩、鞋匠、理发师、屠夫、搬运工、铁匠和放债人。大部分世界长途贸易由政治和军事支持的流散社群进行——希腊人、腓尼基人、穆斯林、威尼斯人、热那亚人、葡萄牙人、荷兰人和英国人等——但总有不受保护的、可能是中立的陌生人的空间。就像一个什克汗小贩可以把手镯卖给一个与世隔绝的普什图族（Pashtun）妇女，或在两个战士之间进行调解而不损害其荣誉一样,犹太企业家可以跨越基督教和伊斯兰教之间的鸿沟,充当军火商人,或者从事被禁止但迫切需要的"高利贷活动"。在16世纪和17世纪,亚美尼亚商人利用经过专业培训的代理人、标准化合同以及有关国际重量、计量、关税和价格的详细手册,主管了一个密集的商业网络,将奥斯曼帝国(Ottoman)、萨法维帝国(Safavid)、莫卧儿帝国(Mughal)、俄罗斯帝国和荷兰帝国连接起来。18世纪,俄罗斯帝国和奥斯曼帝国之间发生了利益冲突,波罗的海的德国人和法纳尔的希腊人在其间巧妙地充当了斡旋人。[2]

在内部,陌生感也可能是一种资产。贱民社群不与东道主通婚、友好交往,也不与其争斗,他们与宦官、僧侣和独身者或世袭牧师象征性等同,因为他们置身于传统的亲属义务、亲情和家族争斗之外。在撒哈拉,实行严格内婚制的枪匠和珠宝商可以主持图阿雷格人(Tuareg)的婚礼、祭祀、儿童命名仪式和胜利庆典,因为他们不受图阿雷格人回避规则、婚姻政治和尊严要求的约束。同样,纳瓦尔(Nawar)商贩也允许鲁瓦拉贝都因人(Rwala Bedouin)家庭与其邻居交换微妙的信息;亚美尼亚的"阿米拉"(Amira)集团向奥斯曼法庭提供了值得信赖的税务包收人、铸币监管人和火药制造商;犹太租赁权人和旅店老板使波兰地主能够从农奴身上榨取利润,而不放弃主奴互惠的论调。[3]

随着欧洲殖民主义的兴起,出现了越来越多更专业的陌生人,因为商业资本主义侵入了之前没有货币化的区域交换系统和佃农经济。在印度,孟买和古吉拉特(Gujarat)的帕西人(Parsis)成为欧洲、印度腹地和远东地区之间的主要商业中介。8世纪的琐罗亚斯德教(Zoroastrian)难民来自穆斯林统治的伊朗，他们的后代形成了一个封闭、同族结婚、自我管理的社群。这个社群不存在类似印度教的种姓制度，允许相对更大的流动性。刚开始他们当商贩、织布工、木匠、卖酒商，16世纪，随着欧洲人的到来，他们开始从事经纪、放债、造船和国际贸易。到19世纪中叶，帕西人已成为孟买主要的银行家、实业家和专业人士，也是印度最精通英语、最坚定执行西方社会仪式的人。

19世纪下半叶，有200多万中国人跟随欧洲资本来到东南亚（在那里他们发现了许多早期的殖民地）、印度洋地区、非洲和美洲。他们中一些人是契约劳工，但大多数人（包括许多以前的"苦力"）进入了服务业，最终控制了东南亚的贸易和工业。在东非，欧洲精英、土著游民和农学家之间的"中间人"位置被印度人占据，他们在1895年后被引进修建乌干达铁路（部分人在修建过程中死去），但最终垄断了零售业、文职工作和许多城市职业。来自各种姓的印度教徒、穆斯林、锡克教徒（Sikhs）、耆那教徒（Jains）和果阿天主教徒（Goan Catholics），他们后来都成了巴尼亚斯（baniyas，即商人）。前往西非、美国、拉丁美洲和加勒比海地区的黎巴嫩和叙利亚基督徒（以及一些穆斯林）也做出了类似的选择。大多数人从当小商贩〔非洲丛林中的"珊瑚人"或巴西内地的"小贩子"（mescates）〕开始，然后开了固定商店，最后扩展到工业、银行、房地产、交通、政治和娱乐行业。无论黎巴嫩人去哪里，他们都很有可能面临亚美尼亚人、希腊人、犹太人、印度人或中国人等的一些竞争。[4]

所有这些社群都是非初级生产者，专门向周围的农业或畜牧业人口提供商品和服务。他们的主要资源基础是人力，而不是自然资源，他们的专长是"外交"。他们是赫尔墨斯［Hermes，即墨丘利（Mercury）］的后代或前辈，赫尔墨斯是所有不放牧牲畜、不耕种土地也不靠刀剑生活的人的神，违规者、越界者和中间人的保护人，靠智慧、手艺和艺术生活的人的保护神。

大多数传统的万神殿都有类似于赫尔墨斯的骗子神，大多数社会都有（行会或部落）成员向他们寻求支持和援助。他们的领域很大，但内部是一致的，因为这种领域完全处于边缘地带。赫尔墨斯的名字来源于希腊词"石头堆"，早期对他的崇拜主要与界碑有关。赫尔墨斯的门生与鬼魂和陌生人交流，他们是巫师、殡仪师、商人、信使、祭祀官、治疗师、预言家、吟游诗人、工匠、翻译、向导——所有这些人的活动都是密切相关的，因为巫师是信使，信使也是巫师，手艺人是能工巧匠，商人也是巧匠，同时也是巫师和信使。他们受到奥林匹斯山内外生产和掠夺粮食的（贵族）主人的钦佩，但也让主人感到畏惧，受主人鄙视。他们从国外带来的任何东西都可能是了不起的，但总是危险的：赫尔墨斯垄断了去冥界的往返旅行；手艺人的另一位巧妙狡猾的保护神普罗米修斯（Prometheus）带来了所有礼物中最神奇、最危险的一种；神圣铁匠赫菲斯托斯（Hephaestus）创造了潘多拉，这是世界上第一个女人，也是所有烦恼和诱惑的来源；罗马有两个边界之神（除墨丘利之外），一个是雅努斯（Janus），罗马掌管发端的双面神，其名字意思是"门道"，另一个是西尔瓦诺斯（Silvanus），他是掌管门槛外野蛮（拉丁文 silvaticus）世界的神。[5]

你可以选择强调他们的英雄主义、灵巧机敏、狡猾迂回或异质因素，但赫尔墨斯所有追随者的共同点是变化无常。就民族而言，这意味着他们都是过客和流浪者——从完全游牧的吉卜赛人社群，到基本上商业化的社群，分成固定经纪人和流动代理人，再到自认为是流亡者的永久定居人口。无论他们自知没有家园，比如爱尔兰旅行者（Irish Travelers）或什克汗人，还是失去了家园，比如亚美尼亚人和犹太人，或者和家园没有政治联系，比如海外印度人或黎巴嫩人，他们都是永久居留的外国人和职业外国人［爪哇语中"商人"（wong dagang）的意思是"外国人"和"流浪者"，或"流浪汉"］。他们的起源神话和象征性目的地总是与其客户不一样，他们的住所也与众不同，要么是流动的，要么是临时性的。乌克兰的犹太人房子不像隔壁的农家小屋，不是因为它是犹太风格的建筑（没有这样的东西），而是因为它从未被粉刷、修补或装饰过。它与周边的风景格格不入；这是一个干燥的外壳，里面有真正的宝藏——以色列人及其记忆。所有游民都用宗谱来定义自己的身份；大多数"以提供服务为业的游民"坚持这样做，而占主导地位的农业社会却让空间神圣化。他们是与时间结下不解之缘的人，而不是土地；这些人看起来既无家可归，又有历史继承，既无根流浪，又有"古老传统"。[6]

不管差异的来源是什么，有差异这个事实才是最重要的。因为只有陌生人才能做一些险象环生、不可思议、令人厌恶的事情，所以专门做这些事的人能否生存，取决于他们能否成功地做陌生人。例如，据布莱恩·L. 福斯特（Brian L. Foster）研究，在20世纪70年代初，泰国的孟族人被分为稻农和河商。农民自称是泰国人，很少讲孟语，而且称能说孟语的更少；交易员称自己是孟族人，主要讲孟语，并声称能说孟语的更多。农民们经常不确定他们是否有孟族血统；商人很确定他们的农民客户没有孟族血统（不然的话，他们不会成为自己的客户）。大家一致认为，不搞点儿歪门邪道，做生意是不可能的；歪门邪道是指农民认为对同乡不适合采用的行事方式。"事实上，一个商人如果受传统社会义务约束，将会发现自己很难经营生意，他很难拒绝赊购，也不可能成功讨债。如果他严格遵循同乡人这种观念，他甚至不会试图赢利。"[7]

引述先前类似的禁令："你们借钱、粮食，或其他东西给以色列同胞，不可计算利息。借给外族人可以计算利息，借给以色列同胞就不可。你们遵守这规定，上主——你们的上帝就会在你们将占领的那片土地上事事赐福给你们。"（《申命记》，23：19-20）。这意味着，除其他外，如果你要着手信贷业务，你就必须扮演过客的角色（或通过各种"客户化"和"兄弟情谊"手段归化）。

在大多数农村人看来，所有的手艺人都很狡猾，所有的商人都唯利是图 ["商人"（merchant）和"唯利是图"（mercenary）这两个单词——和墨丘利一样——都来自 merx，意思是"商品"]。赫尔墨斯当然就是小偷。因此，欧洲商人和工匠通常被隔离居住在特定的城市社群。在今天的厄瓜多尔，一些安第斯山脉的村庄里，店主通常是新教徒；而彼得·高斯林（L. A. Peter Gosling）在一个马来人村庄中观察到，一位华人店主"似乎对马来文化有相当程度的适应，对马来人在各方面都非常敏感，包括正常穿着的纱笼，安静礼貌的马来语，谦逊和蔼的态度。但是，在收获季节，当他到田里去收割赊欠给他的庄稼时，他会穿上中国式的短裤和汗衫，用一种更突兀的方式说话，如同一个马来农民所说的那样，'就像一个中国人'"。[8]

身在其位即谋其职，所以大多数善变的陌生人提出了一个观点——也许是一种美德——不要随乡入俗。中国人因为态度生硬让马来人感到不安；伊纳丹人（Inadan）嘲弄图阿雷格人（Tuareg）有尊严的行为观念（takarakayt）；日本部落民（Burakumin）声称无法控制自己的情绪；而欧洲的犹太人店主鲜有不给外邦人留下他们不体面的紧迫感和滔滔不绝的印象（"妻子、女儿、仆人、狗，都在你耳边嚎叫"，索巴特引用这句话时也赞成这种说法）。特别是吉卜赛人，他们冒犯顾客的感情，似乎违反了商业理性。当他们觉得方便的时候，他们可以"正常交流"，但是更多的时候他们选择采用大胆的语言、大胆的举止和大胆的颜色来炫耀他们的异国情调——有时是作为其煞费苦心公开展示的一些违抗行为。[9]

这种景象特别令人反感的是，许多冒犯者是妇女。在传统社会中，外国人是危险、令人厌恶或可笑的，因为他们违反规则，而没有任何规则比规范性生活和性别分工的规则更重要。尤其是外国女性，她们要么滥交，要么被蹂躏，而且往往"漂亮"（由于滥交，或被蹂躏，外国女性还是引起许多战争的原因和战利品）。当然，有些外国人比其他人更有异质性，而内部的外国人确实非常异质，因为他们是全职、专业、意识形态坚定的违规者。佃农中的商人，农民中的游民，或者民族间的部落，他们经常是主人的镜像——有时是相当厚颜无耻故意这样的，因为他们中许多人是职业小丑、算命师和狂欢节表演者。就东道主而言，这意味着他们的男女有交换位置的倾向——这种感觉部分是"陌生人变态"主题的变异，但主要是职业差异造成的。比起农民或战士来说，商人和游民中妇女扮演的角色更显而易见，经济上更重要，一些游民主要依靠妇女劳动（而在其政治组织中仍然重男轻女）。巴基斯坦的坎加尔人（Kanjar）专门从事玩具制作、唱歌、跳舞、乞讨和卖淫，他们的年收入大部分来自女性工作，欧洲许多主要以乞讨和算命为生的吉卜赛团体也是如此。在这两种情况下，以及在东欧犹太市场中的一些商人社群中，妇女是与外部世界的重要联系者（作为表演者、摊贩服务员或谈判者），她们经常被认为具有挑逗性或咄咄逼人——这种感觉有时会因她们故意展示而得到加强。[10]

同样的目的也通过表现男性的非战斗性来实现，这既是从事陌生人职业的必要条件，也是保持陌生性的重要标志（拒绝战斗，就像拒绝接受款待一样，是将自己与常见的跨文化交往惯例区别开来的有效方式）。有些部落民、伊纳丹人和吉卜赛人被视为像儿童和恶作剧者一样"热情"或"天真"；重要的是，没有人指望他们获得战士荣誉。要成为有竞争力的太监、僧侣、忏悔者或小丑，他们不能被视为完整的人，所以他们就是不完整的人。瓦西里·罗扎诺夫（Vasilii Rozanov）是19世纪俄国最善于表达的排犹分子，他说，所有犹太人的品质都源于"其女性气质——他们对自己打交道的特定人员以及他们周围的部落、氛围、景观和日常生活所表现出的奉献精神、执着坚持、近乎色情的依恋（先知的责备和明显的事实都可做证）"。[11]赫尔墨斯聪明伶俐却身体虚弱（聪明可弥补虚弱）；火神赫菲斯托斯跛脚丑陋，滑稽的是，他笨手笨脚，却能制作精巧的手工艺品；日耳曼神话中的千里眼金工是驼背的矮人，脑袋超大。所有这些人以及他们资助的商人都有放荡、危险和通奸的性行为。这三种特性——冷酷的中立性、女性化的色情和唐璜式的放荡——比例不一，在这些人身上多多少少都有些。他们有一个共同点，那就是明显缺乏有尊严的男子气概。

　　然而，陌生人的特征不仅仅表现在形象上，还有行为。在人类所有的行为中，有两种被普遍认为是界定人性和社群的：饮食和生育。陌生人（敌人）是指不与其吃饭或通婚的人；极端的陌生人（野蛮人）是像野兽一样吃污秽物和淫乱的人。把外国人变成朋友最常见的方式是分享他的食物和通婚；保持外国人身份最可靠的方法是拒绝这样做。[12]

　　所有的服务型游民都是内婚族，他们中许多人受饮食限制，无法与邻居／客户友善交往（所以可从事服务职业）。只有非尼哈（Phinehas）的赎罪行为，才能使耶和华对以色列人消怒，因为"百姓与摩押女子行起淫乱"，特别是有一个人"当着摩西的面，带着一个米甸女人"。因为他（祭司亚伦的孙子，以利亚撒的儿子非尼哈）"手里拿着枪，跟随那以色列人进亭子里去，便将以色列人和那女人由腹中刺透。这样，在以色列人中瘟疫就止息了"（《民数记》，25：1-18）。在其他地方，男人有逃脱惩罚的合理机会，但在大多数传统的犹太人和吉卜赛人社群，妇女与外人结婚意味着遭受不可挽回的玷污，并被逐出集体，遭遇象征性死亡。非尼哈在众神嫉妒之时的行为并不奇怪；而在宗教普世主义时代神圣的和被认可的偶像崇拜中，继续坚持内婚制有其独特之处。

　　食物禁忌不那么致命，但作为日常的边界标记性更为明显。任何犹太人都不能接受非犹太人的款待，也不能在陌生环境中保持自己的礼仪纯洁；生活在苏丹西部边缘地区的工匠和吟游诗人随身携带独特的饮水篮，以避免污染，因此他们很容易被认出来；而那些英国旅行者从由他们占主导地位的社会中获得大部分食物，生活在对传染的持续恐惧中（他们更喜欢罐头、包装或瓶装的食物，因为这些食品没有明显被非旅行者污染，他们还用手吃饭，以避免使用餐馆里的银器）。与帕西人一起成为印度殖民地最成功企业家的耆那教徒，和帕西人一样，置身于印度教种姓制度之外，但让他们真正"与众不同"的，是他们严格遵守非暴力对待一切生物的教义。这意味着，除了严格的素食主义之外，他们还被禁止食用所有可能被小昆虫或蠕虫污染的食物，例如土豆和萝卜，并且避免在日落后进食，因为那时造成伤害的概率特别大。这也意味着大多数体力劳动，特别是农业，都有潜在的污染。不管首先发生的是专业分工改变，还是以苦修的方式对印度教进行挑战，事实仍然是，最初是刹帝利武士种姓成员的耆那教徒大多成了班尼亚人，他们专门从事放债、珠宝制作、商店经营，最后他们在银行业和工业中谋生。移民在东非取得的成就，在印度因为他们对仪式纯洁的追求也实现了。[13]

　　纯洁和污染之间的对立是所有道德秩序的核心，无论是以传统区分（身体部分、世界部分、自然领域、超自然力量、人类物种之间）的形式，还是以各种救赎（宗教或世俗）的形式。无论如何，对有关物体和人而言，"污垢"和"外来性"是同义的，也是危险的。主张普世性、平等主义的宗教试图通过重新解读外来性来消除它［甚至宣称，"进入嘴巴的不能污秽人，从嘴巴里出来的乃能污秽人"（《马太福音》，15：11）］。他们并未完全成功（这个世界上仍然充满了守旧的嗜污外国人，包括许多皈依者），但他们的确让污秽和外来性看起来不那么可怕，而且最终是可以征服的——除了那些利用命运和信仰似乎不能摆脱外来性，因而不可征服和不可挽回的人。大多数时候，犹太人、吉卜赛人和其他服务型游民似乎都有这种看法；他们在很大程度

017

/ 014

上不受普世主义言论的影响，将传统的世界划分为两个独立的实体，一个与纯洁有关（通过仪式维持），另一个与污染有关。而在基督教和伊斯兰世界，表示外国人、野蛮人、陌生人、异教徒和不信教者的词语意思各不相同，没有完全重叠，不能归为一个类目。而犹太人和吉卜赛人有"非犹太人"（Goy）和"加约人"（Gajo）的概念（以及其他名称和拼写形式），这允许他们将所有非犹太人或非吉卜赛人设想为一个外来部落。即使是专门从事服务型游牧的基督徒和穆斯林，也往往附属于内婚制、非传教性质的"民族"教会，如格林高利（Gregorian，在亚美尼亚语中指"非亚美尼亚人"的词 odar，可能是英语 other 的同源词）、景教（Nestorian）、马龙派（Maronite）、梅尔基特（Melchite）、科普特（Coptic）、伊巴迪（Ibadi）和伊斯玛仪派（Ismaili）。

他们都是上帝的选民，换句话说，只要他们公开自我崇拜并且在原则上另辟门户，他们就是"部落"和"传统"的人。还有其他人和他们一样，但很少有人像他们一样持之以恒。例如，大多数农耕社会的贵族通常（有时令人信服地）追溯自己有游牧战士的血统，强调自己的异国情调，作为一种荣誉，实行内婚制，并进行复杂的疏远仪式。牧师们也通过形成内部繁殖的种姓或完全避免繁殖，使自己摆脱了重要的社会交流方式。然而，这两个社群通常与其他人共享一个姓氏、一个地方或一个上帝（也许还偶尔共同用餐或共享一个妻子），他们通过控制土地使用权或灵魂救赎权来占有这些人的劳动。此外，他们中许多人坚守普世主义信条，这些信条限制了特殊主义，并强加了义务，可能激起十字军东征、驱逐出境、旨在消除差异的协同传教工作。

墨丘利们没有此类承诺，他们之中最不妥协的人，如吉卜赛人和犹太人，经受了几个世纪的劝诫和迫害，保留了激进的二元论和严格的污染禁忌。虔诚的犹太人腰上围着把身体上下分开的黑色丝线，后来可能会化身为"栅栏"（erruv）。为了保证安息日纯洁，这种栅栏将整个犹太小镇变成一个家。在外部界限上，这种黑色丝线是一种无形的但在仪式上非常重要的屏障，把犹太人和非犹太人划分开来。吉卜赛人对杂质也有类似的防御，而且更加严格，手段众多，因为吉卜赛人没有经文传统，种族分化全靠这种防御。要做吉卜赛人就要不顾一切地与触染做斗争——这项任务更为艰巨，因为吉卜赛人别无选择，只能生活在加约人中间，而加约人是这种触染的主要来源和体现。（具有讽刺意味的是，也许他们也别无选择，只能让加约人住在他们中间——作为奴隶或从事不洁工作的仆人。）当宗教禁令似乎减弱时，卫生禁令取而代之——当观察力敏锐的吉卜赛人漂白他们的住所、用纸巾打开水龙头或打开浴室门之时，看起来就是这种情况。犹太人在很多情况下被认为是肮脏的，他们对身体清洁的关注，也可能引起邻居的怀疑或钦佩。在印度次大陆，甚至所有民族社会的族群都被精心设计的污染禁忌所包围，帕西人对行经妇女的严格限制以及对个人卫生的高度关注也颇为引人注目。[14]

除了纯净和污染之外，作为区别的标志与纯净和污染紧密相关的，是语言。"野蛮人"（Barbarian）最初是指"牙牙学语者"（babbler）或"口吃者"（stutterer），斯拉夫语中"外国人"这个词［后来演化为"German（日耳曼人）"］是 *nemec*，意思是"沉默者"。大多数墨丘利式的人无论走到哪里，都是野蛮人和"日耳曼人"，有时是刻意而为的。如果他们说的语言对周围大多数人来说并不陌生（由于最近的移民或长期的语言接触），他们就会创造一种新语言。例如，一些欧洲吉卜赛人讲罗姆语（Romani），这是一种词汇丰富的变形印度语，可能与中东的多姆语（Dom）有关，也可能源自印度一种金属加工工人、商贩和演艺人员的习语。（然而，罗姆语的不同寻常之处在于，它无法追溯到任何特定的区域变体，而且似乎经历了特别的形态句法借用——有人说是"融合"——这导致少数学者否认其连贯性和独立性。）[15] 还有许多人说独特的"准罗姆语"，这种语言将罗马词汇与地区内多数语言的语法（语音、形态和句法）结合在一起。罗姆语版本的英语、西班牙语、巴斯克语、葡萄牙语、芬兰语、瑞典语和挪威语等语言，都是原标准语言社群难以理解的，并且分别被描述为通过"大量语法替换"而转变的罗姆方言；源自洋泾浜语（简化的接触语言）的克里奥尔语，原始罗姆移民用这种语言与当地不法分子交流；由失去发展完善、屈折变化的罗姆语但仍能接触到这种语言的人（年长的亲属、新移民）创造的"混合方言"，被作为"异化"资源；"混合语言"（当地语法、移民词汇），由两种原始语言交织而成，移民父亲和土著母亲的后代使用的边境语言就是这种情况 ；最后，是以标准语言为母语的人在广泛可接触到的罗姆语和非罗姆语语料的帮助下，有意识创造的民族方言或暗语。[16]

无论起源如何，"准罗姆语"都是服务型游民特有的，他们在青少年时期学会这种语言（尽管有些语言在某些时候可能是作为母语说的），并将其作为社群身份和密码的标记保留下来。据阿斯塔·奥列森（Asta Olesen）的什克汗线人说，他们的孩子在六七岁时开始接受阿都加里语（Adurgari）的教育，之前一直讲波斯语，"阿都加里语是在不让陌生人理解我们谈论的内容时说的"。埃塞俄比亚南部的富加（Fuga）和瓦塔（Waata）服务型游民的"秘密语言"似乎也是如此。[17]

如果没有外来语言，而且外来词也不充足，他们就用各色语言伪装来确保不可理解：颠倒（整词或音节）、元音变化、辅音替换、加前缀、加后缀、转述、双关等。伊纳丹人通过在某些塔马切克语（Tamajec，Tamashek）名词中添加前缀 om- 和后缀 -AK，使自己说的话外人不理解；哈拉比人（尼罗河流域的铁匠、医士和艺人）通过添加后缀 -eishi 或 -elheid 来转换阿拉伯语单词；古诺尔斯文（Angloromani）aboutas、bullas 和 fogas 对应的英文单词是 about、bull 和 tobacco smoke；在雪尔塔语（Shelta）中，爱尔兰语中的 do（两）和 dorus（门）对应的是 od 和 rodus，英语中的 solder（焊接）和 supper（晚餐）对应的是 grafour 和 grupper。[18] 雪尔塔语是爱尔兰旅行者说的（据说在某些情况下是一种母语），由爱尔兰盖尔语词汇组成，这种语言大部分变相嵌入英语语法框架中。它的主要功能是不让外人明白，收藏家约翰·桑普森（John Sampson）于 1890 年在利物浦一家酒馆里遇到了两个"修补匠"，据他典型的带有偏见（在各种意义上）的描述，这种语言很好地实现了其目的。"这些人不理会任何有利于个人体面或清洁的偏见，他们使用的语言在各方面都是败坏的。从词源上来说，它可以被描述为一种巴比伦式的语言、旅社行话，和雪尔塔语混杂，'滑溜的黑话'，由押韵俚语和罗姆语混合而成。他们说这种语言非常流利，显然是为了谋求自己的好处。"[19]

犹太人被放逐到巴比伦后产生的各种犹太语也受到类似的轻视，犹太社群成员也同样能流畅地说这些语言，好处更大（在满足各种交际和认知需求以及强化种族界限的意义上）。犹太人相对较早地失去了他们原来的母语，但在任何地方——只要他们仍然是提供专门服务的游民——他们都没有采用不加改变的主方语言作为内部交流的手段。无论走到哪里，他们都创造或带去了自己独特的方言，因此有阿拉伯语、波斯语、希腊语、西班牙语、葡萄牙语、法语和意大利语等犹太语版本（有时不止一种）。或者，也许这些语言不仅仅是"版本"，正如一些学者所建议的那样，他们更喜欢把这种语言叫作"拉迪诺语"（Judezmo）而不是"犹太西班牙语"（Judeo-Spanish），"亚胡迪克语"（Yahudic）而不是"犹太阿拉伯语"（Judeo-Arabic）（呼应了有关古诺尔斯文与罗姆式英语之间关系的讨论）。例如，意第绪语（Yiddish）通常被归类为日耳曼语或德语方言。无论如何归类，这种语言都是独一无二的。因为它包含了大量的非日耳曼语法元素；不能追溯到任何特定的方言［所罗门·伯恩鲍姆（Solomon Birnbaum）称之为"各种方言材料的综合"］；只有一个从事专门职业、信奉特定宗教的社群说这种语言，无论其成员居住在哪里。[20] 没有证据表明，早期来到莱茵兰（Rhineland）的犹太移民曾与其基督教邻居说同一种方言。事实上，有证据表明，他们抵达时所说的罗姆语本身就是犹太人独有的语言。[21]

　　一些学者认为，意第绪语可能是一种罗姆语或斯拉夫语，经历了大量的词汇替换（"词汇重整"），或者是一种特殊类型的克里奥尔语，从"混杂语化"的德语中产生，之后是"在内部扩大使用，再混杂其他语汇"。[22] 意第绪语的两部经典历史都认为该语言不是源自日耳曼语，没有试图将这种语言融入任何传统术语（除了"犹太语言"）。比恩鲍姆（Birnbaum）认为该语言"综合"了闪米特语（Semitic）、阿拉姆语（Aramaic）、罗姆语、日耳曼语和斯拉夫语的"元素"，而马克斯·魏因赖希（Max

Weinreich）则将其描述为由四个"决定因素"——希伯来语、罗伊兹语（Loez，犹太法语和犹太意大利语）、德语和斯拉夫语——塑造的"融合语言"。最近，乔舒亚·A.菲什曼（Joshua A. Fishman）认为，意第绪语是"犹太人被放逐到巴比伦后产生"的一种"多成分"语言，通常被说这种语言的人和其他诋毁者视为有缺欠，但从来不是混杂语，因为它从未经过稳定的还原阶段，也没有作为社群间交流的手段。[23] 一般来说，大多数克里奥尔语专家提到意第绪语时认为其是一种例外或根本就不提。大多数意第绪语专家认为它是一种混合语言，而没有提出更广泛的框架将其归入。最近提出一种"混合语言"范畴的人认为它不够混杂。大多数语言学家把意第绪语归入日耳曼语系，而没有讨论其独特的起源。[24]

看起来很清楚的是，当服务型游民没有掌握其东道主不懂的方言时，他们创造了新的方言，这种语言形成方式既不像遗传变异（代代相传），也不像混杂语化（简化和角色限制）。这些语言和说这些语言的人一样，具有墨丘利和普罗米修斯的性质。无论如何定义，它们都不能归入现有"语族"。其存在的理由是保持差异，有意识地保持自我，从而保持陌生感。它们是为墨丘利岌岌可危的技艺服务的特殊秘密语言。例如，德国犹太贩牛商的隐语（就像拉比的隐语）中包含的希伯来语词汇比在其亲属间进行的言谈中多很多，因为其亲属间交流没有那样机密。他们颇有见地（也颇具讽刺意味）地称其为洛申口德什语（Loshen-Koudesh），或"神圣语言"、"牛语"，并将其作为一种微缩的意第绪语，在大片地区使用。（在犹太世界之外，意第绪语和罗姆语是欧洲黑社会词汇的主要来源。）[25] 但让墨丘利式语言变得特殊的主要是宗教，即"文化"，也就是放大版的服务型游牧主义。正如马克斯·魏因赖希所说，"我们的与他们的是不同的"，远不只是厌恶的词或区分的词。或者更确切地说，未净化的"异教徒"词汇不仅不允许用来表示污秽和崇高的事物；而且还有慈善、家庭、分娩、死亡等词汇，实际上关涉生命中大部分活动。一个安息日的祝福，以"区分神圣和亵渎的人"开始，以"区分神圣和神圣的人"结束。在犹太人和吉卜赛人的世界里，"生活的各个角落都是神圣的，有些地方更加神圣，有些地方较少神圣"，于是秘密的话语成倍增加、变形，直到语言本身变得隐秘起来，就像它所服务和颂扬的人一样。[26]

除了或多或少是秘密的方言之外，一些服务型游民拥有正式的神圣语言和字母，这些语言和字母让他们得以与他们的神、过去、家和救赎相联系（犹太人使用希伯来语和阿拉姆语，帕西人使用阿维斯坦语和巴列维语，亚美尼亚人使用格拉巴尔语，景教人使用叙利亚语）。事实上，可以说，所有识字的服务型游民（包括海外华人和东欧德国人）都拥有这种语言，因为所有现代"民族"语言都是神圣的。在某种意义上，这些语言让说话者与他们的（新）神、过去、家园和救赎保持联系。换句话说，所有墨丘利都使用多种语言（赫尔墨斯是雄辩之神）。作为既依赖文化差异而又在经济上与其他人相互依存的专业内部陌生人，他们至少会说一种内部语言（神圣的、秘密的或两者兼有）和一种外部语言。他们都是训练有素的语言学家、谈判者、翻译者和神秘主义者，其中有读写能力的社群往往比其东道主更有文化——因为读写能力和普通语言一样，是保持各自身份和履行商业（交接）职能的关键。

然而，差异还是首要因素。他们的交接功能能否持续发挥作用（就像所有的调解、谈判和翻译行为一样）取决于差异的持续存在，而差异造就了奇怪的伙伴关系：无论墨丘利们住在哪里，他们与客户的关系都是相互敌视、猜疑和蔑视。即使在印度，整个社会都是由内婚制、经济专业化、怕污染的陌生人组成的，帕西人也比大多数人感到自己或者让别人感到自己更加陌生、清洁。[27] 在其他地方，毫无疑问地存在出于对污染的恐惧而产生的相互反感。"他们"总是吃脏东西，闻起来很古怪，生活在肮脏的地方，像兔子一样繁殖等等，会把纯净的和不纯净的混在一起，使自己受到无法挽回的污染（从而成为强烈的性好奇的对象）。所有与他们的接触，特别是通过食物（招待）和血液（婚姻）的接触，都是危险的，因此是被禁止的——也是让人渴求的，所以要禁止。这种恐惧很少是对称的：越界者总是闯入者和被驱逐者，因此更具传染性，更难控制和驯化。在根深蒂固的普世宗教盛行的复杂社会中，关系的性质可能会发生变化：越境者仍然专注于日常污染（shiksa 的意思是"肮脏"）和通婚，而东道主中的多数人声称害怕某些宗教习俗和政治阴谋。尽管如此，许多反对墨丘利式人物的言论都与传染／感染有关，特别是在引起共鸣的情况下，与食物和血液有关：施法破坏庄稼收成，用婴儿血液来准备仪式餐，以及危害基督教西班牙人的纯净血脉（limpieza de sangre）——除了基本的不整洁之外。

这种不对称当然远不止这些。东道国社会在人数、武器和战士的价值观念，有时还包括政府上，都占优势。在经济上，他们一般也是自给自足的——不像西班牙的费迪南德（Ferdinand）和伊莎贝拉（Isabella）可能认为的那么舒适，但比完全依赖顾客生存的服务型游民过得好多了。最后，除了对污染的基本恐惧之外，双方对对方的实际看法大相径庭。事实上，他们往往是互补的，是相辅相成的对立物，构成了宇宙整体：内部人—外部人、定居—游牧、身—心、男性—女性、稳定—多变。随着时间的推移，特定元素的相对价值可能会发生变化，但对立面本身往往保持不变（赫尔墨斯拥有吉卜赛人、犹太人和海外华人既令人厌恶又令人钦佩的大部分品质）。[28]

最重要的是，其中许多观点都是正确的。不是在某些行为的现实意义上，也不是通则对特定个人的适用意义上，而是因为这些观点从另一个社群的角度描述一个社群的文化价值和经济行为。实际上，两个社群经常就一般条款达成一致，如果不是具体规则的话。服务型游民和其他人保持距离，"不属于"这个社会，忠诚于其他权威，坚持自己与众不同，抵制同化，这是所有人的共同看法（除了在相对较少的社会中，同化偶尔被视为好事）。陌生性是他们的职业；疏远是他们保持陌生性的方式；他们主要是彼此之间忠心耿耿，为共同命运矢忠不二。

就连他们陌生性产生的原因实质上也没有争议。至于欧洲的排犹主义，人们通常认为其与基督教的犹太渊源以及后来将未皈依的犹太人归为弑神者的角色有关（因为暴徒呼喊："他的血在我们身上，在我们的孩子身上"，这句话被用"种族"语言重新解释）。这在很多方面都是正确的（基督教千年的到来实际上与犹太人结束流浪有关），但同样正确的是，在商业资本主义兴起之前，当赫尔墨斯成为至高无上的神灵，某些类型的服务游牧变得时髦甚至是强制性的时候，墨丘利式的生活被服务型游民自己以及他们的东道主普遍视为对原始违法行为的神圣惩罚。

马林克人（Malinke）中的一个"格里奥特"（griot）团体
"注定永远流浪"，因为他们的祖先苏拉克哈塔（Sourakhata）
曾试图杀害先知穆罕默德。伊纳丹人因将先知穆罕默德的一绺头
发卖给路过的阿拉伯商队的商人而受到诅咒。在东非，瓦塔人不
得不依靠博兰人（Boran）来获取食物，因为他们的祖先在创世
后的第一次会议上迟到了，在那次会议上，天神正在分发牲畜。
什克汗人说，他们祖先的儿子行为恶劣，"所以他诅咒他们所有
人，并说，'愿你们永远不会在一起！'于是他们分散了，散居
在许多地方"。阿富汗食尸鬼的祖先西亚安（Siaun）"坐在一座
小山上编织筛子，然后他饿了。一片面包出现了，先是触手可
及，但后来，由于上帝对我们的祖先生气，面包滚下山坡，又滚
上另一个山坡，西亚安不得不追了好几英里才终于抓到。这就
是为什么我们，他的后代，还要到处奔波，才能找到我们的食
物"。解释吉卜赛人困境的传说很多，其中一个说亚当和夏娃生
了那么多孩子，他们决定向上帝隐瞒一些孩子，上帝发怒了，就
惩罚那些他没看到的孩子永远无家可归。其他解释包括对乱伦或
拒绝提供招待的惩罚，但最常见的解释是指责吉卜赛人锻造了把
耶稣钉死在十字架上的钉子。有一个正面版本说，他们拒绝铸造
第四枚钉子，作为奖励，他们获得了漫游的自由和偷窃的特许，
但这似乎是最近编造的故事（就像犹太人因氏族压迫而流亡的解
释）。在世俗主义和工业主义兴起之前，农业社会的每个人似乎
都同意，服务型游牧意味着无家可归，而无家可归是一种诅咒。
也许欧洲传统中最著名的惩罚是对普罗米修斯的惩罚，他是偷
宙斯之火的顽皮工匠；西西弗斯是"最狡猾的人"，他欺骗了死
神，当然还有奥德修斯/尤利西斯，希腊神话中最像犹太人的，
他心存嫉妒的船员放出了敌对信号，使他们远离家园。[29]

东道主对墨丘利的另一个常见刻板印象是，他们不正直、贪婪、狡猾、咄咄逼人、粗鲁。这也是事实，对农民、牧民、王公和牧师来说，任何商人、放债者或工匠都是永远在蓄意违反大部分体面和礼仪规范（特别是如果他碰巧是一个胡言乱语的异教徒，没有家园或有声望的祖先）。"对鲁瓦拉人（贝都因人）来说，骆驼、货物和黄金等财富无法保存；财富必须转化为名誉（或荣誉）。对于游民（服务型游民）来说，他们大部分是来自城镇的信使，鲁瓦拉人认为他们都是这样，不管对错，财富是以财产来衡量的，无论是物品还是现金。在鲁瓦拉人中，富有意味着不够大方，这会降低荣誉，进而减少影响力。在城镇居民中——从广义上说，在游民中——财产意味着权力和影响。"[30] 一切在经济上的分工都涉及价值分化；除了基于性别的划分之外，最大的可能是将食物生产者和掠食者与服务提供者分开。同一种人通常既是阿波罗式的人，又是狄俄尼索斯式的人，一会儿清醒、安详，一会儿醉酒、疯狂。赫尔墨斯的追随者则都不是；他们被视为狡猾、精明的人，因为赫尔墨斯出生那天，他就发明了七弦琴，给自己做了"难以形容、不可思议的奇妙"凉鞋，偷走了阿波罗的牛。

赫尔墨斯除了机智外一无所有；他居高临下的大哥阿波罗则正好相反，拥有宇宙中大部分东西，因为他是牲畜业和农业之神。作为粮食生产的保护神，阿波罗拥有大片土地，指挥时间的流动，保护水手和战士，并赋予真正的诗人以灵感。他既有男子气概，又永远年轻，既有运动员的体魄，又有艺术家的美感，能预测未来，高贵尊严——他是众神中最全能的，也是最受崇拜的。阿波罗和狄俄尼索斯之间的差别——尼采对此有长篇大论——相对较小，因为葡萄酒只是陆地和海洋上由阿波罗主管的无数物产中的一种。（狄俄尼索斯们是节日里的阿波罗们——丰收后的农民。）阿波罗尼亚们与墨丘利们之间的区别，是种植粮食的人与创造概念和艺术品的人之间最重要的区别。墨丘利们总是很清醒，但从不庄重。

每当阿波罗们主张世界主义时，他们就会发现墨丘利们非常顽固，阿波罗们经常指责他们搞部落主义、裙带关系、抱团排他，还有其他过去被认为是美德的罪恶（如今，在一些环境中仍然如此）。这类指责与旧的镜像原则有很大关系：如果世界主义是一件好事，陌生人则没有这种精神（除非他们属于一种高尚的野蛮人，作为对我们其他人的羞辱而保存下来）。但他们与现实的关系更大：在复杂的农业社会中（工业化前没有其他社会对世界主义感兴趣），服务型游民比他们定居的邻居更爱抱团，当然，在现代社会中也是如此。大多数游民是这样的，尤其是墨丘利型的游民，他们没有其他资源，也没有其他执法机制。用皮埃尔·凡·登·贝赫格（Pierre Van den Berghe）的话来说，"拥有强大的大家庭关系网络和家长制权威结构，以保持大家庭在家族生意中团结一致的群体，在中间人职业中比缺乏这些特征的群体拥有更强大的竞争优势"。[31]

无论"企业化亲属关系"（corporate kinship）是服务型游牧的原因还是结果，大多数服务型游民似乎都拥有这样一个系统。[32]各个罗姆"民族"由受限制的同源血统族群（vitsa）组成，这些族群进一步细分为紧密团结的大家庭，他们通常将收入集中在最年长成员的管辖之下；此外，移民单位（tabor）和地区协会（kumpania）在一个户主领导下，分配待开发地区并组织经济和社会生活。[33]

东非的印度人摆脱了次大陆的一些职业限制和地位提高要求

["我们都是巴尼亚人，甚至没有杜卡斯（商店）的人也是"]，但保留了内婚、污染禁忌和作为经济单位的大家族。[34] 在西非，所有黎巴嫩人的生意都是家族事务。这"意味着外人（在没有真正理解他们的情况下）可以指望生意永续经营。一个儿子会履行他父亲的债务，并期望他父亲放出的贷款会被偿还。家族凝聚力是黎巴嫩商人经济成功的社会因素：男人对妻子和孩子的权威意味着生意像一个人经营那样果断（廉价），却像一个团体那样强大。"灾难保险、扩张机会、不同形式的信贷和社会监管由更大的亲属关系网提供，偶尔也由整个黎巴嫩社群提供。[35] 同样，华侨通过成为基于姓氏（氏族）、家乡、地区和方言的组织的成员，获得了资本、福利和就业机会。此类组织具有归属性、内生性、集中式管理等特点，主要由同一居住地的华侨构成。这些组织组成了轮流信用协会、行业协会、慈善团体和商会，组织经济生活，收集和传播信息，解决争端，提供政治保护，资助学校、医院和各种社会活动。这些组织的犯罪版本（"黑帮"）代表较小的部族，或者充当虚构的家族，有详尽的通过仪式和福利支助。[36]（事实上，所有持久的"黑手党"要么是服务型游牧社群的分支，要么成功模仿了他们。）

抱团排他（clannishness）是对明确界定的（真实或虚构的）有限亲属圈子的忠诚。这种忠诚创造了内在的信任和外在的坚不可摧，使服务型游民得以生存，在一定条件下，他们在陌生环境中取得惊人的成功。"提供信贷和汇集资金，并期望兑现承诺；授权时不必担心受托人会以牺牲委托人利益为代价。"[37] 同时，有明显标记的外人被安全地关在社群外："你可以向陌生人放高利贷。"抱团排他是外人眼中的忠诚。

经济上的成功，实际上还代表了墨丘利们特有的经济追求，与对他们文化的另一种本质上准确的普遍看法有关："他们认为自己比每个人都好，自己非常聪明。"当然他们确实这样认为的，而且真的很聪明。无论付出什么代价，作为上帝选民总比非选民好。犹太祷告说："耶和华，宇宙之王，你是有福的，你没有使我成为异教徒。"伟大的意第绪语作家肖勒姆·阿莱赫姆（Sholem Aleichem）写道："还好，我是雅各的后裔，而非以扫的后裔。"[38] 一名帕西线人解释说，"这种感觉就像你原本可以上一所精英学校，却上了一所技术学院"。这名帕西线人显然对其他印度人怀有不可一世的优越感。"你为你的精英学校感到自豪，但如果别人知道，你会感到尴尬。你很尴尬，因为你认为他们认为你觉得你比他们优越，你确实是这样认为的，而且知道这种观点是错误的。"[39]

这种错误的想法存在的时间并不长。墨丘利们多亏自己的优越感才得以幸存，人们在相互认知的基础上进行总结概括时，认为这种优越感在于智力。雅各对于毛人以扫来说太聪明了，赫尔墨斯出生才一天就智胜阿波罗，逗宙斯开心。（人们不禁要问，他会对喝醉的狄俄尼索斯做些什么？）这两个故事以及更多类似的故事都是这些骗子的后代讲述的。坎加尔人（Kanjar）鄙视他们轻信的主人；爱尓兰游民认为，他们与其客户的不同之处在于思维敏捷（聪明）；罗姆人的很多民间传说都是讲如何用计谋打败迟钝愚蠢的非吉卜赛人；在最美好的日子里，一个犹太人集聚区的犹太人可能会承认——用莫里斯·塞缪尔（Maurice Samuel）的话来说，"从根本上来说，伊万不是一个坏人；也许他愚蠢、土里土气，喜欢喝酒，偶尔打老婆，但本质上是善良的……只要上级领导没有开始操纵他"。[40]

在他们自己和其他人的眼中，墨丘利们拥有希腊人所说的

"metis" 或 "狡猾的才智"（强调 "狡猾" 或 "才智"，取决于贴标签的人是谁）。这种品质由赫尔墨斯监督，在奥德修斯／尤利西斯身上得到充分体现，它是弱者最有力的武器，美德中最模糊的一种，野蛮暴力和成熟智慧的克星。正如马塞尔·狄蒂安（Marcel Detienne）和让－皮埃尔·维尔南（Jean-Pierre Vernant）在研究荷马时所说，

> 在许多活动中，人们必须学会操纵过于强大而无法直接控制的敌对势力，但不需要与这些势力正面抗衡，可用某种意想不到的狡猾手段来实施计划，从而利用他们。例如，战士使用的战略，其攻击的成功取决于突袭、诡计或伏击；导航员有逆风掌舵的技艺；辩士利用对手有力的论点击败对手的口头策略；银行家和商人通过魔术师般的本领白手起家发大财；政治家深谋远虑，其才华使之能够提前评估不确定的事态发展；工匠的手艺和行业秘密，让他们得以操控或多或少总有些棘手的材料。"狡猾的才智" 掌管的就是这类活动。[41]

墨丘利们对阿波罗们的看法最终和阿波罗们对墨丘利们的看法一样理性。滋养、诱惑、塑造服务型游民的不是地球母亲或阿波罗的牛群，而是人。商人、医生、吟游诗人或工匠，其服务对象总是自以为是，他们也总是以顾客之道来为其服务，所以他们要洞幽烛微。"坎加尔人对他们利用的人力资源非常了解；而定居社群的成员对坎加尔的社会和文化几乎一无所知——他们的经验仅限于人为表演环境中的被动观众角色。"[42] 歌手知晓人们的口味，算命师明白他们的希望（从而推知其命运），商人清楚

他们的需要，医生了解他们的身体，小偷知道他们的习惯、住所和藏宝之处。"乞讨时，爱尔兰游民妇女会披上一条披肩或'毛毯'（格子花呢毯），这两者都象征爱尔兰过去的贫穷落后；她们还会带上一个婴儿或幼童，即使他们必须从别人家借一个；并乞讨少量的牛奶或黄油，利用客户的同情心，似乎任何人拒绝她们都显得吝啬。"[43]

作为专门在人群中耕耘的人士，墨丘利们使用文字、概念、金钱、情感和其他无形资产作为其职业工具（无论具体职业是什么）。他们的视野比农民或牧民更广，他们在更多的活动中看到价值。他们的世界更广大、更多样化，因为他们理所当然地跨越了概念和社群的边界，因为他们会说更多的语言，而且他们有"难以形容、不可思议的奇妙"凉鞋，让他们可以同时身处几个不同的地方。吉卜赛人总是在穿越，犹太人也不例外。雅各布·卡茨（Jacob Katz）认为，在聚居时代，没有一个社群（即便是最大的社群）可以说是自给自足的。商业交易使不同社群的成员因为通信或人际交往保持联系。犹太人经济活动的一个典型特征是，即便是在遥远的城市和国家，这种活动也可以依靠与犹太人社群的业务关系进行。犹太人中只有少数人是在店里坐等顾客而谋生的，而非普遍如此。"[44]知名银行家、商贩、犹太学生和著名拉比们四处奔波，其活动范围远远超出了农民的想象。

他们不仅仅是通过陆路或水路旅行。一些服务型游民有文化，因而灵活性加倍。墨丘利能言善辩、足智多谋，他自然成了作家的保护神[贺拉斯称作家为"墨丘利的人"（Mercuriales viri）]，因此有文化的墨丘利们成了杰出的文本操纵者。在传统社会，写作由牧师或官僚垄断；有文化的墨丘利们中，每一名男性都是牧师。犹太人、帕西人、亚美尼亚人、东欧德国人、海外

/ 029

印度人和海外华人不仅（通常）比其客户更有文化，而且他们敏锐地意识到自己的文化水平更高，知识也更渊博。就像罗姆人、阿拉伯的纳瓦尔人（Nawar）和伊纳丹人创造了口头文化，《圣经》中的墨丘利们也创造了书写文化。商人、外交官、医生和心理治疗师是识字的商贩、传令员、治疗师和算命师。有时他们也是血亲。

无论如何，他们都理所当然地对伊万持悲观看法。如果一个人看重流动性、思维敏捷、谈判、财富和好奇心，那么他就几乎没有理由尊重王子或农民。如果一个人觉得体力劳动是神圣的，躯体暴力是光荣的，贸易是棘手的，陌生人要么给他吃的，要么赶走他（也许压根儿就没有陌生人），那么他就不太可能崇拜服务型游民。因此，在人类历史的大部分时间里，这两类人一直在相互蔑视和猜疑中共处——不是因为无知的迷信，而是因为他们有机会相互了解。

———————

人类历史的大部分时间中谁占上风，看起来是显而易见的。墨丘利们对阿波罗们的了解可能比阿波罗们对墨丘利们（或他们自己）的了解更多，但这种了解是一种软弱和依赖的武器。赫尔墨斯要机智，因为阿波罗和宙斯是如此的强大。他有时会趁机逗弄和掩饰，但大部分时间，他脚穿凉鞋、手抱七弦琴，干跑腿、娱乐、主持仪式的活儿。

后来情况发生变化：宙斯屡遭斩首或被愚弄；阿波罗失去了冷静；赫尔墨斯虚张声势，登到领先地位——这并不是说伊纳丹人统治着图阿雷格人，而是说，图阿雷格人现在被迫变得更像伊纳丹人。现代性是指每个人都成为一名服务型游民：具有流动性，聪明机灵，口齿伶俐，职业灵活，善于做陌生人。事实上，这项任务更为艰巨，因为图阿雷格人和伊纳丹人都面临压力，要像亚美尼亚人和犹太人那样，他们在经济和文化上的跨界活动在很大程度上得益于（以自己的方式）进行笔录的习惯。

一些主要从事口头文化的人（如尼日利亚的伊博人）将接受这一过渡；其他人（如吉卜赛人）将继续为日益萎缩的民间文化和小贱民生意服务。一些阿波罗群体会愿意并能够改信墨丘利主义；其他人会退缩、失败或反抗。然而，没有人会不受影响，也没有人比（过去和现在）知书识字的墨丘利们——因此是"现代人"——更擅长这个行当。[45]东南亚的华人、印度的帕西人、非洲的印度人以及拉丁美洲和加勒比的黎巴嫩人，在创业和专业工作中占比过高（尽管存在歧视），比起欧洲和中东的亚美尼亚人和犹太人，有过之而无不及。帕西人确立了自己作为商业中介的地位，成为英属印度的主要金融家、实业家和城市专业人士——其中最著名、最成功的人是贾姆塞特吉·努瑟万吉·塔塔（Jamsetji Nusserwanji Tata）。19世纪印度最重要的政治家（"印度的伟大老人"达达拜·瑙罗吉，Dadabhai Naoroji）是帕西人，暴力民族主义的理论家比丘吉·鲁斯托姆·卡马（Bhikhaiji Rustom Cama）也是帕西人；英国国会中的三名印度议员全部是帕西人；此外，还有第一位印度男爵、孟买第一任总理、"孟买无冕之王"、"孟买土豆之王"、东方咖啡生产的开拓者、第一名从欧洲飞到印度的印度人、印度最著名的共济会会员、大多数西方音乐家（包括后来的祖宾·梅塔）、第一支全印度板球队的每一个成员，等等。1931年，79%的帕西人（其中女性占73%）识字，相比之下，印度基督徒的识字率是51%，印度教徒及穆斯林的识字率为 19%。[46] 所有知书识字的墨丘利都可以列出类似的名单（尽管在某些地区，他们认为不参与公共政治是明智的）。

来自黎凡特（Levant）的阿拉伯语移民（叙利亚人、巴勒斯坦人和黎巴嫩人，在拉丁美洲被称为"土耳其人"），无论身在何处，都是少数人。在 20 世纪初橡胶产业繁荣时期，他们几乎垄断了亚马孙河上的贸易，最终控制了牙买加、多米尼加共和国和洪都拉斯等地的经济生活。1919~1936 年，阿拉伯企业家控制了洪都拉斯 67% 的进出口部门。到 60 年代末，他们在该国工业中心特古西加尔巴（Tegucigalpa）和圣佩德罗苏拉（San Pedro Sula）分别雇用了 36% 和 45% 的制造业劳动力。在过去的二十年里，至少有七位新国家元首来自黎巴嫩：哥伦比亚的胡利奥·塞萨尔·图尔瓦伊·阿亚拉（Julio Cesar Turbay Ayala）、厄瓜多尔的阿卜杜拉·布卡拉姆（Abdala Bucaram）和贾米尔·马瓦德（Jamil Mahuad）、洪都拉斯的卡洛斯·罗伯托·弗洛雷斯·法库塞（Carlos Roberto Flores Facusse）、阿根廷的卡洛斯·梅内姆（Carlos Menem）、伯利兹的赛义德·穆萨（Said Musa）和牙买加的爱德华·西加（Edward Seaga）。在美国，黎巴嫩基督教移民的后代在政治、经济和文化精英中的代表比例很高，其中拉尔夫·纳德（Ralph Nader）是 2000 年大选的总统候选人。在西非，在独立后的塞拉利昂，黎巴嫩人（不到人口的 1%）完全控制了经济中最具生产力的部门，包括黄金和钻石贸易、金融、零售、运输和房地产。特别是在西亚卡·斯蒂芬斯（Siaka Stephens）总统的领导下，五名黎巴嫩寡头（借用苏联时期的一个术语）组成了该国事实上的政府。[47]

大英帝国推动了印度人的流散，帝国瓦解后，各种印度人的流散活动继续存在，而且从事的领域进一步扩大，包括传统的墨丘利（犹太）职业，如贸易、金融、服装、珠宝、房地产、娱乐和医药等。尽管持续存在歧视，但果阿人（Goans）、耆那教徒、伊斯玛仪派和古吉拉特人等仍在东非大部分地区的经济和职业生活中占据主导地位（比如说，肯尼亚独立后，70%~80%的制造业企业由这些人控制）。耆那教徒极其"严格刻板"，可能是所有印度侨民社群中最富有的，他们在国际钻石贸易中仅次于犹太人。80年代末，他们在纽约、安特卫普和特拉维夫等钻石交易中心站稳了脚跟，毛坯钻石采购量约占全球的1/3。在美国，印度人（主要是古吉拉特人）拥有约40%的小型汽车旅馆，包括约1/4的戴斯连锁酒店特许经营权，以及大量位于大城市中心的廉价旅馆。1989年，海外印度人的全球房地产投资总额约为1000亿美元。与此同时（80年代），在美国留学的印度学生人数翻了两番，达到2.6万多人。到1990年，加州硅谷大约有5000名印度工程师和数百名印度百万富翁。美国总共大约有2万名印度工程师和2.8万名医生，其中包括10%的麻醉师。但印度侨民皇冠上最大的宝石可能是他们过去的"母国"——英帝国。伦敦是许多印度商业家族的总部，在整个英国，印度和巴基斯坦男性自雇的比例比"白种人"英国人高60个百分点，在管理和专业人员中所占比例过高。70年代，印度人和巴基斯坦人经济地位上升的比例是英国其他人口的3倍。[48]

迄今为止，世界上最大、分布最广的墨丘利社群是海外华人。他们大多数住在东南亚，在那里他们遇到的市场竞争相对较少，因为他们已经从行商、放债和小规模手工艺转向银行、制衣和农业加工，占据了经济主导地位。[49]

一些最近离乡背井的阿波罗似乎能够并且愿意把自己变成墨

丘利，个中原因，人们众说纷纭，莫衷一是。为什么中国和日本农民来到新天地后通常会创业？为什么在非洲的大多数印度人，不管来自什么背景，都变成了班尼亚（baniya）①商人？为什么黎巴嫩村民一直无视巴西政府的呼吁（巴西政府需要独立的农民来开发南部，需要农场工人来代替奴隶，需要工厂工人来帮助实现工业化），却在丛林中跑江湖，过危险的流浪生活？

为了回答这些问题，一些作者试图在琐罗亚斯德教、耆那教、犹太教、儒教或江户幕府（Tokugawa）宗教中找到一种"新教伦理"。[50] 这种研究的困难在于，服务型游民似乎比看似合理的新教徒多。人们可以在亚美尼亚的使徒教徒（Armenian Gregorians）和黎巴嫩的马龙派教徒（Lebanese Maronites，最初移民到美洲的大部分阿拉伯人）的国家基督教中寻找独特的墨丘利特征，但是，他们很难证明东正教为奥斯曼希腊人提供了大量创业"弹药"，或者罗马天主教造成了意大利裔美国人在城市贫民区大量从事娱乐、有组织犯罪和零售贸易等典型墨丘利活动。马克斯·韦伯（Max Weber）坚持严格区分基于规则的资本主义和部落创业精神，并暗示犹太教中的一些"加尔文主义"因素是相对较晚产生的，为适应背井离乡的状况，而非商业灵感的来源。他的这种观点也可能让他失去了一些追随者。

另一种方法指出了区域贸易惯例影响了当地人对经济收益的态度，并且导致墨丘利精神广为人知并且可能得到支持。例如，托马斯·索维尔（Thomas Sowell）说："中东处于经济的战略位置，几个世纪以来是欧洲和亚洲贸易的十字路口，促进了许多贸易港口和贸易民族的发展，其中犹太人、亚美尼亚人和黎

---

① 班尼亚种姓是印度教徒第三大种姓吠舍（Vaishya）的一支，是商人种姓。

巴嫩人尤为突出。"索维尔认为，海外华人也是如此，"他们来自条件也比较恶劣的中国南方，在这个地理因素上没有工业发展前景的地区，贸易是他们得以生存的一种技能，因为这里有贸易港口"。一些印度或东亚的墨丘利可能也是如此——但其他人显然不是。例如，与大多数来自波罗的海或地中海等贸易中心的移民相比，韩国和日本的移民更热衷于并且更擅长扮演中间人的角色。[51]

或许对成功的墨丘利主义最流行的解释是"企业化亲属关系"，据说这种关系促进了内部信任和服从，同时限制了潜在受益者的数量。换句话说，裙带关系可能对资本主义有好处——只要一个人的侄子清楚地理解并认真地履行职责和享有权利。[52] 实际上，几乎所有亚美尼亚人、韩国人、黎巴嫩人、散居国外的印度人以及美国的意大利人企业都是家族企业。即使是在伦敦、纽约、洛杉矶和旧金山设有办事处的最大的海外华人商业和制造业帝国，也与罗斯柴尔德银行相似，地区分公司通常由创始人的儿子、兄弟、侄子或女婿经营。根据这一理论，真正的墨丘利信仰是狂热的家族主义（在一个陌生的地方，这种信仰可能会扩展到更大的家系，最终扩展到所有上帝选民）。如果儒家思想的核心是"家庭的神化"，那么到美洲的大量意大利移民的行为可以归因于弗朗西斯·福山所说的"意大利儒家思想"。[53]

企业裙带关系的严格社会生物学解释（如凡·登·贝赫格提出的解释）的问题在于，一些最成功的墨丘利企业——德国和日本企业，以及西西里黑手党——不是家族团体。相反，他们采用家族形式和隐喻来创建持久而有凝聚力的准家族——在日本是从大师－弟子剑术团体到财阀集团（zaibatsu）的商业伙伴关系。结果似乎是，最适合担任墨丘利角色的新候选人是那些与旧墨丘利部落最相似的团体。志向远大的人必须具备的主要特征是能够整合内在凝聚力和外在陌生感：凝聚力越强，陌生感越大；陌生感越大，凝聚力越强。不管哪种特征先出现。这两者的最佳保证是一种毫不妥协的意识形态化家族主义［familism，部落主义（tribalism）］，这可能是生物性的，也可能是后天发展的，并且可以通过强烈的上帝选民感和文化优越感得以加强——或者实际上被这类感觉取而代之。不坚持独身制的千禧年教派总是采用内婚制——因此也是潜在的部落；认真对待自己命运和陌生感的内婚部落也是宗教教派。54

———————————

服务型游牧——旧式的或新型的、书面的或口头的——一直是一个危险的命题，无论其最新版本的源头是什么。作为手无寸铁的内部陌生人，墨丘利们就像他们是外国人那样容易受到伤害，特别是因为要在传统食物生产商中作为服务型游民持续生存下去，必要条件是居住隔离（在森林营房、商业区或民族聚居地）。在无政府社会中，他们受到超自然力量和独有的专业能力的保护；在其他地方，他们因为征税精英受益于其专长而得到保护——或者没有受保护。

大多数服务型游民的历史是一个零星基层种族遭迫害和永久的国家间矛盾的故事，因为种种政权不是找借口敲诈勒索，就是时不时没收、改造、驱逐和处决他们。欧洲吉卜赛人通常被认为是危险的寄生虫（娱乐是"波希米亚"活动中唯一因有利可图而受监管的），因此他们被无情地追捕，即使鲜有定罪。知文识字的墨丘利通常被认为是不可或缺的，但也是危险的，因此他们被允许定居（包括可以受到国家保护和经济垄断），保留外国人习俗（包括物理隔离、宗教自治和行政自治）。

　　游民们要保持有用，关键是取得经济上的成功；而他们在经济上取得的显赫成功导致了更重的税收、大众暴力以及本土竞争对手的反复抱怨。无论如何，因为迫切需要财政收入或政治替罪羊，长期有用性的考虑变得次要了；偶尔，为了支持宗教普遍性或官僚透明度，这种考虑被完全摒弃。例如，在西属菲律宾，1596 年有 12000 名华人被驱逐出境，1603 年大约有 23000 人被屠杀，1639 年又有 23000 人被屠杀，1662 年大约有 20000 人被屠杀；1755 年，所有非基督教华人（还有许多皈依基督教的华人）都被驱逐；1764 年，6000 人被杀；1823 年征收特别税，导致华人大规模逃亡和监禁。[55]

　　民族主义和共产主义的兴起，似乎为最终解决这个问题铺平了道路。如果所有民族都有权拥有自己的国家，所有国家都要体现民族，那么所有内部陌生人都是潜在的叛徒。他们可能被允许同化，也可能不被允许同化，但是有关他们继续保持差异和特殊化的合法论据越来越少。在一个民族国家，公民身份和民族（文化）密不可分；非本国民族是外国人，因此不是真正的公民。此外，如果所有国家的无产者才能继承地球，那么服务型游民将被剥夺继承权，因为他们是"资产阶级走狗"或纯粹的资产阶级。一些墨丘利们变成了共产主义者（反对种群民族主义），一些变成了墨丘利民族主义者（反对共产主义和种群民族主义），但是民族主义和共产主义从根本上来说都是阿波罗主义，所以许多没有被谋杀的墨丘利变成了作为墨丘利后裔的阿波罗主义者，或者是新"复兴"的以色列和亚美尼亚的公民（他们通常比阿波罗本人更为阿波罗化，也更加军事化）。

　　1903 年夏天，在基什尼奥夫（Kishinev）排犹暴动后不久，

/ 037

海地政府禁止外国人从事零售业，并在随后的反黎凡特大屠杀中袖手旁观。两年中，当地报纸（包括专门为此目的创建的《反叙利亚报》）猛烈抨击"黎凡特怪物"和"犹大后裔"，偶尔还呼吁"消灭叙利亚人"。直到外国势力（其代表对黎凡特人的态度也很矛盾）施加压力，1905 年 3 月的驱逐令才未全面生效，大约 900 名难民离开了这个国家。[56] 在大西洋的另一边，1919 年，在塞拉利昂的弗里敦（Freetown），黎巴嫩居民在市政厅和另外两栋建筑中被保护性拘留八周，而他们的财产当时正在被抢劫、摧毁。事后，英国殖民办公室"为和平起见"，考虑要大规模驱逐黎巴嫩居民出境，但后来选择继续保护他们。大约二十年后，即将上任的泰国总理手下的文化委员发表了一篇广为人知的演讲，他在演讲中提到希特勒的排犹主义政策，并宣称"现在是暹罗考虑与他们自己的犹太人打交道的时候了"，他指的是华裔（他本人也是一名华裔）。正如拉玛六世瓦栖拉兀（Vajiravudh）在一本名为《东方犹太人》的小册子中所写，"在金钱问题上，华人……为自己的精明沾沾自喜……"。[57]

对土耳其的亚美尼亚人和亚述人以及欧洲的犹太人和吉卜赛人进行"根除"的企图，几乎遭到普遍谴责，但这丝毫没有削弱新近出现的反墨丘利热情。在新独立的非洲国家，"非洲化"除其他方面外，意味着要歧视印度和黎巴嫩的企业家和公务员。在肯尼亚，他们因为是"亚洲人"而遭排挤；在坦桑尼亚，他们因为是"资本家"受到排斥。在这两个地方，他们都被认为是"吸血鬼"和"水蛭"。1972 年，乌干达总统伊迪·阿明（Idi Amin）驱逐了大约 70000 名印度人，而且还让他们留下资产，在他们临走时，对他们说，"除了不惜一切代价追逐最大的利润，你们对这个国家没有什么兴趣"。1982 年，在内罗毕发生政变后，印度人遭遇大规模屠杀，约500家商店被洗劫一空，至少20名妇女被强奸。[58]

在后殖民时代的东南亚，华人在类似的建国活动中也成了靶子。在泰国，他们被排除在27个职业之外（1942年）；在柬埔寨，他们被排除在18个职业之外（1957年）；在菲律宾，无情的"反外国人"法律影响他们拥有或继承某些资产和从事大多数职业——同时让他们更难摆脱"外国人"身份。1959~1960年，苏加诺（Sukarno）总统禁止外国人在印度尼西亚农村地区开展零售贸易，导致大约13万名华人仓促离开，1965~1967年，苏哈托（Suharto）将军的反共运动伴随着大规模反华暴力。像其他几个现代墨丘利社群一样，东南亚华人在共产主义者和资本家中所占比例很高，一些土著社群经常认为他们体现了所有形式的世界主义现代性。1969年，吉隆坡的反华骚乱导致近千人死亡；1978~1979年，成千上万的越南华人作为"船民"逃离越南，前往中国。20世纪末，印度尼西亚总统苏哈托的统治结束，他曾关闭了华语学校，禁止使用汉字（除了一家政府控制的报纸），但同时又依靠华人企业集团的财政支持。推翻政权的民众示威活动最终导致了巨大的反华骚乱。

英语中没有"反华"（anti-Sinicism）这个词，除了中文，其他任何语言也没有（甚至在中文中，"排华"这个词使用也有限，没有被普遍接受）。描述印尼华人角色和命运的最常见方式是称他们为"亚洲犹太人"。对于1998年5月雅加达发生的事件，最恰当的英语（也包括法语、荷兰语、德语、西班牙语、意大利语）名词可能是"pogrom"，源自俄语，意思是"屠杀""抢劫""城市暴乱""对特定社群的暴力袭击"，主要用于排犹暴力。在中世纪和早期现代的欧洲，犹太人的社会和经济地位并非不同寻常，但是无论在哪里，他们都有着服务型游民的显著特点。所有墨丘利都代表了农村劳动中的城市技艺，在城市付出高昂代价取胜后，大多数知文识字的墨丘利成了主要受益者和替罪羊，但是只有犹太人——欧洲这些识文知字的墨丘利——代表了各地的墨丘利主义和现代性。普世墨丘利主义时代变成了犹太人的时代，因为这个时代始于欧洲。[59]

　　鼻子看着少校，眉头皱了一下。"您错了，亲爱的先生。我完全靠自己。"

—— N.V. 果戈理,《鼻子》

／ 040

　　巴比伦囚禁后的犹太人是欧洲的伊纳丹人，北方的亚美尼亚人，基督教世界的帕西人。他们是卓有成就的典型墨丘利，因为他们长时间大量从事服务型游牧，为墨丘利的生活方式以及终极超越这种方式在意识形态上提供了精巧的合理性辩解。同时，他们还从事各式各样的传统服务业，从贩卖、锻造到医药和金融等。他们一年到头都是内部陌生人，是阿波罗和狄俄尼索斯的对立面，在各行各业以种种形式熟练地供应"聪明才智"。

　　但是他们并非只是非常擅长自己的行当。他们还是非凡的墨丘利，因为在基督教欧洲，他们既古怪又常见。当地阿波罗的上帝、祖先和经文都来自犹太人，而犹太人所谓的最大罪行——造成他们无家可归的原因——是他们拒绝了一名犹太教叛教者。这种共生关系并非绝无仅有（在亚洲部分地区，所有的书面文字、学问以及服务型游牧都来自中国），但是，可能没有部落流亡者像犹太人在欧洲那样自在。基督教世界从犹太人开始，而没有犹太人就不能结束。

／ 041

　　然而，最重要的是，犹太人成了世界上最奇怪的陌生人，因为他们在一个几乎完全墨丘利化的大陆上工作，并相应地重新塑造世界很多地方。在一个服务型游牧时代，犹太人通过变成模范"现代人"而成为"上帝选民"。

　　这意味着越来越多的阿波罗，首先是在欧洲，然后是在其他地方，必须变得更像犹太人：城市化，流动灵便，有文化，思维敏捷，职业灵活，周围都是外国人（因此讲究洁净，无男子气概，还有创造性的饮食禁忌）。新市场不同于旧市场，因为它是匿名的，而且（相对来说）没有嵌入社会关系：这种市场是陌生人之间的交流，每个人都尝试扮演犹太人，取得了不同程度的成功。

其中最成功的是马克斯·韦伯的新教徒，他们发现了一种很严肃而又有尊严的方式来做犹太人。一个人可以在放高利贷并从财富中获得特权的同时又保持道德高尚——而不是通过慷慨施舍和掠夺（或简单地全部吞并财富），依靠投资财富来获取名誉。与此同时，随着专业牧师和神圣奇迹的消失，每一个希望灵魂获救的人都不得不通过阅读书籍来咨询上帝，通过遵循规则来追求正义。教堂变得更像犹太教会堂（shuln，或称"学校"）；美德专家变得更像教师（拉比）；每个信徒都成了和尚或牧师（即更像犹太人）。摩西的祷告——"愿上帝保佑耶和华的子民都是先知"（《民数记》，11：29）——已经被听到了。

崭新的现代世界（别样华丽地）建立在无止境追求财富和学问的基础上，这两种职业都向人才开放，就像在犹太人聚集区或贫民区，大多数人才从事传统的墨丘利式职业：当然是创业，也包括医学、法律、新闻和科学。灵魂的逐渐消亡导致对身体纯洁的强烈关注，因此饮食再次成为拯救的关键，医生开始与牧师争当长生不老的专家。书面合同和宪法取代神圣的誓言和契约，这使律师成为新的经济、社会和政治秩序中不可或缺的监护人和解释者。传统的智慧和阿波罗的尊严（好奇心的最大敌人）已经过时，这提升了过去的传令员和街头公告员的地位，使他们变成了知识和道德记忆的强大提供者（"第四"和"第五"等级）。宇宙的自然化让每个科学家都想当普罗米修斯。

甚至拒绝追求财富或学问也是一种墨丘利式灵感。名副其实的"波希米亚人"通过从事新型乞讨、预言和算命，以及多少有点儿煽动性的歌舞，占领了新市场的外围。他们不是社会的正式成员，却完全依赖于社会，作为危险、不洁和超自然服务的最传统供应者，他们通过让顾客对其产生反感来谋生。他们对自己的成员的资格要求包括服务游牧、持续（有时颇具讽刺意味）反抗主流习俗、对待东道国社会持强烈的道德优越感，还要摆脱所有外部亲属义务。要嘲笑、挑战并救赎一个未来都是由犹太人和新教徒组成的社会，就必须成为一个吉卜赛人。

"犹太人和新教徒"在多个方面都是恰当的隐喻，因为在现代经济中，通往成功的道路不止一条。维尔纳·桑巴特（Werner Sombart）能将资本主义的崛起归因于犹太人，是因为他夸夸其谈（从而使自己的观点严重受损）；韦伯通过强调历史因果关系（从而回避讨论当代犹太人），在新教伦理和资本主义精神之间建立了排他性关联；试图理解种种亚洲奇迹的学者们，不得不重新定义"新教伦理"，或者描绘出一条独特的亚洲"家族主义"或"基于人际网络"的资本主义道路。[1]然而，欧洲路线似乎一开始就包含了两条道路（家族主义和个人主义）：一方面，犹太人尤其依赖他们作为专业陌生人的团结部落的专业知识；另一方面，各种新教徒及其模仿者却通过将经济计算引入道德共同体，同时将无数外来者转化为道德主体（和值得信赖的客户）——或者，正如本杰明·纳尔逊（Benjamin Nelson）所说的那样，通过将兄弟转变为他人，将他人转变为兄弟（因此每个人都是陌生公民）来建立他们的山巅之城。[2]

自韦伯以来，人们通常认为"现代资本主义兴起于希伯来兄弟会的部落社群主义的废墟之上"。[3]事实上，它们作为现代经济组织的两项基本原则共存，但并不总是和平共处：社群主义将亲属关系作为核心结构要素，资本主义则将在形式合法基础上追求经济私利的理性个人奉为神圣。这两者都是通过实践、意识形态强化和艰苦的自制习得的行为（在现实世界中，这些努力的比例各不相同）。社群主义要求部落主义和商业主义相结合，这在传统的墨丘利社区之外很少见；资本主义要求一定程度的禁欲主义和对客观的人为规则的坚持，在几乎不受新教或改革后的天主教影响的社会中，这些规则似乎是无法达到的（或者说是无法理解的）。社群主义"利用裙带关系为资本主义服务"；资本主义——不顾所有证据——认为两者不相容。社群主义具有可疑的合法性，并倾向于避免出风头；资本主义强烈厌恶"腐败"，假装具有唯一真正现代的思想。[4]

当然，犹太人并没有垄断家族主义，但是毫无疑问，他们做生意成功是由于结合了内部凝聚力和外部陌生性——（事实证明）本地企业家能够参与竞争的唯一方式是对抗家族团结并且针对陌生人立法。大多数人（东道主）只能通过强迫每个人背井离乡来模仿墨丘利（访客）。一名苏格兰新教徒不仅仅是吃猪肉的犹太人，就像海涅会说的那样；他还是一个孤独的犹太人，一个没有以色列民族的犹太人，是上帝唯一的选民。[5]

但这并不是全部情况。不仅部落道路以及新教道路是欧洲现代化的一部分；而且新教道路本身是部落的也具有重要意义。新的市场、权利和个人必须由一个新建国家来组成、界定、批准和保护。民族主义是现代性的一种功能，既是前提，又是防御反应，而现代性除了其他特征，还是部落主义的新版本。新教徒和自由派没能创造出这样一个世界："所有人都是兄弟，因为他们都是平等的他人"。[6]相反，他们在核心家庭和国家这两个支柱上建立了一个新的道德社区，前者以个人的身份出现，后者以核心家庭的身份出现。亚当·斯密和他的大多数读者都认为财富在某种意义上是"国家的财富"，所以他们没有太注意到还有其他人，还有其他其他人。

换句话说，欧洲人模仿现当代的犹太人，也模仿他们的古人。现代性与"希伯来兄弟会的部落社群主义"密不可分——核心家庭的神圣性和部落的天选性都是如此。随着墨丘利主义时代的展开，基督教徒看到了他们的错误，一方面开始温和对待普遍的兄弟情谊，另一方面对神圣和世俗（圣职和平信徒）网开一面。最初是神祇的国有化，最终是国家的神祇化。首先，事实证明《圣经》可以用本地语言写，亚当和夏娃在天堂说法语、佛兰德语或瑞典语。然后，很明显，每个国家都有自己"堕落"前的黄金时代、自己的圣书和自己杰出却鲁莽的祖先。[7]

早期的基督徒背叛了犹太教，把耶路撒冷搬到了天堂；现代基督徒可以说是通过将耶路撒冷搬回地球并根据需要进行克隆，恢复了他们的根。正如威廉·布莱克宣称的那样，

> 我不会停止精神斗争，
> 我的剑也不会在手中沉睡，
> 直到我们建造了耶路撒冷，
> 在英格兰绿色宜人的土地上。[8]

民族主义意味着每个国家都将成为犹太族。他们每一个人都"因我们的过犯受害"，"为我们的罪孽压伤"（《以赛亚书》，53：5）。每一个民族都是上帝选民，每一块土地都是应许之地，每一

个首都都是耶路撒冷。基督徒可以放弃像爱自己一样爱邻居——因为他们终于发现自己是谁（法国人、佛兰德人、瑞典人）。他们就像犹太人一样，因为他们出于信仰而爱自己，而不再用神迹——唯一真正的神迹是国家故事的继续展开，每个国家的成员都通过仪式见证了这一点，并且日益通过阅读见证。

在欧洲大部分地区，随着民族语言的神圣化和最终的标准化，一些作家因其作品被崇敬。意大利的但丁、西班牙的塞万提斯、葡萄牙的卡蒙斯、英国的莎士比亚，后来德国的歌德（与席勒）、俄国的普希金、波兰的米基维奇（Mickiewicz），以及其他各种各样的人成为非常成功的受崇拜对象（民间以及官方），因为他们象征着其国家的黄金时代，或者更确切地说，是他们国家最初统一的现代、新恢复、清晰、个性化的版本。他们通过体现其国家的精神（通过语言及自己的生活），将历史和神话转化为高雅文化，并将地方的和绝对的变成彼此的形象，来塑造和提升他们的国家。他们都"发明了人文"，"说明了一切"；他们是真正的现代先知，因为他们把母语转变成希伯来语，即天堂里说的语言。[9]

部落主义和陌生感的培养（现代性作为普遍的墨丘利主义特征），涉及对身体纯洁的强烈关注。文明作为对抗气味、排泄物、分泌物和"细菌"的斗争方式，与仪式上的墨丘利隔离和科学的兴起同样都有重要关联。例如，吉卜赛人欢迎预先包装好的食物和一次性用具，认为它们是与马里姆（marime，不洁）做斗争的有用辅助工具，一些犹太医生认为犹太教的饮食教规、割礼和其他仪式做法是现代卫生的先声。[10]

墨丘利式的陌生意味着清洁和超然离群，墨丘利式的部落主义也是如此。如同传统的犹太人和吉卜赛人热衷于其社群的仪式纯洁和自治，现代国家也热衷于让政治体保持对称、透明、无污点、有界性。从某种意义上说，好公民（包括爱国主义者）是犹太人在一个不洁世界里尽力保持个人和集体身份的翻版。不过，现代国家并非由时时被围困、受轻视的少数民族组成（尽管许多国家自认为如此）。在全副武装、彻底官僚化、未完全犹太化的阿波罗手中，墨丘利无情地膨胀了其排外性和挑剔性。在有弥赛亚倾向的阿波罗手中，这种特性有致命危险——尤其是对墨丘利们来说。犹太人大屠杀与传统和现代的关联不相上下。[11]

———————————

随着欧洲人痛苦地转变为犹太人，犹太人从法律、仪式和社会隔离中崛起。新社会建立在之前被认为是不洁的职业的基础上，专门从事这些职业的隔离社区失去了存在的理由——对专业人士本身及其客户来说。与此同时，新国家对宗教越来越漠不关心，因此对宗教差异越来越"宽容"，从而更具包容性，也更具侵扰性。随着犹太人社区开始失去独立性、凝聚力和自足性，个别犹太人开始获得新的法律保护和新的道德合法性，即使他们继续从事墨丘利式职业。他们中的一些人变成了阿波罗，甚至基督教徒，但大多数人只是加入了他们在想象中创造的世界。在这个世界里，每个人都会穿上赫尔墨斯那"难以形容、不可思议的奇妙"凉鞋。

当然，大多数不受"新教伦理"约束的阿波罗穿不了这种凉鞋，就像灰姑娘的继姐妹不能穿她的水晶鞋一样——至少直到他们有时间练习并进行适当调整。犹太人的旅行也许同样动荡不安，但是路程要短很多。犹太人早就是城市居民（包括那些东欧农村中犹太人集聚区中的城市居民），与他们的东道主相比，他们几乎没有内部等级区分的传统（"整个犹太人居住区，可以说都是'第三等级'"）。他们倾向于将社会地位建立在个人成就的基础上，将成就与学问和财富相联系，通过阅读和解读文本来寻求学问，通过培养陌生人而不是耕耘土地、崇奉神灵或驯服野兽来追求财富。在一个难民社会中，永久流亡者可能会有宾至如归的感觉（或者有段时间看似如此）。[12]

19世纪，中欧和西欧的大多数犹太人移居大城市，参与解放"普罗米修斯"［大卫·兰德斯（David Landes）用这个词来形容资本主义的崛起，在此我们也方便地借用这个说法］。他们以自己的方式做了这件事，部分原因是其他渠道仍然关闭，但也因为他们自己的方式非常有效，而且经过充分排练（普罗米修斯在成为殉难文化英雄之前，曾经是一个类似赫尔墨斯的骗子和操纵者）。无论他们去何方，比起非犹太人来，他们自雇的比例都较高，更集中从事商贸，并且明显喜欢建立经济独立的家族企业。大多数犹太工薪劳动者（在波兰是一个人数可观的少数群体）在犹太人拥有的小型商店里打工，大多数大型犹太银行，包括罗斯柴尔德家族（Rothschilds）、布莱希罗德家族（Bleichräders）、托德斯科斯家族（Todescos）、斯特恩家族（Sterns）、奥本海默家族（Oppenheims）和塞利格曼家族（Seligmans），都是家族合伙企业，兄弟和堂兄弟——通常与表亲结婚——驻扎在欧洲不同地区（姻亲和族外结亲女性通常被禁止直接参与商业活动）。19世纪初，柏林52家私人银行中有30家是犹太家族拥有的；一百年后，这些银行中许多成为股份公司，由犹太人经理，其中一些与原来的所有人直接相关，彼此之间也直接相关。最大的德国股份制银行，包括德意志银行

（Deutsche Bank）和德累斯顿银行（Dresdner Bank），都是在犹太金融家的参与下成立的，罗斯柴尔德家族在奥地利的信贷银行（Creditanstalt）和在法国的佩雷尔信贷银行（Pereires' Crédit Mobilier）也是如此。在魏玛德国其余的私人银行（即非股份银行）中，几乎一半是犹太家族拥有的。[13]

在 19 世纪末的维也纳，40% 的公共银行的董事是犹太人或犹太人后裔，除一家银行外，所有银行都由犹太人（其中一些是由古老银行家族的成员）管理，受到有正式头衔和土地所有权的假冒非犹太人（paradgoyim）保护。1873~1910 年，在政治自由主义的鼎盛时期，维也纳证券交易所理事会（Börsenrath）中犹太人的比例稳定保持在 70% 左右。1921 年，在布达佩斯，证券交易所 87.8% 的会员以及货币经纪人协会 91% 的会员是犹太人，其中许多人都被授予了贵族爵位（因此，在某种意义上，也就是假冒非犹太人）。在工业方面，有一些非常成功的犹太大亨［如电气工程行业的瑞希那斯家族（Rathenaus），煤炭行业的弗里德恩－富尔德家族（Friedländer-Fulds），化学工业方面的蒙德家族（Monds），造船方面的鲍林家族（Ballins）］。一些地区的犹太工业所有权比例较高（如匈牙利），一些工业有强烈的"犹太"色彩（如纺织、食品和出版），但是犹太人对工业发展的主要贡献似乎在于银行的融资和管理控制。在奥地利，1917 年，同时担任 7 个以上董事职位的 112 名工业董事中，一半是与大银行有关联的犹太人。在"二战"期间的匈牙利，超过一半，也许高达 90% 的工业由少数密切相关的犹太银行家族控制。1912 年，英国和普鲁士的百万富翁中有 20% 是犹太人（在普鲁士，其财富超过 1000 万马克）。1908~1911 年，在整个德国，占总人口 0.95% 的犹太人，占最富有家庭的 31%［根据 W. D.

鲁宾斯坦（Rubinstein）的数据，"犹太人经济精英比例过高"，高达 33%，是世界上最高的]。1930 年，匈牙利最富有的纳税人（收入超过 20 万帕戈）中，约 71% 是犹太人。当然，被称为"世界银行家"以及"犹太国王"的罗斯柴尔德家族，在很大程度上是 19 世纪最富有的家族。[14]

一般来说，犹太人在银行家中是少数；银行家在犹太人中是少数；犹太银行家之间的竞争过于激烈，与不稳定和相互敌对的政权关联太多，以至于无法拥有永久和易于管理的政治影响力（海涅称罗斯柴尔德和富尔德为"两个金融拉比，他们像希勒尔和沙马伊一样相互对立"）。尽管如此，很明显，欧洲犹太人作为一个群体在新的经济秩序中非常成功，他们平均比非犹太人富裕，而且他们中的一些人设法将其墨丘利专长和墨丘利家族主义转化为相当大的经济和政治权力。第一次世界大战前，匈牙利的国家相对稳定，因为有强大的商业精英的积极支持，这些精英群体规模小，凝聚力强，相互联姻，绝大多数是犹太人。正如奥托·冯·俾斯麦（Otto von Bismarck）所宣称的那样，新的德意志帝国不仅建立在"血和铁"的基础上，还建立在黄金和金融专业知识上，主要由俾斯麦和德国的银行家格森·冯·布莱赫罗德（Gerson von Bleichröder）提供。罗斯柴尔德家族通过向政府贷款、投机政府债券而致富，因此当该家族的成员强烈提出意见时，政府会听（当然，并不总能听到）。亚历山大·赫尔岑所著的《往事与随想》（*My Past and Thoughts*）中最有趣的一幕是，"国王陛下"詹姆斯·罗斯柴尔德（James Rothschild）胁迫尼古拉斯一世（Nicholas I）交出"俄国社会主义之父"从拥有农奴的德国母亲那里得到的钱。[15]

金钱是进步的一种手段；教育是另一种手段。当然，这两者密切相关，不过在进步中所占的比例可能有很大差异。在整个现代欧洲，教育有望带来金钱；显然，只有在犹太人中，人们普遍认为金钱会带来教育。犹太人在职业教育机构中的比例一直过高，但是犹太商人后代的比例过高似乎特别引人注目。在19世纪末的维也纳，犹太人约占总人口的10%，在培养学生升入高等学校的高中里，犹太学生约占30%。1870~1910年，维也纳市中心约40%的高中毕业生是犹太人；这些学生中，父亲从事商业的，犹太人占80%以上。在德国，51%的犹太科学家的父亲是商人。在犹太人挣脱贫民区的旅程中，他们似乎都是通过商业上的成功走向了自由职业。[16]

这条路线上的主要中途站是大学。在19世纪80年代，犹太人只占奥地利人口的3%~4%，但在所有大学生中占17%，在维也纳学生总数中占1/3。在匈牙利，犹太人约占人口的5%，在所有大学生中犹太人占1/4，在布达佩斯科技大学，43%的学生是犹太人。1910~1911年，在普鲁士，犹太人占人口总数的不到1%，约占大学生的5.4%，在柏林大学中，17%的学生是犹太人。1922年，在新独立的立陶宛，犹太学生占考纳斯大学学生总数的31.5%（不过，由于政府的本土化政策，这种情况没有持续很久）。在捷克斯洛伐克，大学生中犹太人的比例（14.5%）是普通人口的5.6倍。将犹太人与处于类似社会经济地位的非犹太人进行比较时，差距会变小一些（尽管仍然令人惊讶）；保持不变的是，在中欧和东欧的大部分地区，处于类似社会经济地位的非犹太人相对较少。在东欧的大部分地区，几乎整个"中产阶级"都是犹太人。[17]

因为政府公务员工作大多不对犹太人开放（可能是因为犹太人普遍倾向于自由职业），大多数犹太学生从事的职业是"自由职业"，这与他们的墨丘利教养一致，并且碰巧这些职业对现代社会的运作是至关重要的：医学、法律、新闻、科学、高等教育、娱乐和艺术。在世纪之交的维也纳，62%的律师、一半的医生和牙医、45%的医学院老师、1/4的大学教师是犹太人，51.5%~63.2%的职业记者也是犹太人。1920年，在匈牙利，59.9%的医生、50.6%的律师、39.25%的私人工程师和化学家、34.3%的编辑和记者，以及28.6%的音乐家，根据宗教认同，自称是犹太人（如果要算上皈依基督教的人数，比例可能会高很多）。在普鲁士，1925年，16%的医生、15%的牙医、1/4的律师是犹太人；在两次世界大战之间的波兰，犹太人占私人执业医生总数的56%，占私人教师和教育工作者总数的43.3%，占律师和公证人总数的33.5%，占记者、出版商和图书馆馆员总数的22%。[18]

在所有传播新世俗真理的牧师和神谕者等特许专业人士中，信使的墨丘利特性最明显，他们最显眼、最边缘化、最有影响力——而且常常是由犹太人担任。在20世纪早期的德国、奥地利和匈牙利，大多数不是专属于基督教或排犹的全国性报纸，都是由犹太人拥有、管理、编辑、充当职员的（在维也纳，甚至基督教和排犹报纸事实上有时也是由犹太人制作的）。正如史蒂文·贝勒（Steven Beller）所说，"在这个时代，报刊是唯一的大众媒体，无论是文化媒体还是其他媒体，自由主义报刊在很大程度上是犹太报刊"。[19]

在较小程度上，出版社以及许多公共场所也是如此。在这些场所，人们口头或非口头（通过手势、时尚和仪式）交流信息、预言和发表社论。"犹太人解放"，除了其他方面，是犹太人为了寻求一个中立（或者用雅各布·卡茨的话来说，至少是"半中立"）的社会，在该社会中，中立的行动者可共享一种中立的世俗文化。正如阿尔金斯侯爵（marquis d'Argens）代表摩西·门德尔松（Moses Mendelssohn）写给腓特烈大帝（Frederick the Great）的信中所说，"一个坏天主教哲学家恳求一个坏新教哲学家授予一个坏犹太哲学家（在柏林居住的）特权"。在上帝眼里，做坏事是一件好事，因为上帝要么不存在，要么不能总是分辨好坏。对犹太人来说，中立和平等的第一个角落是共济会住所，其成员都坚信"所有人都信仰一致意见的宗教，并保留自己独特的意见"。当似乎唯一剩下的宗教是每个人都赞成的宗教时，一些特定的观点变成了"公众舆论"，犹太人成为重要的、非常公开的舆论制造者和舆论交易者。19世纪早期，德语世界最著名的沙龙女主人是犹太妇女，在剧院、音乐厅、美术馆和文学社团中，"公众"的一部分，有时甚至是最大的一部分，是犹太人，男女都有。维也纳文学咖啡馆的大部分顾客似乎都是犹太人——他们评判的许多艺术家也是如此。尤其是中欧的现代主义，在很大程度上都是"被解放的"犹太人创造的。[20]

　　科学（"science"一词来自"scientia"，意思是"知识"）也是如此，这是另一个与手工艺密切相关的超越性墨丘利专业。对许多犹太人来说，从研究法律转变到研究自然法正合其意，而且他们也非常成功。研究个体的新科学［心理学（psychology），以普赛克（Psyche）命名，希腊语中的意思是"灵魂"，长期因厄洛斯（Eros）的残酷行为而受害］几乎完全是犹太人的事务；在文学史家弗里德里希·贡多尔夫（Friedrich Gundolph，本名Gundelfinger）看来，新的社会科学似乎是一个"犹太教派"；可能几乎所有的旧科学，尤其是物理、数学和化学，都因为犹太人的涌入而受益匪浅。魏玛时期德国公民获得的九项诺贝尔奖中，至少有五项授予犹太裔科学家，其中一名科学家阿尔伯特·爱因斯坦也加入了罗斯柴尔德的行列，成为现代时期的偶像。或者更确切地说，罗斯柴尔德仍然是一个名字，"无形之手"的一个幽灵般的象征，而爱因斯坦成了一个真正的偶像：一个神的形象，一个心灵的面孔，一个普罗米修斯精神的先知。[21]

19世纪和20世纪之交，犹太人在现代生活中心领域所取得的惊人成功，引发了一场关于其起源的激烈辩论。排犹历史记录中通常包括一些争论和突发矛盾，但辩论的内容远不止于排犹（无论如何定义）。犹太人"在我们生活中非常重要，并且在许多领域实际上主宰我们的生活"。对这一重大（而且完全"负面的"）事实，"自由、忠诚"的条顿人的种族主义理论家、热情激昂的诗人休斯顿·斯图尔特·张伯伦（Houston Stewart Chamberlain），提出了一些微妙而有影响力的解释。首先，犹太人显然天生"拥有异常的意志"，这让他们具有"非凡的弹性"。其次，他们历史上形成的信仰缺乏"抽象不可思议的神秘性"，将人与上帝的关系政治化，将道德等同于盲目服从法律，并催生了带有腐蚀性的理性主义，结果犹太人成了信奉"自由、忠诚"的条顿人的死对头。最后，也是最致命的一点是，"犹太教及其产品——犹太人"，造成了"实际上的种族统一及种族纯洁的理念"。这就是张伯伦钦佩的条顿人理念，面临犹太人的攻击，他敦促条顿人捍卫这一理念。这位预言未来纳粹的先知谴责犹太人发明了民族主义和党同伐异。"罪对他们来说是一个民族

的事情，而当个人没有违反'法律'时，他就是'正义的'；救赎不是个人的道德救赎，而是国家的救赎；这对我们来说很难理解。"[22]

著名的犹太历史学家和民俗学家约瑟夫·雅各布斯（Joseph Jacobs）同意张伯伦的观点，他认为犹太人和现代时期有着特殊的关系，但是他对这两者都有更高的评价。在他的解释中，犹太"思想家和圣贤们有着鹰式远见，其思想考虑到全人类的命运，而且他们用清澈响亮的声音向所有被践踏的种族宣布充满希望的信息。他们为了自己和他们的人民主张承担真正贵族的责任和义务，他们向各民族提出了一种基于权利和正义的真正民主的理想"。雅各布斯对犹太人卓越的解释与张伯伦的解释相似，不过他的解释更简洁连贯。他认为宗教可能是一个重要但最终难以捉摸的因素，而将犹太人的成功归因于遗传或"种质"（germ-plasm）。他认为，"目前一定数量的犹太人，和其他种族同等数量的人相比，可能会产生更多的'天才'（是否有创造性，我就不说了）。例如，现在德国犹太人的智力似乎就数量而言（不一定是质量）很可能在欧洲领先"。如此高的智能在不同环境中传播，这似乎证实了当代犹太人有共同祖先的理论，"如果是这样的话，要让犹太种质进一步传播，就不仅仅是犹太人所关注的"。一个证据是"犹太混血儿"的显著成功："他们大量存在，这足以驳斥张伯伦关于德国人比犹太种质有根本优越性的论点。"[23]

维尔纳·桑巴特几乎不采用"种质"这个概念。"种族理论家创造了一种新的宗教来取代旧的犹太教或基督教。除了现代形式的'上帝选民'信仰，有关雅利安人或德国人在世界上的'使命'理论，难道还有什么别的内容吗？"相反，他认为"犹太天才"源于常年流荡，先是游牧，然后是流动商贸。"只有在牧人职业，而非农民职业，利润的想法才会生根，无限生产的概念才会成为现实。只有在牧人职业中，以下观点才会占主导，即在经济活动中，商品的抽象数量很重要，而不是它们是否适合或足以使用。"犹太人是欧洲的游牧民。"资本主义起源于'游牧'。因此，资本主义和犹太教之间的关系变得更加清晰。"

从桑巴特对资本主义和犹太教之间关系的描述可以清楚地看到，在他的观点中，游牧生活几乎不会比种质更有支持作用。桑巴特的书《犹太人与现代资本主义》（ The Jews and Modern Capitalism ）是对马克斯·韦伯的回应，桑巴特的大部分论点完全是——并非完美——韦伯式的。没有新教伦理，资本主义是不可想象的；犹太教比新教更"新教"（更古老、更强硬、更纯洁）；犹太教是资本主义的鼻祖。"整个宗教体系实际上只不过是耶和华和其选民之间的一份契约，一份包含所有后果和责任的契约。"每个犹太人在天堂都有一个账户，每个犹太人的人生目的都是遵循书面规则来平衡这个账户。要遵循这些规则，你必须了解它们；因此，"学习本身就是使生命变得神圣的一种手段"。不懈的学习和遵守规则促使一个人"思考自己的行为，并按照理性的要求完成这些行为"。最终，宗教作为法律，目的是"征服人类的动物本能，束缚他的欲望和爱好，用深思熟虑的行动取代冲动；简而言之，是让'人类经受道德磨炼'"。结果是世俗苦行生活得到世俗财产的回报，或者是他们过不图恩惠的清教徒生活。[24]

生活的理性化使犹太人习惯于违背自然（或与自然共存）的生活方式，因此也习惯于资本主义这样的经济体系，这种经济体系同样也违背自然（或与自然共存）。实际上，赚钱的想法，经济理性主义，不就是塑造犹太人生活的犹太宗教法规在经济活动中的应用吗？在发展资本主义之前，自然人必须被改变得面目全非，取而代之的是理性思维的机制。必须对所有经济价值进行重新评估。结果如何？产生了资本主义人类（homo capitalisticus），与犹太人（homo Judaeus）关系密切，都属于同一个物种，即理性非自然的人（homines rationalistici artificiales）。[25]

这是对希伯来文化和希腊文化之间存在已久的对比进行新的解释。马修·阿诺德（Matthew Arnold）有关这种对比的描述最为人所知，一方面是希伯来文化的遵纪守法和"自我征服"精神，另一方面是希腊文化的自由自然、和谐融洽。[26]阿诺德认为这两种文化对文明生活都是不可或缺的，但是，宗教改革后，人们倾向于支持希伯来文化，造成越来越严重的现代失衡，对此他表示遗憾。尼采（桑巴特使用的许多词语源自尼采）重新表述了这种遗憾，并将它带入善与恶的领域，并超越善与恶的领域：

> 犹太人使价值颠倒那幕奇迹得以完成，多亏那奇迹，地球上的生活又在几千年里迎来一种新鲜、危险的刺激：他们的先知把"富有""不信神""邪恶""暴行""感性"融为一物，第一次将"世界"这个词读成一个秽词。这种价值颠倒构成了犹太民众的意义（其中也包括把"贫穷"一词用作"神圣"和"友爱"的同义词）：道德中的奴隶起义就从他们开始。[27]

在尼采那两个演员的戏剧中，这种价值观的颠倒相当于"不可救药的平庸之辈"战胜了战士，从而战胜了自然——这种转变尽管要古老得多，马克斯·韦伯称之为"中产阶级生活"的源头："这可以说是：'没有精神的专家，没有心灵的感性主义者；这种虚无主义者自以为已达到了前所未有的文明水平。'"桑巴特所做的是通过提供缺失的环节来调和这两个事件：犹太伦理造就了现代犹太人；现代犹太人唤起了资本主义精神。[28]

桑巴特不喜欢资本主义（和韦伯差不了多少），犹太人在资本主义世界表现出色，所以桑巴特不喜欢犹太人（就像韦伯不喜欢清教徒一样）。著名的纽约传教士兼新教神学家麦迪逊·C.彼得斯（Madison C. Peters）将现代时期与自由、民主、繁荣、进步和修剪指甲联系在一起——他非常喜欢犹太人和清教徒。他辩称，清教徒确实是重生的犹太人，他们"学习《圣经》里的先人做法来规范日常生活中最细微的细节"，但重要的是，"希伯来联邦"被"我们的爱国神祇"视为向导，用来"指导美国人民为公民和宗教自由的福祉而进行伟大斗争"。根据彼得斯的说法，"是犹太人的金钱和奖励支持了天才的热那亚航海家勇敢面对未知海洋的恐怖"，在犹太人的能量和进取心的帮助下，他们在"这片曾经无人接近、难以接近的土地上创造了伟大成就和荣耀、名誉和财富、威望和繁荣"。如果犹太人的理性主义、勤奋努力和"上帝选民"是不好的特征，那么"他们的节俭和勤奋、对崇高理想的奉献、对人与人之间自由和公平的热爱、对知识永无止境的渴求、对种族原则和信仰宗旨坚定不移的奉献"也是不好的特征。最后——并非小事——"犹太人在任何情况下都非常喜欢肥皂和水；尤其喜欢后者。每当他有机会洗澡，他都会洗一次"。因此，从所有方面来看，犹太人都是西方文明的缩影——他们是西方文明的最初创造者、最佳实践者和合法受益者。对两者都至关重要的许多特征中，最基本的一个是思维敏捷，或者说是理智主义。"阻止犹太学者赢得大部分奖项的唯一方法是将他们排除在竞争之外。"[29]

几乎所有将犹太人与现代性联系在一起的人都根据传统的阿波罗－墨丘利对比来评判他们：自然对人工，定居对游牧，身体对精神。尤其是身体与精神的对立：对桑巴特来说是枯燥乏味的理性，对雅各布斯而言却是智力，但二人都同意这两个概念的中心地位以及它们之间的永久依附。无论你喜不喜欢，犹太人总是代表着思想，而思想总是代表着现代世界。约翰·福斯特·弗雷泽（John Foster Fraser）（一位既喜欢犹太人，又喜欢现代世界的著名英国记者和旅行作家）说，"就所谓'饱经世故者'的素质——警觉性和知识——而言，犹太人胜于基督徒"，后者别无选择，只能"承认在公平竞争中，犹太人肯定会胜过基督徒"。难怪美国人把公平竞争放在首位，他们的理想（包括民主、节俭和对孩子的爱等）"更多地来自犹太人，而非其撒克逊祖先"，而德国人更像他们的祖先，别无选择，只能求助于物权法定（numerus clausus），因为"拥有金发和迟钝智力的北方人和拥有黑眼睛和机敏头脑的东方人之间的斗争是不平等的"。[30]

桑巴特同意这一观点（说来也奇怪），他哀叹道，"一个民族的头脑越迟钝，对商业越无知，犹太人对他们的经济生活的影响就越有效"。英国历史学家（坚定的犹太复国主义者）刘易斯·伯恩斯坦·纳米尔（Lewis Bernstein Namier）也同意这一观点，他将纳粹主义的崛起——用熟悉的墨丘利术语说——归因于德国没有竞争力。"德国人做事有条不紊，粗鲁，机械呆板，非常服从权威，只需上级的命令就成为反叛者或战士；他很高兴一辈子做机器上的一颗小齿轮"；而"来自东方或地中海种族的犹太人，富有创造力、处世圆滑、我行我素、躁动不安、不守纪律"，在德国文化生活中成了急需但从不被认可的领袖。类似的对比在整个欧洲都很容易观察到，尤其是在东方，最引人注目的是在俄罗斯帝国，在那里，法律限制严格，阿波罗和墨丘利之间的差距也很大。根据弗雷泽的说法，"如果俄国人冷静地说出他的想法，我想他会承认，他对犹太人的厌恶与其说是种族或宗教上的，还不如说是要承认犹太人是他的上级，并且在智力冲突中胜过他"。事实上，俄国人可能是令人钦佩的，因为"他有朴素的灵魂，敬畏心，讲义气，持天真好奇的人生观"，这些素质在俄国音乐和文学作品中闪耀着光芒，"但是当你把俄罗斯人放在商业领域，特别是要求头脑敏捷的商业领域，他并没有表现得很好"。[31]

敏捷总是可以被诋毁为狡猾，而高尚通常是给迟钝脑袋的慰藉；不管怎样，犹太人的成功或"无处不在"这一事实仍然是争论的中心，这是需要解释的真正难题。一方面是阴谋和其占有的超自然故事，另一方面是种质的奥秘，其间最常见的解释是历史和宗教（文化）。桑巴特哀叹"北方森林的消失……那里冬天微弱的阳光在雾凇上闪烁，夏天到处都是鸟鸣"，这是一个特别有影响力的反理性主义者的描述。在启蒙方面，著述丰硕的政论家和社会科学家阿纳托利·勒罗伊 - 博立约（Anatole Leroy-Beaulieu）提出了一个最雄辩的观点。"我们经常惊叹犹太人天资聪慧，"他在总结时写道，"惊叹他们独特的同化能力，以及他们运用我们的知识和方法的速度。"

我们错了。他们是通过遗传，经过两千年的智力体操做准备的。通过学习我们的科学，他们没有进入未知的领域，而是回到他们祖先已经探索过的国土。几个世纪以来，以色列不仅为股票市场的战争和财富争夺战做好了准备，还为科学战争和智力征服做好了准备。[32]

　　根据勒罗伊·博立约的说法，同样错误的是有关特殊的（也是特别有害的）犹太弥赛亚主义的议论。张伯伦称，"他们拥有策划不可能实现的社会主义和经济弥赛亚帝国的天赋，却不问是否因此摧毁了我们如此缓慢形成的整个文明和文化"。事实上，犹太弥赛亚属于我们所有人："我们给他起了个名字，我们也在等他，我们尽可能大声地叫唤他。"这被称为进步——与"沉睡在（犹太人）书籍中的进步一样，耐心等待时机，直到狄德罗和孔多塞向各国展示了这种进步，并将其传播到世界各地。但是，革命一宣布并开始实施，犹太人就认识到了这一点，并把它作为他们祖先的遗产加以改造"。弥赛亚终于来到了，"随着我们三色旗的临近，种姓壁垒和犹太人区的围墙倒塌了"，被解放的犹太人站在街垒顶上，领导全世界进行反对偏见和不平等的斗争。[33]

　　换句话说，玛丽安[①]和罗斯柴尔德、爱因斯坦一样是犹太人，大多数作者都认为他们崛起的原因可以在犹太人的过去中找到。甚至阴谋论者也解释说，犹太人因其长期形成的特质而具备了狡诈的能力，大多数种族解释都是拉马克[②]式的，都认为犹太人继承了其历史上形成的特征。当然还有另一种观点：与其认为

---

① 法兰西共和国或其政府的绰号，因以女性为其化身，故名。（本书脚注均为译者注）

② 拉马克（Lamarck, 1744~1829），法国伟大的博物学家，较早期的进化学者之一。1809年发表了《动物哲学》一书（*Philosophie zoologique*，亦译作《动物学哲学》），系统地阐述了他的进化理论，即通常所称的"拉马克学说"。书中提出了"用进废退"与"获得性遗传"两个法则，并认为这既是生物产生变异的原因，又是适应环境的过程。

他们的特征是古老传统的延续，还不如归结为其无根文化和无家可归的事实。托斯丹·凡勃伦（Thorstein Veblen）在1919年的一篇文章中重塑了这种传统观点，以适应一个急剧墨丘利化的世界。他认为"犹太人在现代欧洲有智力上的优势"，是由于他们与过去决裂，而不是因为复兴过去的传统。"犹太人的文化遗产"可能非常古老、非常杰出，"但是犹太古人的这些成就既非现代科学的前沿，也不属于现代学术的范畴"。科学进步的"先决条件是在一定程度上免于不可违背的偏见、持怀疑态度、不偏不倚（Unbefangenheit）、摆脱传统定局"，"有智力天赋的犹太人"之所以到处领先，是因为他是所有科学家中最独立、最边缘化的，因此也是最具怀疑精神和最不循规蹈矩的。"正是由于失去了效忠，或者说最多是由于对他出身的分裂式效忠，他才发现自己成了接受现代拷问的先锋……他变成了扰乱知识界和平的人，但代价是成为一个徒步探索的知识分子，一个智识无人区的流浪者，在更远的路上，在地平线上某个地方寻找另一处休憩之所。"永恒的犹太人遇见了新的犹太科学家，并且喜欢他看到的东西。"犹太复国主义"要终止犹太人无家可归的状态，这意味着他们的"智力卓越"将终结。[34]

　　桑巴特将犹太人比作梅菲斯特，即尾随信仰基督教的浮士德的魔鬼，而维布伦则坚持认为浮士德才是真正的犹太人。但是他们都同意——其他人也同意——犹太人和现代时期有着特殊的血缘关系，从某种非常重要的意义上说，犹太人就代表现代时期。无论标准是什么——理性主义、民族主义、资本主义、专业精神、浮士德式普罗米修斯主义、知文识字、民主、卫生、异化或者核心家庭——犹太人似乎都是开创者，他们比别人做得更早，理解得也最好。甚至尼采选择的代言人查拉图斯特拉

（Zarathustra）也是"印度犹太人"的专属神。用帕西诗人阿迪尔·尤苏瓦拉（Adil Jussawalla）的话来说，"尼采不知道超人查拉图斯特拉是犹太人的大哥"。[35]

大多数欧洲知识分子，从"北方森林"的浪漫派到理性时代的先知和三色旗，都认为犹太人就是塑造现代世界的力量，这也是他们偶尔会认同的少数几个观点中的一个。因此，也许不足为奇的是，反对现代性的两次末世浩劫般的起义也是"犹太问题"的两个最终解决方案。马克思在其职业生涯之初，将资本主义等同于犹太教，试图通过消除资本主义来解决他自己的犹太人问题（以及他众多门徒的问题）。希特勒年轻时经历过"长期的灵魂斗争"，揭示了城市"堕落"的犹太根源，他试图通过谋杀犹太人来驯服资本主义。[36]

———————

随着犹太人在犹太人聚居区以外取得经济和职业上的成功，旧有的"血统"和食物禁忌得以放松，犹太人采用新的语言、仪式、名字、服装，他们有了新的亲属，这种戏剧性的改变通常被称为"同化"。但是，犹太人变得像谁了？当然不是他们的农民邻居和客户，这些人自己正在经历痛苦的"城市化"、"现代化"和"世俗化"。两者同时付出代价，停止"做自己"，进入了同一个现代公民的半中性空间。犹太人为了保持其墨丘利式行当和墨丘利式聪明，正在抛弃自己的姓名和部落；为了保住自己的姓名和部落，农民不得不放弃自己的整个世界。两者都被欺骗了：经历同化的犹太人合理但错误地认为他们正在失去一切有意义的东西，而正在城市化的农民荒谬但正确地认为他们可以完全

改变，同时又保持不变。在现代时期初始，亨利·德·纳瓦拉
（Henri de Navarre）已经说，"为巴黎做一场弥撒是值得的"，①
因为宗教对他来说不再很重要。许多19世纪的欧洲犹太人也有
同样的感受，忘记了国外有一种新的宗教。诚然，弥撒并不太值
钱，但巴黎现在是一个国家的首都，要价更高。所有现代国家都
是穿着阿波罗服装的墨丘利；在所有人当中，老墨丘利应该永远
不会低估伪装的重要性。

现代时期是犹太人的时代，不仅因为每个人现在都是陌生
人，还因为陌生人根据共同的血统和命运被组织或重新组合成不
同的群体。"机械僵化，点缀着一种剧烈的自负自大"的韦伯式
世界只有在伪装成部落的国家里才能持续——实际上只有在此类
国家中才能设想这种世界。只有当这个城市令人信服地、真诚地
宣称它只是一个扩大、改进了的农民村庄，而不是恶魔杀手时，
农民才能忍受城市化的严酷考验。只有法国就是故乡，也代表进
步，才能让农民转变成法国人。[37]

爱国主义和进步相结合，或将新国家当作旧部落崇拜（通常
称作"民族主义"），成为人们的新鸦片。在正式标准化和以标
准化为目的而传播的共同语言、起源、祖先和仪式的基础上，彼
此完全陌生的人成为亲人。国家就是大写的家族：有先赋性，血
脉相连，但远远超出人类记忆或面部识别，就像一个隐喻。或者

---

① "亨利·德·纳瓦尔"即法国的亨利四世。亨利四世原为胡格诺派（在16世纪欧洲宗
教改革运动中兴起于法国的新教教派）信徒，鉴于法国90%以上的人口信仰天主教，
抱着结束国家苦难的目的，亨利四世放弃了自己大半生的新教信仰，于1593年7月
25日宣布改信天主教，他的名言就此诞生："为巴黎做一场弥撒是值得的"。弥撒是
天主教的仪式。新教教义有个重要内容就是废除天主教的这些繁文缛节。亨利愿意在
巴黎做弥撒，当然是以天主教徒的身份，换言之，他改变了信仰。

可能是基督教的缩影：人们应该像爱兄弟一样爱某些人，像爱自己一样爱某些邻居。换句话说，犹太人注定会因其阿波罗主人被犹太化而再次流亡：他们刚准备要成为德国人（因为如果每个人都变成犹太人，那么谁需要天选、犹太教饮食教规或者犹太职业媒人？），德国人自己就成为"上帝选民"了。现在犹太人要成为德国人，与德国人成为犹太人一样困难。基督教，至少在原则上，向所有人开放，大家通过改变信仰都可信基督教。但在基督教被认真对待的时候，犹太教也是如此，这意味着改变信仰是真正的叛教行为。只有当犹太教在"开明"和"归化"的犹太裔中变得不那么合法，并且改变信仰或多或少表示正式宣誓效忠官僚国家时，官僚国家才成为民族国家，从而极度地排外。

一名皈依犹太教的男性总是给人留下孤独而忧郁的印象，因为人们很难通过"想象"进入一个由神圣的共同血统以及各种身体和文化标志所包围的陌生社区，这些标志既是共同出身的证明，也是持续内婚的保证。即将皈依德国或匈牙利的犹太人发现自己处于似曾相识但困难更多的境地，因为德国性和匈牙利性的表现形式是一个强大的国家，这种国家声称自己是民族的、（或多或少）是自由的，同时还坚持认为自己是权利的唯一监护者和身份的唯一判断者。

新"解放"和"归化"的犹太人早期最常用的策略，乃是通过颂扬公共生活中的"中性空间"并且在私人生活中发展通才教育和自由职业来促进自由事业。犹太人不仅是理性和启蒙的化身，他们还是理性和启蒙最直言不讳、忠诚坚定的拥护者。他们投票支持自由党，主张个体自由的好处，并忠实地为那些允许他们这样做的国家服务。哈布斯堡帝国——当然也包括法国——是许多犹太人忠诚和钦佩的对象，因为正如历史学家卡尔·朔尔斯克（Carl Schorske）所说，"皇帝和开放的制度给予犹太人地位而没有民族身份要求；犹太人成为多民族国家的超民族国民，他们是取代早期贵族的唯一普通百姓"。[38]

为了加入后来的自由贵族，人们需要接受新的世俗教育，获得专业技能。这正是犹太人作为一个群体所做的。他们在这方面孜孜不倦、满腔热忱，配得上犹太学校教育，而且他们还取得足以让人又敬又恨的成功。古斯塔夫·马勒（Gustav Mahler）的父亲不卖酒时阅读法国哲学家的书；卡尔·波普尔（Karl Popper）的父亲在法律工作的余暇翻译了贺拉斯的作品；维克托·阿德勒（Victor Adler）的祖父将他的时间分配在正统犹太教事务和欧洲启蒙运动上。但是，对于他们以及成千上万像他们一样的人来说，还有就历史而言，最重要的是他们是谁的父亲。新犹太宗教的通才教育与旧犹太宗教非常相似，只是它更开放。世俗化的犹太父亲——严厉或纵容的，银行家（如卢卡奇的父亲）或杂货商（如卡夫卡的父亲）——尽最大努力培养自由、国际化的男人——没有父亲的男人。他们非常成功。事实上，很少有几代族长能像第一代犹太自由主义者那样善于培养弑父者和掘墓人。没有人比西格蒙德·弗洛伊德和卡尔·马克思更了解这一点。[39]

自由主义不起作用，因为中性空间不是很中性。柏林、维也纳和布达佩斯的大学、自由职业、沙龙、咖啡馆、音乐厅和美术馆犹太化如此严重，以至于自由主义和犹太特性几乎无法区分。犹太人对漂泊生活（rootlessness）的追求最终几乎和他们对财富的追求一样具有家族性。成功"归化"让归化变得更加困难，因为他们越是成功地融入现代和世俗，就越能显著地成为现代性和世俗主义的主要代表。这意味着那些不太擅长现代性和世俗主义的人，或者那些出于各种阿波罗（和狄奥尼索斯）的原因反对他们的人，很可能会被政治上的排犹主义打动。凯瑟·莱希特（Käthe Leichter）在书中回忆起 19 世纪末她在维也纳高中的日子："我和我的［犹太］朋友讨论生命的意义，分享我对书籍、诗歌、自然和音乐的想法。我和政府官员的女儿玩'过家家'。"凯瑟·莱希特长大后成为一名社会主义者和社会学家；而这些官员的女儿中至少也有一部分人长大后成为排犹分子。[40]

　　然而，大多数情况下，自由主义无济于事，因为它从来都不能起作用——从可互换的国际化个人的角度来说没有用，在中欧和东欧的阿波罗，巴比伦式城市肯定没有用。如果一个人生活在一个或多或少成功地将自己等同于家族和宇宙的国家，那么，他会很容易忘记这一事实，即没有人会把自由语当作母语，拥有权利的人也有公民身份和家庭依恋。在一个注定要灭亡的基督教国家或年轻的民族国家，这要困难得多。一方面，没有人会说奥匈语，另一方面，如果要将捷克语作为一种高雅世俗文化的语言来讲，这需要大量的实践。不想说特殊语言（对他们大多数人来说是意第绪语）的犹太人不得不四处逛逛，寻找普世语言。潜在的民族普世语言（法语、德语、俄语、匈牙利语）的主要卖点是宣称自己代表享有盛誉的高等文化传统，最重要的是，国家在某种程度上会支持并加强这种宣称。犹太学生路德维希·扎门霍夫（Ludwik Zamenhof）在比亚什托克（Białystok）构思的世界语没有机会成熟发展。普世主义和民族一样，也有赖于民族国家。

　　犹太人没有开创现代时期。他们加入得很晚，与现代一些最重要的事件（如科学和工业革命）几乎不相干，并努力适应现代

时期的许多需求。他们的确比大多数人调整得更好，因此重塑了现代世界，但是他们没有参与现代时期的创造，因而错过了一些早期的角色分配。

根据大多数人的说法，现代欧洲历史上最早的事件之一是文艺复兴，或神一般的人的重生。但是文艺复兴不仅仅创造了对人类的崇拜，它还创造了对特定人的崇拜，他们的工作是书写新经文，赋予成为孤儿、被神化的人类一种新形态、新历史和一种适合新天堂的新语言。但丁、卡蒙斯（Camões）和塞万提斯知道自己是新时代的先知，知道他们的作品受到神启并将永垂不朽，明白他们正在通过重写《奥德赛》和《埃涅阿斯纪》来写一本新的《圣经》。即使基督教继续声称自己完全垄断先验世界，现代时期也变成了多神教，或者更确切地说，回到了神圣寡头统治的时代，各种神享有普遍的合法性（"西方正典"），但充当着特定部落的保护神和族长。但丁、卡蒙斯和塞万提斯界定并体现了民族黄金时代、民族语言和民族救赎之旅。族裔民族主义（ethnic nationalism），像基督教一样，都有内涵，每个民族创世纪之初都有一个作家。塞万提斯可能是现代小说的发明者，也是备受崇敬和模仿的对象，但只有在讲西班牙语的人中，他才被狂热而悲惨地崇拜为真正的上帝；只有在西班牙的高雅文化中，每个争取正典地位的人才必须参加堂吉诃德和桑丘·潘沙（Sancho Panza）之间的持续对话。[41]

在英国，莎士比亚时代恰逢大发现时代或普遍墨丘利时代，或许是迎来了这一时代。所有国家的黄金时代都是如此，但是英国的黄金时代被证明比其他国家更平等，因为英国（与荷兰一起，但影响更大）是第一个新教国家，第一个陌生人的国家，第一个用国家本身和诗人取代上帝的国家。作为英国的民族诗人，莎士比亚成为"人文的发明者"。文艺复兴遇到了宗教改革，或者正如马修·阿诺德所说的那样，"希腊文化重新进入了世界，再次比肩希伯来文化，一种被更新、净化的希伯来文化"。[42]

在这种背景下，法国大革命试图走捷径迎头赶上——试图通过创建一个兄弟世界来建立一个陌生人国家。欧内斯特·盖勒（Ernest Gellner）认为，"启蒙运动不仅仅是宗教改革的长期延续和更彻底的重演。最后，鉴于改革的成功，启蒙运动也成了未改革者根据自身情况进行的内省。启蒙哲学家分析了法国欠发达的原因"。[43]法国是唯一没有无可争议的神圣民族诗人的欧洲国家，也是理性人成为民族英雄的唯一国家。当然，它也是"种族"的，有高卢人祖先，满怀戒备地崇拜民族语言，但其公民承诺的严肃性在欧洲是独一无二的。拉伯雷、拉辛、莫里哀和维克多·雨果未能推翻理性，不得不与理性共处，尽管令人不安。

从那以后，英国和法国提出了两种现代国家的模式：建立自己的陌生人部落，其中包括一位不朽的诗人，或者多多少少令人信服地宣称，他们已经彻底超越了部落主义。英国通往民族主义的道路实际上是普遍的首选。在拥有公认的现代万神殿和黄金时代的老牌"文艺复兴国家"（但丁的意大利、塞万提斯的西班牙、卡蒙斯的葡萄牙）面前，只剩下墨丘利（资产阶级）那一半任务；新建立的新教国家（荷兰、苏格兰、丹麦、瑞典，可能还有德国）可能会花时间耐心寻找合适的诗人；所有其他国家都不得不在这两条战线上拼命斗争，也许在遇到困难时会考虑法国的选择。浪漫主义是文艺复兴的重生，也是狂热的《圣经》创作时代（在画布、乐谱以及纸上）。那些在已被奉为典范的民族之神的阴影下辛勤耕耘的人（例如华兹华斯和雪莱）不得不满足于半神的地位，但在别的方面，无论丰腴还是困厄，这个领域都完全开放。莱茵河以东的新浪漫主义知识分子在成长过程中形成了"自我憎恨"，因为他们出生在基督教普世主义的晚期，并很快发现自己属于不善言辞、未分化、非天选的部落（可能也属于非法国家）。俄国知识界的创始人彼得·恰达耶夫（Petr Chaadaev）代表所有人说，俄国"生活在最狭窄的当前，没有过去或未来，处于沉闷的停滞状态中……在这个世界上茕茕孑立，我们没有给世界带来任何东西，没有从世界上拿走任何东西，没有对人类思想的进步做出任何贡献，即便接收了一丁点儿进步思想也曲解了"。根据赫尔岑的说法，他的话听起来像是"黑夜枪响"，很快每个人都醒了，开始工作。歌德、普希金、密茨凯维茨（Mickiewicz）和裴多菲（Petőfi），以及其他许多人，他们生前被誉为民族救世主，死后不久就被奉为神明。新的现代民族诞生了：他们是货真价实的天之骄子，因而永垂不朽，他们已做好准备，要应对一般历史，特别是墨丘利时代。[44]

想要加入拥有不可剥夺的平等权利的世界，犹太人必须采用这些传统中的一个。要进入中立空间，人们必须皈依民族信仰。这正是许多欧洲犹太人所做的——比皈依基督教的犹太人要多得多，因为接受歌德为救世主似乎并不意味着叛教，因为它比洗礼更重要、更有意义。在文化民族主义取胜、国家万神殿建立之后，基督教被简化为形式上的幸存品，或者被重新解释为民族发展历程中的部分内容。一个人可以是一个好德国人或匈牙利人而非虔诚的基督徒（在一个理想的自由德国或匈牙利，传统意义上的宗教要成为"独立于国家"的私人事务），但是一个人不可能是一个好德国人或匈牙利人而不崇拜国家正典。这是真正的新教堂，一个不能脱离国家以免国家失去一切意义的教堂，一个因为理之必然而更显强大的教堂。犹太人进入这个教堂，同时依然能够相信他们处于一个崇尚进步和平等的中立之所。成为一个"信仰摩西"的美国人是可能的，因为美国民族宗教不是基于部落血统和民族诗人对民族灵魂的崇拜。在世纪之交的中欧和东欧，这是不可能的，因为民族信仰本身就是摩西信仰。

进入新教堂后，犹太人开始做礼拜。起初，首选的媒介是德国，但是随着其他制度化的强大正典的建立，大量犹太人成为匈牙利、俄国和波兰的信徒。在奥西普·曼德尔斯塔姆（Osip Mandel'stam）对他书架的描述中，他按年代、谱系（他母亲和父亲的血统）讲述了这些犹太人的故事，还从他作为俄国诗人的角度来分层看：

> 我记得下层书架总是乱七八糟的：书没有并排立着摆放，而是像废墟一样躺着：锈迹斑斑的《摩西五经》，破烂不堪；一部关于犹太人在俄国的历史，是一个讲俄语的犹太法典专家用笨拙而胆怯的语言写的。这呈现了被遗弃在尘土中的犹太人的混乱局面……
>
> 在这些犹太残留物上方，书籍整齐地排列着。这些是德语书——席勒、歌德、克尔纳和德语版的莎士比亚，莱比锡和图宾根的旧版本，短而结实，暗红色的装订饰有浮雕图案，精细的印刷意在展现年轻敏锐的洞察力，精致的雕花流露出古风：女人们垂着头发，张开双臂，灯被画成燃油灯，骑手们有高高的额头，还有串串葡萄装饰。我的父亲，一个自学成才者，就这样通过犹太法典密林进入了日耳曼世界。
>
> 更高的一层是我母亲的俄语书籍：1876年伊萨科夫版的普希金。我仍然认为这绝对是一个了不起的版本，比起学

院版我更喜欢这个版本。里面没有任何多余之物；文类排列优雅；诗行自由流动，就像飞行营中的士兵一样，如将军般带领他们的是实用、独特的年度标题，一直到1837年。普希金是什么颜色？每种颜色都是随机的。哪种颜色能捕捉到文字的魔力？ [45]

俗世犹太人对歌德、席勒和其他普希金式诗人以及他们所代表的各种北方森林的热爱是真诚和温柔的。（正如曼德尔斯塔姆所说，德国很奇特，因为有对双胞胎神。他们还一起在魏玛陵墓里。）"晚上，我想起了德国／然后就再也不能入眠。"海涅在巴黎流亡期间写道，充满了渴望和讽刺。"我们不是在德国传说中长大的吗？"半个多世纪后，莫里茨·戈德茨坦（Moritz Goldstein）问道："日耳曼森林不是生活在我们体内吗？"他自己的回答是响亮的"是"。德国土地上——远远不止这些地方——几乎所有犹太家庭都有自己的席勒书架，旁边是"锈迹斑斑的《摩西五经》，破烂不堪"，而且在越来越多的家庭里这些书位于犹太经典上方。犹太人如此热情，如此全心全意地认同其他文化，以至于他们很快就脱颖而出，成为各民族文化的牧师角色：诗人、画家、表演者、读者、翻译和监护人。莫里茨·戈德茨坦写道："我们犹太人管理着德国的精神财产。" [46]

犹太人在德国精神财产管理中的突出地位成了一个问题。首先，因为在德国，似乎有比精神财富更多的东西。用据秀伦·肖勒姆（Gershom Scholem）的话说，"对许多犹太人来说，遇见弗里德里希·席勒比遇见真正的德国人更真实"。真正的德国人是谁？弗兰兹·罗森茨维格（Franz Rosenzweig）认为，他们是"课税员、兄弟会学生、小官僚、头脑迟钝的农民、迂腐的中小学校长"。如果一个人想成为德国人，那他必须加入他们，拥抱他们，成为他们——如果他知道怎么做的话。[47] "我们通过俄罗斯文化与俄罗斯人民相遇，"弗拉基米尔·亚博廷斯基（Vladimir Jabotinsky）在 1903 年写道，"主要是他们的作家，或者更确切地说，他们是俄罗斯精神最好、最高、最纯粹的表现。"然而，他继续说道：

> 因为我们不了解俄罗斯的日常生活——俄罗斯的沉寂和市侩——我们只关注俄罗斯人民的天才和领袖，从而形成了我们对俄罗斯人民的印象，当然，结果我们得到了一个美丽的童话。我不知道我们中许多人是否爱俄罗斯，但是我们中的许多人，犹太知识分子的孩子，疯狂、可耻地爱上了俄罗斯文化，并通过它爱上了整个俄罗斯世界。[48]

借用西德尼·博克斯基（Sidney Bolkosky）的说法，这是一个"扭曲的形象"。不仅因为"愚蠢的伊万"仍然是——至少在犹太人小村中——犹太人所认为的非犹太邻居的主要代表，还因为课税员、小官僚和头脑迟钝的农民自己都在努力了解自己国家的天才是谁，以及如何疯狂地爱他们。民族主义和国家大众教育系统的意义在于，说服大量关系疏远的农村阿波罗，使他们相信他们属于一个天选的部落，这个部落比当地有共同习俗和饮食的社区大得多，但是比多少有普世理想的基督教世界要小得多。各种课税员、小官僚和头脑迟钝的农民，与亚博廷斯基的犹太孩子一起，但困难要大得多。必须了解"整个俄罗斯世界"是俄罗斯文化的反映，俄罗斯文化和任何其他名副其实的高雅文化一样，有吉祥的民间传说源头、辉煌的黄金时代、自己的莎士比亚及其身后涌现的众多天才，并且——如果幸运的话——要捍卫和弘扬这种文化的强大政体和自豪的承载者。无人会喜欢"沉闷"和"日复一日的枯燥生活"，也没有人会认真地盼望成为一个头脑迟钝的农民（也许是除了夏天，大学不上课时）。

非犹太人的"知识界儿童"在试图拥抱"人民"时遇到的困难和犹太人一样多，因为经过密集训练，他们已经习惯通过弗里德里希·席勒来观看"真正的德国人"。与此同时，"人民"正绞尽脑汁地试图将真实性与教育结合起来。像所有伟大的宗教一样，民族主义是建立在荒谬教义基础上的，碰巧大多数欧洲犹太人居住的两个高级文化地区没有接受这种教义。在德国，课税员、兄弟会学生、小官僚、迂腐的校长和头脑迟钝的农民能够将现代化不可思议的要求等同于犹太人，发起世界上最野蛮、组织最严密的大屠杀来抨击这些要求；在俄国，知识界的孩子们（其中许多是犹太人）掌权，试图实施一种不妥协的"法国模式"，对课税员、兄弟会学生、小官僚、迂腐的校长和头脑迟钝的农民发动世界上最野蛮、最有组织的攻击，尤其是对那头脑迟钝的农民。

无论如何，犹太人有关国家正典的问题不是因为犹太人太爱普希金（住在俄罗斯的人过于喜欢普希金是不可能的），而是因为他们在崇敬普希金这方面做得过于出色。换句话说，这与犹太医生、律师和记者面临的问题是一样的，只是问题的对象是"一个国家的精神财富"。在第一次世界大战前的敖德萨（Odessa），根据亚博廷斯基的说法，"归化的犹太人发现自己是俄罗斯文化的唯一公共载体和宣传员"，别无选择，只能"在完全孤立的情况下……崇敬普希金"。类似的事情——让戈德茨坦得以提出论争性夸张说法——正在维也纳和布达佩斯发生。让犹太人自己感到惊讶不安的是，犹太人在一些职业中变得非常显眼，而这些职业的作用是掩盖发生在往昔的阿波罗身上的事情是不可逆转的。为了促进自由主义，他们接受了国家正典，并且通过促进国家正典推翻了自由主义和他们自己的立场。普希金、密茨凯维茨、歌德、席勒、裴多菲及其继承者推进并象征着传说中的斯拉夫、日耳曼和马扎尔传统向现代高雅文化的转变，供这些传统的推定后代使用。犹太人不能而且大部分人也不会假装参与这种部落联系，因此被视为入侵者。莫里茨·戈德茨坦完整的话是："我们犹太人管理着一个民族的精神财产，而这个民族却剥夺我们的这种能力。"[49]

德国人越是强烈地要剥夺他们的能力，"管理者"的犹太性就越明显，他们中许多人无论如何都不同意按照德国人的条件成为德国人。正如最大的德国犹太人组织的主席欧根·富克斯（Eugen Fuchs）在1919年所说，"我们是德国人，希望继续保持德国人的身份，并在德国土地上实现我们的平等权利，不管我们的犹太人特征如何……此外，我们希望内部精神再生，复兴犹太教，而不是被同化。我们希望自豪地保持我们的特色和历史发展"。[50] 这一声明可以用来解释富克斯组织名称中所包含的悖论——犹太信仰德国公民中央协会（Zentralverein für deutsche Staatsbürger jüdischen Glaubens）。在民族主义时代，不参与德国的"历史发展"，就不可能成为德国人，就像无人能把"犹太信仰"与种族归属分开一样。

但是，在德国不能或不愿意成为德国人，或者在俄国不能或不愿意成为俄国人，这只是问题的一半，因为中欧和东欧的大多数犹太人并不生活在德国人或俄国人中间。19世纪和20世纪之交，中欧和东欧的大多数犹太人是在捷克人、拉脱维亚人和罗马尼亚人中"承载和宣传"德国文化，在斯洛伐克人、乌克兰人和罗马尼亚人中"承载和宣传"匈牙利文化，在乌克兰人、白俄罗斯人、立陶宛人和波兰人中"承载和宣传"俄罗斯文化，以及在乌克兰人、立陶宛人和白俄罗斯人中"承载和宣传"波兰文化（简而言之）。犹太人与强大的国家和团结的民族精英结盟，因为这是他们进步的道路；他们的许多邻居强烈反对这些国家和精英——因此也反对犹太人——因为他们走上了不同的进步道路。因此，当犹太人崇拜歌德、席勒和普希金的时候，他们的老阿波罗客户正在学习如何表达他们对舍甫琴科（Shevchenko）的爱，也许正在梦想一个救星国家，会将他们永远团结在一起。除了传统的阿波罗对墨丘利的厌恶之外，还产生了新的怨恨（尽管这种怨恨很微弱），因为犹太人和一个外国关联，而且他们垄断了越来越多的阿波罗想要的工作。斯洛伐克人进城后发现犹太人占据着许多高级工作，并坚持讲德语或匈牙利语。墨丘利贸易时的旧的秘密语言被外来现代性的新的秘密语言所取代。大屠杀、劝导和竞争无法完成的事，也许"一个人的国家"会做到。

犹太人的时代也是排犹主义的时代。由于犹太人接受了墨丘利式的训练，他们在中间商和专业职业方面表现出色，而这些职业正是现代国家地位和权力的源泉；由于他们过去是墨丘利，他们是部落陌生人，不属于现代国家，更不用说权力中心了。这是一个全新的"犹太人问题"：在传统社会中，阿波罗们和墨丘利们因经济角色不同而生活在不同的世界里；这种差异的持续再现让他们彼此需要，又彼此蔑视。现在两者搬到了同一个空间，不可互换，所以相互蔑视与相互需求成反比。阿波罗们除了想要墨丘利们的工作，还想"拥有"民族国家。犹太人越是擅长当德国人或匈牙利人，他们越是能成为精英，就越是受到憎恨，因为他们是部落外国人（"隐藏的"，因此更可怕，被界定为"传染物"，并遭受"种族清洗"的打击）。即使这种转变或伪装似乎成功了，来自东方的移民源源不断地涌入，他们的秘密语言、独特的外表以及传统的兜售和裁缝职业，也不断暴露出犹太人是部落外国人。犹太人与现代性的两个面孔——资本主义和民族主义都相关。作为资本家和专业人士，他们似乎（秘密地）掌管着一个充满敌意的世界；作为民族文化的"管理者"，他们仿若骗子。

"犹太人问题"不仅仅是各种（前）基督徒与犹太人之间的问题，这也是各种（前）犹太人与其犹太性之间的问题。像其他现代知识分子一样，他们没有属于自己的世俗国家正典或民族国家，这些"开明的"犹太人对其父亲的世界有一些骇人听闻的预言。1829年，有关俄罗斯民族绝望的第一位先知彼得·恰达耶夫写道，俄罗斯人过着"像私生子一样的生活：没有遗产，与前人没有任何联系，没有任何经验教训的记忆，我们每个人都试图重新连接破裂的家庭纽带"。[51] 到20世纪初，许多犹太作家对自己的父系也有同样的看法。奥托·魏宁格（Otto Weininger）认为，犹太人缺乏"自由可理解的自我""未能真正认识自己""个体没有祖先认同"，最终是缺乏"灵魂"。[52] 1914年，约瑟夫·海伊姆·布伦纳（Joseph Hayyim Brenner）写道：

> 我们没有遗产。每一代人都没有给下一代留任何自己的东西。无论传播什么——拉比文学——最好不要传给我们……我们现在没有环境，完全生活在任何环境之外……我们现在的任务是承认和接受从历史开始到今天我们的卑鄙、我们性格

中的缺陷，然后重新振作，重新开始。[53]

这是民族自豪感的最低、最早阶段的"自我仇恨"。恰达耶夫、魏宁格（Weinninger）、布伦纳（Brenner），以及更多像他们一样的人，犹太人和非犹太人，都是先知，他们提醒其人民他们是上帝选民。"牛认得它的主人，驴也认识主人的槽，我的子民以色列却不认识我。"（《以赛亚书》，1：3）。这三个人都是烈士：恰达耶夫被宣布精神失常；魏宁格自杀了；布伦纳在巴勒斯坦被杀。这三个人都是以救国的名义受苦的——包括魏宁格，他在否定中显得毫不妥协："基督是犹太人，确切地说，他可能会战胜他内心的犹太教，因为战胜最深刻的疑虑的人会达到最高的信仰；将自己提升到最荒凉的否定之上的人，在其肯定位置上是最确定的。"[54]

但是世俗犹太人的救赎会是什么呢？恰达耶夫发表他的"第一封哲学信"一年后，普希金在决斗中被杀，俄罗斯有了民族诗人和文化合法性，以及遗产和未来。与此同时，对大多数犹太知识分子来说，民族主义解决方案（由犹太复国主义者布伦纳提出）似乎既不可能实现，也不可取。他们不是早就成墨丘利了吗？难道他们不是要倒退（远离进步）？现在连真的农民都承认了错误，他们还想把自己变成头脑迟钝的农民吗？有些人（通过不同方式提问题）这样做了，但是大多数人继续与不同种族版本的欧洲启蒙运动进行着悲剧性的斗争。犹太人对普希金的拥抱没有被回报，他们越爱他，他似乎越不喜欢他们［套用叶甫盖尼·奥涅金（Eugene Onegin）的一句话］。

虽然他们取得成功，但向上流动的犹太商人大力培养的孩子确实感到孤独。伟大的现代变革不仅仅是将"部落主义"与"禁欲理性主义"相结合。至少对欧洲犹太人来说，不幸的是，现代变革主要是源于部落主义。他们中许多人以韦伯（禁欲理性）的方式行事，发现自己的处境无可奈何，也许又与众不同。他们被剥夺了部落的舒适生活，也不被允许进入他们的阿波罗邻居创造的新生活，他们成了唯一真正的现代人。

———————————

因此，犹太人代表着现代时期的缺憾，就像他们代表现代时期的成就一样。"犹太性"和"生存孤独"成了同义词，或至少是亲密的智力伙伴。"现代主义"作为对现代生活的解剖和控诉，并非犹太人特有的，就像它不是"堕落的"，但是毫无疑问，犹太性成为现代主义最重要的主题、符号和灵感之一。

现代主义是浪漫主义的重生，也是伟大的普罗米修斯的第二次预言革命。（现实主义并没有提出一个全新的宇宙，因此从未摆脱浪漫主义的阴影。）希望永垂不朽的人再次超越历史，通过改进荷马和《圣经》来重塑人类。这一次是内心的奥德赛历程，要寻找迷失的自我：作为地下人的永恒犹太人的忏悔，也许还有救赎。现代主义是对两种现代性的反叛，没有人比天选的犹太儿子更充分地表达或体验了这种反叛，他拒绝其父的资本主义和部落主义，发现自己孤独无依。这是一种孤独和自我吸收的文化，是墨丘利流放和反思的化身，是叛逆青少年的新宣言，是关于人类状况的寓言。

这场革命中有三种最典型的声音，其中有一种属于弗朗兹·卡夫卡（Franz Kafka），他将其商人父亲归类为、谴责为"从仍然比较虔诚信教的农村移民向城市的犹太人过渡的一代"，除了"一些站不住脚的姿态"之外，没有保留任何有意义的犹太教传统，更不用说传承了。他作为儿子对父亲谴责（另一个现代犹太先知会强制推行的一种类型）说，"这种虚无感经常支配着我（诚然，这种感觉在另一方面也是高尚而富有成效的感觉），主要来自你的影响"。残酷但"无罪"，他的父亲创造了一个完美的见证人，见证了人类的不断堕落（正如小卡夫卡所描述的那样）。"我和犹太人有何共同之处？"1914年1月8日，30岁的卡夫卡在日记中写道："我和自己几乎没有什么共同之处，我应该安静地站在角落里，对于自己会呼吸感到满足。"但他当然没有这样做，因为正是他的"虚无感"也就是说，他的犹太性，使他能够"将世界提升到纯净、真实、不可改变的境界"。[55]

另一位极度孤独和自恋的伟大诗人是马塞尔·普鲁斯特（Marcel Proust），他是一位成功的犹太外汇投机家的孙子，母亲是一位受过博雅教育、失去宗教信仰的女性。作为其受洗儿子，马塞尔似乎发现了这种诱惑。诱人但并非不可抗拒，正如普鲁斯特的角色看起来难以捉摸和多变一样，在他追忆的世界中，存在着两个边缘"种族"，他们限制了人类的流动性，即使他们也体现了这种流动性。犹太人和同性恋者被赋予了不可还原的品质，一旦被感知，这些品质会使人和生活变得"可理解""不言而喻"。他们更擅长戴面具，因为他们有更容易辨认的面孔：

> 相互躲避、追逐与他们最势不两立、拒绝与他们为伍的人，宽恕这些人的无礼举动，被其殷勤讨好所陶醉。但是，一旦遭到排斥，蒙受耻辱，他们便会与同类结成一伙。经历了类似以色列遭受到的迫害之后，他们最终会形成同类所特有的体格与精神个性，这些个性偶尔也惹人高兴，但往往令

人讨厌。他们在与同类的交往中精神得以松弛（有的人在性情上与敌对种族更为贴近，更有相通之处，相比较而言，表面看上去最没有同性恋之嫌，尽管这种人尽情嘲讽在同性恋中越陷越深的人们），甚至从相互的存在中得到依赖。因而，他们一方面矢口否认同属一伙（这本身就是莫大的侮辱），而另一方面，当有的人好不容易隐瞒了自己的本来面目，而他们却主动揭开假面具。[56]

因此，斯旺临终前，他"与其他犹太人的道德团结感，他似乎整个一生中都遗忘的这种团结感"，变得完全易懂、不言而喻。"斯旺胖嘟嘟的鼻子多年来一直被一张讨人喜欢的脸所吸引，现在看起来又大又圆，深红色，这是一个老希伯来人的鼻子，而不是外行的瓦卢瓦人的鼻子。"斯旺的鼻子既是他的诅咒，也是他的力量所在。汉娜·阿伦特（Hannah Arendt）在她有关普鲁斯特追忆失而复得之物的讨论中总结道："犹太特性对犹太人个人来说是一种生理污点和神秘的个人特权，这两者都是'种族宿命'（racial predestination）所固有的。"[57]

但是，最常见的是，人们认为是那位辗转欧洲各地的爱尔兰耶稣会士弟子创造了现代主义最神圣的文本。《尤利西斯》是一部有关"沉默、流放和狡猾伎俩"的艰苦旅程，与《圣经》《哈姆雷特》以及其他所有从堂吉诃德到浮士德的神圣喜剧进行了斗争，因为它讲述了一个有四分之一犹太血统的人的流浪故事。他的儿子夭折，妻子不忠，逍遥法外的父亲［一名来自匈牙利松博特海伊（Szombathely）的小贩、客栈老板，被指"犯了诈骗罪"］改了名字，皈依新教，并且因证据不足而自杀。布卢姆是一名普通的现代人，因为他是现代的尤利西斯，而现代的尤利西斯必须是犹太人："犹太希腊人是希腊犹太人。"或者更确切地说，现代的尤利西斯是一个现代的犹太人，他懊悔但并不后悔选择理性而不是耶路撒冷，并且"不尊重""教义与教规……比如，禁止在会餐的席间同时食用兽肉和奶；为男婴行割礼；犹太经典的超自然特性；应当避讳的四个神圣的字母；安息日的神圣"（*U*17：1894-1901）⁵⁸。①

三次皈依后，布卢姆仍然是阿波罗中间的墨丘利（怪物和小神明中的奥德修斯）。他"讨厌吃脏东西的人"，不赞成酗酒，"每逢闹腾得过了火，他就开溜啦"，谴责死刑，"对于任何形式或方式的暴力或不宽容都一概憎恨"，厌恶"以治水肿病为幌子来行骗的家伙们的那种爱国主义"，并且认为"即便一个家伙有着赛船划手那样结实的心脏，激烈的运动也还是有害的"。他是"一个像女人的新式男人"：一个健谈的男人，有强烈的好奇心，不停地旅行，寻找失去的时间、科学知识、个人财富和社会进步，"促使人与人之间更友好地往来"。他既是《荷马史诗》中狡猾的奥德修斯，也是但丁笔下悲惨的尤利西斯，既是堂吉诃德，又是浮士德。正如他的一个朋友和折磨者所说，他是"一个脾气乖张的犹太人"（*U*8：696，979；*U*16：1099-1100；*U*15：1692；*U*12：891-93；*U*15：1798；*U*16：1136-37；*U*12：1635）。

但是，布卢姆并不是现代都柏林地狱中唯一的墨丘利。埋葬了儿子、背叛了父亲之后，他通过扮演维吉尔来获得永生，他饰演一名阿波罗诗人，通过创作爱尔兰民族史诗来救赎和超越他

---

① 本书中《尤利西斯》的引文译文，参考了詹姆斯·乔伊斯的《尤利西斯》，文洁若、萧乾译，译林出版社，2005。

的出生地。作为年轻艺术家身份的现代先知，斯蒂芬·迪达勒斯（Stephen Dedalus）知道圣言在"上帝选民"之前出现："你觉得……由于我属于圣帕特里克郊区，简称爱尔兰，所以我才重要吧？……但我觉得……爱尔兰之所以重要，谅必是因为它属于我。"（U16：1160-65）斯蒂芬和爱尔兰（以及布卢姆）在他写完《尤利西斯》后都会获得永生。

然而，在他完成使命之前，他必须放弃自己的母亲，违抗他的上帝，离开家园，接受布卢姆作为他的父亲和救世主。他们彼此需要，爱尔兰也需要二者："斯蒂芬毫不隐瞒他对布卢姆关于营养和市民自救行为的重要性持有异议；布卢姆则对斯蒂芬关于人类精神通过文学得到永恒的肯定这一见解，暗自表示不以为然。"（U17：28-30）两者都错了，而且他们自己都知道。在他们的历险旅程结束时，布卢姆将会和他信天主教的珀涅罗珀和解，斯蒂芬将会成为奥德修斯（一个"脾气乖张的犹太人"）。

> 布卢姆对斯蒂芬关于布卢姆的看法到底怎么想？而且，布卢姆对斯蒂芬究竟怎样看待布卢姆关于斯蒂芬的看法又有何想法？如果把这些想法用最简单的交互形式扼要表达出来，究竟是怎样的？
>
> 他（布卢姆）认为，他（斯蒂芬）在想他（布卢姆）是个犹太人；同时他（布卢姆）知道，他（斯蒂芬）晓得他（布卢姆）明白他（斯蒂芬）并不是个犹太人。（U17：527-32）

或者他（布卢姆）知道，他（斯蒂芬）晓得他们是犹太人。斯蒂芬被布卢姆收养（象征性地孕育），布卢姆把斯旺的鼻子作为他的"地域性特色"，并且知道斯蒂芬晓得他知道这一点。他的"鼻子和前额的构造却继承了尽管中断过却逐渐隔着更大的乃至最大的间歇遗传下来的直系血统"（*U*17：872-74）。

但是，布卢姆的儿子斯蒂芬能够创作爱尔兰民族史诗吗？尤利西斯——他的创造物也是创造者，因此它本身就像一朵盛开的花朵——在这个问题上似乎模棱两可。当然（注释和训诂的方式可兹证明），乔伊斯这部现代主义"圣经"被公认已实现了这个目标，但是除了这两个"对艺术印象敏感"并且对"许多正统的宗教、民族、社会和伦理学说"持怀疑态度的超人之外，谁是这部"圣经"的选民（*U*17：20-25）？布卢姆试图在巴尼·基尔南（Barney Kiernan）的公共场所与信奉流行民族主义的"好斗穴居人"进行认真的对话，这显然是愚蠢的，斯蒂芬·迪达勒斯和詹姆斯·乔伊斯都不会重复布卢姆的错误。《尤利西斯》是奥德修斯写的，不是荷马写的。

还有一个问题是人类最早的语言（lingua Adamica）问题。《尤利西斯》（大部分内容不可译）不仅仅是写尤利西斯，还讲述英语这门语言。专门讨论斯蒂芬的构思及随后酝酿的章节也是一部英国文学史，而布卢姆的父亲也是莎士比亚或者也许是哈姆雷特父亲的鬼魂。这部有关普遍无家可归的"圣经"是一部热情、矛盾的作品，献给（通常被忽视的）一个特定的言语社群。"咱们爱尔兰的年轻诗人们，约翰·埃格林顿告诫说，还得塑造出一位将被世人誉为能与撒克逊佬莎士比亚的哈姆雷特相媲美的人物。尽管我和老本一样佩服他，并且对他崇拜得五体投地。"（*U*9：43）也许他们如今已创造出这种人物，并且自己也成了这样的人物，但毫无疑问，他们别无选择，只能居住在莎士比亚所创立且以莎士比亚为评判标准的世界里。哈姆雷特可能不得不腾出一些空间，但是普希金和塞万提斯的崇拜者只是耸耸肩。

民族主义——阿波罗艰苦旅程的巨大回报和犹太人解放的克星——不是唯一的现代"宗教"。马克思主义和弗洛伊德主义都源自犹太人。这两种主义都在民族主义的地盘上与民族主义竞争，主动提出克服新墨丘利世界的孤独（进而克服人类的不幸）；两者都用现代（科学）的方式来对抗民族主义那种古怪的部落主义；两者都与民族主义相媲美，能够使现代国家合法化（一种是社会主义，另一种是福利资本主义）；两者似乎都让民族主义黯然失色，因为它们能确定世上邪恶的确切来源，并保证获得一种既具体又普世的救赎。

马克思主义认为，劳动分工导致了劳动的异化，人类被自己的创造奴役，并陷入虚假意识、不公正和堕落。然而，堕落本身确保了拯救，因为历史在不可阻挡的发展中创造了一个社会阶层，由于其完全非人化、有存在主义的孤寂，这个阶层注定要通过完全的自我实现来救赎人类。无产阶级的自由意志和历史宿命（自由和必然）将会在一场世界末日般的反抗历史的行动中殊途同归，产生共产主义，一个没有异化劳动，从而没有"矛盾"、没有不公正、没有时间的社会。这是集体的救赎，因为全人类实现了与世界的和解，但这也具有惊人的现代性，因为这是技术进步的结果，并且是按科学的方法得到的预言。现代性这个杂食怪物通过吞噬自己来解救受害者。

弗洛伊德主义通过假设一个难以捉摸、自然发生、不可分辨的恶魔般的"无意识"来定位个人的原罪。救赎，或者让世界重新变得完整无缺，相当于获得个人自我认识，或者克服自我和力比多

（libido）之间的分裂，实现内心的平静（"心智归一"）。这不能由"失调"的人自己来完成，因为他们天生被"无意识"恶魔附身。只有训练有素与自我调和的专家才能驯服（而不是驱除！）难以控制的无意识，只有愿意向分析师敞开心扉的病人才能痊愈。迎神会（séance）本身结合了基督教忏悔和医疗干预的特点，但与它们有着根本的不同（可能在更大的功效方面），因为罪人 / 病人被认为既没有自由意志，也没有理性。"现代病"就是这样一种病——一种可以治疗的疾病。事实上，现代病及其治疗都是现代状况的完美象征：受折磨的一方是一个孤独的人，治疗师是受折磨者雇佣的有执照的专业人员（雇佣治疗师是受折磨者唯一毋庸置疑的合理行为）。结果是个人、市场调节、现世的救赎。[59]

马克思主义和弗洛伊德主义都有自己的经典。马克思在历史能够自我了解之前就了解历史，弗洛伊德——如同佛陀——是唯一一个获得自我知识的人（通过一种自我疗愈的英雄行为，使所有未来疗愈成为可能）。马克思主义和弗洛伊德主义都通过应对永恒来解决现代困境；两者结合了科学语言和拯救承诺；两者都产生了连贯一致的通用意识形态，声称可以触及人类行为的隐藏源泉。这两种主义都未能在诞生它们的中欧幸存下来：一个主义去了东方；另一个主义去了美国，为加强民主公民身份提供了急需的新道具。自由主义总是利用民族主义为其启蒙前提赋予一些生命、色彩和公共合法性；在美国，因为全国性的部落隐喻不能依赖生物血统理论，弗洛伊德主义确实派上了用场。除了试图通过正式制衡来调和个人利己主义和共同利益之间的矛盾，国家承诺要治愈个体灵魂。这不是一个新的发展（正如福柯试图用太多的话来说明的），但是它从精神分析革命中获得了大量支持。

马克思主义和弗洛伊德主义能够与民族主义竞争，其中一个主要原因是，即便它们谴责普遍的墨丘利主义，它们也赞同这种观点。弗洛伊德颠覆了尼采，提出一个运作良好的超人社会是可能实现的：在弗洛伊德及其朋友的帮助下，个人可以通过掌控自己的陌生感来战胜这种陌生感。这不是一个奴隶的社会，甚至也不是韦伯所说的"没有精神的专家"的社会：在这个世界里，"自由是被感知的必然"。对于马克思来说，共产主义意味着勤奋是生活之道，人们要为工作本身而永恒工作。马克思颠覆的是传统的阿波罗式的惩罚和奖励概念。天堂变成了一个无休止、自发、非强迫劳动的地方。[60]

就像民族主义（实际上还像基督教，结合《新约》与《旧约》），马克思主义和弗洛伊德主义因为道德和美学二元论的创造力得以大大加强。西方后工业化国家可以或多或少借鉴弗洛伊德的概念来规定文明及其缺憾。一方面，本能是全能、无情的（这是一件坏事，因为我们是它们的囚犯；或是一件好事，因为了解它们就是掌握它们，也许就能享受后果）。另一方面，治疗的可能性暗示了治愈的希望（这是一件好事，因为一个理性的人可通过聊天摆脱苦恼；或是一件坏事，因为有执照的官僚可能会塑造我们的灵魂，来适应一个没有灵魂的文明）。弗洛伊德主义从未成为任何国家的官方宗教，但是弗洛伊德揭示了人类不幸的真正原因。

弗洛伊德和马克思都来自中产阶级犹太家庭。弗洛伊德的犹太特性多一点儿［他的父母是从加利西亚（Galicia）搬到摩拉维亚（Moravia）的东欧犹太移民］，马克思的中产阶级特性多一点儿［在卡尔出生前，其父希尔舍·列维（Herschel Levi）就已改名为海因里希·马克思（Heinrich Marx），成为律师、深信不疑的启蒙思想家、名义上的基督徒］。因此，这两个人每个人根据另一个人的学说都可能会得到最透彻的理解：弗洛伊德成为中产阶级的伟大救世主，马克思抨击这个世界（并坚持认为资本主义将被自己的后代埋葬）。"犹太教的世俗基础是什么？"他25岁时写道，"实际需要，自私自利。什么是犹太人的习俗？讨价还价。他的世俗上帝是什么？金钱。那好吧！从讨价还价和金钱中解放出来，即从实际真正的犹太教中解放出来，将相当于我们这个时代的自我解放。"更具体地说，

> 犹太人以犹太方式解放了自己，不仅通过获得财政权力，而且对于犹太人以及其他人来说，金钱已成为一种世界力量，而实用的犹太精神已成为基督教世界人民的实用精神。只要基督徒成为犹太人，犹太人就解放了自己。

因此，

> 一旦社会成功废除犹太教的经验主义本质——市场及其产生条件，犹太人将变得不可能，因为他的意识将不再有客体，犹太教的主观基础——实际需要——将变得人性化，人类个体感官存在和物种存在之间的冲突将被取代。[61]

对这两种学说的民族起源的任何探索必然都是推测性的，正如许多试图通过将其与犹太传统相关联来解释其特殊品质和命运的理论一样。但不可否认的是，对差不多是中产阶级的犹太人来说，这两种学说都具有极大的吸引力：弗洛伊德主义吸引了带有更多中产阶级特性的犹太人，马克思主义吸引了带有更多犹太特性（即意第绪）的犹太人。有些孤独的现代人不能或不会得到民族主义的帮助，他们注意到了这种有望将他们从现代孤独中拯救

出来的非民族主义理论。

四处流浪的犹太叛教者利奥波德·布卢姆通常用平庸自由主义来对抗民族主义。"我巴望看到每一个人……不分宗教信仰和阶级，都相应地拥有可观的收入，能够过得舒舒服服。"（U16：1133-34）不足为怪的是，他也预想"未来的新爱尔兰的金都新布卢姆撒冷"：

> 我主张整顿本市的风纪，推行简明浅显的《十诫》。让新的世界取代旧的。犹太教徒、伊斯兰教徒与异教徒都联合起来。每一个大自然之子都将领到三英亩土地和一头母牛。豪华的殡仪汽车。强制万民从事体力劳动。所有的公园统统昼夜向公众开放。电动洗碗机。一切肺病、精神病、战争与行乞必须立即绝迹。普遍大赦。每周举行一次准许戴假面具的狂欢会。一律发奖金。推行世界语，以促进普天之下的博爱。再也不要酒吧间食客和以治水肿病为幌子来行骗的家伙们的那种爱国主义了。自由货币，豁免房地租，自由恋爱以及自由世俗国家中的一所自由世俗教会。（U15：1685-93）

经过更冷静的思考后，在《尤利西斯》的整体设计中，布卢姆放弃革命，通过与他的"珀涅罗珀"①和他自己达成和解以寻求解脱，因为：

> 截然不同于人为的法则，这里依然存在着将自然法则作

---

① 珀涅罗珀，奥德修斯之妻，在奥德修斯远征时拒绝很多求婚者并始终忠于其夫。这里指布卢姆的妻子。

为对维持整个人类的生存不可分割的部分加诸人的生物学之基本条件。为了获得有营养的食品，就不得不进行破坏性的杀戮。孤立的个人生存中的终极机能充满苦恼的性质。生与死的痛苦。类人猿和（尤其是）人类女性那单调的月经，自初潮期一直延续到闭经期。（U17:995-1000）

弗洛伊德的科学，正如他自己所言，在很大程度上是"犹太民族事务"，非犹太人的荣格被视为陌生人，长期以来被认为是一个异教徒。[62] 马克思主义更具世界性，但犹太人在社会主义和共产主义运动（尤其是精英职位）中的参与确实引人注目。德国社会民主的一些最重要理论家［费迪南·拉萨尔（Ferdinand Lassalle）、爱德华·伯恩斯坦（Eduard Bernstein）、雨果·哈斯（Hugo Haase）、奥托·兰德伯格（Otto Landsberg）］是犹太人。除了卡尔·伦纳（Karl Renner）、鲁道夫·希尔弗丁（Rudolf Hilferding）、奥托·鲍尔（Otto Bauer）、马克斯·阿德勒（Max Adler）、古斯塔夫·埃克斯坦（Gustav Eckstein）、弗里德里希·阿德勒（Friedrich Adler）之外，几乎所有"奥地利马克思主义者"都是犹太人。犹太血统的社会主义者——其中包括魏玛宪法的创立者雨果·普勒斯（Hugo Preuss），以及巴伐利亚［库尔特·艾斯纳（Kurt Eisner），1918~1919年］、普鲁士［保罗·赫希（Paul Hirsch），1918~1920年］和萨克森的总理［乔治·格雷诺（Georg Gradnauer），1919~1921年］——在第一次世界大战战败后，在德国建立的各个政府中都比较有代表性。1919年的共产主义运动也是如此：柏林的斯巴达克斯党的领袖包括罗莎·卢森堡（Rosa Luxemburg）、利奥·乔吉斯（Leo Jogisches）、保罗·

列维（Paul Levi）；"巴伐利亚苏维埃共和国"（4月13日后）由欧根·勒菲内（Eugen Leviné）和至少7名其他犹太委员［包括充满活力的恩斯特·托尔勒（Ernst Toller）和古斯塔夫·兰道尔（Gustav Landauer）等］领导；贝拉坤（Béla Kun）在匈牙利的革命政权几乎全部由年轻的犹太人组成（26名委员中有20名犹太人）。如果你相信当时在布达佩斯的R.W.西顿－沃森（R.W.Seton-Watson）的话，那么"整个政府，除2人外，都是犹太人，36名部长专员中有28名犹太人"。[63]

两次世界大战之间，犹太人在魏玛共和国的社会民主党中仍然占突出位置，尤其是作为记者、理论家、教师、宣传员和议员。事实上，德国和奥地利的大多数专业社会主义知识分子都是犹太人后裔（大多数是向上流动的专业人士和企业家的子女）。《世界论坛》（*Die Weltbühne*）是一份激进杂志，不知疲倦地抨击魏玛市侩主义、民族主义、军国主义和总体上浑浑噩噩的状态，这份杂志的成员中大约有70%是犹太人。正如伊什特万·德哈克（István Deák）所说，

> 除了正统共产主义文学是非犹太人占大多数之外，大部分德国左翼文学是犹太人创作的。在这方面，《世界论坛》并非独一无二；犹太人出版、编辑并在很大程度上撰写了其他左翼知识分子的杂志。犹太人在和平主义和女权运动以及性启蒙运动中发挥了决定性作用。我们读了一些虔诚的历史学资料，还以为左翼知识分子"碰巧大部分是犹太人"，事实上并非如此，而是犹太人在德国开创了左翼知识分子运动。[64]

　　也许魏玛德国（从长远来看）最有影响力的左翼知识分子属于所谓的法兰克福学派，他们中所有主要成员［西奥多·阿多诺（Theodor W. Adorno）、瓦尔特·本雅明（Walter Benjamin）、埃里希·弗洛姆（Erich Fromm）、马克斯·霍克海默（Max Horkheimer）、利奥·洛文塔尔（Leo Löwenthal）和赫伯特·马尔库塞（Herbert Marcuse）等］都来自中产阶级犹太家庭。他们决心坚守拯救全人类的承诺，但对德国无产阶级不愿埋葬资本主义（或者说，该阶级显然喜欢颠覆性地理解马克思的学说并直接攻击犹太人）感到沮丧，他们试图通过对反常的阶级进行精神分析并使精神分析实践集体化，将马克思主义和弗洛伊德主义结合起来。"社会批判理论"类似于宗教，因为它假设人类存在的偶然性与完全自知及普遍完美的状态之间存在着致命的鸿沟；确定了世界邪恶的最终来源［"物化"（reification），或准自然力量对人类的奴役］；做出预言，认为通过融合必然和自由可最终战胜历史；并且它是一个完全先验的预言发端（因为社会批判理论家没有受物化影响，而该原因却是社会批判理论本身无法支持的）。然而，这是一个脆弱的预言——精英主义，心存疑惑，完全不像其英雄父母那样伟大、确定和强烈：一个没有听众的预言，没有治愈方法的弗洛伊德主义，没有科学主义或即将到来的救赎的马克思主义。社会批判理论家没有承诺改变世界，而只是去解释世界；他们称，世界可能会通过解释而改变（前提是可以神奇地移除物化意识的障眼物）。换句话说，他们不是真正的先知。就像一个发现病人病情严重的治疗师，他们对整个群体最终康复表示完全有信心，但既不能开出治疗方案，也不能出示可信的证明。这一立场在战后美国的大学校园里被证明是有成效的，但它几乎无法对两次大战之间欧洲饱受打击的民族主义反对者给予支持。

法兰克福学派的成员不希望讨论自己的犹太根源，也不认为他们惊人相似的背景与其学说的历史有关（这是完全可以理解的立场，因为不能期望未来的先知会认真地自我反思，尤其是社会批判理论家，不能期望他们将其有关非物化意识的独特主张相对化）。如果他们对排犹主义的分析属于任何迹象的话，那么正确的程序要么是马克思主义的，要么是弗洛伊德主义的，马克思主义的压力（"资产阶级排犹主义有一个特定的经济原因：隐藏生产中的统治地位"）不可阻挡地消失在背景中。根据霍克海默（Horkheimer）和T.W.阿多诺（T.W.Adrono）的说法，排犹主义主要是一种"症状"、"错觉"和"错误投射"，它们"相对独立于其对象"，最终"与现实不可调和"（无论如何定义）。这是在"基本上不可理解的寒冷、疏远世界中轻松'定位'的装置"，资产阶级自我用这种装置来表达自己的苦恼——"这种装置在根本上由于缺乏反思性思维被切断了"。造成这种苦恼的一个原因是嫉妒，更具体地说是对犹太人鼻子的嫉妒。那是"个体特定性格的象征，通过他脸上的线条表现。嗅觉的各种细微差别体现了对低级存在形式的原始渴望，对与周围自然、地球和泥土直接融合的渴望。在所有感官中，嗅觉——被吸引而没有客观化——最能证明迷失自我并成为'另一个人'的冲动"。马塞尔·普鲁斯特都无法说得这么惟妙惟肖。[65]

如果使用类似的程序来检验阿多诺和霍克海默与自身犹太性的斗争，最合适的可能是他们对荷马史诗《奥德赛》的分析，他们毫不掩饰地（显然没有得到阅读《尤利西斯》的好处）认为这是有关现代自我的基本故事，"现代数学的图解"，①是奴役一切的启蒙思想的起源。他们声称奥德修斯是"资产阶级个人的原型"，他通过欺诈他人永远背叛了自己。因为身体比他面对的世界弱，他"计算自己的牺牲"，并开始体现"被提升到自我意识"的欺诈。作为"清醒和常识"的英雄，神话中狡猾的最高和最后阶段，他克制自己，"仅仅是为了确认英雄的头衔是以贬低和羞辱本能为代价而获得的，以追求完全、普遍和不可分割的幸福"。他被他自己的诡计"致残"，他追求"绝对孤独"和"彻底异化"中的"微小利益"。使他维持生存、继续漂流的，除了流放和家庭温暖的神话之外，别无其他因素。换句话说，他有一个明显的"犹太元素"——特别是因为"流浪者奥德修斯的行为让人想起了散漫交易商的行为"，他依靠理性来征服"到目前为止占主导地位的传统经济形式"。66

这个离群索居而又诡计多端的人已经变成了经济人（homo economicus），对他来说，任何合理的事物都是一样的：这样看来，《奥德赛》已经是一部《鲁滨逊漂流记》了。无论是奥德修斯，还是鲁滨逊，都是脱离了集体的孤独水手，当他们的航船葬身海底之后，他们只能把自己作为个体的软弱一面转化为一种社会力量……面对自然，他们的软弱无能已被当成一种意识形态，用来进一步扩大他们的社会霸权。面对汹涌的波涛，奥德修斯感到自己毫无还手之力，同样，旅行家的滚滚财源也是建立在剥夺土著野蛮人基础上的。67

---

① 本书中《启蒙辩证法》的有关引语的翻译参考了马克斯·霍克海默、西奥多·阿道尔诺著《启蒙辩证法》，渠敬东、曹卫东译，上海人民出版社，2006。

因此，聪明的交易商奥德修斯是"极权资本主义的非理性主义"的原型，"为满足需要，采用了一种由支配决定的对象化形式，因而使得需要根本不可能得到满足，反而表现出了灭绝人类的倾向"。马克思和弗洛伊德（再次）遇见桑巴特。支持"资产阶级的自我仇恨"和资本主义统治的理论家似乎是他们父亲软弱和狡猾品性的掘墓人。[68]

但这还不是全部。作为吃人的独眼巨人进入纳粹，奥德修斯"为了达到自己的目的，不仅把自己叫作'无人'，而且把自己接近自然状态的过程当成了支配自然的手段，这样成了狂妄自大的牺牲品"。他无法停止说话，通过嘲讽向盲怪和愤怒的神圣保护者透露他的真实身份并招致死亡。

> 这是雄辩的辩证法。从远古时代到法西斯主义时期，荷马一直遭到了这样的指责：他要么借用英雄的嘴巴胡说八道，要么通过来回穿插的叙事唠叨个不休。不过，作为一名爱奥尼亚人，荷马对命运的描画，不管是在过去还是在现在，都要比斯巴达人高出一筹，而这种命运正是一个聪明人（中间人）因自己的语言而招致的命运。虽然语言欺骗了体力，但它却不能产生约束作用。……一个人如果说得太多，就会使体力和正义成为一种现实准则，这样一来，它也会迫使那些深陷恐惧的人去寻求一种他所恐惧的行动。在史前社会里，词语的神话强制力就曾造成无休无止的灾难，同时，这种灾难也是启蒙语言施加在自己身上的灾难。乌岱斯［无人］就曾强迫自己承认自己就是奥德修斯，他这样做，便已经带有了犹太人的特征：尽管犹太人惧怕死亡，却还是在死亡恐惧中产生了一种优越感。因此，对中间人的报复，不是

在资产阶级社会晚期才产生的，而是自打资产阶级社会形成伊始，各种各样的强制力就已经开始追求否定乌托邦了。[69]

"极权资本主义"的贫嘴祖先如何造成他们自己的毁灭，这也许不完全清楚；考虑到他们"灭绝人类"的倾向，或考虑到未因奥德赛的原因被弄瞎的现代独眼巨人可能来自何方，这种毁灭是多么活该。但也许这从来就不是历史、人类学甚至道德哲学。也许这是自我批评理论。也许这是他们和布伦纳所说的，他们的功能是通过无法克制的言语来"承认、接受"从历史开始到今天其祖先的"卑鄙"，以及（他们）性格的缺陷，然后重新站起来，从头开始。毕竟，他们声称希望"犹太人问题事实上将成为历史的转折点"。通过克服在不受反思思维影响的自我肯定的基础上恣肆发展的精神疾病，人类将从一系列对立的种族发展到虽属自然但超越自然的物种。[70] 利奥波德·布卢姆同意："据他的愚见，所有那些会激起敌意的无聊的争吵都意味着代表斗志的乳突或某种内分泌腺在作怪。人们错误地以为这就是为名誉、国旗之类的细枝末节——其实，吵闹的根源是隐在一切事物背后的金钱问题，也就是贪婪与妒忌，人们永远也不懂得及时见好就收。"（*U*16：1111–15）

———

无论这种说法是自我肯定还是反思，"犹太问题"和人类新物种的希望之间在统计上的联系似乎相当牢固。在匈牙利，犹太血统的第一代或第二代马扎尔人不仅在社会主义知识分子中，而且在共产主义激进分子中的比例也过高。在波兰，"少数民族"

犹太人构成了最初共产党领导层的大多数（约 10 人中有 7 人）。共产主义青年组织（1930 年）51% 的成员，华沙共产主义者（1937 年）大约 65% 的成员，共产党宣传机构 75% 的成员，革命国际救援组织（MOPR）的 90% 的成员，以及中央委员会的大多数成员是犹太人。同一时期，在美国，犹太人（大部分是来自东欧的移民）占共产党党员的 40%~50%，至少在党的领导人、记者、理论家和组织者中占相当大比例。[71]

20 世纪早期犹太人参与激进运动中的情况，类似于他们在商业和职业中的情况：大多数激进分子不是犹太人，大多数犹太人也不是激进分子，但是犹太人中激进分子的比例比他们的非犹太邻居高得多。一种解释是，没有必要进行特别解释：在普世墨丘利主义的时代，墨丘利们比起阿波罗们有其内在的优势；智力主义（"聪明"和"反思"）与手工业及放债一样，是传统墨丘利主义的核心内容；在 19 世纪和 20 世纪初的中欧和东欧，大多数知识分子都是激进分子（知识界成员），因为无论经济体还是政体都不允许他们作为专业人士融入。斯蒂芬·惠特菲尔德（Stephen J. Whitfield）认为，"如果犹太人中激进分子的比例过高，那可能是因为他们中知识分子的比例过高"，这要么是传统的陌生感，要么是新出现的边缘化境遇导致的。惠特菲尔德本人更喜欢尼科斯·卡赞扎基斯（Nikos Kazantzakis）（新版《圣经》和《奥德赛》等书的作者）提出的"凡勃伦论题"（Veblen thesis），因为"犹太人具有这些品质：躁动不安，不去适应时代的现实；挣扎着逃跑；认为每种现状和每个想法都是令人窒息的监狱"。或者更确切地说，马克思和托洛茨基之于政治，恰如勋伯格（Schoenberg）和爱因斯坦之于艺术和科学（用凡勃伦的术语说，是"扰乱和平的人"）。正如弗洛伊德所说，"要宣称相信一个新理论，在一定程度上就要准备接受一个孤立的反对派立场——没有人比犹太人更熟悉这个立场了"。[72]

"边缘化"的论点并不是一个像创业和科学一样适合革命的论点。有关犹太人与社会主义的密切联系，大多数解释反映了犹太人的资本主义倾向。尼采－桑巴特的解释路线特别强调"怨恨"，桑巴特本人就是巧妙的代表，而涉及犹太部落主义和弥赛亚主义的各种理论被尼古拉·贝迪亚夫（Nikolai Berdiaev）通过文采飞扬的雄辩进行改编。根据贝迪亚夫的说法，社会主义是一种"犹太宗教千禧年说的形式，面向未来，它热情地提出并期待在地球上实现新千年上帝王国、迎来审判日，在审判日，邪恶最终被善所征服，人类生活中的不公正和痛苦永远停止"。根据贝迪亚夫的说法，任何其他国家都不可能创造出像以赛亚一样的愿景，更不用说严肃地将其作为一个世俗向导了：

> 那时，豺狼和小绵羊一起生活，豹子与小山羊同卧，牛犊肥畜和狮子同群，小孩子也可以牵引它们。牛与熊一起进食，小牛和小熊同卧，狮子要像牛一样吃草。吃奶的孩子在毒蛇的洞口玩耍，刚断奶的婴孩探手进蛇窟中。（《以赛亚书》，11：6-8）

此外，犹太人的自由和不朽是集体的，而不是个人的，这种集体救赎将在这个世界上发生，不仅是日常斗争的结果，还是命中注定，这样，就有了马克思主义。

卡尔·马克思是一个典型的犹太人，他在历史的最后时刻明白了一个古老的《圣经》主题：你要汗流满面，才可以维持生计……马克思的教导似乎打破了犹太宗教传统，反抗一切神圣的事物。事实上，马克思主义所做的是将与作为上帝选民的犹太人有关的弥赛亚思想转移到一个阶级——无产阶级身上。[73]

或者正如索尼娅·玛格丽娜（Sonja Margolina）最近所说[呼应了艾萨克·多伊彻（Isaac Deutscher）的"非犹太的犹太人"谱系]，也许这恰恰相反。也许马克思看起来是打着一种新的幌子保存了犹太教，但实际上却破除了犹太宗教传统——就像所有犹太人中最著名也可能是最"犹太"的犹太人一样。

他的名字是耶稣基督。基督与正统犹太人形同陌路，对统治者构成危险，他剥夺了犹太人的神，并将其交给全体人民，无论种族和血统。在现代时期，这种上帝的国际化是犹太使徒以世俗形式重现的。从这个意义上说，马克思是现代基督，托洛茨基是他最忠实的使徒。基督和马克思都试图将放债人逐出圣殿，但都失败了。[74]

不管他们是怎样看待基督教是一场犹太革命的，一些犹太革命者都认同自己是革命者，因为他们是犹太人（在贝迪亚夫的观念中）。巴伐利亚苏维埃共和国的无政府主义者、哲学家和殉道者古斯塔夫·兰道尔（Gustav Landauer）认为，犹太神是反叛者和煽动者（Aufrührer and Aufrüttler），犹太宗教体现了"人民对自身的神圣不满"，"在流亡和离散期间等待救世主，和成为世界各国的救世主，是一回事"。弗朗茨·罗森茨维格认为

"放弃自由和不受限制的市场"是天国到来的先决条件，他欣喜地看到，"自由、平等和博爱，这些信仰的准则，现在已经成为时代的口号"。列夫·施特恩伯格（Lev Shternberg）曾是革命恐怖分子，长期流亡西伯利亚，到1927年去世前一直是苏联人类学家的领导，他开始把现代社会主义视为一项专属于犹太人的成就。"仿佛成千上万的以色列先知从他们被遗忘的坟墓中站了起来，再次宣告对那些'增其第宅、广其田畴'的人严厉谴责，对社会公正的迫切呼吁，以及他们的理想——统一的人类，永恒的和平，各国人民相亲相爱，在地球上建立天国！"让排犹分子在争辩中利用这个论据，"排犹分子总是会找到论据的"，因为他们需要的只是借口。重要的是培养和歌颂"我们最优秀的品质：我们的社会正义理想和我们的社会激进主义。我们不能为取悦排犹分子而对自己撒谎——即使我们愿意，也不能这样做。让我们记住，未来是站在我们一边的，而不是站在陈腐的野蛮主义这条垂死的九头蛇一边的"。[75]

施特恩伯格认为，张伯伦和桑巴特将犹太教描述为无情的理性主义和热情的弥赛亚主义的独特结合，这似乎是对的，因为正是这种结合确保了人类能最终获得解放。

> 19世纪社会主义的第一批先驱是法国人圣西门和傅立叶，他们是非犹太人。但那是乌托邦式的社会主义……最后，出现科学社会主义的时机成熟了。就在那时，理性主义的犹太天才以卡尔·马克思的形式来到现场，他独自一人就能够建立新教义的整体结构，从基础到顶层，以宏大的历史唯物主义一元论体系为冠。但是犹太社会主义者特别引人注目的是，他们非同凡响地将理性主义思想与社会情感

主义和激进主义相结合——这是犹太人的精神特质，我们在犹太历史上全部几个时期，特别是在先知中已经非常清楚地看到了这一点。最显而易见的例子莫过于马克思和拉萨尔（Lassalle）。马克思具备了（几乎是数学般的）理论思维天才、狂热战士的热情气质和真正先知的历史感。马克思的著作不仅是我们时代的新"圣经"，也是一部新的社会预言书！即便是现在，有关马克思教义和社会预言的训诂也超过了犹太法典的所有篇幅。拉萨尔虽然有不同的才能，但有同一种心理，作为一个受欢迎的论坛和政治组织者，他有着巨大的天赋。[76]

另一个政治组织者，也许是其中最有效率的一个，是斯大林的"铁政委"——拉扎尔·卡冈诺维奇（Lazar Kaganovich），他记得自己受的早期教育分别是向俄罗斯诗人和犹太先知学习。他在《一名工人、共产主义－布尔什维克、工会、政党和苏联国家官员的回忆录》中写道，

> 我们小时候学习《圣经》。我们感觉到阿摩司在谴责沙皇和富人，我们非常喜欢《圣经》。但是，我们那时候对先知当然不加批判，他们在表达大众的不满情绪和批评压迫者的同时，敦促大众要耐心期待上帝和弥赛亚拯救他们，而不是呼吁他们与压迫者做斗争。很自然，在孩提时期，我不明白这个结论的正确性。但是我记得1912年在基辅，当我不得不反对犹太复国主义时，我恰当地引用了阿摩司的话，并取得巨大的成功，这次我得出了适当的布尔什维克结论。[77]

与卡冈诺维奇同时代的人普遍断言，重要的共产主义仪式和
风格（以及语言）可能源自犹太人，他们中许多是犹太人、共产
主义者或两者兼而有之。伊里亚·爱伦堡（Ilya Ehrenburg）在
出版《拉齐克·罗伊茨瓦内茨的风雨生活》（*The Stormy Life
of Lazik Roitshvanetz*）时被证明是共产主义者的同路人，他讽
刺了早期苏联的正统信仰，让这种信仰看起来与犹太训诂别无二
致。两者都是围绕着将世界划分为"干净"和"不干净"的领域
而建立的，正如永世流浪的犹太人拉齐克（Lazik）注定要发现
的那样，两者都通过增加毫无意义的规则来追求纯洁，并假装让
彼此和解，并与人类生存的无序现实相协调。

> 现在我看到犹太教徒是幼崽中最可笑的一种。[拉齐克
> 在被要求像"逾越节前的春季大扫除"那样去打扫图书馆时
> 这样说道。]他们怎么想的？例如，犹太人不应该吃鲟鱼。
> 是因为鲟鱼很贵吗？不。是因为味道不好吗？一点儿也不。
> 而是因为鲟鱼游来游去却没有合适的鳞片。这意味着这种鱼
> 非常不洁，无可救药，犹太人吃鲟鱼就会亵渎他那天选的
> 胃。让其他卑微的人去吃鲟鱼吧。但是，闵奇克同志，那些
> 幼崽在谈论吃饭。现在，真正的 20 世纪终于到来了，人类
> 变聪明了，所以我们有一个像康德这样的人和他的 1071 起
> 罪行，而不是一些愚蠢的鲟鱼。让火山上的法国人阅读所有
> 这些不洁的东西。我们有天选的大脑，我们不能用傲慢的妄
> 想来玷污自己的大脑。[78]

捷夫·斯恰兹（Jaff Schatz）研究了 1910 年左右出生的一
代波兰犹太共产党人，他在研究报告中说，他们中的一些人（对

过往的政治耻辱和种族流亡有真知灼见）认为他们接受的马克思主义教育在风格上主要是犹太教育。"基本方法是自学，辅以先进分子的指点。就这样，他们边阅读边讨论。如果他们不能就文本的含义达成一致，或者当出现过于复杂的问题时，他们就请专家帮助，专家的权威解释通常都被接受。"导师经验更丰富，而且更加博学，能更有创造性地解释文本。"那些最德高望重的人几乎能背出大部分经典文本。此外，那些更先进的个人经常能够从记忆中引用统计数据，例如关于'十月革命'前后面包、糖或钢铁生产的数据，以支持他们的分析和概括。……一位受访者总结道：'我们像犹太教徒行事，他们喜欢拉比。'"[79] 真正的知识可以在神圣的文本中找到，而"意识"部分取决于一个人协调众多方案、预测和禁令的能力。"经典文本被视为最高权威，在这种权威中，所有可能被问到的问题都得到了回答。实际的困难是找到最合适的文本片段并对其进行正确解释，这样隐藏的答案就会出现。在讨论这些文本，以及辩论社会或政治问题时，有一种分析的典型特点令人毛骨悚然，今天许多受访者称之为'教条主义'。"[80]

"教条主义"是东欧共产主义者广泛使用的一个标签，用来指代各种背景的无经验理论家（当然，有足够多的吹毛求疵的非犹太人使这种联系变得可疑），但似乎犹太人在共产主义作家和空想家中的比例过高，一般来说，他们比非犹太人同志在书面解读工作中准备得更好（非犹太人圈子在风格上与犹太人相似，但在培养专业知识分子方面却远不如他们成功）。受益于宗教或世俗"犹太教育"的人也很可能将这种教育的某些内容引入他们正在建设的社会主义（或他们正在实践的新闻事业）。然而，令人吃惊的是，许多犹太激进分子将其革命"觉醒"与他们年轻时对家庭的叛逆相关联。无论其对激进主义的性质、同化程度或对犹太教和社会主义之间的联系有何看法，绝大多数人都记得自己曾拒绝他们父亲的世界，因为这个世界似乎体现了犹太教和反社会主义（被理解为商业主义、部落主义和父权制）之间的关联。[81]

无论如何，所有革命者都是"弑父者"，但在这一点上，似乎很少有人像 19 世纪末和 20 世纪初的犹太激进分子那样坚决一致、直率坦白。卢卡奇·格奥尔格（Georg Lukács）是匈牙利最卓越的银行家勒温格·约瑟夫（József Lőwinger）的儿子，他可能是比较富裕的反叛者中的典型，因为他在这些反叛者中有影响力。

> 我来自利奥波德城（Lipótváros）[佩斯一个富人区]的一个资本主义家庭……从孩提时代起，我就对利奥波德城的生活方式深感不满。由于我父亲做生意时常与城市贵族和官僚士绅的代表接触，我对他们也深感排斥。因此，在我很小的时候，我对整个匈牙利官方深恶痛绝……当然，现在我认为我当时不加批判地统统排斥，并不分青红皂白地抵制全部马扎尔人的生活、历史和文学（除裴多菲外），这是幼稚可笑的。尽管如此，这种态度确实主导了我当时的精神和想法。与这种情绪抗衡的——当时我唯一觉得可以歇脚的坚硬地面——是当时的现代主义外国文学，我在大约十四五岁时开始接触这种文学。[82]

卢卡奇最终将从现代主义转向社会现实主义，从无形的"强烈反感"转向成为共产党党员；只是他对裴多菲的热爱终生未改。这也是典型的。民族神，甚至那些被最小心翼翼保护的神，也是这个时代最强大的。事实上，如此强大，以至于对他们的狂热崇拜被认为是理所当然的，几乎无人注意到，而各种普世主义信条都在宣称自己的先验主张。共产主义者，除其他人外，没有将裴多菲与他们正在反抗的"资产阶级民族主义"相关联，也没有看到对其诗歌的崇敬与无产阶级国际主义之间的严重矛盾。裴多菲——像歌德、席勒、密茨凯维茨等人一样——代表着他自己领域的"文化"，而且文化（"高雅"文化，即裴多菲等人定义的那种）是个好东西。1919 年，匈牙利共产党政府领导人、克里米亚"红色恐怖"组织者、共产国际高级官员贝拉·库恩（Béla Kun）以一篇获奖的高中论文《桑多·裴多菲和简·阿朗尼的爱国诗歌》开始了他的写作生涯，他在等待被苏俄秘密警察逮捕时介绍了裴多菲诗歌的俄语译本，就此结束写作生涯。拉扎尔·卡冈诺维奇（Lazar Kaganovich）可能签署了库恩的死刑判决（还有其他成千上万人的判决），他在生命尽头回忆起自己"通过独立阅读普希金、莱蒙托夫、涅克拉索夫、托尔斯泰和屠格涅夫的作品"开始获得文化。[83]

/ 098

虽然民族万神殿因为其表面的透明性而获得力量，但是家庭叛乱却很重要，因为这种经历及其表现是顿悟（epiphany）。弗朗茨·博厄斯（Franz Boas）记得他第一次质疑传统权威的"难忘时刻"。"事实上，我对社会生活的整体看法是由这样一个问题决定的：我们如何认识到传统给我们带来的束缚？因为当我们认识到这种束缚时，我们也能够打破它们。"这种认识第一次几乎总是发生在家里。正如法兰克福医生的儿子利奥·洛文塔尔（Leo Löwenthal）所说，"我的家庭可以说是我不想要的一切的象征——劣质的自由主义、劣质的启蒙思想和双重标准"。[84]

斯恰兹（Schatz）笔下的波兰共产主义者也是如此，他们中大部分人讲意第绪语，对自由主义或启蒙思想知之甚少："无论他们来自贫穷、小康、同化还是传统家庭，他们处境中的一个重要共同因素是强烈感受到他们与父母之间的鸿沟。这些鸿沟越来越被认为是不可逾越的，在日常生活中表现为无法沟通和拒绝顺从，导致他们越来越远离父母的世界、处事方式和价值观。"[85]

较富有的人哀叹自己的父亲是资本家，而较贫穷的人则为自己的父亲是犹太人而感到惋惜，但是他们普遍感到厌恶的真正原因是他们觉得资本主义和犹太性是一回事。不管犹太教和马克思主义之间的关系如何，在阅读马克思写的任何东西之前，大量犹太人似乎都同意他的观点。"从讨价还价和金钱中解放出来，即从实际的真正犹太教中解放出来，就是我们这个时代的自我解放。"革命始于家庭，或者更确切地说，世界革命始于犹太家庭。根据历史学家安德鲁·贾诺斯（Andrew Janos）的说法，贝拉·库恩的年轻委员们"以特别凶残的方式寻找传统主义犹太人作为他们恐怖活动的目标"。根据传记作者马乔里·博尔顿（Marjorie Boulton）的说法，路德维希·扎门霍夫（Ludwik Zamenhof）直到与其"奸诈"的父亲分手后才得以自由投身于世界语的创作。1889 年 12 月 1 日，俄国犹太人、世界革命家、国际金融家和未来的德国政府代理人亚历山大·赫尔方特（Alexander Helphand）（帕武斯，Parvus）在《萨克森工人报》（*Sächsische Arbeiterzeitung*）发表了以下声明："我们宣布国家诞生了一个健康、快乐的敌人。11 月 29 日上午，我们的儿子出生在德累斯顿……虽然他出生在德国，但他没有祖国。"[86]

帕武斯的儿子以及许多犹太学者、金融家和革命者的孩子的悲剧是，大多数其他欧洲人的确有一个祖国。甚至资本主义也被民族主义包装、分发和传递（帕武斯同样成功地榨取和破坏了资本主义）。即便是认为普世陌生性是一种自然人类状况的自由主义，也将个人组织成国家，并承诺将他们聚集在一起，万众一心。甚至连《马赛曲》也成了国歌。

当离乡背井的阿波罗们抵达新的墨丘利海岸时，他们被告知可以回家了。也许，有些人不得不等待，或者搬到隔壁，或者先屠杀假求婚者，但是不管怎样，每一个新的尤利西斯最终都要抵达自己的"伊萨卡"——除了最初的尤利西斯，正如但丁所预言，那个尤利西斯永远也不会回来。犹太人不再被允许作为一个全球性部落（现在这样做是"不忠"，不是正常的墨丘利式行为），但是他们仍然不受当地部落的欢迎。汉娜·阿伦特说，"犹太人显然是国家化欧洲中唯一的欧洲国际元素"。他们也是欧洲唯一真正的现代人，或者至少非常擅长做现代人。但是没有民族主义的现代性是冷酷的资本主义。许多欧洲人认为，冷酷的资本主义本身就是一件坏事。正如卡尔·马克思所说，"犹太人幻想中的民族是商人的民族，是一般有钱人的民族……犹太人的社会解放就是让社会从犹太教中解放出来"。[87]

当犹太人从犹太人区和小村出来时，他们进入了一个新的世界。这个世界看起来像旧世界，因为他们的技能被认为是非常有价值的，但他们在道德上却是可疑的。然而，有一个关键的区别：犹太人不再是法律承认的职业陌生人，因此不再有从事道德上可疑职业的特殊任务。不道德行为的新许可是民族主义，犹太人没有资格。每个犹太人的父亲都变得不道德，要么是因为他还是一个职业陌生人，要么是因为他是一个没有合法部落归属的现代人。两种人都是资本家，都属于一种空想的民族。

———————

现代时期的两大预言为犹太弑父问题提供了两种不同答案。弗洛伊德主义声称这是一种普遍的人类痛苦，拯救作为自由主义文明，唯一的方法是在治疗上控制冲动（优雅地成长）。马克思主义认为无产阶级是解决问题的人，并敦促杀害（或多或少是隐喻性的）坏父亲，以便将世界从犹太教中解放出来，并确保不再有儿子必须杀害其父亲。

但是，当然还有第三个预言——和其他两个预言一样具有弑父性，但更具差异性：现代犹太民族主义。难道犹太人不能从幻想中的民族变成"正常"的民族吗？难道他们不能有自己的祖国吗？难道他们不能在自己伪装的阿波罗状态中免受资本主义的侵害吗？难道他们不能像其他人一样——作为一个民族——被救赎吗？也许他们可以。许多犹太人认为这是古怪的想法（上帝选民没有上帝？没有犹太人的血统和土地？），但许多人愿意尝试。[88]

"正常"的民族主义始于本土语言神圣化和将民族诗人神圣化。因此，在 19 世纪下半叶和 20 世纪前 25 年，意第绪语获得了文学语言的地位（相对于犹太人集聚区行话或墨丘利密码），通过翻译被纳入"世界文化宝库"（即其他现代国家的世俗万神殿），容纳各种各样的体裁（以便成为通用工具），并产生了自己的莎士比亚。换句话说，它经历了与 100 年前的俄国或大约同时代的挪威一样的重生痛苦。荷马、歌德和阿纳托尔·法朗士

（Anatole France）被同时翻译过来，仿佛他们是同时代人；人们发现意第绪语的美丽温柔非同常可，还发现了门德尔·莫克尔·斯福里姆（Mendele Mokher Sforim，即 Sholem Yakov abramich，1835~1917）等"意第绪语文学的祖父"。后来又有了肖勒姆·阿莱赫姆。正如莫里斯·塞缪尔（Maurice Samuel）代表意第绪语的大多数读者所说，"很难把他视为'作家'。他是说话的普通人。他在某种程度上是犹太人自我表达的'无名氏'"。[89]

换句话说，"正常"民族主义的所有元素都有——除了主要元素。民族主义的要点在于：将新创造的民族高等文化与当地阿波罗神话、宗谱和景观联系起来；将高等文化归因于"人民精神"；通过对现代国家进行民俗化，使得民间文化现代化。对于犹太人来说，这项事业几乎没有意义。他们对当地景观的任何部分都没有依恋或严肃的领土主张；他们有象征意义的过去在别处；他们的宗教似乎与其犹太性密不可分。任何欧洲国家，无论如何设计，都不可能成为犹太人的乐土。

或许最重要的是，以意第绪语为基础的民族主义对缓解非英雄父亲的问题没有什么帮助。人们可以为其感伤，或者编一个故事，有力地说明他们未受救济的殉难，但人们不能假装他们不是服务游牧民（即鞋匠、小贩、客栈老板和依赖他们"异教徒"顾客的放债人）。换句话说，人们不能通过争辩犹太人的过去不是流放来帮助他们的儿女追求阿波罗式的尊严。事实上，如果无可指责的骄傲和公认的《圣经》英雄，在占主导地位的、仍然充满活力的犹太传统中很容易找到，那为什么要这样做呢？意第绪语民族主义开始时是正常的，但后来被证明是非常奇怪的，以至于不能作为一场运动获得成功。在最重要的政治和神话制作领域，它无法与希伯来民族主义和全球社会主义相抗衡。意识形态上讲意第绪语（"犹太大众的语言"）的大多数犹太人是社会主义者，而欧洲的社会主义语言——尽管犹太劳动联盟做出了努力——是德语和俄语。

最终，基于希伯来语的民族主义取得了胜利，并与"犹太复国主义"结盟，成为第三大犹太预言。这种民族主义的前提明显大胆地"反常"，却期待实现完整的最终正常状态，拥有一个民族国家和战士的尊严。这是逆转的民族主义：这个想法不是要使流行的言论神圣不可侵犯，而是要亵渎上帝的语言，不是要把你的家园变成应许之地，而是要把应许之地变成家园。将犹太人变成一个正常国家的努力看起来与世界上任何其他民族主义都不一样。这是一种墨丘利式的民族主义，它提出对流放神话逐字逐句进行世俗解读；这种民族主义因为上帝惩罚其子民而惩罚上帝。永恒的都市人要把自己变成农民，而当地农民将被视为外来入侵者。"犹太复国主义"是所有民族主义中最激进和革命性的。它的世俗主义比任何其他运动都更加宗教化——除了社会主义，社会主义是其主要盟友和竞争对手。

———————

但是犹太人不仅是最古怪的民族主义的英雄；他们也是其中最残忍的恶棍。纳粹主义是一场弥赛亚运动，赋予了民族主义一种复杂的地球末世论。换句话说，纳粹主义挑战了现代救世宗教，利用民族性作为毁灭和救赎的代理人。纳粹主义做了其他现代（也即反现代）救世宗教做不到的事：它清楚、一致、科学地定义了邪恶。它塑造了民族主义时代的完美神权。它以自己的形象创造了魔鬼。

邪恶起源的问题对于任何救赎承诺来说都是根本问题。然而，除了纳粹主义，所有现代宗教在这个问题上要么保持沉默，要么困惑不解，就像基督教一样。马克思主义通过异化劳动提供了一个关于原罪的模糊故事，并使人们很难理解个人信徒在革命宿命计划中可以扮演什么角色。

弗洛伊德主义将邪恶定位在个人灵魂中，并提供了对抗邪恶的药方，但是它没有为实现完美社会提供希望，没有消除缺憾的文明。邪恶是可以控制的，但不能完全根除。一批治愈的个体并不能保证社会健康。

"犹太复国主义"的确预见到了一个完全健康的社会，但是它的承诺并非放之四海而皆准，它的邪恶概念历史性过强，不能持久使用。流放的邪恶将通过归乡来克服。像苏联资产阶级意识一样，"离散心态"将会被为自己的健康状态而进行的诚实劳动所击败。这种心态在以色列土地上还持续存在，这难以解释。

纳粹主义在神权的一致性和简单性上是独一无二的。现代世界的所有腐败和异化都是由一个种族即犹太人造成的。犹太人天生邪恶。资本主义、自由主义、现代主义和共产主义基本上都是从犹太人产生的。消灭犹太人将拯救世界，迎来太平盛世。像马克思主义和弗洛伊德主义一样，纳粹主义结合了先验启示和科学语言，来汲取力量。社会科学可以从关于犹太人在现代生活关键领域中占比过高的统计数据中得出许多结论；种族科学致力于揭示个人种族和世界历史的秘密；各种医学分支可以用来提供描述邪恶的词汇和"最终解决方案"的手段。纳粹主义与"犹太复国主义"（最终是犹太教）相抗衡，用民族主义的措辞来表达救赎的弥赛亚主义；与马克思主义（最终与基督教）相媲美，它预示着宣泄性末日暴力将迎来太平盛世；在使用现代医学作为拯救工具方面则等同于弗洛伊德主义。最终，纳粹主义超越了所有其他主义，能够为现代世界中的邪恶根源问题提供一个简单的世俗解决方案。一个由人类统治的宇宙接收了一个可识别的、历史上截然不同的人类群体，作为第一个有血肉之躯的魔鬼。这个群体的身份可能会改变，但是邪恶的人性化和民族化被证明是持久的。当纳粹先知被揭露为骗子并在他们发动的大灾难中被杀害时，正是他们在一个没有上帝的世界里成为新的魔鬼——这是后先知时代唯一绝对的魔鬼。

———————

因此，在第一次世界大战之后，犹太人发现自己被卷入现代欧洲危机和克服这次危机的最深远努力的旋涡中心。尽管他们在构成现代国家基础的活动中取得了惊人的成功——创业（特别是银行业）和专业性工作（特别是法律、医学、新闻和科学）——他们还是被排除在这些国家应该体现和代表的现代民族之外。在一个用民族主义合法性掩盖资本主义和专业知识经济的欧洲，犹太人被遗弃，没有受到保护，成为一个由强大陌生人组成的幽灵部落。在一个民族国家里，将他们排除在外，将成为民族主义信仰和有条不紊的灭绝运动的主要内容。但是排斥也可能成为一种逃避和解放的形式。对大多数欧洲犹太人来说，这意味着前往三个意识形态目的地进行三次朝圣。弗洛伊德主义与美国的非种族

（或多种族）自由主义联系在一起；"犹太复国主义"代表了巴勒斯坦世俗的犹太民族主义；共产主义代表着建立一个以莫斯科为中心的无国家世界。20世纪犹太人的故事是一个地狱和三个应许之地的故事。

/ 第三章　巴别尔的初恋：犹太人和俄国革命

　　突然，我听到身旁有人说："对不起，年轻人，你认为
这样盯着陌生的年轻女士看合适吗？"

——屠格涅夫，《初恋》

　　20 世纪初，大多数欧洲犹太人（约 870 万人中的 520 万人）生活在俄罗斯帝国，在那里他们占总人口的 4%。大多数俄国犹太人（约 90%）在法律上受限制，只能居住在栅栏区。栅栏区内大多数犹太人（除了大约 4% 的农民和工厂工人外）都继续从事传统的服务业，在绝大多数人都是农业基督徒的地方和各种城市市场之间充当中间人。大多数犹太中间商购买、运输和转售当地产品；以现存作物和其他物品为担保提供信贷；租赁和管理地产和各种加工设施（如制革厂、酒厂和糖厂）；经营酒馆和客栈；（作为小贩、店主或批发进口商）供应制成品；提供专业服务（最常见的是作为医生和药剂师），当工匠（从农村铁匠、裁缝和鞋匠到高度专业化的珠宝商和制表商）。各种行业的就业比例可能会有所不同，但是犹太人与服务业（包括小规模手工艺业）的关联仍然非常密切。[1]

　　由于传统的墨丘利依赖外部陌生感和内部凝聚力，大多数俄国犹太人继续生活在隔离区，讲意第绪语，穿着独特的服装，遵守复杂的饮食禁忌，实行内婚制，并遵循各种其他确保集体记忆、自主、纯洁、团结和救赎希望的习俗。犹太教堂、澡堂、宗教小学和家庭帮助构建了生活空间和社会仪式，许多自治机构帮助拉比和家庭管理社区生活、教育和慈善事业。社会地位和宗教美德都有赖于财富和学问；财富和学问最终相互依赖。

大多数栅栏区犹太人和他们的大多数农村客户之间的关系遵循了墨丘利－阿波罗共存的通常模式。双方都认为对方不洁、不透明、危险、可鄙，最终与本族群过去和未来的拯救无关。社会接触仅限于商业和官方交往。非犹太人几乎从不讲意第绪语，很少有犹太人讲乌克兰语、立陶宛语、拉脱维亚语、摩尔多瓦语或白俄罗斯语等邻国的语言，除了"做生意绝对必要的最少字词"。[2]每个人（尤其是犹太人自己）都认为犹太人是外地来的临时流亡者；他们依靠客户生存；这个国家——无论如何构想——属于当地的阿波罗们。每个犹太人在每个安息日重温的以色列人民的历史，与他所在的犹太人聚集区或基辅市（Kiev）都无关；他的大海是红海，而非黑海，他想象中的河流不包括第聂伯河（Dnieper）和德维纳河（Dvina）。"［肖勒姆·阿莱赫姆笔下］在卡西里耶夫卡（Kasrilevsk）的伊齐克·迈耶被告知，他自己和妻子儿女们已离开埃及，并且按照他被告知的那样感受。他觉得自己目睹了十次瘟疫对埃及人造成的伤害，他自己站在红海的彼岸，看到海浪像一堵堵墙，将追捕者压垮，把他们最后一个人都淹死了——除了法老，他被保存下来作为永恒的见证人，警醒托克马达之类的宗教迫害狂和罗曼诺夫之类的暴君。"[3]

犹太记忆中最突出的——也许是唯一的——当地阿波罗是 17 和 18 世纪的哥萨克掠夺者和杀人犯，他们中最常想起的是博格丹·赫梅利尼茨基（Bohdan Khmelnytsky）——这个博格丹·赫梅利尼茨基在大多数讲乌克兰语的人的记忆中是将他们从天主教囚禁中解救出来的人，也是让他们免遭（为时不久的）犹太阴谋和间谍活动控制的人。然而，总的来说，犹太人在东欧农民的想象中和东欧农民在犹太人的想象中一样微不足道。阿波罗们倾向于记住与其他阿波罗们的战斗，而不是与墨丘利们的讨价还价

（而墨丘利们自己倾向于记住他们曾是阿波罗的日子）。哥萨克神话中的恶棍大多是鞑靼人和波兰人，犹太人偶尔被描述为波兰代理人（从经济意义上来说，他们的确是——尤其是作为房地产承租人和酒税农民）。[4]

　　栅栏区内大多数犹太和非犹太居民对他们之间的区别有着相同的基本观点。就像所有的墨丘利和阿波罗一样，他们倾向于认为彼此是普遍、互补的对立方：头脑与身体、头脑与心灵、局外人与局内人、游牧与定居。用马克·兹博罗夫斯基（Mark Zborowski）和伊丽莎白·赫尔佐格（Elizabeth Herzog）的话来说（他们的描述基于对前犹太人小村居民的采访），

> 　　犹太人小村儿童的脑海中会形成一系列对比，他长大后将某些行为视为犹太人的特征，而将相反的行为视为异教徒的特征。在犹太人中，他期望会发现下列特征：重视智力、温和节制、珍惜精神价值、经营理性、从事目标导向的活动、有"美好"的家庭生活。在异教徒中，他寻找每个特征的对立面：强调身体、无节制、盲目本能、淫乱和残暴。第一份清单在他心目中是犹太人的特征，而第二份是非犹太人的特征。[5]

　　从另一方面看，清单内容看起来基本相同，价值正好相反。智力、节制、学问、理性主义和家庭奉献（以及创业成功）可以表现为狡猾、怯懦、诡辩、不友善、排外和贪婪，而对身体、无节制、本能、淫乱和暴力的明显强调可以被解释为朴实、自发性、深情、慷慨和勇猛（勇士荣誉）。这些对立是由经济角色和价值观的实际差异所决定的，被族群传统和禁令所神圣化，被新

的准世俗神话所强化（因为各种民族主义者或多或少创造性地使用这些神话，但没有进行实质性的修改）。这种对立在日常生活中、在仪式中不断重演，有时在个人接触中，以及在祈祷、笑话和手势中有意识地重现。

非犹太语中的"犹太人"或多或少都带有贬义，通常带有小看的意思，与特定的修饰词（"狡猾""污秽"）有着永久的联系，并被有效地用来造新词（比如俄罗斯的 zhidit'sia，"贪婪"）。犹太人也同样轻视非犹太人，但是像所有墨丘利一样，他们更关心污染、语言以及性和饮食。不仅 goy（非犹太人）、sheiget（非犹太年轻人）和 shiksa（非犹太姑娘，即"不纯洁"的女人）通常都是贬义词，可以用来比喻愚蠢或粗鲁的犹太人；而且许多与非犹太人（goyim）有关的意第绪语口语词汇都晦涩难懂。根据赫兹·阿布拉姆维茨（Hirsz Abramowicz）的说法，立陶宛犹太人在谈论他们的非犹太邻居时使用了一种特殊的代码："他们可能被称为 sherets 和 shrotse（爬行动物）；shvester（姐妹）这个词变成了 shvesterlo；foter（父亲）变成了 foterlo；muter（母亲）变成了 muterlo，等等。Khasene（婚礼）变成了 khaserlo；geshtorbn（死）变成了 gefaln（倒），geboyrn（生）变成了 geflamt（烧）。"同样，根据 M. S. 阿尔特曼（M. S. Al'tman）的说法，当他所在的小村里的犹太人提到异教徒吃饭、喝酒或睡觉时，他们使用了通常用来专门形容动物的词语。白来尔克瓦镇（Bila Tserkva，白色教堂）的意第绪语是 Shvartse tume（黑色污秽，tume 这个词通常表示非犹太人的礼拜场所）。[6]

这样做的原因是例行的避讳（还可能是保密）：与非犹太人及其宗教相关的词语和非犹太人本身一样不干净，有潜在的危险。（同样的策略，包括神秘的地名标签，常用于"准罗姆语"。）[7] M. S. 阿尔特曼的祖母"除了 mamser 或'私生子'之外，从来没有用别的名字称呼基督。有一次，乌拉［白俄罗斯］的街道上有一个基督教游行队伍通过，人们举着十字架和圣像，奶奶赶紧用披肩盖住我，说：'愿你清澈的眼睛永远看不到这种污秽。'"[8]

当然，避开基督教游行还有其他原因。约阿希姆·舍恩菲尔德（Joachim Schoenfeld）在东加利西亚（Galicia）的犹太人小村斯尼亚滕（Sniatyn），

> 当一名牧师正在为垂死的基督教灵魂主持临终涂油的时候，犹太人一听到陪同牧师的执事摇铃，就迅速离开街道，锁上他们的家和商店的门，以免跪在路过牧师面前的基督徒指责他们在这种时刻站着，没有表现出尊敬。这足以引发排犹骚乱。同样的事情也发生在游行队伍举着圣像和横幅在街道上行进的时候，比如在圣体节。没有一个犹太人敢留在街上，因为他可能被指控亵渎基督。[9]

传统的犹太人通过使用超自然的保护（以及他们备受称赞的"犹太人头脑"）来避开陌生人的不洁；他们的阿波罗邻居倾向于诉诸人身攻击。暴力是这种关系中不可或缺的一部分——很少致命，但总是作为一种可能性、记忆、成年农民和犹太人受害情节的重要组成部分。在斯尼亚滕，"一个犹太男孩绝不会冒险走上基督徒居住的街道，即使有一个成年人陪伴。基督教男孩会取笑他们，辱骂他们，向他们扔石头，放狗出去咬他们。此外，纯粹为了逗乐，基督教男孩会把猪赶到犹太街道上，并把粪便扔进

犹太家庭敞开的窗户"。[10]

在离明斯克不远的乌兹利尼（Uzliany），"犹太人面临的最无辜的威胁是男孩们的恶作剧：在复活节期间，他们会把彩蛋砸在碰巧在外面的犹太男孩和女孩的牙齿上"。宗教节日、集市日、婚礼、入伍新兵的离开都是喝酒、打架的合法时间，如果附近有犹太人，他们还会袭击犹太人及其财产。"大灵魂"相对于"小犹太人"的优势通过暴力表现最奏效——正如"犹太人的精明"相对于"愚蠢的伊凡"的优势最好通过谈判和竞争来实现和展示。像所有的墨丘利和阿波罗一样，栅栏区的犹太人和他们的农民邻居互相需要，生活在彼此的身边，互相恐惧和鄙视，并且从未停止过宣称自己超越对方：犹太人在斗智中击败了农民，并自个儿夸耀自己；农民们则因为犹太人是犹太人而打击他们，并向"全世界"夸耀。但是大多数情况下——只要传统的分工持续存在，并且他们仍然分别是专门的墨丘利和阿波罗——犹太人和他们的邻居继续"彼此孤立"地生活。伊万很少想到伊齐克·迈耶，除非他喝醉了，灰心失望。对于伊齐克·迈耶来说，考虑伊万是他的工作，这是一周中不可避免的世俗部分。[11]

———————

在俄罗斯帝国，没有一种有意义的方法来衡量法律歧视，因为没有一种通用方法适用于沙皇的所有臣民。除了沙皇本人，每个人都属于一个无论如何都受歧视的群体。公民身份相互之间不可互换，没有无差别对待的法律，没有合法的权利，也没有几个临时法规不会变成永久性的。相反，有几个社会阶层拥有独有的特权、职责和地域变动；有许多宗教（包括伊斯兰教、藏传佛教和各种各样的"万物有灵论")在不同规制下管理；有无数领土单位用不同方式治理；以各种名称描述的民族（"草原游牧民""流浪外国人""波兰人"）有特殊的限制和豁免。每个人都是不平等的，有些群体——在某种意义上和某些地方——比其他群体更不平等，但是在没有单一法律标准的情况下，在任何一般意义上区别对待他们通常徒劳无益。犹太人与其阶层中大多数正统基督徒（在绝大多数情况下是商人和市民）相比有更多障碍，但是就他们的地位与鞑靼商人、吉尔吉斯族牧民、"无祭司"的宗派主义者，或者实际上是帝国的大多数俄国农民（甚至在废除农奴制之后）的地位而言，只有在特定的权限和障碍方面才有可能作比较。"国家监狱"和沙皇的领地一样大。

沙皇的臣民中有几个主要或完全由墨丘利组成的群体：从各种吉卜赛社群（在"波希米亚"娱乐以及传统的锻造和清扫行业中常见），到从事专门小型行当、有文化的墨丘利群体（景教／亚述人、卡拉特人、布哈拉人），到相对俄国本土清教徒而言的老信徒（最富有的实业家和银行家中的佼佼者），到希腊人（活跃于黑海贸易，尤其是小麦出口）和亚美尼亚人（控制高加索和俄国南部部分地区的经济）等黎凡特商业巨头。

但是，俄罗斯帝国最杰出的墨丘利当然是德国人，在彼得大帝的改革之后，德国人开始在帝国官僚机构、经济生活和专门职业中占据中心位置（酷似奥斯曼帝国中的显贵希腊人和亚美尼亚人）。依靠民族和宗教自治、高识字率、强大的社区机构、文化优越感、国际家庭网络以及各种被不断培养的技术和语言技能，德国人已成为俄国不停西化进程中的面孔（真正有血有肉的）。不仅俄国波罗的海德国人的大学入学率是欧洲最高的（仅在19世纪30年代的多帕特大学，每10万人口中就有300人是德国人）；而且德国人约占俄国入学最难的教育机构——察尔斯科塞洛中学（Tsarskoe Selo Lycée）毕业生的38%，在帝国法学院毕业生中的比例也差不多是这个数字。从18世纪末到20世纪，德国人在沙皇政府高级官员中占18%~33%，特别是在皇家法院、军官团、外交部门、警察和省级行政部门（包括许多新殖民地区）中。根据约翰·阿姆斯特朗（John A. Armstrong）的说法，在整个19世纪，俄罗斯帝国的德国人"承担了帝国外交活动的一半负担"。同样具有代表性的事实是，即使在1915年（第一次世界大战期间反德国主义盛行），（外交部）53名高级官员中就有16名有德国名字。正如其中一位在1870年写的那样，"我们仔细观察到俄国的欧洲政策取得成功，因为我们几乎所有派到所有主要国家的使者都是我们亲密得可以直呼其名的外交官"。1869年，在圣彼得堡，内政部警察部门里20%的官员被列为德国人。19世纪80年代，俄罗斯帝国中德国人（占人口的1.4%）在邮电部高级官员中占62%，在战争部占46%。即使他们自己不是精英成员，也会为本地拥有土地的精英担任家教、管家和会计师。德国房地产经理是栅栏区犹太承租人在俄国中心区域的版本。[12]

并非所有禁卫军——或者"帝国马穆鲁克人"①（斯拉夫人如是称呼俄罗斯帝国中的德国人）——都是墨丘利（相对于外国雇佣兵而言），也不是所有的墨丘利都是马穆鲁克人（尽管大多数都是合格的，因为主要资格要求是明显的陌生感和内部一致

---

① 马穆鲁克（Mamluk）的原意是"奴隶"，因为音译的不同，也被译为"马木留克"。最初源于阿拉伯帝国阿拔斯王朝时期的"突厥古拉姆"制度，后来逐渐形成了一个独特的军事贵族集团。

性）。波罗的海各省的德国男爵不是墨丘利，德国里加市的德国商人或移居俄国内陆的许多德国农民也不是。然而，毫无疑问，大多数城市的俄国人知道的"德国人"是典型的墨丘利中间商和服务提供商：工匠、企业家和专业人士。1869年，在圣彼得堡，21%的德国人从事金属加工，14%是制表师、珠宝商和其他熟练工匠，还有10%~11%是面包师、裁缝和鞋匠。同年，德国人（约占城市人口的6.8%）占圣彼得堡钟表制造商的37%，面包师的25%，纺织厂厂长的24%，金属商店店主和工厂厂长的23%，工业经理的37.8%，工程师的30.8%，医生的34.3%，学校教师的24.5%，家教的29%。德国女性在中级医务人员（医生助理、药剂师、护士）中占20.3%，在学校教师中占26.5%，在护士长和家庭教师中占23.8%，在音乐教师中占38.7%。1905年，沙俄的德国臣民在当地公司经理中的比例分别是，在莫斯科占15.4%、在华沙占16.1%、在敖德萨占21.9%、在罗兹占47.1%、在里加占61.9%。1900年，在整个帝国，德国人（占人口的1.4%）占所有公司创始人的20.1%，占公司经理的19.3%（在所有种族群体中，这是迄今为止占比最高的）。许多俄国最重要的学术机构（包括科学院）和专业协会（从医生的到地理学家的）最初都是由德国人组成的，直到19世纪中叶前，在某些地方更晚些，主要都以德语运作。[13]

可以预见的是，他们被用作墨丘利，因此也被当作墨丘利看待。尽管许多俄罗斯民间传说回顾了与各种草原游牧民族（通常被称为"鞑靼人"）进行的战斗，但19世纪高等文化中最重要的陌生人在很大程度上是德国人：不是那些居住在德国并生产书籍、商品和歌曲以供模仿和超越的人，而是那些为俄国和俄国人服务的内部外国人，他们担任教师、裁缝、医生、学者、州长和棺材制作人。因此，他们相当于俄罗斯的头脑中枢，俄罗斯灵魂的思想，俄罗斯自发行动的意识。他们代表深思熟虑、效率、纪律，清洁、挑剔、清醒，固执、笨拙、精力充沛，多愁善感、热爱家庭、怯懦胆小（或荒谬夸张的男子气概）。他们是现代时期的全权大使，必要时又被称为理性非自然的人，让人恐惧、受人钦佩，或被人嘲笑。库图佐夫（Kutuzov）和奥勃洛莫夫 ① 是俄罗斯高等文化中两个最有创造性的对照人物。托尔斯泰笔下嗜睡的库图佐夫通过忽视其德国战争顾问的致命专长来恢复真正的和平，而冈察洛夫（Goncharov）笔下卧床不起的奥勃洛莫夫则通过把他一生之爱（以及最终的生活本身）让给快乐勤劳的希托尔兹来保持虚假的和平。库图佐夫和奥勃洛莫夫当然是同一个人，希托尔兹和德国将军也是。没有镜像，任何一个组合都是不完整的，事实上也是不可想象的。现代俄罗斯国家和 19 世纪的俄罗斯民族神话就是围绕着这种对立而构建的，并永远用这种方式讨论。考虑到 20 世纪发生的事情，这也许很矛盾，因为德国人在职业和概念上是俄罗斯民族（以及东欧大部分地区）的犹太人。或者更确切地说，俄罗斯帝国中的德国人之于俄国，恰如德国犹太人之于德国——有过之而无不及。德国的墨丘利对俄罗斯的自我观如此重要，以至于他们的存在以及彻底、突然失踪通常都被视为理所当然。墨丘利的缺乏似乎是自然的和永久的，就像它们的存在似乎是人为的和暂时的。[14]

---

① 奥勃洛莫夫是俄国杰出的现实主义作家冈察洛夫的代表作《奥勃洛莫夫》中的主人公，他是地主知识分子，人物形象正直、善良、温柔，却慵懒懈怠、耽于幻想、无所作为、因循守旧。他养尊处优，视劳动与公职为不堪忍受的重负。尽管他设想了庞大的行动计划，却无力完成任何事情，最后只能躺在沙发上混日子，成为一个彻头彻尾的懒汉和废物。

　　直到19世纪80年代，真正的犹太人只在俄罗斯的国家、思想和街道的边缘存在。官方对犹太人的政策与对待其他"外国人"的政策基本相同，在合法分居和各种形式的"融合"之间摇摆不定。为此目的而采取的最激进手段——惩罚性袭击和跨境驱逐，或强迫皈依基督教和语言俄罗斯化（如对阿留申人和波兰人采用的措施等）——并不适用于犹太人。在其他方面，行政惯例基本上是常见的：从居住隔离、经济专业化、宗教和司法自治、行政自治和机构配额的分离，到征兵、宗教皈依、官办教育、农业定居和采用"欧洲服装和习俗"。就像俄国的许多游牧民一样，他们受到了大多数相同政策的约束，征兵是所有帝国义务中最受憎恨的一项（尽管犹太人的抱怨似乎暗示了一种不同的——典型墨丘利式的——理由，他们认为征兵不符合他们的经济角色和传统生活方式）。这些政策的官方理由同样为人熟知：在种族隔离的情况下，财政部受益，保护东正教俄罗斯人，以及保护不受东正教俄罗斯人欺凌；在种族融合时，有利于财政部、法律和行政的一致性，以及教化使命。犹太人是俄国众多"外来"团体之一：或许比大多数人更"狡猾"，但不像车臣人那样"叛逆"，不像萨莫耶德人（Samoed）① 那样"落后"，不像撒尔塔人（Sart）② 那

---

①　萨摩耶德人，是居住在西伯利亚的蒙古族部落。

②　撒尔塔人，是以突厥化的中亚土著粟特人、古花剌子模人和其他土著居民，以及波斯人、阿拉伯人为主形成的。他们操突厥语，信奉伊斯兰教，经营农业、手工业和商业，在人种上属高加索人种和蒙古人种的混合体。

样"狂热"，也不像德国人那样无处不在或几乎无情地理性化。排犹现象很普遍，但可能不比反伊斯兰、反游牧和反德国人的现象更普遍，反伊斯兰、反游牧和反德国人现象可能更普遍，因为它们不是有意识的活动，也毫无悔意。

然而，从某种意义上来说，显然有充分理由认为犹太人是遭受不平等待遇的第一个群体。他们是那些在俄罗斯帝国没有民族家园的人中最大的群体，迄今为止所有俄罗斯民族中城市化程度最高的民族（1897 年，犹太人中城市人口占 49%，而德国人和亚美尼亚人是 23%）；而且他们还是欧洲各地所有民族和宗教团体中增长最快的（在 19 世纪增长了 5 倍）。最重要的是，他们受到了 19 世纪后期俄国现代化的影响，这种影响比大多数其他俄罗斯社群更直接、更深刻、更根本，因为他们作为一个特殊种族，生存受到了威胁。农奴的解放，庄园经济的消亡，以及国家经济作用的扩大，使得农村和城镇之间传统的墨丘利中介角色在经济上变得无关紧要，法律上岌岌可危，而且越来越危险。国家接管税收、酒类销售和部分外贸；房东出租的土地更少，或者变成了受青睐的竞争对手；农民有更多的农产品要卖，并变成了一个受青睐的竞争对手（大部分产品自己销售）；基督教实业家变成了一个更受青睐、更有能力的竞争对手；火车摧毁了小商贩和马车手的生意；银行让放债人破产。所有这些因素加在一起迫使越来越多的犹太人从事手工艺劳动（接近犹太社会声望等级的底部），越来越多的犹太工匠从事家庭手工业生产或雇佣劳动（在手工作坊，而且越来越多地在工厂做工）。移民到新城市地区的犹太人越多，针对他们的暴力就越频繁，而且规模越大。[15]

/ 116

帝国政府掌管国家的工业化，从而消灭了传统犹太经济，而且对个别犹太人进行杀戮和掠夺，该政府竭尽全力阻止之前是中间商的犹太人寻找新的机会。犹太人被禁止从事政府工作（包括大部分铁路工作），除了 15 个省外的区域，一半以上的栅栏区农村区域，以及多种职业和机构都不许犹太人进入。他们接受教育的机会受到配额限制，他们在专业组织内的成员资格受到专制监管。这些政策表面上——显然是真实的——的原因是为了保护基督教商人、学生和专业人士，避免犹太人和他们竞争，保护基督教农民免受犹太人的"剥削"。这个政府曾经利用犹太人从农民那里获取收入，现在仍然依赖农民，却试图保护农民免遭自己不再需要的犹太人的伤害。政府越是保护农民，"犹太问题"就越严重。帝国政府没有煽动犹太人大屠杀；然而，政府的确帮助实现了这些目标，将犹太人口集中在选定的地方和职业，并坚持种族隔离，即便政府正在促进工业增长。19 世纪末的匈牙利和德国（以及后来俄国的大部分西方邻国）实行强烈的民族主义，并对犹太人的社会和经济流动性采用谨慎开明的立场，从而促进了政治排犹主义的发展；俄罗斯帝国后期，谨慎的民族主义结合了增加犹太人障碍的强势政策，取得了类似的结果。[16]

对这种双重挤压，犹太人最戏剧性、最易察觉的反应是移民。1897~1915 年间，大约 128.8 万名犹太人离开了俄罗斯帝国，其中大部分（80% 以上）去了美国。超过 70% 的美国犹太移民来自俄罗斯帝国；从俄罗斯帝国移民到美国的人中几乎一半是犹太人（波兰人位居第二，比例少得多，占 27%；芬兰人位居第三，占 8.5%）。俄国犹太人的总移民率（移民占国内总人口的比例）在所有移民中最高；在 1900~1914 年的高峰时期，栅栏区每年几乎都有 2% 的犹太居民离开。绝大多数人再也没有回来：俄国犹太人的回国率是美国所有移民群体中最低的。他们带着家人离开俄国，到达美国时加入了其他家人。根据官方统计，在

1908~1914 年，"62% 的美国犹太移民的旅费由亲戚支付，94%
的人正在前往加入亲戚的途中"。正如安德鲁·戈德利（Andrew
Godley）所说，"由于非正式的亲朋网络降低了搬家和定居的成
本，所以连锁移民一般来说口袋里的钱更少。犹太人来到美国时
带的钱物是最少的，因为在所有移民中，他们是最依赖亲朋欢迎
招待的。东欧犹太人之间的社会关系亲密，为新移民的路费和定
居提供了补助。如此大规模的连锁移民甚至让最贫穷的人也能离
开"。[17]

　　并非所有但至少大多数移民都出国了。在栅栏区各地，
犹太人从农村地区迁移到小城镇，从小城镇迁移到大城市。
1897~1910 年间，犹太城市人口增长了近 100 万，增长率为
38.5%（从 2559544 人增长到 3545418 人）。拥有 5000 多人
的犹太人社区从 1897 年的 130 个增加到 1910 年的 180 个，超
过 10000 人的社区从 43 个增加到 76 个。1897 年，犹太人占
白俄罗斯 - 立陶宛城市总人口的 52%（随后是俄罗斯人，占
18.2%），而在快速增长的俄国新省份赫尔松（Kherson）和伊
卡德连诺斯拉夫（Ekaterinoslav），85%~90% 的犹太人居住在
城市。1869~1910 年间，帝国首都圣彼得堡官方登记的犹太人口
从 6700 人增长到 35100 人。实际数字可能要高得多。[18]

　　但是俄国犹太人社会和经济转型的不同寻常之处并不在于
移民率，因为奥地利、匈牙利和德国的移民率也很高，甚至也不
在于"无产阶级化"，在纽约这也正在发生。俄国犹太人社会和
经济转型的非凡之处在于，按照西方标准，这种情况看起来很普
通。尽管发生了大屠杀、限额分配和驱逐出境，总体而言，俄国
犹太人和他们的德国、匈牙利、英国或美国同行一样，都热衷于
并成功地成为城市和现代人——也就是说，他们比周围大多数人

更热衷于成为资本家、专业人士、神话守护者和革命知识分子，而且更加成功。

在19世纪的大部分时间里，犹太人主宰了栅栏区的商业生活。总部设在华沙、维尔纳（Vilna）和敖德萨的犹太银行是俄罗斯帝国最早的一些商业贷款机构［19世纪50年代，别尔季切夫（Berdichev）有八家关系密切的活跃银行机构］。1851年，犹太人占库尔兰所有商人的70%，在科沃诺占75%，在莫吉列夫占76%，在切尔尼戈夫占81%，在基辅占86%，在明斯克占87%，在伏丁那、格罗德诺和波多尔利亚各占96%。他们在最富有的商业精英中的代表性特别强：在明斯克和切尔尼戈夫省以及波多尔利亚，所有"第一行会"商人毫无例外都是犹太人（分别为55人、59人和7人）。大多数人从事税款包征、放债和贸易（尤其是对外贸易，实际上垄断了陆路跨境交通），但是工业投资的重要性在整个世纪一直在稳步上升。在伟大变革年代之前，俄国西部的大部分工业都是基于使用农奴来提取和加工贵族庄园的原材料。最初，犹太人作为银行家、承租人、管理者和零售商参与进来，但在1828~1832年间，沃伦（Volynia）93.3%的非贵族工业企业（主要是羊毛厂和糖厂）为犹太人所有。他们依赖自由劳动力，这使得他们在地理位置上更加灵活，对创新更加开放，最终效率也更高。在制糖行业，犹太企业家开创了远期合同制度，使用扩展仓库网络，雇用旅行推销员从事按业绩提成的工作。到19世纪50年代末，栅栏区内所有以农奴为基础的羊毛厂已经停业了。与此同时，犹太企业家通过加快运营，依靠国际信贷联系，组织复杂的可信分包商网络，赢得了利润丰厚的政府合同。[19]

19世纪末的俄国工业化为犹太商人提供了新的机会，并从犹太商人的财政支持中获益匪浅。俄国最伟大的金融家包括埃夫泽尔·加芙列洛维奇·金茨堡（Evzel Gabrielovich Gintsburg），在克里米亚战争期间包征酒税致富；亚伯兰·伊萨科维奇·扎克（Abram Isaakovich Zak），其职业生涯最初是金茨堡的首席会计师；安东·莫伊塞维奇·瓦尔沙夫斯基（Anton Moiseevich Varshavsky），曾为俄国军队提供食物；波利亚科夫（Poliakov）兄弟，他们最初是莫吉列夫省（Mogilev）奥尔沙（Orsha）的小型承包商和税款包征人。

　　几名来自华沙和罗兹（Lodz）的犹太金融家组成了第一家俄国股份制银行；埃夫泽尔和霍拉斯·金茨堡（Evzel abd Horace Gintsburg）成立了圣彼得堡贴现贷款银行、基辅商业银行和敖德萨贴现银行；雅科夫·索洛莫诺维奇·波利亚科夫（Iakov Solomonovich Poliakov）创办了唐土地银行、彼得堡－亚速海银行和有影响力的亚速海唐商业银行；他的兄弟拉扎尔（Lazar）是莫斯科国际商业银行、俄国南部工业银行、奥列尔商业银行以及莫斯科和雅罗斯拉夫－科斯特罗马土地银行的主要股东。索洛韦奇克（Soloveichiks）父子的西伯利亚商业银行是俄国最重要、最富创新性的金融机构之一。其他著名的俄国金融家包括拉法洛维奇家族（the Rafalovichs）、瓦尔伯格家族（the Vavelbergs）和弗里德兰家族（the Fridlands）。1915~1916年，帝国首都在形式上仍然拒绝所有犹太人进入，除了持有特别执照的犹太人，但是，圣彼得堡证券交易所理事会的17名成员中至少有7名成员、70名股份制银行经理中有28名是犹太人或皈依基督教的犹太人。1907年10月，当第一行会商人格里戈里·达维多维奇·莱辛（Grigorii Davidovich Lesin）从日托米尔（Zhitomir）来到圣彼得堡开设一家银行时，两个不同机构进行了特别的秘密警察调查，以说服从未听说过这名商人的市政当局发放执照。到 1914 年，莱辛的银行已经成为俄国最重要的银行之一。[20]

金融也不是犹太商人擅长的唯一领域。根据俄国犹太人首席经济史学家（以色列总理伊扎克·拉宾的近亲）阿卡迪乌斯·卡恩（Arcadius Kahan）的说法，"几乎没有一个创业活动领域成功地将犹太企业家排除在外。除了 20 世纪 90 年代栅栏区的制造业外，在巴库的油井、西伯利亚的金矿、伏尔加河或阿穆尔河的渔场、第聂伯河的船运公司、布里安斯克的森林、俄国在欧洲或亚洲任何地方的铁路建设工地、中亚的棉花种植园等处，都可能会遇到犹太企业家。"[21]

最早、最安全、最有利可图、最终最有成效的投资是铁路建设方面的投资。一些俄国犹太银行家效仿罗斯柴尔德家族、佩雷尔家族、布莱里奇罗德家族和贡贝泽家族并从这些家族中得到直接财政支持（还得益于帝国政府，特别是战争部的慷慨预算），积累了大量财富，同时将不同的俄国市场相互联系起来，并与外界相连。犹太金融家和承包商财团建造了华沙—维也纳、莫斯科—斯摩棱斯克、基辅—布列斯特和莫斯科—布列斯特铁路（以及许多其他铁路），而"铁路大王"萨穆伊尔·波利亚科夫（Samuil Poliakov）创办、建造并最终拥有了一些私人铁路，包括库尔斯克—哈尔科夫—罗斯托夫铁路和科兹洛夫—沃罗涅日—罗斯托夫铁路。根据 H. 萨查尔（H. Sachar）的说法，"俄国铁路系统的四分之三是靠犹太承包商的倡议得以建设的"。[22]

犹太人大规模投资的其他重要领域包括采金、商业捕鱼、河流运输、石油生产等。19 世纪和 20 世纪之交，金茨堡家族控制了西伯利亚黄金工业的很大一部分，包括雅库提亚的伊诺肯提耶夫（Innokentiev）矿、乌拉尔的布列左夫卡（Berezovka）矿、阿尔泰南部和上阿穆尔河地区，其中最大的一个是勒拿（Lena）金矿区（因为罢工矿工被屠杀后造成丑闻，犹太人于1912年放弃了该矿区）。格森（Gessen）兄弟提出了新的保险计划，以扩大他们连接波罗的海和里海的航运业务。玛戈林家族（Margolins）重组了第聂伯河的交通系统。在高加索石油工业中，犹太企业家是马祖特（Mazut）公司和巴图姆（Batum）石油协会的核心参与者。支持这两家企业的罗斯柴尔德家族继续将它们吸收进其控制的壳牌公司。[23]

　　这些犹太人中有许多人相互之间竞争激烈，与非犹太商人和官员广泛打交道，对犹太教和俄罗斯帝国的态度各不相同，但他们显然构成了一个商业社群，无论是内部人士还是外部人士都承认这一点，或多或少像斯旺一样。当然，犹太人的总体规划是不存在的，但在俄罗斯帝国内外，有一个由类似背景和遭遇的人组成的网络，在某些情况下，可以指望他们相互照应和合作。像所有墨丘利一样，犹太人将其经济成功归功于陌生性、专业培训，确保商业伙伴、贷款客户和分包商之间相对可靠的群体内信任。像所有墨丘利一样，他们往往认为自己是一个由天选宗族组成的天选部落，并采取相应的行动。大多数犹太企业（如亚美尼亚和犹太教企业）都是家族企业；生意越大，家族也越大。波利亚科夫家族内部相互关联，并与瓦尔沙夫斯基家族（Varshavskys）以及赫希家族（Hirsches）相关联。金茨堡家族与赫斯基家族、瓦尔堡家族（Warburgs）、罗斯柴尔德家族、富尔德家族（Fulds）、布达佩斯赫茨菲尔德家族（Herzfelds）、敖德萨阿什基纳斯家族（Ashkenazis）和基辅糖业大王拉扎尔·伊兹拉伊列维奇·布罗茨基家族（Lazar Izrailevich Brodsky）（"布罗茨基本人"，肖洛姆·阿莱赫姆笔下的台维这样称呼）有关联。[24]

事实上，即使是台维，作为部落的一员，也可能分享布罗茨基的财富和名声——就像台维可能会受益于他在耶户佩兹（Yehupetz）的客户的慷慨大方，或他那受过俄语教育的作家朋友的建议（肖勒姆·阿莱赫姆的叙述者）。再次引用卡恩的话说，俄国的工业化实际上扩大了犹太企业家的选择范围。即便他们中很少有人真正建造铁路，但他们许多人建立了供应铁路行业的分包企业。即便很少有人能够进入石油生产，但是许多人也可以在石油加工、运输和营销方面立足。即便基本化学品需要大量资本支出，但是犹太企业家也能经营生产基本化学品的小型企业和更专业的企业。因此，犹太人的创业活动有了很大的空间，并受到了俄国工业化的刺激。[25]

对大多数犹太人特别是工匠来说，东欧犹太人经济地位的崩溃意味着移民和无产阶级化。对于一个重要的少数群体——比大多数其他群体大得多——来说，它代表着新的社会和经济机会。1887年，在敖德萨，犹太人拥有35%的工厂，占所有工厂产量的57%；1900年，该市一半的行会商人是犹太人；1910年，90%的谷物出口由犹太公司控制（19世纪80年代为70%）。大多数敖德萨银行由犹太人经营，俄国木材出口行业也是如此。在第一次世界大战前夕，犹太企业家拥有约1/3的乌克兰糖厂（生产所有精制糖的52%），占公司董事会成员的42.7%、董事会主席的36.5%。在乌克兰的所有糖厂中，28%的化学家、26%的甜菜种植监督员和23.5%的簿记员是犹太人。在基辅市，36.8%的公司经理是犹太人（其次是俄罗斯人，占28.9%）。1881年，在圣彼得堡（栅栏区以外），犹太人约占总人口的 2%，占经纪人总数的 43%，占当铺老板总数的 41%，占妓院老板总数的 16%，占贸易公司员工总数的 12%。1869~1890 年间，圣彼得堡犹太人中的企业主比例从 17% 增长到 37%。[26]

"犹太经济"以其高创新率、标准化、专业化和产品差异化而著称。犹太企业往往会找到更多副产品的用途，生产更多种类的商品，并以比竞争对手更低的价格进入更广阔的市场。基于以往的经验和优越的培训，利用先前存在的"种族"关系和廉价的家庭劳动力，习惯于以低利润经营，并且受到（有时可谈判的）法律限制的刺激，他们——和其他地方的犹太人一样——比大多数新崛起的、仍然有点不情愿的竞争对手更擅长当"犹太人"。从纯粹的经济角度来看，他们最有效的策略是"纵向一体化"，犹太公司在一条特定产业链上相互"喂养"，有时涵盖从制造商到消费者的整个范围。犹太工匠为犹太实业家生产，犹太实业家将产品卖给犹太采购代理人，他们为犹太批发商工作，犹太批发商把产品分销给犹太零售点，而犹太零售点雇用犹太旅行推销员（后一种做法是由"布罗茨基本人"引入制糖行业的）。在许多情况下，包括像销售糖、木材、谷物和鱼这样的犹太特产，综合循环不包括生产，通常以出口结束，但原则是一样的。[27]

垂直整合是一种很常见的墨丘利做法，在各处，许多"中间人少数群体"都采用这种方法，取得良好的效果。在俄罗斯帝国晚期，国有工业化与基本上未改革的农村经济进行了斗争，随着资本主义兴起，经验丰富的墨丘利们处于特别有利的地位。尽管官方观点是官方的，但无疑是正确的：在一个普遍流动、城市化和边缘化的世界中，大多数俄国农民及其后代（他们体现了独裁主义教义中的"正统"和"民族"部分，以及知识分子民族主义中的"民族"概念）与所有识字的服务游牧民相比，处于明显的劣势，尤其是犹太人，他们是迄今为止俄国墨丘利中人数最多、凝聚力最强、最排外、最具城市特色的。随着大战的爆发，沙皇的犹太臣民正在取代德国人成为俄罗斯现代人的模范（正如他们在中欧东部大部分地区那样）。如果没有严格的官方限制（以及持不同政见的老信徒的激烈竞争和文化地位），20世纪初的俄国可能会像匈牙利一样，那里的商业精英几乎完全是犹太人。

作为现代国家的另一个支柱，专业人员也是如此。在1853~1886年，俄罗斯帝国所有高级中学的学生人数增长了6倍。同期，犹太高级中学的学生人数增加了将近50倍（从159人，占总数的1.3%，增加到7562人，占总数的10.9%）。到70年代末，他们在栅栏区高级中学总学生人数中占19%，在敖德萨学区占大约1/3。敖德萨作家佩列茨·斯莫伦斯金斯克（Perets Smolenskin）在70年代早期写道，"所有的学校从头到尾都挤满了犹太学生，老实说，犹太人总是班上的佼佼者"。当第一个古典高级中学于1879年在尼古拉（也在新俄罗斯）开办时，105名犹太人和38名基督教徒报名。[28] 当巴别尔《我的鸽子笼故事》的叙述者于1905年通过高级中学入学考试时，他的律法老师老"利伯曼先生"

> 操着古犹太语向我举杯敬酒，还用这杯酒向我父母道贺，并说我在考试中打败了所有的敌人，打败了肥头胖脸的俄罗斯男孩和犹太土豪笨头笨脑的子弟。正如古代犹太王战胜了歌利亚，我也战胜了歌利亚，我们犹太人民就是这样用自己智慧的力量战胜包围我们、渴望喝我们鲜血的敌人。说到这里，利伯曼先生失声哭起来了。他，一边哭泣，一边又

喝了一口酒，喊道："万岁！"[29]

在俄国不断扩大的教育体系中，一个人越往上升学，就越会发现犹太人的比例高，他们对哥利亚式的帝国巨人和胖脸颊的俄罗斯男孩的战绩也越来越壮观。犹太学生在高级中学中的比例高于实科中学，他们在大学中的比例也高于高级中学（部分原因是许多犹太儿童开始在犹太小学、犹太初等中学或家里接受教育——不管有无利伯曼先生的帮助）。1840~1886 年，俄国的大学生人数增加了近 4 倍（从 2594 人增加到 12793 人）。其中犹太人的数量增长了 100 多倍：从 15 人（占总数的 0.5%）增长到 1856 人（占 14.5%）。1886 年，在敖德萨大学，1/3 的学生是犹太人。在基辅妇女学院和莫斯科的留辩斯基（Liubianskie）课程中，犹太妇女占 16%，在著名的别斯图热夫（Bestuzhev）学院中，犹太妇女占 17%，在圣彼得堡的妇女医学课程中，犹太妇女占 34%。[30]

和其他地方一样，最受欢迎的职业是法律和医学。1886 年，哈尔科夫大学和敖德萨大学超过 40% 的法律和医学学生是犹太人。1889 年，在整个帝国，犹太人占所有注册律师的 14%，占所有实习律师（下一代专业人士）的 43%。本杰明·纳坦斯（Benjamin Nathans）称，"在过去的五年里，22% 被准予执业的律师、89% 的实习律师是犹太人，这令人震惊"。犹太人占敖德萨市所有律师的 49%（1886 年），占敖德萨司法巡回区所有实习律师的 68%（1890 年）。在帝国首都，犹太执业律师和实习律师的比例分别为 22%~42% 和 43%~55%。在最高层，80 年代中期被选为圣彼得堡实习律师研讨会主持人的 12 名资深律师中，有 6 名是犹太人。80 年代的限额浪潮成功地减缓了犹太人在职业领域的进步，但未能阻止这一趋势，部分原因是越来越多的犹太人进入德国和瑞士的大学，而且其中一些人非法执业。1881~1913年间，圣彼得堡的犹太医生和牙医的比例分别从11%和9%增长到17%和52%。[31]

同样令人印象深刻的是，在欧洲背景下，犹太人进入了俄罗斯的高雅文化圈。随着娱乐市场的商业化和国家文化机构的创建，传统的墨丘利专业转变为精英职业和现代神话制作的强大工具。鲁宾斯坦（Rubinstein）兄弟创立了俄罗斯音乐协会以及莫斯科和圣彼得堡音乐学院；尼辛（Gnesin）姐妹创建了第一所俄罗斯儿童音乐学校，敖德萨的小提琴老师P.S.斯托拉斯基（P. S. Stoliarsky），巴别尔称之为扎古尔斯基（Zagursky），"为世界音乐会舞台提供了少年天才。来自敖德萨的有米沙·埃尔曼（Mischa Elman）、津巴利斯特（Zimbalist）和加布里洛维奇（Gabrilowich）。贾斯查·海菲兹最初也是在我们之间崭露头角的。"巴别尔离开这座城市后，还出现了大卫·奥西特拉克（David Oistrakh）、伊丽莎白·贾尔斯（Elizaveta Gilels）、鲍里斯·戈德茨坦（Boris Goldstein）和米哈伊尔·菲赫登戈尔茨（Mikhail Fikhtengolts）。[32]"扎古尔斯基办了一家少年天才中心，专门培养穿着蕾丝领服装、脚蹬专利皮鞋的犹太小精灵。他在摩尔达万卡的贫民窟和老集市那些臭烘烘的院场里去物色这类男孩。扎古尔斯基对这类孩子加以启蒙式的培训后，便将他们送往圣彼得堡，交托给奥尔教授。这些身体瘦弱、有一颗发青大脑袋的孩子生来就有音乐协调性。他们终于成为闻名遐迩、技法高超的音乐家。"[33]①

---

① 巴别尔作品的译文参考了戴骢等翻译的《巴别尔全集》（漓江出版社，2016）。

更引人注目的是视觉艺术世界中一些栅栏区后裔取得的成功（在这方面没有犹太传统）。因为犹太银行家作为艺术赞助人变得突出，犹太人的面孔频频出现在俄罗斯肖像画上［包括母亲是犹太人的瓦伦丁·谢罗夫（Valentin Serov）的一些最典型的肖像画］。但是在各方面都更加突出的是犹太艺术家，或者更确切地说，是犹太人出身的俄罗斯艺术家。敖德萨的列昂尼德·帕斯捷尔纳克（Leonid Pasternak）与谢罗夫一起被评为俄罗斯最受尊敬的肖像画家之一；莱昂·巴克斯特（Léon Bakst）［来自格罗德诺的列夫·罗森堡（Lev Rozenberg）］是俄罗斯舞台设计的首席设计师；来自维尔纳的马克·安托科尔斯基（Mark Antokolsky）被誉为19世纪最伟大的俄罗斯雕塑家；来自立陶宛基巴蒂的伊萨克·列维坦（Isaak Levitan）是所有俄罗斯风景画家中最受欢迎的（现在仍然如此）。基辅和维捷布斯克革命前艺术学校培养的著名艺术家，至少和敖德萨的音乐家一样多［马克·夏加尔（Marc Chagall）、约瑟夫·柴可夫（Iosif Chaikov）、伊利亚·查什尼克（Ilya Chashnik）、埃尔·利西茨基（El Lissitzky）、亚伯拉罕·曼尼维奇（Abraham Manievich）、所罗门·尼基林（Solomon Nikritin）、伊萨克·拉宾诺维奇（Isaak Rabinovich）、伊萨查尔·里贝克（Issachar Rybak）、尼斯森·希弗林（Nisson Shifrin）、亚历山大·泰什勒（Alexander Tyshler）、所罗门·尤多文（Solomon Yudovin）］。与此同时，敖德萨产生的艺术家几乎和音乐家（或诗人）一样多［包括鲍里斯·安妮斯菲尔德（Boris Anisfeld）、伊萨克·布罗茨基（Isaak Brodsky）、奥西普·布拉兹（Osip Braz）和萨维里·索林（Savely Sorin）］。这还不包括文尼察（Vinnitsa）的纳坦·阿尔特曼（Natan Altman）、明斯克

（Minsk）的柴姆·苏廷（Chaim Soutine）或日托米尔的大卫·施泰伦伯格（David Shterenberg）。所有这些艺术家和音乐家不得不对抗排犹的法律和情感，其中一些人永远离开了俄罗斯帝国。但是，他们中的大多数人可能会同意批评家亚伯兰·埃夫罗斯（Abram Efros）的观点。他在提到施泰伦伯格时说，最好的办法是"出生在日托米尔，在巴黎学习，然后在莫斯科成为一名艺术家"。没有来自"犹太人区"的难民，俄罗斯世纪末的文学和艺术界都很难想象，德国、波兰或匈牙利也是如此。[34]

然而，在成为俄罗斯艺术家之前，你必须成为俄罗斯人。与欧洲其他地方一样，犹太人在俄国商业、职业和艺术领域（在一个家庭中通常是这种顺序）取得成功时通常也掌握了国家高级文化，并且热切地皈依普希金信仰。在圣彼得堡，以俄语为母语的犹太人比例从 1869 年的 2% 上升到 1881 年的 13%，1890 年上升到 29%，1900 年上升到 37%，1910 年上升到 42%（同期，讲爱沙尼亚语的爱沙尼亚人的比例从 75% 上升到 86%，讲波兰语的波兰人的比例从 78% 上升到 94%）。犹太青年在学校里、从父母聘请的家教那里、从他们在青年圈子里遇到的导师那里自学俄语；在富裕家庭里，他们从俄罗斯保姆那里学俄语，这些保姆在其后来的回忆中，将成为普希金笔下阿利娜·罗季奥洛夫娜（Arina Rodionovna）的复制品。例如，列夫·戴齐（Lev Deich）的父亲是一名军火承包商，他在克里米亚战争中发了财，为"商业目的"举行了犹太仪式，自学了俄语，说话"不带口音，外表也不像犹太人——宽扁的胡子，西装等等——看起来

温文尔雅，像一个东斯拉夫俄国甚或是欧洲企业家"。他的儿子是著名的革命家，曾有一名全科波兰家庭教师，小时候还有一个俄罗斯保姆，面貌讨人喜欢，"我们孩子们非常喜欢她，因为她善良友好，特别是她还给我们讲精彩的民间故事"。从基辅的一所俄罗斯高级中学毕业后，他成为一名民粹主义者（通过俄罗斯民族主义成为社会主义千禧年信徒），他相信"犹太人一开始说俄语，他们就会像我们一样成为'普通大众''世界公民'"。他们中的许多人做到了。[35]

与此同时，维尔纳和日托米尔拉比神学院（1873 年后改名为教师培训学院）的学生正在皈依俄国宗教，尽管他们被教成犹太事务专家。约书亚·斯坦伯格（Joshua Steinberg）是著名的希伯来学者，他在维尔纳的学生多半将信将疑。据赫茨·阿布拉莫维奇（Hirsz Abramowicz）说，"从《圣经》的同义词翻译中，他学会了俄语，他平生说话用古体的句子结构和独特的《圣经》表达方式"。他说话带着"犹太口音"，但是他和家人及班上的学生都说俄语（显然没用别的语言），学生们把大部分时间都用在将《以赛亚书》和《耶利米书》翻译成俄语，然后再翻译成希伯来语上。目的是教希伯来语，但是主要的结果是让无数在犹太宗教小学受过教育的年轻人会用俄语，他们中的大多数人从未上过神学院（而大多数人从未打算成为拉比）。用阿布拉莫维奇的话来说，"许多贫穷的年轻人自学成才，从他的希伯来语－俄语和俄语－希伯来语词典以及他用俄语写的希伯来语语法中学习俄语，他们经常能整页整页地记住"。[36]

年轻的犹太人不仅仅像学希伯来语一样学俄语：他们学俄语是为了永远不用说希伯来语和意第绪语。像其他高等文化地区的德语、波兰语或匈牙利语一样，俄语已经成为世俗世界的希伯来语。正如崩得（Bund）理论家亚布拉姆·穆特尼科维奇（Abram Mutnikovich）所说："俄罗斯，这个美妙的国家……俄罗斯，它赋予人类普希金这样的天才诗人。这是托尔斯泰的国土……"亚博廷斯基不赞成混淆"俄罗斯文化"与"俄罗斯世界"（包括其"沉闷气氛和市侩主义"）；不过，亚博廷斯基不同于穆特尼科维奇，他把俄语作为母语，他提出的（有关犹太《圣经》文化与犹太世界的）特别混淆与俄罗斯的混淆不同之处仅在于它不是形式的，更自然地与斯旺的鼻子或他所称的犹太人的"驼峰"联系在一起。未来的纽约记者亚伯拉罕·卡汉（Abraham Cahan）在描述他19世纪70年代在维尔纳对未来有负面影响的成长经历时，似乎代表了栅栏区大多数犹太年轻人："我对希伯来语的兴趣消失了。我的雄心壮志变成了学习俄语，从而成为一个有文化的人。"大约在同一时间，在比亚韦斯托克实科中学（Biasystok Realschule），未来的"世界语博士"正在写一部五幕俄语悲剧。[37]

俄语是真正知识和"争取自由"的语言［正如民粹主义恐怖分子和西伯利亚人种学家弗拉德米尔·伊赫莱森（Vladmir Iokheleson）所说］。这是一种语言，而不是"由未知噪音组成的词"，因此根深蒂固、信心十足。普希金拯救了奥西普·曼德尔斯塔姆的母亲：她"喜欢说东斯拉夫俄语，觉得这种语言源远流长，声音悦耳，让人欢欣鼓舞，知识分子的习惯使她略显言语贫乏。她不是她家里第一个掌握清晰纯正的俄语发音的吗？"另一方面，他的父亲刚从"犹太法典丛林"中走出来，因此"没有一点儿语言：只处于一种结巴和缄默状态"。这是一种完全抽象、虚构的语言；在自学者华丽而复杂的演讲中，普通的词语与赫尔德、莱布尼茨和斯宾诺莎的古代哲学术语交织在一起；犹太法典编著者使用过分夸张的语法；造作的句子总不能说完整——不管是什么，它不是一种语言，无论是俄语还是德语。"学习如何说地道的俄语（或者，对上一代来说，德语）意味着学习如何说话。亚伯拉罕·卡汉和曼德尔斯塔姆的父亲差不多大，他回忆起能清楚地讲俄语时的激动心情："我觉得俄语正在成为我自己的语言，我说得很流利。我爱俄语。"[38]

只有通过阅读，才能真正改信现代民族主义，进而转变为世界公民。口语是阅读的关键；阅读是其他一切的关键。后来成为弑君者的 F. A. 莫雷尼斯－穆拉托娃（F. A. Moreinis-Muratova）在一个非常富有的传统家庭中长大，她读完第一本俄语书后，"感觉就像一个住在地下的人，突然看到一束明亮的光"。所有早期苏联回忆录（莫雷尼斯－穆拉托娃的回忆录写于 1926 年）都是从黑暗走向光明，大多数都认为心灵启示是通过阅读实现的。犹太人的回忆录（涉及苏联人、非苏联人、以俄语为母语者和俄语非母语者）明显强调语言，强调学习新单词是"争取自由"的基本方式。犹太人通过阅读获得解放的传统已经扩展到通过阅读从犹太传统中解放出来。[39]

/ 130

在巴别尔的《童年·与祖母相处的日子》中，小叙述者在祖母的指导下学习。

> 奶奶没有来打扰我，她可千万别来打扰。奶奶由于紧张，由于对我学业的看重，神色变得呆滞了。她的眼睛——圆圆、褐色透明的——没有一刻离开过我。每当我翻开一页，她的目光就会慢慢跟着我的手。换了别人，处于这样目不转睛的监视之下，准会受不了，但我习以为常了。
>
> 然后，祖母会听我背课文。不得不说的是，她俄语说得

很糟糕，用她自己独特的方式拼凑单词，混杂使用俄语与波兰语和意第绪语。她俄语应当说大字不识一个，连书本都是倒拿的。但这并不妨碍我从头到尾对着她背诵课文。奶奶听我念，一点儿也听不懂，但是课文的文句对她来说是悦耳的音乐，她敬畏学习，信任我，相信我的才智，希望我成为一个"大人物"——这是她对富人的称呼。[40]

故事中的男孩正在阅读屠格涅夫的《初恋》。因为屠格涅夫的《初恋》写的就是这个男孩的初恋，巴别尔的"初恋"是屠格涅夫《初恋》的一个版本，只是他故事中的男孩更年轻。他爱的女人名叫嘉琳娜·阿波罗诺夫纳（Galina Apollonovna，阿波罗的女儿），她和一位刚从日俄战争中回来的年轻军官幸福地结婚了。

> 她的双眸一刻不离地凝视着她丈夫，因为她有一年半没见到他了，可我害怕她的目光，不住地扭开脸去，心里怦怦乱跳。在他俩身上，我目睹了世界上所有人那美妙而又让人脸红的生活。我想进入神奇的梦乡，以忘却这种我的梦想无法企及的生活。嘉琳娜·阿波罗诺夫纳常常解开头发，穿着红色拖鞋和中式睡袍。在她低领睡袍花边的下面，可以看到她的乳沟以及白皙、高高隆起的沉重乳峰的上部。她的睡袍上绣有粉色蛟龙、飞禽和多节的树木。[41]

然而，在他能够参与"世界上所有人那美妙而又让人脸红的生活"之前，他必须克服自己的无语状态：祖父被谋杀，父亲被羞辱，他的鸽子撞上寺庙的那天，他开始了令人窒息的强烈打嗝。在那一天，他对嘉琳娜·阿波罗诺夫纳产生了如此"痛苦、热情和绝望"的爱。

第一次胜利——战胜"张口结舌和无语状态"，屠格涅夫的"初恋"，以及"胖脸颊的俄罗斯男孩"——总是适时到来，通常是在一次高级中学考试中。在一种欣喜若狂的俄罗斯犹太人受戒礼中，犹太青少年背诵了特别挑选的神圣经文，以纪念他们开始成人，进入世界上所有人那美妙而又让人脸红的生活。巴别尔的叙述者接受了卡拉瓦耶夫（Karavaev）和皮亚尼斯基（Piatnitsky）老师的测验。他们问他有关彼得大帝的情况。

> 我熟读普采科维奇的书和普希金的诗，他们关于彼得大帝的篇章我无不倒背如流。我哽咽地念出这些诗，突然间，一张张脸好似一副新牌中的纸牌，在我眼前浮动，并在我眼前交叠在一起。纸牌在我眼底洗着，我打着颤，伸直腰，用尽全力把普希金的诗句喊叫出来。我把他的诗喊叫了很久，谁也没有来打断我这种几近精神失常的梦呓。我的双眼由于充血而几近失明，我浑身被一种豁出去的放任感所主宰，我什么都看不到，只看到彼亚特尼茨基那张蓄有银白色络腮胡的老脸。他没有打断我，只是跟卡拉瓦耶夫说话，后者因为我，因为普希金而兴高采烈。
>
> "什么样的一个民族呀，"老人压低声音说道，"你的这些小犹太人。他们有魔鬼附身。"[42]

或许是巧合，著名的苏联儿童文学作家萨姆伊尔·马尔沙克（Samuil Marshak）在考试中也抽到了同样的问题。他也选择背诵普希金的诗句，可能也是选自《波尔塔瓦》的同段诗篇。

我尽力深深地吸了一口气，刚开始背诵时声音不太大，以省下力气为接下来的激战做准备。我觉得似乎之前从未听到过自己的声音。

破晓的东方火一样燃烧。
巨炮的轰隆早已震动
平原和丘陵。紫色的浓烟
一圈圈一卷卷向上升腾
汲入清晨的明亮的碧空。①

我在家里一遍又一遍地背诵过这些诗句，尽管从来没有人让我这样做。但是在这里，在这个大房间里，这些诗句听起来比以往任何时候都更加清晰和欢快。

我看着坐在桌旁的大人们，在我看来，他们就像我一样看到了硝烟弥漫的战场，火炮射出的火焰，还有马背上的彼得。

卫士牵来一匹马。
忠诚的马，英俊而驯良，
一下嗅到了硝烟和炮火，
它抖擞着，斜扫着目光，
随即向战场的尘沙驰去，
载着巨人，像感到无限的荣誉。

没有人打断我；没人叫我停下来。我洋洋得意地背诵了，描写彼得凯旋的诗句：

---

① 《波尔塔瓦》译文引自查良铮译《波尔塔瓦》，新文艺出版社，1957。

在自己的帐幕里，他邀请
手下的功臣，对方的将领；
他款待着著名的战俘，
对着战场上的"老师"
他举起酒杯为他们祝福。

我停下来。有了普希金的得力帮助，我打败了冷漠的考官。[43]

　　他们参与世界上所有人的生活，整个世界都有待他们去发现。正如嘉琳娜·阿波罗诺夫纳的长袍所暗示的那样，这个世界包含了龙、鸟、多节的树木和无数其他阿波罗称之为"自然"的东西。"你缺少什么？"铜肩铜腿的叶菲姆·尼基季齐·斯莫利奇（Efim Nikitich Smolich）问巴别尔笔下那困惑不解的小男孩。这个小男孩写悲剧，拉小提琴，但不知如何游泳。

/ 133

　　"年幼不要紧，年龄会大起来的……你欠缺的是对大自然的感情。"
　　他举起手杖向我指了指一棵树干呈淡红色、树冠低垂的树。
　　"那是什么树？"
　　我不知道。
　　"这丛灌木会长出什么果实？"
　　我也不知道。我同老人走过亚历山大路的路边花园。他用手杖指着所有的树木，这时恰有一只鸟飞过，他捏住我的肩膀，要我听渐渐远去的鸟鸣。
　　"这是什么鸟在叫？"
　　我无法回答。树木和鸟类的名字，它们的物种划分，鸟

类飞到的地方，太阳升起的地方，露水最大的时候——所有
这些我都不知道。[44]

　　巴别尔是个城里来的男孩。亚伯拉罕·卡汉的自传叙述者
出生在立陶宛农村的一个小村庄，他竟然不知道雏菊或蒲公英
的名字。

　　　　我认识三朵花，但不知道它们的名字。有一朵圆形、
　　刷状的黄花，变成了一团绒毛，会被风吹散。它的茎有
　　苦味。有一朵花的黄色纽扣中心周围有白色花瓣。还有一
　　朵看起来像暗红色旋钮的花。我长大后，了解了这些花的
　　俄语名字，在美国，知道了它们的英语名字。但是在小时
　　候，我们甚至不知道它们的意第绪语名字。我们称之为
　　"tchatchkalech"，玩具。[45]

　　这不是扎古尔斯基能解决的问题。这就需要叶菲姆·尼基季
齐·斯莫利奇，一个"对自然有感觉"的俄罗斯人，他无法忍受
看到戏水的小男孩被"他们祖先——西班牙的拉比们和法兰克福
的钱商们——的恐水症"拖到海底。

　　　　在这个人的大力士式的胸膛里满怀着对犹太孩子的怜
　　悯。他是一群患佝偻病的孩子的头目。尼基季齐在莫尔达万
　　卡的一间间臭虫窝里将他们召集过来，把他们带到海边，把
　　他们埋在沙里，跟他们一起做体操，同他们一起潜水，教他
　　们唱歌，让他们晒日光浴，给他们讲渔夫和动物的故事。尼
　　基季齐对成年人说，他是自然哲学家。犹太孩子听尼基季

齐讲故事总是笑得前仰后合，发出尖叫，像小狗那样跟他亲热……我以害歇斯底里病和头疼病的孩子才会爱慕大力士的那种爱慕爱着他。⁴⁶

大部分进入俄罗斯生活圈的栅栏区犹太人有他们自己的阿波罗导师，引导他们进入中立空间，并发现"神圣火花"。巴别尔作品中叙述者的导师是叶菲姆·尼基季齐·斯莫利奇；作家巴别尔的导师是马克西姆·高尔基（Maxim Gorky）（《我的鸽子笼故事》就是题献给他的）。亚伯拉罕·卡汉的导师是弗拉德米尔·索科洛夫（Vladmir Sokolov），"他是全世界都实现社会主义时人的典范"，"在平等的基础上"被介绍给"官员、学生、几个老年人，甚至一些女士，其中大多数是非犹太人"。莫雷尼斯 – 穆拉托娃（Moreins-Muratova）的导师是其父母的房客，一名海军军官，他给了她俄语书籍，有一次还带她去剧院看奥斯特洛夫斯基的戏剧（这给她留下了如此深刻的印象，她"几个月来头脑里都没想过其他事情"）。意第绪语诗人阿隆·库沙尼洛夫（Aron Kushnirov）和其他许多人的导师经历了第一次世界大战。

> 过去曾如此艰难，但如今很容易，
> 已经很久了，但我依然未能忘记
> 我从你身上学到的经验，我坚强的老拉比：
> 我的中士尼克诺·伊里奇！

列维坦的导师是契诃夫；巴克斯特的导师是佳吉列夫（Diaghilev）；列昂尼德·帕斯捷尔纳克的导师是托尔斯泰；安

托科夫斯基（Antokolsky）和马尔沙克以及其他许多人的导师是弗拉德米尔·斯塔索夫（Vladmir Stasov）。俄罗斯高雅文化正在发现犹太"小鬼"灵魂中的"强大和谐力量"，而犹太人也正在发现俄罗斯高雅文化——这成为他们的初恋。对于列昂尼德·帕斯捷尔纳克来说，托尔斯泰体现了"爱邻居的原则"；对于雕塑家瑙姆·阿伦森（Naum Aronson）来说，委托他制作托尔斯泰半身像就相当于加入特殊阶层。"我有很大的希望和野心，但未曾渴望过塑造神——因为托尔斯泰对我来说就是神。甚至接近他似乎都是亵渎神明。"[47]

然而，他的确雕塑了托尔斯泰，这样做的同时也为自己雕造了永垂不朽的名望。奥西普·布拉兹（Osip Braz）刻画的契诃夫肖像，后来成了每个俄罗斯人成长过程中的偶像。马尔沙克对他的高级中学老师就像彼得大帝对他傲慢的瑞典"老师"一样。伊萨克·列维坦成了俄罗斯国家景观的官方解释者——因此他凭自己的本事成为真正的国家神威。

托尔斯泰准备尽他的职责。当斯塔索夫告诉他年轻马尔沙克的伟大承诺（有关美好的、纯洁的、光明的和创造性的东西）时，托尔斯泰似乎怀疑："哦，这些少年得志者！"斯塔索夫给马尔沙克写道：

> 我也有同感；我也曾经失望过。但是这一次，我捍卫并保护了我的新作品，我新的快乐和安慰！我告诉他，我的想法里有一个真正的金色内核。我的狮子似乎把他强壮的鬃毛和威严的眼睛朝着我这边。然后我告诉他："为了神圣、伟大和珍贵的一切，为我做这件事；在这里，看一看我刚收到的这张小画像，看看这张年轻、充满活力的小脸，让你的目

光成为他的远程祝福！"他照我说的做了，久久地凝视着一个刚开始生活的孩子 / 年轻人的温柔的脸。[48]

并非每个人都可以得到上帝的膏油，但也不乏未来的教父和牧师，因为年轻的犹太男女继续加入犹太教，他们大多数人（包括纽约的亚伯拉罕·卡汉）终身信奉这个宗教。巴别尔和其他人一样，在普希金街开始他的人生。

> 我独自站在那里，紧握着手表，突然，眼前一亮，一切景象清晰无比，我看到了国家杜马高耸的柱子，林荫大道上被照亮的树叶，普希金的青铜脑袋在朦胧的月色下闪光。我有生以来第一次看到了我周遭世界的本来面目：宁静而又不可言喻的美丽。[49]

赖莎·奥尔洛娃（Raisa Orlova）的母亲苏珊娜·阿韦尔布赫（Susanna Averbukh）于 1975 年去世，享年 85 岁。当她奄奄一息时，她让女儿给她读一些普希金的诗篇。"我读过普希金。她开始背诵：一行一行，一节一节。她从小就从她父亲那里学了这些诗……也许她在蜜月时给我父亲读过普希金？"[50]

皈依普希金信仰意味着要离开父母的家。如果俄语世界代表言论、知识、自由和光明，那么犹太世界则代表沉默、无知、束缚和黑暗。在 19 世纪 70 年代和 80 年代，年轻犹太人反对父母的革命传到了俄国——最终以马克思主义的形式出现，但最直接

的形式是弗洛伊德的家庭罗曼史。和曼德尔斯塔姆一样崇敬"清晰纯正的俄语声音"的犹太人，往往也像他那样对祖母家庭的"犹太式混沌"充满恐惧。

　　她不停地问："你吃过了吗？你吃过了吗？"——这是她所知的唯一俄语单词。但是我不喜欢老年人那五味俱全的美食，带着苦涩的杏仁味。我的父母已经进城了。不时地，我悲哀的祖父以及悲伤、挑剔的祖母会试着和我说话，结果却只好放弃，像矮小的老鸟一样愤怒地抖羽毛。我一直试图向他们解释我想和母亲在一起，但他们不明白。然后，我试图以视觉方式表达我离开的愿望，用中指和食指在桌子上移动来表示离开。

　　突然，祖父打开一个衣柜抽屉，拿出一条黑白相间的披肩。他把它扔在我肩上，让我跟着他念由陌生的噪音组成的单词。但是后来，他被我的胡言乱语惹恼了，摇头表示不赞成。我感到害怕和窒息。我不记得我母亲是如何把我救走的。[51]

　　现代性意味着普世墨丘利主义，打着回归本土阿波罗主义的民族主义旗帜。犹太人在同一面旗帜（即其他人的旗帜）下行进；对他们来说，快乐地回归俄罗斯团结大家庭意味着永远逃离犹太人的家园。这意味着他们要成为阿波罗——即使他们在普世墨丘利主义市场上战胜了肥头胖脸的俄国男孩。他们那抛弃家园的形象（不管他们最终成为社会主义者、民族主义者还是训练有素的专家）大略相当于传统阿波罗主义对犹太人生活的看法，他们认为犹太人生活是喋喋不休、抱团排他、气味难闻、复杂得无意义、理性得呆板、贪得无厌、毫无色彩。巴别尔在敖德萨的祖母与曼德尔斯塔姆在里加的祖母相去甚远，但是场面同样令人痛苦："渐渐昏暗下来的屋子，奶奶褐色的眼睛，她裹着披巾、伛偻着腰、默默地坐在屋角里的身躯，闷热的空气，紧闭的房门……"还有一个梦想，那就是征服世界，同时仍然闭关自守。"'发奋学习，'她蓦地铿锵有力地说，'发奋学习，你就可以获得一切财富和荣誉。你必须通晓一切。所有人都将对你俯首帖耳、甘拜下风。应该让所有人都嫉妒你。不要相信人，不要交友，不要给他们钱。更不要把心交给他们。'"[52]

重要的并非巴别尔的祖母是否真的说过这种话；重要的是巴别尔、曼德尔斯塔姆和其他许多人是如何记住其祖母的。列夫·戴奇（Lev Deich）认为犹太人本身"有充分的理由让人敌视他们"，因为他们"偏爱非生产性、轻松而更有利可图的职业"。弗拉德米尔·约克赫尔森（Vladmir Yokhelson）是维尔纳拉比神学院的学生，他认为意第绪语矫揉造作，希伯来语已经被废弃，犹太传统毫无价值，犹太人一般是"寄生阶级"。在《阿什克纳齐兄弟们》（*The Brothers Ashkenazi*）中，I. J. 辛格笔下的犹太宗教和犹太商业同样"狡猾"，建立在"陷阱、大量问题、矛盾"之上，主要关注"期票、赔偿、污染和纯洁"。当列夫·托洛茨基谈到其父亲大卫·布朗斯坦（David Bronstein）时，他可能是作为马克思主义者最正统的时刻："占有欲的本能，小资产阶级的观念和生活方式——我奋力摆脱这些，不再回归。"世界上所有人的生活不包括犹太父母。巴别尔的《醒悟》和托洛茨基的作品以同样的方式结束："鲍勃卡紧紧地捏住我的手，生怕我逃掉。她担心得对。我是想逃走。"[53]

大多数这样的情节都是成功的，因为狱卒唯一的武器是独白，"由陌生的噪音组成"。他们的语言要么是矫揉造作的，要么是僵尸般的，他们的孩子即使知道怎么说，也不愿意讲。当亚伯拉罕·卡汉为其"彼得堡历史性之旅"收拾行李时，他的父亲前来帮忙，卡汉当时和他爸爸处于冷战状态。"我想和我父亲讲和。但不知何故却做不到。我姑姑和我母亲把我推向他；我叔叔恳求我。这都没用；我一步也不能前移。"莫雷尼斯－穆拉托娃的父亲是敖德萨的谷物出口商，他更有学问，但同样无能为力。"我失明的父亲失去母亲后，我这么快就离开他是非常困难的，特别是因为我非常爱他、尊重他。我知道，对他而言，我离开会比我死去更糟糕，因为这意味着家庭的耻辱。但是我感到自己有责任离家谋生。"[54]

每位犹太父母都是李尔王。雅各布·戈丁（Jacob Gordin）最著名的纽约戏剧是他 1898 年的《犹太李尔女王》，改编自他 1892 年的《犹太李尔王》。迄今为止，莫斯科米霍埃尔斯国家犹太剧院最成功的作品是莎士比亚的《李尔王》（1935 年）。当然，意第绪语文学的中心文本是肖勒姆·阿莱赫姆的《卖牛奶的台维》（*Tevye the Milkman*），这个作品本身就是《李尔王》的一个版本——就像在台维的阴影下写的无数家庭编年史一样。[55]

如同莎士比亚笔下的李尔王，犹太父亲成为自己愚蠢行为的牺牲品。根据卡汉的说法，所有犹太家庭的不幸，其中有两种不同的表现："在有些家庭中，孩子们称父母为'泰特'和'妈妈'。在另一些家庭中，父母被称为'帕帕莎'和'玛玛莎'，正是这些家庭让他们的孩子接受新式、大胆的非犹太人教育。"正如 G. A. 兰道（G. A. Landau）所说，

看到其孩子是如何被打上各种革命社会主义意识形态的

烙印的，有多少资产阶级或市民阶级的犹太父母会不同情、不骄傲，或者至少不关心？……事实上，他们自己是宏大的文化和国内革命的产物，在一代或两代人的时间里，他们从立陶宛的东正教犹太人小村或波兰的哈西德派犹太人小村来到彼得堡银行或地方法院、哈尔科夫商店或牙科诊所、证券交易所或工厂。

他们甚至不必远行。卡汉虔诚而身无分文的父亲不是"帕帕莎"，他所做的只不过是从泊德贝瑞兹（Podberezy）搬到维尔纳20英里外的地方，然而他也在1871年做出了一个"惊人的决定"，把他的儿子送到国立犹太教律法学校，他非常清楚"在那所学校里所有的教学都用俄语，所有的学生都不戴帽子，和老师一样都不蓄胡子，在神圣的安息日他们一起写字、抽烟。把一个年轻人送到这种学校只能意味着'把他变成一个异教徒'"。他知道自己在做什么吗？卡汉不知道。"这是时代的瘟疫，疯子带领盲人。"或者兰道会暗示这一点，他在革命后流亡时期写作，是一个有俄国犹太血统的反布尔什维克的"知识分子"。然而，对于他父亲的决定或他自己离家出走，卡汉本人从未后悔过（尽管他一次又一次哀叹自己从俄国移民到美国）。戴奇、巴别尔、约克赫尔森、莫雷尼斯－穆拉托娃及其哥哥M. A. 莫雷尼斯（他在穆拉托娃前一天离开其失明的父亲）也没有后悔。更不用说托洛茨基，甚或托洛茨基的父母了，他们在1906年去听他受审时感到"矛盾"。"我是报纸的编辑，苏维埃主席，我以写作出名。这对老夫妇对这一切印象深刻。一次又一次，我母亲试图和辩护律师交谈，希望听到更多赞美我的话。"[56]
即使是卖牛奶的台维，在他最阴郁的时候，也举棋不定。他

的女儿查瓦嫁给了一个"异教徒",他哀悼她的死亡,假装"查瓦从来没有出现过"。他这样做是正确的,但是话说回来,

"你在干啥,你这个疯狂的老笨蛋?"我问自己。"你为什么要造出这样的产品?不要扮演暴君,让你的马车掉头,和她和好吧!毕竟,她是你自己的孩子,不是街头流浪儿……"

我告诉你,我还有比在森林里想到的更奇特的想法。做个犹太人或非犹太人有什么要紧的?为什么上帝两种人都创造?如果他这样做了,为什么要在他们之间设置这样的墙,以至于即便对方是自己的亲骨肉也不能对视?让我难过的是,我才疏识浅,因为在圣书里肯定有答案……[57]

答案确实可在圣书中找到,但不是台维想到的那几本书。背井离乡的犹太难民不仅仅成为学生、艺术家和专业人士;他们——包括大多数学生、艺术家和专业人士——正在加入"知识界"。

俄国知识界是一个多少有些独立的知识分子群体,他们被训练成乡村帝国的都市现代人;被培养成"国内的外国人"(如赫尔岑所说);悬浮在国家和农民(他们称之为"人民")之间;由神圣文本中揭示的超越价值支撑;专注于书本学习,以此实现道德生活;致力于个人正义,作为普遍救赎的条件;充满了一种使命感和殉难感;并通过共同的仪式和阅读结合成兄弟会般的"圈子"。换句话说,他们是有社会主义精神的清教徒,阿波罗后裔的墨丘利,俄国社会的流浪犹太人。作为无家可归和脱离现实的人,他们是预言历史终结的书中的人民,他们被选中去实现这一预言,并为预言和天选而牺牲。正如女诗人玛丽娜·茨维塔耶娃(Marina Tsvetaeva)所说,在这个"天选的贫民窟"里,

"每个诗人都是犹太人"。

19世纪70~80年代，栅栏区犹太人开始从一个天选民族变为另一个天选民族，之前从未有如此盛况。因为教育系统的民主化，知识分子的数量迅速增长；而经济增长速度却慢得多，因此人未尽其才；旧体制依然顽固专制，让他们备受挫折；他们对大改革的不彻底感到愤怒，同时对改革成功的前景感到恐惧（这将让他们变成平庸和迟钝的资产阶级），知识分子正热切地期待发生大众革命，拯救世界。

民粹主义是对尚未到来的现代性的暴力回应。取代资本主义的博爱精神将由俄国农民来实现，他们对资本主义非常不熟悉，这让他们成为最好的人选。知识分子"因持西方偏见在俄国看来是被宠坏了，而在西方看来他们被俄国习俗宠坏了"，他们将其西方偏见和俄国习俗融合在一起，为自己辩护，拯救世界。社会主义是对俄国民族主义的奖励。俄国的民族主义，就俄国知识界而言，代表着对俄国农民"痛苦、热情和无望"的忠诚。[58]

没有什么激情比忏悔的墨丘利对其阿波罗邻居的爱更苦涩、热情和无望了。像犹太人一样，知识界的成员把"人民"视为他们的对立面：与他们的头脑相对的心灵，与思想相对的身体（和灵魂），与其复杂性相对的简单性，与其自觉性相对的自发性，与其无根性相对的根深蒂固。这种关系——通常用情色术语表达——可以表现为相互排斥或完全互补。对于俄国和犹太世俗知识分子来说，民粹主义时代是一个渴望与"人民"建立欣喜的救赎联盟的时代。在托尔斯泰的作品《哥萨克》中，爱自省的奥列宁喜欢他的"雕像般的美人"玛丽亚娜，喜欢她"强壮的胸部和肩膀"，就像巴别尔笔下的打嗝男孩爱嘉琳娜·阿波罗诺夫纳一样热情和绝望。还是巴别尔的男孩爱玛丽亚娜？内战爆发时，像托尔斯泰一样，巴别尔热烈地欣赏他那"高大英俊"卢卡什卡的"好战而骄傲的姿态"，欣赏哥萨克人"巨大身体"之美。但也许没有那么绝望……59

俄国激进派和犹太逃亡者还有一个共同点：他们都与其父母不和。从19世纪60年代开始，"父亲和儿子"（在屠格涅夫最初的俄语标题中用了"父亲和孩子"）无法相互交流成为知识分子文化的中心主题之一。从来没有其他地方叛逆的犹太年轻人会像在俄国那样遇到许多志同道合的同龄人。他们抛弃了自己失明的父亲和"悲伤、挑剔"的母亲，被大型兄弟会收养，这些弟兄们抛弃了其绅士、牧师、农民和商人父母。等级森严、重男轻女、受限制的家庭正被平等、博爱和开放的家庭所取代。世界其他地方也将效仿。

所有现代社会都产生了"青年文化"，这种文化周旋于生物家庭和职业领域之间，生物家庭基于亲属称谓中严格的等级角色归属，职业领域至少是由平等的可互换的公民组成的，根据普遍的精英标准来判断。从儿子到公民的转变比从儿子到父亲的转变需要进行更大的调整。然而在传统社会中，一个人通过社会化进入"真实世界"，并通过一系列仪式从一个归属角色走向另一个归属角色，每一个现代人成长过程中的价值观都与外部盛行的价值观作对。不管家庭内部的言辞如何，也不管丈夫和妻子之间如何分工，亲子关系总是不对称的，每一个行动的意义都取决于行动者的身份。变成现代成人总是一场革命。60

这种困境通常有两种补救办法。一种是民族主义，现代国家摆出一个完整家族的姿态，包括开国元勋、爱国主义、祖国、战友、国家的儿子、革命的女儿等。另一种是加入各种自愿协会，其中青年团体可能是最常见、最有效的，因为他们将家族的归属、团结和紧密的关系与市场的选择性、灵活性和开放性相结合。俄国帝国晚期发生的事情是，在父权制家庭中长大并被引入西方社会主义的大量年轻人，同时反抗俄国的落后和西方的现代性。他们认为这两种邪恶都是他们自己的（"因为持西方偏见在俄国看来是被宠坏了，而在西方看来他们被俄国习俗宠坏了"），因此他们认为这两种邪恶都是力量源泉。他们将通过拯救自己来拯救世界，因为俄国的落后状况提供了通向西方社会主义的最直接道路——或者是因为这种状况是如此普遍，或者是因为，正如列宁后来发现的那样，它是"帝国主义链条中最薄弱的一环"。悬浮在家庭和独裁政治这两种非法父权制之间，他们创造了一种持久的青年文化，充满了强烈的太平盛世期望、强大的内在凝聚力，以及如此热烈的自我崇拜，只有通过自我牺牲才能实现。对于俄国的年轻知识分子来说，一代人的中途客栈已成为一座专供永恒青春和活人祭祀的寺庙。[61]

这些是大多数犹太人在沿着普希金大街前行时所进入的中立空间，或者如一位参与者所称的"自由小岛"。俄国的沙龙、博物馆、证券交易所、专业协会、牙科诊所和咖啡馆比西方少；这些场所的社会意义有限，犹太人因为法律障碍很难进入。此外，青年圣殿非常大，又很好客。犹太人被看作犹太人：一些革命者将 19 世纪 80 年代早期的大屠杀解释为民众对剥削不满的合法体现，但是占主导地位的知识分子认为，大多数犹太人属于被侮辱和受伤的人群——因此也属于善良的人群。S. 伊亚·纳德松（S. Ia. Nadson）是 19 世纪商业上最成功的俄国诗人，"在那个被贬损的国家之外长大"，他认为他的祖先属于这个国家，

但是当你的敌人，像一群邪恶的猎犬，

被贪婪和仇恨所吞噬，将你撕裂，

我将谦卑地加入你们坚定的行列，

一个被命运蔑视的国家！

　　纳德松 25 岁时死于肺结核——因为"对人类来说，痛苦是美丽的荆棘"。他的名声及其被"苦难的负担"和"徒劳的拯救期望"压得喘不过气来的犹太人形象，一直延续到 20 世纪初。犹太人越是成为银行家、经纪人、医生、律师、学生、艺术家、记者和革命家，俄国高雅文学就越关注被虐待的犹太人。对于契诃夫、乌斯宾斯基（Uspensky）、加林－米哈洛夫斯基（Garin-Mikhilovsky）、高尔基、安德烈耶夫（Andrev）、索洛古布（Sologub）、柯罗连科（Korolenko）、库普林（Kuprint）、斯塔纽科维奇（Staniukovich）、阿尔齐巴舍夫（Artsybashev）、布留索夫（Briusov）、巴尔蒙特（Balmont）、蒲宁（Bunin）以及无数其他人来说（不管他们个人的矛盾心理如何），"被贬损国家"的成员来自果戈理的《外套》，而不是果戈理的《塔拉斯·布尔巴》（Taras Bulba）（他曾试图将哥萨克式的怨恨转化为高雅文化）。有一些是留着银胡子、有尊严的老人，有一些是有着炽热目光的美丽利百加，但是绝大多数人都是受侮辱、被伤害的可怜但难以被征服的受害者。犹太人不是"人民"，但他们是好人。[62]

───────

　　然而，总的来说，犹太人对于俄国文学想象来说，就像"犹太问题"对于大多数皈依普希金和／或革命的犹太人的野心一样微不足道。大多数加入读书会、俄国学校、秘密社团和友谊网络的犹太人寻求接纳——并受到欢迎——不是作为犹太人，而是作为普希金和革命的信徒、渴望实现阿波罗和谐的墨丘利同胞、反抗父权制的同伴、为人类解放而斗争的难友。

在栅栏区的小镇里，世俗教育通常始于家庭或犹太人阅读圈，有时由学生担任拉比的角色领导阅读。"我记得仿佛是今天，"一位阅读圈的成员写道，"我和其他学生坐在一个很大的砖炉旁的木凳上，感受着那样的恐惧和敬畏。我们对面的一张桌子旁坐着一个二十七八岁的年轻人。"正如另一位传记作家谈到她的阅读圈带头人时所说的，"他的知识极其渊博。我相信，假如有几个像他这样的人，早就可以开始革命了。"阅读圈的主要科目是俄语、俄国古典文学和各种社会主义文本，大部分是俄语，但也有英语和德语文本的翻译。俄语掌握得越好，阅读量也就越来越大。阅读通常会导致一种顿悟，类似于未来革命家 M. I. 德雷（M. I. Drei）在阅读 D. I. 皮萨列夫（D. I. Pisarev）的《动植物世界的进步》时经历的顿悟：

/ 145

> 我小时候不加批判地接受的所有陈旧的传统观点都烟消云散了。世界摆在我面前，简单明了，我站在世界当中，平静而自信。对我而言，世界上再也没有什么神秘、可怕、不可理解的东西，我像歌德的瓦格纳一样想，我已经知道了很多，并将在适当的时候知道一切……在我看来，我的世界观中没有任何空白地带，不再可能有怀疑和犹豫，我已找到坚实的立足点……
>
> 现在，[1926 年在莫斯科]回头看，我意识到那是我一生中最美好的时光。第一次意识觉醒和第一次真理启示所产

生的那种强烈兴奋感，我再也体验不到了。⁶³

头脑觉醒，穿着欧洲服装，说流利俄语，通常还有另一位非犹太人导师，大批犹太自学者和阅读圈中的老读者进入了俄国激进青年文化中的"自由小岛"（他们在那里遇到了较早移民的会说俄语的孩子）。"他们跟我说话就好像我和他们平起平坐！"亚伯拉罕·卡汉写道，"好像我是他们自己人一样！犹太人和非犹太人没有区别！本着真正平等和博爱的精神！"阅读圈的事业，不管他们的社会主义烙印是什么，都要以他们自己的形象重塑世界，推翻所有的父亲，迎来永恒的青春王国。

生活有了新的意义。我们的社会建立在不公正的基础上，而这种不公正是可以消除的。所有人都能平等，都可能是兄弟！就像在沃洛德卡家里所有人都是平等的兄弟一样。这是可以实现的！一定要实现！为实现这种新的世界，所有人都必须准备好，甚至要牺牲生命本身。

我把世界分成两组人："他们"和"我们"。我同情而又鄙视地看着"他们"。我任何朋友如果是"他们"的一员，我就认为他是一个不幸的人。与此同时，我的新信仰让我展现了更好的本性，让我更宽容，让我甚至在心怀轻蔑、同情之时说话也温和。一种宗教的狂喜控制了我。我不认识先前的自己。⁶⁴

曼德尔斯塔姆的母亲是"她家里第一个掌握清晰纯正的俄语发音的人"，大约在同一时间来到了维尔纳：她也许更文艺，革命激情少些，但这有什么不同吗？

无尽的文学劳作、蜡烛、掌声、照亮的面孔；一代人的圈子，以及在中心的祭坛——放着一杯水的讲师桌子。就像白炽灯上的夏日昆虫一样，在饰以寓意性玫瑰的文学庆典火焰中，整代人都在枯萎和燃烧，每一次聚会都有崇拜表演的感觉，为这一代人做出了赎罪牺牲⋯⋯

这是我母亲记忆中80年代的维尔纳。到处都一样：16岁的女孩试图阅读约翰·斯图亚特·穆勒（John Stuart Mill）的作品，而在公开的演奏会上，性格开朗、长相平平的女孩正在演奏利昂娜·安东（leonine Anton）的最新作品，重重地踩在踏板上，以琶音渐渐收尾。但实际发生的是，整个知识界，还有巴克尔和鲁宾斯坦，在知名人士的带领下，被一个神圣傻瓜的鲁莽所感动，毅然转向自焚。作为人民意志的殉道者，索菲亚·佩罗夫斯卡娅和哲利亚博夫，像高高的涂有焦油的火把一样，在众目睽睽之下被烧毁，整个俄国外省，包括其青年学生，都在同情中闷燃。任何一片绿叶都不能幸免。[65]

在19世纪七八十年代，一些有关自我牺牲和平等的言论明显带有基督教性质。O. V. 阿普特克曼（O. V. Aptekman）的父亲是"巴甫洛达尔（Pavlodar）犹太人中俄国教育的先驱之一"。1874年，他在帕什科夫省（Pskov province）发现了福音和"人民"，在帕拉莎·布克哈瑞慈福娜（Parasha Bukharitsyna）身上，存在"一位农村女孩的光辉形象"。"我是一名社会主义者，帕拉莎是一名基督徒，但是在情感上我们是相似的；我随时准备做出各种牺牲，她全然是自我奉献……因此，我的第一位学生帕拉莎接受了我对福音的诠释，也成了一名社会主义者。我处于一种狂喜状态，这在某种程度上是宗教的；这是一种复杂而混乱的精神状态，在这种状态下，真正的社会主义世界观与基督教世界观并存。"[66]

据他的弟子 M. A. 莫雷尼斯称，所罗门·维特伯格（Solomon Vittenberg）是一名前途无量的犹太法典编著者，9岁时，他就学会了俄语，并说服父母让他读尼古拉耶夫高级中学。1879年8月，在他因企图谋杀亚历山大二世而被处决的前一天晚上、拒绝皈依基督教一天之后，他写信给他的朋友（其中大多数是年轻的犹太造反派）：

> 亲爱的朋友们！自然，我不想死。如果说我心甘情愿去死，那我在说谎。但是，不要让这种境遇给我的信仰或我信念的确定性蒙上阴影。记住，博爱和自我牺牲的最高范例无疑是救世主。然而，即使是他也在祈祷："让这杯子远离我。"因此，我怎么能不会做同样的祈祷呢？和他一样，我告诉自己：如果没有其他可行的方法，如果为了社会主义的胜利，我必须流血，如果其他人只能踩踏着我们的尸体来从现在的制度过渡到更好的制度，那么让我们流血吧，让我们的热血拯救人类——因为我不怀疑我们的血液会给社会主义种子发芽的土壤施肥，社会主义会胜利，很快就会胜利。这是我的信仰。在这里，我再次想起救世主的话："我郑重告诉你们：站在这里的人中，就有几个在未尝到死味以前，必要看见天主的国带着威能降来。"——对此，我深信不疑，就像我深信地球会转动。当我爬上脚手架，绳子在我的脖子上收紧时，

我最后一个想法是："它仍然在转动，世界上没有任何东西可以阻止它转动。"[67]

在接下来的 40 年里，革命者中不再那么频繁地提及宗教，农民女孩的形象也不再那么光辉，甚至纳德松教派也不能比曼德尔斯塔姆母亲的年轻时代延续得更久，但是自我牺牲之火持续燃烧，普世拯救、暴力和伽利略的结合仍然有意义——直到它变成马克思主义。

一些（并非所有！）知识分子从信奉民粹主义转到信仰马克思主义（始于 19 世纪 90 年代），这让他们将救赎者的身份从俄国农民转派给国际无产阶级。城市集体主义和垂直的城市景观取代了农村社群主义和横向的田园风光，来体现未来的完美社会，而且棱角分明的男性工人取代了农民女孩（或者是女性化的"圆胖"农民男子），成为知识分子的搭档。普世墨丘利主义不会被传统的阿波罗主义打败，而是被墨丘利主义本身，或者更确切地说，被它的准阿波罗主义私生子打败。马克思主义偶像图上的无产阶级是独特的，因为其毋庸置疑是阿波罗式的，因此是令人向往的，同时也不可否认是墨丘利式的，因此是现代的（无根、无家可归、全球性的）。最终，列宁将把马克思主义转变成真正的社会力量，让它回到民粹主义：在落后的俄国可能实现现代社会主义，尽管这个国家很落后，或者因为它落后。

对于犹太造反派来说，俄国农民失宠带来了新的机会。事实证明，马克思主义（孟什维克党派）很受欢迎，因为它与大多数年轻犹太人希望加入的平等和博爱的世界相一致，也可能是因为它似乎允许"犹太群众"（其中没有一个符合农民资格）加入拯救者和被拯救者的行列。事实上，崩得主义（Bundism）①——意第绪语中的马克思主义，目标瞄准"犹太街道"——建立在马克思主义的基础上，融合了马克思主义和民族主义，形成了影响力，由此受过俄国教育的犹太知识分子将拥抱犹太人，通过教授他们俄语或者将意第绪语转化为神圣的语言，将肖洛姆·阿莱赫姆当作普希金，带领他们获得解放。联盟在栅栏区城市化和俄国化最慢的地区短暂繁荣，在那里，崩得倾向于吸引尚未进入全俄国青年文化的世俗化犹太人，但最终它无法与持普救说的（俄国或波兰）马克思主义或希伯来民族主义竞争。没有国家，民族主义没有多大意义。68

真正为国家问题提供了解决方案的犹太民族主义，当然是"犹太复国主义"，它还有一个额外的优势，那就是提出了一种愿景，即始终坚持阿波罗主义的犹太性，包括战士荣誉和乡村根基。在 1903~1906 年大屠杀的刺激下，"犹太复国主义"成功地创造了一种激进的青年文化，其凝聚力、禁欲主义、弥赛亚主义、暴力革命观和自我牺牲热情与俄国文化不相上下。尽管如此，"犹太复国主义"吸引的犹太人却少得多，移民到巴勒斯坦的人数仍

---

① "崩得"（Bund，意思为"联盟"，也可理解为犹太人工会、犹太人同盟）在 1897 年成立于维尔纳（即今天立陶宛的维尔纽斯），在"二战"时的波兰达到了其影响力的顶峰。它有时作为一个地下党进行活动，标榜人道主义、社会主义、世俗化以及反犹太复国主义。崩得分子们反对沙皇，也反对种族屠杀，他们在犹太人村落里开展教育工作，并最终领导了华沙犹太区的起义。尽管崩得基本上被纳粹德国和苏联消灭殆尽，但该组织的反犹太复国主义（也称"锡安主义"，Zionism）立场更能说明他们在当下政治理念中的缺席。而尽管崩得分子主张犹太人群体作为一个民族存在，但他们却毫不让步地反对在巴勒斯坦开辟出以色列这个独立的犹太人国度。崩得分子坚信犹太人的散居地就是他们的家园。犹太人不可能通过对其他族群的压制来逃避自己应当面对的问题。实际上，崩得成员们强调所谓的"此在性"原则（Hereness），即无论在哪里，犹太人都有权利活得自由而有尊严。

然很少，远远低于移民到美国（其特点是收入和世俗教育水平都很低）和俄国大城市（受政府法规和高雅文化等级制度的影响，有利于富人和教育程度较高的人）的人。"犹太复国主义"吸引了年轻人和激进分子，但是大多数年轻人和激进分子似乎更喜欢"本着真正平等和博爱的精神，不区分犹太人和非犹太人"。

随着时间的推移，这种偏好似乎越来越强烈。工业化和世俗化的蔓延扩大了俄国化的范围，而俄国化范围扩大后，几乎总是导致世界革命，而不是民族主义。正如毕业于平斯克实科中学的哈伊姆·魏茨曼（Chaim Weizmann）在 1903 年致信赫茨尔时说，

> 在西欧，人们普遍认为俄国绝大多数犹太青年都在"犹太复国主义"阵营。不幸的是，情况恰恰相反。当代年轻一代中的大部分人是反犹太复国主义者，他们不像西欧的犹太青年那样渴望被同化，而是有坚定的革命信念。

> 无法计算受害者的人数，也无法描述他们的性格，因为他们认同俄国的犹太社会民主，所以每年，实际上每天都有受害者牺牲。成千上万非常年轻的男孩和女孩被关押在俄国监狱，或者在西伯利亚遭受精神和身体摧残。超过 5000 人现在处于警方监视之下，这意味着他们的自由被剥夺。在整个社会民主运动中受害的几乎都是犹太人，他们的数量每天都在增长。他们不一定是无产阶级出身的年轻人；他们中也有来自富裕家庭的，偶尔也有来自"犹太复国主义"家庭的。几乎所有的学生都属于革命阵营；几乎没有一个人能逃脱这种阵营的最终命运。我们不能在这里谈及许多政治、社会和经济因素，这些因素不断滋养着犹太革命运动；可以说，这场运动已经吸引了大量充其量只能算少年的年轻人。

/ 150

因此，在我逗留明斯克期间，他们逮捕了200名犹太社会民主党人，其中没有一人超过17岁。这是一个可怕的景象，西欧"犹太复国主义者"显然没有看到我们青年的大部分——没有人会说他们是最差的——像感染发烧一样牺牲自己。我们姑且不论这种大规模牺牲对有关家庭和社区以及整个犹太政治事务的可怕影响。最可悲的是，尽管这一运动消耗了犹太人大量的精力和英雄主义，并且发生在犹太人的圈子里，但是对犹太民族主义却表示反感，有时会膨胀成狂热的仇恨。孩子们公开反抗其父母。[69]

当然，并非所有"在整个社会民主运动中"受害的人都是犹太人，但从绝对数字来看，犹太人参与俄国"集体牺牲"的人数确实非常多，远远超过了犹太人在该国人口中所占的比例。犹太人没有发起革命运动，没有开创学生弥赛亚主义，也与"俄国社会主义"的概念制定（从赫尔岑到米哈伊洛夫斯基）没有什么关系，但是当他们加入队伍时，他们热情高涨，而且人数越来越多。没有犹太子弟"公开反抗父母"的故事，俄国激进主义的历史是不可想象的。

在19世纪70年代，犹太人在民粹主义运动中的总比例可能不超过8%，但是他们参加学生"朝拜人民"圈（柴可夫派）的人数要更多。根据埃里希·哈贝尔（Erich Haberer）的说法，

在圣彼得堡、莫斯科、敖德萨和基辅的所有柴可夫派人士中，让人吃惊的是，犹太人占了20%左右（即106人中有22人），他们绝对是该组织的成员或亲密同事。按圈子细分，在这些城市中，他们都有很好的代表性，圣彼

得堡占 11%，莫斯科占 17%，敖德萨占 20%，基辅占近 70%。更引人注目的是，就纳坦森（Natanson）、克利亚科（Kliachko）、丘德诺夫斯基（Chudnovsky）和阿克塞尔罗德（Akselrod）等人而言，他们是这些圈子的创始人，在一段时间内也是主要领导人物。这意味着 18% 的犹太柴可夫派成员（22 人中有 4 人）属于领导人行列。[70]

在 80 年代，犹太人在人民意志党所有男性和女性激进分子中分别占 17% 和 27.3%，在政治审判中分别占 15.5% 和 33.3%。在 1886~1889 年的高峰期，犹太人占所有激进分子的 25%~30%，占俄国南部激进分子的 35%~40%。名震一时的欧兹克－博戈拉兹－什谭恩伯格集团（Orzhikh-Bogoraz-Shternberg group），以伊卡德连诺斯拉夫（Ekaterinoslav）为中心，以坚定不移地实行政治恐怖著称，该集团超过 50% 是犹太人；在 1898 年这一不同凡响的年份，39 名政治被告中有 24 名是犹太人。在 1870~1890 年的 20 年间，犹太人占伊尔库茨克省（Iakutsk）所有政治流亡者的 15%，占该省政治流亡者的 32%（在 80 年代末可能达到一半）。据西伯利亚军区司令苏霍京（Sukhotin）将军称，在 1905 年 1 月 4526 名被驱逐的政治犯中，1898 人（41.9%）是俄罗斯人，1676 人（37%）是犹太人。[71]

随着马克思主义的兴起，犹太人在俄国革命运动中所扮演的角色变得更加突出。第一个俄国社会民主组织，即劳动解放组织（Group for the Emancipation of Labor），是由五个人于 1883 年成立的，其中两个人 [阿克塞尔罗德（P. B. Axelrod）和戴奇（L. G. Deich）] 是犹太人。俄罗斯帝国的第一个社会民主党是成立于 1897 年的犹太联盟（Jewish Bund）。1898 年，在联盟激进分子的倡议和保护下，俄国社会民主工党在明斯克召开了第一届大会。在1903年该党的第二次代表大会（包括联盟代表）上，犹太人至少占代表的37%。在1907年的第五次代表大会上，大约1/3的代表是犹太人，包括11.4%的布尔什维克和22.7%的孟什维克（其中，八位孟什维克高层领导人中的五位参会）。根据临时政府负责清算国外沙皇政治警察的政委斯瓦提科夫的说法，1917年，159名政治移民中至少有99人（62.3%）是犹太人，他们乘坐"密封列车"通过德国返回俄国。与列宁一起抵达的第一批29人中有17名犹太人（58.6%）。在1917年7~8月举行的第六届（布尔什维克）党代会上，犹太人在基层国内组织中的比例较大，总体上约占16%，在中央委员会中占23.7%。[72]

在德国人占主导的拉脱维亚，民族仇恨、工人罢工和农民战争在布尔什维克的支持下合并成一场运动，只有在该地区，革命者在总人口中的比例有时超过了犹太人的比例。（波兰人、亚美尼亚人和格鲁吉亚人中的反国家激进主义并没有高涨，但仍然大大超过俄国人，因为民族运动和社会运动相互强化。）而犹太人的强化则是另一种类型：类似于俄国知识界的那种类型，但范围更广，更加坚定不妥协，包括同时拒绝父母权威和专制家长主义。大多数犹太反叛者不是为了成为自由的犹太人而与国家作战；他们与国家斗争是为了脱离犹太属性，从而获得自由。他们的民族属性并没有加强他们的激进主义；而他们反对其民族属性的斗争则加强了其激进主义。拉脱维亚或波兰的社会主义者可能会信奉普世主义、无产阶级国际主义以及未来和谐世界的愿景，但不会停止做拉脱维亚人或波兰人。而对许多犹太社会主义者来说，成为国际主义者意味着完全不做犹太人。[73]

俄国社会民主党也在进行一场孤独的斗争。拒绝俄国，认为其是各民族的牢房，对俄国工业化宣战，认为其过于残酷和缓慢，放弃俄国"人民"，认为其过于落后或不够落后，并将赌注押在德国制造的世界革命上，俄国社会民主党人完全继承了俄国知识界恰达耶夫传统中的"自我憎恨"情结。然而，在大多数情况下，他们对父亲的反叛并不相当于弑父。孩子们可能会拒绝其父母的宗教、习俗、依恋和财产，但是没有人认真地提出要改用德语或者拆毁普希金殿堂，这是真正的民族信仰圣殿。甚至列宁也认为托尔斯泰是"俄国革命的镜子"，俄国的不足可能会证明其走出了拯救世界的道路。

大量犹太社会主义者（在1907年后犹太崩得派衰落之后，可能是其中大多数人）更加坚决和一致。他们的父母——像马克思的父母——代表了所有可能存在的世界中最糟糕的，因为他们同时代表落后状态和资本主义。对他们来说，社会主义意味着（正如马克思所说的）"从讨价还价和金钱的束缚中解放出来，也就是从实际、真正的犹太教中解放出来"。大多数激进的犹太回忆录作者记得与传统和"占有欲"这两大邪恶做斗争：就他们而言，犹太传统就是有关占有欲，而去除犹太传统的占有欲是净化资本主义，即实现"实际、真正的犹太教"。作为一个群体，犹太人是唯一真正的马克思主义者，因为他们是唯一真正相信他们的国籍是"空想"的人，唯一——像马克思心中的无产者一样，但不是真正的无产者——没有祖国的人。

当然，这一切对俄国来说没有什么特别的，除了规模要大得多；从犹太居住区进入"世界上所有人的生活"的转变来得更加突然；大多数中立空间都很小，被禁止入内是非法的。犹太人的现代化比俄国社会、国家或者俄国其他任何人更快更好。这意味着，即使在自由分配的情况下，中立空间的稀缺对他们的影响也比任何其他群体都大。但是俄国政权并不自由，事实上犹太人在法律上被排除在这些空间之外，这意味着更多的人最终加入了"自由小岛"。反犹太立法并没有引发"犹太街上的革命"（这种革命往往先于对外部世界的任何接触，是针对犹太人的，而非针对反犹太立法的），但大力促进了其扩张和激进化。犹太人遇到的障碍的不同寻常之处，并不在于他们比吉尔吉斯族、阿留申人甚至俄国农民更糟糕，而在于他们遭遇如此多的憎恨。与吉尔吉斯族、阿留申人和农民不同，犹太人正在成功地进入精英机构，却遇到了种种限制，这些限制基于他们认为不公平（惩罚成功）或因过时从而不公平（宗教）的标准。犹太学生、企业家和专业人士认为自己与同学、同事或同仁是平等的或比他们更好，然而却被当作吉尔吉斯人、阿留申人或农民对待。无论如何，那些克服种种困难成功的人反对歧视；其他许多人则更喜欢世界革命。

但是，犹太人不仅仅是俄国帝国中最具革命性的民族群体（还有拉脱维亚人），他们也最擅长做革命者。正如伦纳德·夏皮罗（Leonard Schapiro）所说，"正是犹太人，凭借他们在俄国西部毗邻栅栏区的边境上的长期开发经验，组织了文学作品的非法运输、有计划的逃亡和非法越境，并大体上维持整个组织不断运转"。[74]

早在 19 世纪 70 年代中期，据人民意志党的侦探弗拉基米尔·约克赫尔森说，

维尔纳成为彼得堡和莫斯科与其他国家联系的主要渠道。为了运输通过维尔纳运来的书籍，祖德勒维奇（Zundelevich）将前往柯尼斯堡，在那里他将会见医学学

生芬克尔斯坦（Finkelstein），他是瑞士和伦敦革命出版社的代表。芬克尔斯坦曾经在我们的拉比神学院学习过，但于1872年移民到德国，当时在神学院的寄宿学校发现存在一个非法图书馆……我们在边境上的关系不仅是用来运书的，也是用来运人的。[75]

　　犹太人的革命和教育网络——包括人、书、钱和信息——与传统的商业网络相似。有时这些网络会重叠，比如那些也是革命者的学生跨越国界，住在他们的商人叔叔家，又如美国肥皂（石脑油）百万富翁约瑟夫·费尔斯（Joseph Fels）赞助了俄国社会民主工党（RSDLP）第五届大会，或者既是革命家又是百万富翁的亚历山大·赫尔方特（Alexander Helphand）在1917年安排列宁返回俄国。不用说，这一切背后都没有总体规划，但是俄罗斯帝国绝大多数犹太裔革命者是在自觉犹太人的家庭中长大的，这意味着他们已经掌握了一些传统的墨丘利技能。

　　流动性和保密性也不是为革命事业服务的唯一传统墨丘利技能。激进圈子的大多数成员致力于研究神圣的经文，尊敬精通经文的解释者，为使日常行为适应教义，对理论知识的微妙之处进行辩论，在正直的内部人士和迷失或恶毒的外部人士之间划清界限。有些人在这方面比其他人更擅长：知识界父母的子女是在类似的承诺下长大的，犹太人也是如此（一些革命理论家认为有前途的持异见的基督徒对皈依没有兴趣）。即使是加入自由小岛的最贫穷的犹太工匠也比非精英的阿波罗们拥有优势，因为他们正在从一种有高度识字率的文化向另一种有高度识字率的文化转变，从一个辩论社会向另一个辩论社会转变，从一个天选民族向另一个天选民族转变，从传统的墨丘利主义向现代的墨丘利主义转变。在所有革命党派中，犹太人在最高层（理论家、记者和领导人）中所占比例都相当高。在俄国，和欧洲其他地方一样，犹太人在质疑现代社会方面至少和他们在促进现代社会方面一样成功。

———————

犹太人的崛起引人注目，在俄国社会留下了深刻的印记。高雅小说可能没有注意到，但许多报纸确实注意到了，各种公共知识分子、专业协会、国家机构、政党（1905年后），当然还有所有参与反犹太城市骚乱（大屠杀）的人也发现了。每个人都认为犹太人特别喜欢现代时期，而且大多数人觉得这是一件坏事。

犹太人喜欢现代时期的原因众所周知。I. O. 莱文（I. O. Levin）在1923年遗憾地写道，"犹太人命运的悖论之一无疑是，理性主义是促成他们在资本主义发展中扮演杰出角色的原因之一，而正是这种理性主义，让他们同样出色地参与反对资本主义和资本主义秩序的运动"。[76]

这是一件坏事，因为（1）现代时期，包括资本主义和革命，是一件坏事，（2）犹太人的卓越是一件坏事。正如最后两任沙皇的家庭教师兼顾问 K. 波别多诺斯采夫（K. Pobedonostsev）在1879年写给陀思妥耶夫斯基的信中所说，"他们破坏了一切，但本世纪的精神却支持了他们"。陀思妥耶夫斯基在《作家日记》所载的于1877年给全体读者的寄语中写道，本世纪的精神等同于"物质主义，盲目、永不满足追求个人物质财富的欲望、不惜一切代价积累个人财富的欲望"。人类一直都是这样的，"但从未像 19 世纪那样以如此坦率和坚持的态度宣布这些欲望是最高的原则"。犹太人可能引发了这场革命，也可能没有引发这场革命（陀思妥耶夫斯基的小说似乎暗示他们没有引发这场革命），但他坚持认为，他们是这场革命最真实、最有献身精神的使徒。"在犹太人所做的工作中（至少是他们中的绝大多数人），就在他们的剥削活动中，存在着一些错误和不正常的、不自然的、咎由自取的东西。"[77]

大多数犹太反叛者同意陀思妥耶夫斯基关于现代时期（资本主义）和犹太角色（占有欲）的观点。他们的治疗方法——世界革命——是陀思妥耶夫斯基诊断出的疾病的一部分，但他们的理想——激进的博爱精神——当然和陀思妥耶夫斯基自己有关真正基督教博爱的愿景非常类似。如果说犹太人"鬼迷心窍"，那么陀思妥耶夫斯基也是如此——大多数犹太复国主义者也是这样，他们同意陀思妥耶夫斯基的观点，认为现代时期正在摧毁原始的兄弟情谊，离散的犹太社会是不正常、不自然的，世界革命是一场危险的虚幻怪物。像魏茨曼一样，亚博廷斯基对犹太人在俄国社会主义者中所占比例过高深感不安。1905 年，在敖德萨港"'波将金号'（Potemkin）战舰起义的日子里"，他看到大多数革命鼓吹者是"他熟悉的那种人，眼睛又大又圆、耳朵也肥大，说话时'r'音发不好"，这是一件坏事，因为只有真正的民族先知能够领导群众，因为其他民族的革命不值得"我们老人、妇女和儿童为之流血"。[78]

大多数非犹太造反派同意陀思妥耶夫斯基关于资本主义的观点，但不同意（至少在公共场合不同意）他关于犹太人的观点，他们倾向于将犹太人视为受害者。在俄国革命知识分子的世界里，民族是不完整的道德主体：他们有美德和罪恶、权利和义务、成就和违法行为，但他们没有连贯或全面的赎罪、悔恨、忏悔或惩戒手段。一个社会阶级的成员资格包含了自由意志的因素，比起一个民族的成员资格来说，更称得上是一种道德行为。因此，人们可以呼吁对资产阶级进行暴力报复或支持暗杀匿名的国家官员，但凭良心说，人们不能主张对民族承担集体责任（正式战争可能是一个例外）。社会负罪感是一种普遍的道德情感；民族负罪感则是一种阴暗而令人厌恶的情感。反资产阶级的偏见是一种矛盾修饰法；理论上，民族偏见是一种禁忌（因为这是一种资产阶级恶习）。或者更确切地说，这在大多数情况下是一种罪恶，对犹太人来说事实上是一种禁忌。反德国主义被认为是理所当然的，因为它表达了战时爱国主义和对理性非自然的人的普遍厌恶；只有鞑靼人注意到了反鞑靼主义（从嗜血的历史书到讽刺性的看门人画像）；认为各少数民族（尤其是"东方"种族）通常具有不变的负面特征，这是一种完全可以接受的文化和道德自我认同方式。只有犹太人（在大部分时间）受到限制，部分原因是革命知识分子的许多同志（他们的一些最好的朋友）是犹太人或之前是犹太人，或者犹太人是国家迫害的受害者，但主要原因是（因为国家迫害的还有其他种族受害者，他们没有受到限制）他们既是精英成员，也是国家迫害的受害者。他们是独一无二的，既远在天边，又近在眼前。他们（依然）是内部陌生人。

　　犹太人成为国家迫害对象的一个原因是，他们中有那么多人正在成为精英分子。许多领导俄国现代化的国家官员和专业协会的领导人，通常将现代与繁荣、启蒙、自由和精英政治公平联系在一起，他们对犹太人非凡的成就和犹太激进主义感到不安。1875 年，启蒙部长 D. A. 托尔斯泰在赫尔松发表讲话时宣称，唯一有意义的教育标准是学业成绩。"我们的高级中学应该培养贵族，但是什么样的贵族呢？思想的贵族、知识的贵族、劳动的贵族。上帝保佑我们会有更多这样的贵族。"1882年，托尔斯泰担任内政部长时致信沙皇，评论了犹太人对学问的热爱以及他们在革命活动中扮演的角色。而到1888年，托尔斯泰已经成为强烈反对给犹太人录取名额的战士。同样，圣彼得堡律师管理委员会主席和俄国最著名的律师V. D. 斯帕索维奇（V. D. Spasovich）认为自由精英统治是一个原则问题。但是在1889年，圣彼得堡司法巡回法的264名学徒律师中，他发现有109名是俄国东正教徒，104名是犹太人，当时，他提出了要进行社团自我监管。"我们正在处理一个巨大的问题，"他说，"这个问题不能根据陈词滥调的自由主义规则来解决。"[79]

斯帕索维奇的意思是可能要采取政府干预。正如财政部部长科科夫采夫（Kokovtsev）在1906年所说的那样，政府的问题是，"犹太人如此聪明，没有任何法律可限制他们"。他们需要被限制的主要原因（根据大多数高级政府官员的说法）是他们太聪明了。就沙皇俄国仍然是一个传统帝国而言，在这个帝国中，每一种信仰、每个庄园都发挥着自己的作用，但犹太人不能融入社会，因为他们的作用是全方位的。就俄国是一个正在现代化的社会而言，这个社会充斥着"老调自由主义"的各大绿洲，犹太人不能融入该社会，因为他们如此成功。为了"向人才开放职业"，自由主义必须假设公民是可互换的。为了确保或模拟这种互换性，自由主义必须使用民族主义。作为一种信条要成功，对所涉的悖论，自由主义必须保持无辜姿态。在整个欧洲，犹太人通过展示才华而没有变得可互换，揭示了自由普世主义和种族民族主义之间不为人知的联系。在俄罗斯帝国晚期，从先赋传统主义（ascriptive traditionalism）逐渐走向老调自由主义（cliché liberalism），犹太人成了前者站不住脚而后者岌岌可危的完美象征。[80]

正是因为犹太人是危险聪明人的象征，在帝国存在的最后半个世纪里，栅栏区发生的城市暴动中，犹太人遭到杀害、摧残和抢劫。1871 年敖德萨大屠杀是由当地希腊人发起的，他们在贸易垄断竞争中失利，但是大多数肇事者——当时以及后来，随着暴力的增加——是临时工和其他来自农村地区的新移民，他们看来是在现代生活竞争中失利。对他们来说，犹太人是这座城市的异乡人，挥舞着无形之手，从墨丘利式陌生人变成了老板。无论如何，他们仍然是危险的操盘手，但他们的方式更神秘，他们的许多孩子都是革命者，也就是，他们公开攻击神圣但过时的阿波罗尊严和优势：上帝和沙皇。[81]

当马克西姆·高尔基在 1915 年发布了一份关于"犹太问题"的问卷时，卡卢加（Kaluga）的一位读者总结了最常见的回答："犹太人凭其天生、残酷、一贯的利己主义，在任何地方都战胜了善良、没有文化、轻信的俄国农民或商人。"根据赫尔松的民意调查，俄国农民需要保护，防范犹太人，是因为这些农民还"处于萌芽、幼稚的发展阶段"。而根据"U 农民"的说法，"犹太人无疑应该获得平等权利，但是应该逐渐、非常谨慎地赋予他们权利，而不是马上，要不然，不久后，俄国一半的土地（如果不是全部的话）将和无知的俄国人民一起被犹太人奴役"。后备军人 D 与 S 提出了一个解决方案："犹太人应该得到一个独立的殖民地，否则他们会把俄国化为乌有。"一位"N 先生"提出另一个方案："作为俄国人，我的观点是，所有犹太人都应该从俄罗斯帝国消失，这样问题就解决了。"[82]

就像现代欧洲的任何地方一样，犹太人在没有特殊犹太区特许证的情况下，就像胜利的墨丘利一样脆弱。在俄国，离乡背井的阿波罗比其他任何地方都更缺乏开明民族主义的言论和法律保护——尽管这个新国家看起来如此陌生，却是属于他们的；现代化和无家可归是他们的收获，而不是损失；这种普世墨丘利主义实际上是阿波罗主义的复兴。进城的农民得到的保护（以排犹限制的形式），往往适得其反。栅栏区的城市由犹太人统治，他们越来越多的孩子被强行关在那里，被排斥在中立空间之外，但是没有效果，他们正在加入反抗上帝和沙皇的行列。

付出代价的人就像巴别尔文中叙述者的父亲一样，一个小店主，在他的小男孩对嘉琳娜·阿波罗诺夫纳产生如此痛苦、热情和绝望的爱恋那一天，这位父亲遭遇了抢劫和羞辱。

我在窗口看见了阒无一人的大街和笼罩大街的无涯无际的天穹，以及踽踽独行于街头的我火红头发的父亲。他没戴帽子，满头薄薄的红发全都翘了起来，一件棉布胸衣歪到了一边，纽扣扣错了纽洞。我忽然看到那个叫弗拉索夫的骨瘦如柴的工人穿一身破烂不堪的士兵制服，走过来紧跟在我父亲身后。

"说实在的，"他用一种出自肺腑的嘶哑的声音说道，双手亲昵地摸着我父亲，"咱们可不需要让犹太佬自由做买卖的那种自由……你得给干活的工人，给吃辛吃苦的工人过上好日子……你得给呀，朋友，你听着，你得给……"

那个工人抚摸着，央求着我父亲什么事，他脸上交替呈现醉后的亢奋和昏昏沉沉的沮丧。

"我们的日子应当过得像莫罗勘派。"① 他咕哝着说，由于两只脚都戳伤了，身子有点儿晃动。"我们的日子应当过得像莫罗勘派，但是不要他们那个旧教徒的上帝，那个上帝只给犹太人好处，别人谁也不给……"

于是弗拉索夫绝望地痛骂只怜惜犹太人的旧教徒上帝。弗拉索夫号叫着，磕磕绊绊地去追逐他那人所不知的上帝，可就在这一刻，一支哥萨克骑兵侦察队挡住了他的去路。

哥萨克人忽略了他们两个——醉酒的追捕者，他觉得自己像个受害者，请求他的受害人宽恕；痛苦的受害者的儿子战胜了胖胖的俄国男孩，尽管他们正在殴打犹太老人。哥萨克人"无动于衷地骑在高头大马上，奔驰在遐想的峡谷内，不一会儿就消失在通向教堂街的拐弯处"。小男孩在嘉琳娜·阿波罗诺夫纳的厨房里。那天早些时候，他在寺庙里被一个没有腿的跛子打了，他"那张粗糙的脸由红色的脂肪、皱纹和铁三者拼合而成"。他又被自己买的鸽子打了，鸽子本来是买过来庆祝他被高级中学录取的。拥有鸽子是他一生的梦想。他的鸽子窝是他祖父邵伊尔为他建造的，他祖父在那天早些时候被谋杀了。

瓷砖的炉子上烤着一只鹅，滚烫的热水容器吊在墙上，热水容器旁边，厨房的上座处，挂着有纸花装饰的沙皇尼古拉的肖像。嘉琳娜给我洗去了粘牢在我两腮上的鸽子的羽

---

① 莫罗勘派，从俄罗斯正教会分离出来的精神基督教的一支，产生于18世纪60年代。主张每个教徒都有独立解释《圣经》的权利，取消教会和祭司，反对举行仪式，提倡"自我修道"。

毛、血和内脏。

"我的漂亮的小伙子，你成了新郎官。"她说，用她丰满
的嘴吻了一下我的双唇，然后扭开了头。[83]

巴别尔的叙述者长大了，嘉琳娜·阿波罗诺夫纳不是唯一爱
他的俄国人，还有叶菲姆·尼基季齐·斯莫利奇，他健壮的体魄
中"有对犹太男孩的同情"，还有彼亚特尼茨基，那位高级中学
督学，他因为犹太男孩爱普希金的作品而爱他们。考试结束后，
巴别尔笔下的小男孩"渐渐从那梦的痉挛中醒过来"，他发现自
己被一些"俄罗斯男孩"包围了。

> 他们想殴打我，或者只是想跟我闹着玩，就在这一刻，
> 彼亚特尼茨基突然出现在走廊里。他走过我身边后，停了
> 一会儿，他身上那件长礼服的背部沉缓地微微起伏。我感
> 觉到这个宽大厚实的老爷气派的背上透出激动，于是我朝
> 他走近。
>
> "孩子们，"他对学生们说，"我希望你们不要打扰这个
> 男孩。"他把他丰满、温柔的手放在我的肩膀上。[84]

/ 162

还有一些人——一小部分人——不同情犹太人的软弱和他们
对旧俄的热爱，但钦佩他们的力量和打破旧习的运动，他们欢迎
现代时期的崛起并赞扬犹太人实现了这个目标。他们是马克思主
义者。对他们来说，现代时期代表着一种转变，通过某种程度上
自发的普遍弑父行为，将一个对称、富裕、邪恶的城市转变成一
个对称、富裕、光彩照人的城市。当然，在共产主义之下不会有
部落，但是，在俄国传统中，对称的城市，无论好坏，都是德国

产物，用高尔基的一位记者的话来说，犹太人是"德国的辅助机制"。[85] 使人真正成为布尔什维克的不是对某一教条的坚持，而是热切而明确地偏爱施托尔兹①，而不是奥勃洛莫夫——只是到了 20 世纪早期，标志性的施托尔兹很可能是犹太人，而不是德国人（或者两者都是，一个是另一个的辅助）。德国人仍然比任何人都显得更强大，但是犹太人对城市美德有他们自己的特殊要求。正如卢那察尔斯基总结的，

> 犹太人以陌生人的身份生活在世界各地，但是他们将自己的城市商业技能引入了他们散居的不同国家，因此，在那些文化较低、受限制的国家里，酝酿了资本主义的发展。根据人类发展的最佳研究员的研究，这就是为什么犹太人对进步做出了非凡的贡献的原因，但这也是为什么他们引起了可怕暴怒的原因。第一，是低贱的农民很愤怒，因为犹太人作为商人、放高利贷的人剥削了他们。第二，来自同一个农民阶层的资产阶级也很愤怒。[86]

列宁对犹太历史并不特别感兴趣。对他来说，资本主义所做的是"用流动的无产阶级代替厚脸皮、粗鄙、惰性和悲观的 野蛮俄国或乌克兰农民"。无产者当然没有祖国，也没有所谓的"民族文化"，但如果人们不得不从种族的角度来看待流动无产者（就像犹太联盟的"非利士人"强迫人们那样看待），那么犹

---

① 施托尔兹，奥勃洛莫夫的朋友，是一名企业家。他精力旺盛，富有进取精神。施托尔兹鼓励奥勃洛莫夫参加各种社交活动，希望借此改变他的生活方式，但后者却借口自己缺乏意志和能力加以拒绝。

太人——不像俄国人和乌克兰人——是非常好的候选人，因为他们拥有"犹太文化中伟大的、普遍进步的特征：它的国际主义及其对时代先进运动的反应（犹太人在民主和无产阶级运动中的比例普遍高于犹太人在总人口中的比例）"。列宁认为，所有先进的犹太人都支持同化，但是许多"民主和社会主义的伟大领袖"来自"犹太世界的最佳代表"。列宁本人也有犹太血统，因为他的外祖父是犹太人，尽管他可能不知道。当他的妹妹安娜发现这一点时，她写信给斯大林说她并不惊讶，"这个事实"是"闪米特部落非凡能力的又一证明"，列宁总是将"这种他称为'顽强斗争'的精神与懒散的俄国性格"进行对比。马克西姆·高尔基也声称列宁对"聪明人"有好感，并且他曾说过，"聪明的俄国人几乎总是犹太人或有犹太血统的人"。[87]

我们不知道列宁是否真的有如此言论，但我们知道高尔基在许多场合做出此类评论。在 1910~1920 年，高尔基是俄国最著名的作家，最受尊敬的先知，也是最能言善辩和热情的亲犹太派人士。他不是布尔什维克党的成员，但基本认同布尔什维克的关键观点：他热爱流动的无产阶级，厌恶俄国和乌克兰的农民——"野蛮、嗜睡，粘在他的粪堆上"（列宁在其他地方这样说过）。高尔基比大多数布尔什维克更像尼采：所有的传统和宗教都代表奴役和平庸，唯一名副其实的无产阶级是词源正确的无产阶级，体现了绝对的自由，因为他只生了孩子（无产者）。唯一能让普罗米修斯般的无产阶级摆脱"铅灰色"市侩束缚的力量是革命，历史上最伟大的革命者是犹太人。[88]

"犹太人是人类古老而厚重的酵母，他们总是通过激起躁动、高尚的想法并激励人们寻求更好的生活来迫使人们奋发图强。"犹太人被赋予了一种"英雄"的理想主义，"全面探索和全面审视"，他们拯救了世界，使其不逆来顺受、故步自封。

　　这种理想主义表现为他们不懈努力根据平等和正义的新原则改造世界，这是犹太人受敌视的主要原因，也可能是唯一原因。他们扰乱了那些吃饱喝足、得意自满的人的平静，给生活的黑暗面带来了一线光明。凭借精力和热情，他们像普罗米修斯那样给人们带来了火的礼物和对真理的不懈追求。他们一直在唤醒各国，不让它们停滞，最后——这是最主要的事情！——这种理想主义催生了鞭笞强权的思想：群众的宗教，社会主义。

　　高尔基认为，没有国家像俄国那样迫切需要犹太人，因此在那里犹太人的处境也最糟糕，因为奥勃洛莫夫作风（Oblomovism）在俄国是一种被珍视的民族特征，而"从东方停滞的沼泽向西欧文化的康庄大道"的过渡是一个特别痛苦的挑战。犹太人"禁止一切慵懒懈怠、贪图享乐"，"正是我们俄国人所缺乏的"。因为"在每个俄国人、领主或农民的灵魂深处，生活着一个消极无政府主义的小恶魔，它给我们灌输了一种对工作、社会、人民和我们自己漠不关心的态度"。更明显的事实是，"犹太人是比俄国人更好的欧洲人"，而且，"作为一种人格类型，他们在文化上比俄国人优越，也比俄国人漂亮"，而且也更憎恨慵懒怠惰、得意自满的人。

　　如果一些犹太人在生活中找到利润更丰厚、好处更多的位置，那是因为他们知道如何工作，如何给劳动过程带来乐趣，如何"做好事情"并喜欢行动。犹太人干事几乎总是比俄国人略胜一筹。这不是什么可生气的事；这值得学习。在个人利益和为社会服务的问题上，犹太人比啰嗦的俄国人投入更多的热情。归根到底，不管反犹分子说什么废话，他们不喜欢犹太人，是因为犹太人显然比他们更好、更灵巧、更能干。[89]

"自我憎恨"这个概念假定人类自然会持续崇拜与其同种族的人。姑且采用这个术语，所有的国家知识分子都是自我憎恨的，因为他们理所当然地不满意自己国家的表现，相对于其他国家，或者根据任何理论标准。随着越来越多的"被动无政府主义者"发现现代社会强大但难以捉摸的魅力，高尔基式的情感——自我标榜的阿波罗对美丽的墨丘利产生的苦涩、热情和无望的爱——变得越来越普遍。与民族主义（自爱）密不可分，这是一种痛苦和脆弱的迷恋，就像墨丘利迷恋阿波罗一样。双方的主要属性（心灵／理智、身体／灵魂、稳定性／流动性等）从未改变，但相互迷恋的强度急剧增加——尤其是在俄国，当地的阿波罗几乎和传统的墨丘利一样不受现代国家民族主义的保护。换句话说，在普世墨丘利主义的时代，犹太人面临的困境是，他们发现自己不仅是同等境遇的人中是最好的，而且还是唯一没有国家民族主义（伪阿波罗主义）的人。俄国人的困境是，他们发现自己不仅是一切有远大抱负的欧洲人中最差的，也是唯一未改革的旧制度（这种制度不是通过称他们为兄弟，而是坚持认为他们是永恒的孩子来抚慰他们）下的人民。结果是爱恨并存：高尔基，这位自我憎恨的阿波罗，爱犹太人，就像自我憎恨的犹太人巴别尔爱嘉琳娜·阿波罗诺夫纳一样。

　　第一次世界大战对俄国的大多数墨丘利来说是一场灾难。事实证明，民族国家之间的战争不仅对没有民族的国家（俄罗斯帝国、奥匈帝国和奥斯曼帝国）是灾难性的，而且对没有国家的民族也是如此，尤其是那些生活在其他国家中的墨丘利式陌生人。父子关系的国家（宗法帝国）比兄弟关系的国家（自由民族国家）情况更糟，那些与其国家没有家族渊源的人最倒霉了。

　　在高加索前线，土耳其人对亚美尼亚人和亚述人的屠杀导致大量难民涌入俄国，其中一些人后来被驱逐出境。但俄国境内的大多数难民是俄国自己制造的。战争期间，超过100万俄罗斯帝国居民因公民身份、国籍或宗教而被定义为外国人，他们被强行驱逐出家园，遭到拘留、劫持、警察监视和没收财产等。其中绝大多数是俄国的德国人和犹太人，他们被认为可能不忠诚，因为他们与敌人有种族关系，但也像土耳其的亚美尼亚人一样，因为他们是引人注目的成功墨丘利。在反对这些人的运动中，宣传最广泛的是在反对德国人的旗帜下进行的，包括清算里通外国的公司。反犹太人和反德国人的大屠杀是战时动员的常规内容。从民众参与和经济损失来看，其中最严重的一次是1915年5月26~29日在莫斯科发生的反德骚乱，这场骚乱导致大约800间公司办公室和公寓被毁。人们普遍认为，俄国王朝（及其政府、风格和首都）在某种程度上是德国人的，这在两年后王室最终垮台中起了重要作用。[90]

　　现代国家赢得了全面战争，现代国家由兄弟般的土著儿子组成。沙皇政府试图通过消除"外来人口"来建立一个团结的大家庭，但没有在博爱（公民平等）方面做出有意义的让步。这项政策的一个结果是沙皇政权灭亡。另一个结果是终结了德国人在俄国作为主要墨丘利的特殊角色。第三个结果是栅栏区崩溃，犹太人作为新的多民族帝国的信使出现。

俄国革命一部分是犹太人反对犹太人特性的革命。随着末世千年主义（apocalyptic millenarianism）的军事化，产生了无政府主义者、民族主义者和马克思主义者，战争期间的屠杀和驱逐将犹太子弟数十年的叛逆转变为大规模的革命。在1914~1921年的俄国动乱时期，大多数犹太人躲藏、逃离或迁移，成千上万人被杀害。但是，在拿起武器的人中，大多数人并没有留下来保护父母的生命和财产。他们要为实现普世兄弟情谊而斗争。[91]

当巴别尔的叙述者带着红色骑士军团来到加利西亚时，他发现犹太教堂"没有一扇窗户，凹凸不平"，"低低地贴在贫瘠的土地上"；"窄肩膀的犹太人在十字路口忧郁地游荡"；"驼背的犹太人穿着背心站在门口，像落水鸟一样"；到处散发着粪便和腐烂鲱鱼的气味。"犹太人小镇在对新时代的憧憬中散发着臭气，在小镇中穿行的不是人类，而是边境不幸之徒的褪色轮廓。"

正是在哈西德教派"令人窒息的囚禁"中，在"切尔诺贝利王朝最后一位拉比"的庭院上，在"狂人、骗子和游手好闲者"中，他发现了最近一次大逃亡的真正先知。

> 我在基大利身后看到一个年轻人，那年轻人长着斯宾诺莎型的脸相、斯宾诺莎型的坚毅的前额，和修士痨病型的脸。只见他抽一口烟，打一个哆嗦，像一名被捕获后投入大牢的逃犯。衣衫褴褛的穆尔德海扭手扭脚地走到他身后，一把夺过他嘴里的烟卷，逃到我跟前。

"这是拉比的儿子，叫伊里亚，"穆尔德海将他眼皮上翻在外边的出血的烂肉凑近我，用他的破嗓子说，"是个该死的、坏透了的逆子……"

说罢，穆尔德海朝年轻人扬了扬拳头，还朝他脸啐了口唾沫。[92]

这是先知的"兄弟"所描绘的犹太革命的第一幕，这位兄弟自己也是一位先知，他的"故事注定要永垂千古"。[93] 另一位兄弟——"共产主义青年诗人"爱德华·巴格里茨基（Eduard Bagritsky）——如是追忆自己的童年：

他们试图用自己的逾越节薄饼把它晒干，
他们试图用烛光欺骗它。
他们把它的脸塞进满是灰尘的匾牌里，
那些将永远关闭的门。
椅子和沙发上的犹太孔雀，
永远变酸的犹太牛奶，
我父亲的拐杖，我母亲的丝带帽——
所有人都对我嘶嘶：
你这个混蛋！你这个混蛋！

他们的爱？
但是它们被虱子吃掉的辫子呢，
他们弯曲外露的锁骨，
他们的丘疹、沾着鲱鱼臭气的嘴，
他们马一样脖子的曲线。

我父母？
但是在暮色中变老了，
驼背、多瘤，像野兽一样
迟钝的犹太人一直在我面前发抖
他们沾满胡茬的拳头。

"你这个弃儿！拿起你可怜的手提箱，你被诅咒和摒弃
了！滚出去！"
我离开了我的旧床：
"滚出去？"
我会的！
可庆幸的解脱！
我不在乎！[94]

  他确实逃出来了，就像伊里亚一样，当然还有巴别尔和他的
英雄。1917 年后，他们在外面发现的比世界上所有人美好而可
耻的生活要更加宏大，比普希金、嘉琳娜·阿波罗诺夫纳和自由
小岛要宏大。他们发现的是 20 世纪第一场宗教战争，力求结束
所有战争的最后一场战争，这是永恒前夜的世界末日大决战。

  对于希望战斗的人来说，只有一支军队可以加入。红军
是唯一始终认真反对犹太人大屠杀的军队，也是唯一由犹太人
领导的军队。托洛茨基不仅是一位将军甚或一位先知：他是救
赎暴力的活生生的化身，革命正义之剑，同时还有列夫·达维
多维奇·布朗斯坦，他所上的第一所学校是赫尔松省格罗莫克
雷（Gromoklei）的舒弗犹太宗教小学。内战期间和列宁关系
最密切的其他布尔什维克领导人是 G. E. 季诺维也夫〔G. E.

Zinoviev，即奥复赛－日尔什·阿若诺维奇·拉多米思尔斯基（Ovsei-Gersh Aronovich Radomislsky）］、L. B. 加米涅夫［L. B. Kamenev，即罗森菲尔德（Rosenfeld）］和亚·M. 斯韦特洛夫（Ya. M. Sverdlov）。[95]

这些是结果，而不是原因；他们是更宏大真理（larger truth）的偶像人物。绝大多数布尔什维克党员属俄罗斯民族（1922 年占 72%）；拉脱维亚人的占比也非常高（尽管 1918 年拉脱维亚独立后，苏维埃拉脱维亚人成了一个基本上是自选的政治移民群体）；犹太背景的杰出共产主义者都不想当犹太人。正是如此，他们成了像爱德华·巴格里茨基类反叛者心目中的完美英雄，这类反叛者也不想成为犹太人。托洛茨基宣称他的民族代表"社会民主"，这是布尔什维克代表的民族，也是巴格里茨基为之奋斗的民族："这样，不屈的地球／就会被鲜血浸透，／全新的一代青年／从白骨里发芽。"在那些在俄罗斯帝国的白骨上战斗的人中，布尔什维克是永恒青年圣殿中唯一真正的牧师，是世界兄弟会的唯一"十字军"，也是爱德华·巴格里茨基和伊里亚·布拉茨拉夫斯基能够感受到宾至如归的唯一政党。[96]

巴别尔的叙述者接下来看到的是，红军战士伊里亚正因伤势过重而死亡。

> "布拉茨拉夫斯基，四个月前，在一个礼拜五的晚上，旧货商基大利领我到你父亲穆泰雷拉比家去时，你那时还没在党吧。"
>
> "我那时已经在党了，"那年轻人一边抓着胸口，一边回答说，因发高烧而不断痉挛。"可我没法抛下母亲……"
>
> "伊里亚，你现在不是抛下了吗？"

"在革命中，母亲不过是——细枝末节，"他嘟哝着说，声音越来越弱，"轮到我姓氏的字母，字母勃①，于是组织上派我上前线……"

"伊里亚，你就这样倒了大霉，到了科韦利？"

"我倒了大霉，到了科韦利！"他绝望地吼道，"富农突破了我军正面，我得到了一个混成团的支援，可为时已晚。我的炮兵不够……"

伊里亚断气了。在他的小箱子里，"五花八门、互不搭界的东西堆在一起，有鼓动员的委任书和犹太诗人的笔记本。列宁和迈蒙尼德的肖像并放在一起……第六次党代会的决议汇编中夹有一缕女人的发丝，而在党的传单的页边密密麻麻、歪歪扭扭地写满了犹太古诗"。[97]

列宁和迈蒙尼德（Maimonides）②（当然还有两个伊里亚）之间有联系，这是巴别尔的猜想；事实上，红军中有许多拉比的儿子。他们反对古老的落后状态和现代资本主义，反对他们自己的"空想民族"和旧世界的根基［套用"英特耐雄纳尔"（Internationale）一词］。他们没有祖国；他们失去的仅仅是锁链；与许多其他革命者不同的是，他们似乎拥有无穷无尽的无产阶级意识，或者说社会民主爱国主义。

当未来的古典学者M. S. 奥特曼［伊莱－莫伊舍（Eli-Moishe）］9岁时，在他上学的犹太宗教小学里，他组织了一次反对独裁的罢工。他还在上中学四年级时，就写了一篇关于普希金

---

① "勃"是俄语字母表中第二个字母的音译。

② 迈蒙尼德，是出生于西班牙的犹太哲学家、科学家及神学家。

的《青铜骑士》的文章，获了奖。他22岁在切尔尼戈夫读医科大学时，赶上了革命。

我早在战争结束前就预见布尔什维克会取胜，并印制了一份特别传单提醒民众。"我们是来扎根的！"我在传单上写道。当布尔什维克最终来的时候，他们对这份传单印象深刻，在发现我是作者后，他们就任命我，一名非成员，作为其官方报纸《切尔诺夫省执行委员会新闻》的编辑。我的生活发生了翻天覆地的变化。我成了列宁和"世界革命"的狂热信徒，带着革命的意气，踌躇满志地四处走动，以至于平民不敢靠近我。当"我们"（布尔什维克）占领敖德萨时，我记得自己像个醉汉一样蹒跚地走在街头。[98]

埃斯特·乌兰诺夫斯卡娅（Esther Ulanovskaia）在乌克兰贝尔舍德（Bershad）的犹太小镇里长大。作为一个小女孩，她爱托尔斯泰、屠格涅夫和她当拉比的祖父。她梦想上大学，然后"直接去西伯利亚或者上绞刑架"。

关于我们小镇的一切都惹恼了我，激怒了我……我想为革命、为人民而战，但是"人民"对我而言是一个相当抽象的概念。我周围的犹太人不是"人民"——他们只是一群闷闷不乐的个体，我碰巧喜欢其中的一些人。但是在集市日来小镇的农民会喝醉、骂人、殴打他们的妻子，看起来也不像我在书中读到的那种人民。的确，小镇的犹太人比乌克兰农民更友善，没有殴打他们的妻子，也没有骂人。但是犹太人代表了我想逃离的世界。[99]

13岁时，她搬到敖德萨，加入了"青年革命国际"，该组织的成员大多是犹太青少年。他们中早就有一人叫"薇拉"（信仰），一人叫"柳博芙"（爱或仁爱），所以埃斯特改名为"纳德日达"（希望）。"我的名字埃斯特（家里人叫我埃斯特尔喀），甚至它的俄语版本，艾丝菲儿，在我听来都很糟糕。在犹太人小镇上，每个人都试图取一个俄国名字；在敖德萨，犹太人的名字是愚昧落后的标志。"内战为所有想摆脱落后的人提供了自我改造、自我牺牲和仪式屠杀的机会——但永远不会到达西伯利亚或上绞刑架。薇拉、纳德日达和柳博芙，以及其他许多人，都因为希望"为战友报仇，如有必要，还会战死沙场"而蠢蠢欲动。有一次，他们进入一个村庄，宣布成立苏维埃政权，并设置封锁，阻止农民将其农产品带到镇上。他们大约有100人，装备精良。"我不知道我们为什么需要那个封锁，"多年后纳德日达写道，"我什么也没问，也没注意到农民们不开心"。纳德日达及其朋友们为人民而战，而不是为任何人而战。他们中许多人死于战斗。纳德日达幸存下来，后来成为苏联在中国、欧洲和美国的特工。[100]

巴别尔的叙述者（和巴别尔本人一样，在1917年12月）也逃脱了大屠杀，加入了秘密警察或全俄肃反委员会。在"路"的尽头（这个故事题目是《路》），他发现"忠于友谊、生死与共的同志，除了在我们国家外，世上任何地方都不会有"。他们将一直是朋友，直到1940年1月巴别尔死在他们手中。调查巴别尔"间谍活动"的审讯小组第一任组长就是一名要逃离愚昧落后的犹太人。[101]

对于内战期间的许多年轻犹太人来说，普希金街成了通往世界革命之"路"（视具体情况，或是通往"肃反运动"之路）。这似乎是一条不可阻挡、没有间断、普世通用的解放之路，沿着这条路，"步调一致／行进着一个黄脸的中国人／和一个面色苍白的希伯来人"［正如另一位官方推崇的年轻共产主义诗人约瑟夫·乌特金（Iosif Utkin）所说］。旅程很艰难，但目标从未被怀疑过——因为就在那里，在他们的身边，是"政治部的诗人"，带领布尔什维克"到达弹片和手榴弹呼啸而过的地方"。正如巴格里茨基在 1924 年所写的，

> 我在黑海为普希金复仇，
> 我在乌拉尔带着普希金穿过森林，
> 我和普希金一起爬进了泥泞的浅战壕，
> 虱子咬，饥肠辘辘，赤脚寒冷！
> 我心飞扬，怦怦狂跳，
> 自由的火焰在我胸中升腾，
> 这时，随着子弹和机枪的歌声，
> 我背诵他那铿锵有力的诗篇！
> 岁月沿着狭道滚滚向前，
> 新歌在我心中不停沸腾。
> 春暖花开——普希金的仇已报，他依然和我们同在，歌唱自由。[102]

1917 年的革命与普希金和犹太人都没有多大关系，但是随后的内战确实与之相关。大部分战斗发生在旧有的栅栏区周围或里面，犹太人占城市人口的很大一部分。对于波兰和乌克兰的民族主义人士和各色人等的农民（"绿色"）军队来说，犹太人代表了墨丘利旧敌人、资本主义新城市、俄国高等文化的扩张，当然还有布尔什维克主义（这代表了上述一切内容，因

为布尔什维克主义是现代城市的宗教，在种族上属于"社会民主"，但目前讲俄语）。白军的运动很早就被俄国民族主义者和帝国复辟主义者劫持了，对于白军来说，犹太人具备过去"德国人"的所有特征（旧墨丘利主义和新城市主义相结合，作为"外国统治"的一种形式），当然还有布尔什维克主义，作为外国统治的一种形式，犹太人似乎是旧墨丘利主义和新城市主义特别具有传染性的结合。对于所有这些群体来说，犹太人成了一种易于定义和识别的敌人。尤其是对于乌克兰民族主义者来说，他们只有征服城市，才能取得成功，但是乌克兰的城市被俄国人、波兰人和犹太人统治着。俄国人和波兰人有他们自己的军队，在人数上少之又少；犹太人要么是布尔什维克，要么是手无寸铁的小镇居民。如果他们不想再处于毫无防备状态的话，他们倾向于成为布尔什维克。

早期的布尔什维克通常并不将其敌人按种族归类。他们打击的邪恶——"资产阶级"——是一个抽象概念，不容易转化为逮捕和处决的具体目标。这是现代先赋灭绝（ascriptive extermination）战争中的一个严重弱点：不仅没有"资产阶级"——在俄国没人用这个词来形容自己——旗帜、军队或制服，根据马克思主义社会学理论也很少有人可以这样形容。最终，这一挑战变得如此严峻，以至于迫使苏俄政权修改其有关邪恶的概念。内战期间，布尔什维克有决心修补他们在概念上缺乏的任何东西。

/ *174*

白军、绿军和乌克兰民族主义者从未表示要大规模灭绝犹太人。他们的分遣队杀害、抢劫了成千上万的犹太平民，他们的秘密机构专门挑选了一些团体（大多数是犹太人，但也有拉脱维亚人），给予特殊待遇，但是他们的领导人和作为政治机构的军队在这一点上模棱两可、小心提防，或者大声（有时是真诚地）表示愤怒。最终，犹太人的大屠杀被视为违反纪律，使军队士气低落，破坏了运动的真正目标，而这些目标从根本上讲是政治性的。正确的敌人是持有某种信仰的人。[103]

布尔什维克的做法要直截了当得多。"资产阶级"可能是一个难以捉摸的类别，但是，据"客观标准"对他们进行"清算"，则无人为之辩解。

这意味着想要成为真正布尔什维克成员的犹太人必须对某些群体进行身体胁迫，以此作为处理分歧的合法手段。或者更确切地说，他们必须成为阿波罗。正如巴别尔笔下的阿里耶－莱伊博（Arye-Leib），在苏联文学中最受欢迎的一个段落里所说的：

> 暂且忘记你的鼻子上戴着眼镜，灵魂里老气横秋。不要在办公桌前争吵，不要在公共场合结巴地说话。想象一下，你在城市广场争吵，在纸上胡言乱语。你是老虎、狮子、猫。你可以和一个俄国女人过夜，俄国女人会感到满足。[104]

相当多的犹太人听从了阿里耶－莱伊博的号召。内战期间，他们在布尔什维克党员中所占的比例相对较小（1922 年为5.2%），但他们在城市广场上大名鼎鼎，令人瞩目。"二月革命"后，所有军官都被怀疑可能是"反革命分子"；新士兵委员会需要有文化的代表；许多识字的士兵是犹太人。文学学者维克托·什克洛夫斯基（Viktor Shklovsky）估计，犹太人占了军队所有高级民选官员的 40%。他是其中一员（政委）。他还记得曾见过一位才华横溢的犹太大提琴家，他代表近卫哥萨克骑兵。1917

年 4 月，彼得格勒苏维埃管理局的 24 名成员中有 10 名（41.7%）是犹太人。[105]

在 1917 年 6 月全俄苏维埃第一次代表大会上，至少 31% 的布尔什维克代表（还有 37% 的统一社会民主党人）是犹太人。1917 年 10 月 23 日，布尔什维克中央委员会会议投票决定发动武装叛乱，出席会议的 12 名成员中有 5 名是犹太人。负责领导"十月革命"的 7 名政治局成员中有 3 名是犹太人 [托洛茨基、季诺维也夫和格里戈里·索科尔尼科夫（Grigory Sokolnikov）（Girsh Brilliant，吉尔什·布里连特）]。

在全俄苏维埃第二次代表大会上选出的全俄中央执行委员会（VtsIK，该委员会批准了布尔什维克接管政权，通过了关于土地与和平的法令，并成立了以列宁为主席的人民委员会）包括 62 名布尔什维克（成员总共 101 名），其中有 23 名犹太人、20 名俄国人、5 名乌克兰人、5 名波兰人、4 名波罗的海人、3 名格鲁吉亚人和 2 名亚美尼亚人。据代表锡安工人党的内厄姆·拉法尔克 – 尼尔（Nahum Rafalkes-Nir）称，作为他们政党的官方代表，所有 15 名就接管问题表示争议的发言人都是犹太人（事实上可能是 14 人）。前两位全俄中央执行委员会主席（苏俄国家元首）是加米涅夫和斯韦特洛夫。斯韦特洛夫也是该党的领导者（秘书处主任）。莫斯科和彼得格勒的第一批布尔什维克领导人是加米涅夫和季诺维也夫。季诺维也夫也是共产国际的主席。冬宫和莫斯科克里姆林宫的第一批布尔什维克指挥官是格里戈里·伊萨科维奇·丘德诺夫斯基（Grigorii Isakovich Chudnovsky）和叶梅利扬·雅罗斯拉夫斯基（Emèlian Yaroslavsky）。雅罗斯拉夫斯基也是激进无神论者联盟的主席。

/ **176**

参加布列斯特－利托夫斯克（Brest-Litovsk）谈判①的苏俄代表团团长是阿道夫·越飞（Adolf Ioffe）和托洛茨基。托洛茨基是红军的代言人。[106]

1919年3月，以季诺维也夫为首的彼得格勒苏维埃发起了一场以"我们时代的英雄"为主题的最佳肖像竞赛，其中英雄名单推荐的包括列宁、卢那察尔斯基、卡尔·李卜克内西（Karl Liebknecht）和四位在犹太家庭中长大的布尔什维克：托洛茨基、乌里茨基（Uritsky，彼得格勒秘密警察局局长，1918年8月遇刺）、V. 乌洛达斯基（V. Volodarsky，即彼得格勒首席检查员莫伊谢伊·戈德茨坦，1918年6月遇刺，担任印刷、宣传和煽动政委）和季诺维也夫本人。[107]

1919~1921年，犹太人在共产党中央委员会中的比例保持稳定，约为1/4。1918年，彼得格勒党的领导人中约54%是犹太人，45%的市级和省级共产党官员和36%的北部地区政委也是犹太人。1919年彼得格勒工会理事会主席团3/5的成员和1920年彼得格勒苏维埃执行委员会36名成员中的13名是犹太人。1923年，在莫斯科，犹太人占共产党"领导干部"的29%，占省社会保障局的45%。他们在市级党组织中所占的比例（13.5%）是普通人口的3倍，其中近一半年龄在25岁以下（43.8%的男性和51.1%的女性）；莫斯科25.4%

---

① 1917年，俄国"十月革命"胜利之后，由于原来俄国属于协约国一方而与同盟国处于交战状态，为了退出战争，新成立不久的苏俄政府在提出的和平建议被协约国拒绝后，便与同盟国中的德国进行和平谈判。1918年3月3日，《布列斯特和约》正式签订。按照和约，苏俄割让323万平方公里领土，赔款60亿马克。托洛茨基被解除了外交人民委员的职务。但苏俄成功地退出了第一次世界大战，为刚刚诞生的苏维埃政权争取了喘息的时间。

的女布尔什维克都有犹太背景。根据列宁格勒犹太历史学家米哈伊尔·贝泽尔（Mikhail Beizer）的说法（不包括化名者），

> 在一般人眼中，犹太人在党和苏俄机构内的参与度看起来更高，因为犹太人的名字不断出现在报纸上。比起其他人，犹太人在集会、研讨会和各种会议上发言频繁。例如，1920 年 1 月 5 日在彼得格勒举行的第十届青年共产主义联盟城市会议的议程上，季诺维也夫就当前形势发表了讲话，斯洛斯曼（Slosman）朗读了城市青年共产主义联盟委员会的报告，卡根（Kagan）就政治和组织事项发表了讲话，伊基纳（Itkina）代表女工向代表们致意，扎克斯（Zaks）代表了青年共产主义联盟中央委员会。[108]

秘密警察在公共广场上喧嚷较少，但这个机构是布尔什维克权力最公开的象征之一。整个契卡（Cheka）的犹太人比例并不是很高（与白军宣传经常声称的相比）：1918 年，占莫斯科机构人员的 3.7%、契卡委员的 4.3%、高级（"责任"）官员的 8.6%；1920 年，占省级契卡办事处成员的 9.1%。和共产党的情况一样，大多数契卡成员是俄国人，当时代表人数最多的群体是拉脱维亚人，列宁一直在将他们成功地培养为革命的禁卫军（占莫斯科契卡机构成员的 35.6%、契卡高级官员的 52.7%、契卡委员会成员的 54.3%，而他们在全国人口中占比仅约为 0.09%，在莫斯科人口中占比约 0.5%）。但是即使在契卡，犹太血统的布尔什维克也因为在意识形态上忠心耿耿，而且文化水平较高，所以能够出类拔萃，并不断晋升。1918 年，65.5% 的犹太契卡雇

员是"责任官员"。犹太人在所有中央机构调查人员中占19.1%，在为打击反革命部门雇用的调查人员中占50%（12人中有6人）。1923年，在国家政治保卫总局［格别乌（OGPU），继契卡之后的机构］成立之时，犹太人在所有"领导"人员中占15.5%，在高级官员中占50%（占执行管理委员会秘书处成员的4/8）。"社会异己"犹太人在契卡－格别乌囚犯中也很有代表性，但是伦纳德·夏皮罗可能有理由概括（尤其是对于先前是栅栏区的区域）说，任何不幸落入契卡手中的人都很有可能发现自己面临犹太调查人员，并可能被他们射杀。[109]

具体而言，非常公开地说，犹太人的名字（和一些明显的犹太假名）与两个最具戏剧性和象征意义的行为相关联。内战初期，1918年6月，尼古拉二世及其家人被处决。被委托执行这项命令的人包括斯韦特洛夫（全俄中央执行委员会主席，之前是助理药剂师）、夏亚·戈洛什切金（Shaia Goloshchekin，乌拉尔军区政委，之前是牙医）和雅科夫·尤罗夫斯基（Yakov Yurovsky，指挥处决的秘密警察，后来声称亲自射杀了沙皇，之前是钟表制造商和摄影师）。这本来是一项秘密行动，但在白军重新占领叶卡捷琳堡（Ekaterinburg）之后，他们下令进行官方调查，调查结果，包括主要行凶者的犹太身份，于1925年在柏林公布（并最终得到证实）。内战结束时，在1920年末至1921年初，贝拉·昆（Béla Kun，克里米亚革命委员会主席）和R. S. 泽姆利亚奇卡［R. S. Zemliachka，泽米利亚·扎尔－金德（Rozaliia Zal-kind），她是克里米亚党委书记，其父是富裕的基辅商人］主持屠杀了数千名在白军撤离后留下的难民和战俘。泽姆利亚奇卡在这次行动中获得了最高勋章——红旗勋章。她是第一个获得此等殊荣的女性。[110]

但是犹太革命者不仅仅是高高屹立在城市广场上，他们还在这些广场的革命性改造中有突出表现。纳坦·阿尔特曼通过尝试犹太主题开始了他的艺术生涯，他成了"列宁纪念碑宣传计划"的领导者，"列宁肖像艺术"（Leniniana）的创始人，第一面苏联国旗、国徽、官方印章和邮票的设计者。1918年，他被任命为彼得格勒"十月革命"一周年大型纪念节日的负责人。他采用14公里（8.7英里）的帆布以及巨大的红色、绿色和橙色立体派艺术面板装饰并重新构思冬宫前的城市中央广场。俄国的空间中心被改造成了庆祝时间终结和开始的舞台。埃尔·利西茨基（El Lissitzky）也放弃了创建犹太民族形式的尝试，欣然接受国际艺术革命和世界革命，将之看作艺术作品。他非常著名的"prouns"（"新事物肯定项目"的俄语缩写）包括设计"列宁的裙楼"（特意高耸于城市广场之上的巨大倾斜塔楼）和所有革命海报中最具标志性的宣传语——"用红楔子打败白军"（"白军"用白色圆圈表示）。[111]

随着革命复兴，许多地点都进行了革命性的更名，这反映了犹太人所占的重要地位。仅在彼得格勒，由纳坦·阿尔特曼装修的宫殿广场就变成了乌里茨基广场（Uritsky Square）；组建临时政府和解散制宪会议的陶里德宫（Tauride Palace）变成了乌里茨基宫；利廷尼大街（Liteinyi Avenue）变成了沃洛德斯基大街（Volodarsky Avenue）；大公爵谢尔盖·亚历山大维奇（Sergei Aleksandrovich）的宫殿变成了纳克姆斯宫（Nakhamkes Palace）；海军堤（Admiralty Embankment）和海军大道（Admiralty Avenue）以谢苗·罗沙利（Semen Roshal）的名字命名；弗拉基米尔广场（Vladimir Square）和弗拉基米尔大道（Vladimir Avenue）以谢苗·纳希姆森

（Semen Nakhimson）命名；新的共产主义工人大学（以及各种街道和伊里沙弗格勒镇）以季诺维也夫的名字命名。帕夫洛夫斯克（Pavlovsk）和加特契纳（Gatchina）的皇家住宅分别成为斯卢茨克（Slutsk）和加特奇特（Trotsk）。维拉（贝尔塔）·斯卢茨卡伊亚［Vera（Berta）Slutskaia］曾是瓦西里奥斯特罗夫斯基（Vasileostrovsky）区委书记。[112]

最后，再说阿里耶 - 莱伊博的劝告和巴别尔的初恋，有一件事是和一个俄国女人过夜。1924~1936 年间，白俄罗斯犹太男子的异族通婚率从 1.9% 上升到 12.6%（为 6.6 倍），乌克兰从 3.7% 上升到 15.3%（为 4.1 倍），俄罗斯共和国从 17.4% 上升到 42.3%（为 2.4 倍）。随着布尔什维克等级的上升，男女异族通婚率都在上升。托洛茨基、季诺维也夫和斯韦特洛夫都娶了俄国妇女（加米涅夫娶了托洛茨基的妹妹）。非犹太人安德烈夫、布哈林、捷尔任斯基、基洛夫、科萨列夫、卢那察尔斯基、莫洛托夫、里科夫和沃罗什洛夫等人都娶了犹太妇女。卢那察尔斯基（Lunacharsky）对此做出的评论呼应了列宁和高尔基的观点，但也是从个人经历来说：

> 我们非常高兴地看到俄犹通婚数量大量增长。这是正确的道路。我们斯拉夫人的血液中仍然含有大量的农民黏液；这种血液又厚又丰富，但流得有点儿慢，我们整个生物节奏有点儿太土气。另一方面，我们犹太同志的血液流动非常快。因此，让我们混合我们的血液，在这种富有成果的混合物中，找到包含犹太人血液的人类类型，就像有着千年历史的人类美酒。[113]

布尔什维克和犹太人之间的特殊关系，或者更确切地说，布尔什维克革命和犹太革命之间的特殊关系，成为革命舌战的重要组成部分。许多白军人士和布尔什维克的其他敌人将这两者等同起来，并将布尔什维克主义视为一种基本上属于犹太性质的现象。这是一个有力的论点，因为它利用一些显而易见的事实，将革命描述为一种外国侵略的形式，真正的爱国者要对此进行抗击。对于那些愿意争论的人来说，该论点的问题是苏联红军的规模和组成。从来没有人声称，巴别尔关于一个犹太人试图加入革命哥萨克的《红色骑兵军》故事，本应讲的是一个哥萨克人试图加入革命的犹太人。甚至沙皇谋杀案的高尔察克政府调查员 N. A. 索科洛夫（N. A. Sokolov）也指出，各种救援努力是"俄国人民拯救王室的尝试"，他清楚地表明，犹太政委格罗什金（Goloshekin）和尤洛夫斯基（Yurovsky）在当地工厂工人中找到急于弑君的人（以及信仰坚定的布尔什维克）并不困难。[114]

另一种观点认为，内战之所以称内战，实际上是因为自相残杀，但犹太人对结果应负有特殊责任，因为犹太人在始作俑者和主要实践者中所占比例过高。著名的君主主义者、俄国民族主义者和反犹主义者 V. V. 舒利金（V. V. Shul'gin）在 1927 年写于法国的一本书中为这一观点提供了最著名的辩护。这本书名叫《我们不喜欢他们的原因》。舒利金直接称呼"他们"，写道：

> 我们不喜欢你在革命中扮演抢眼的角色，这场革命结果证明是最大的谎言和欺骗。你们成为共产党的骨干和核心，

我们不喜欢。凭借你的纪律和团结、你的毅力和意志，你多年来巩固和加强了这个将成为人类自创造之日以来所知的最疯狂、最血腥的事业，我们不喜欢。这个实验是为了实施犹太人卡尔·马克思的教导而进行的，我们不喜欢。这件可怕的事整个都是在俄国人的背上发生的，它让我们俄国人、我们中的所有人以及每个人都蒙受了难以言喻的损失，我们不喜欢。你们犹太人，俄国人口中相对较小的一个群体，大规模地参与了这一卑鄙的行为，与你们的人数不成比例，我们不喜欢。[115]

对此可以做些什么？在俄国政论文史上，舒利金可能是第一次对种族责任、种族内疚和种族自责的原则进行了明确而全面的辩护。预见到 20 世纪下半叶的标准推理，他争辩说，尽管在法律上儿子不应该为其父亲负责，但在道德上他们应该负责，事实上负责并且会永远负责。他认为，家庭责任是必要的，也是不可避免的。国家也是家庭：

> 不会是别的情况。我们所有人，不管我们喜欢与否，生命中的每天都在加强这种联系。一些可怜的俄国流亡者在一家破旧的小酒馆里，可能会为俄国的伏特加在一些法国下贱人面前感到"自豪"。他自己做伏特加吗？不，他没有，他的父亲、祖父、远亲也没有，甚至他的一些熟人也没有；这种伏特加是俄国人发明的，这个"自豪"的人对此一无所知。那么他以什么为荣呢？"你什么意思？因为我也是俄国人，上帝作证！"这说明了一切，法国下层民众并不质疑俄国人为"伏特加"感到自豪的权利，因为他同意：每个俄国

人都有权为任何其他俄国人所做的任何事情感到自豪。

　　这是什么意思？这意味着所有俄国人，不管他们喜欢与否，都通过一条看不见但很牢固的线相互联系，因为这条线得到普遍的支持和认可。[116]

可怜的流亡者为伏特加自豪，其他人以托尔斯泰、陀思妥耶夫斯基和拉赫曼尼诺夫（Rachmaninoff）为荣。"他们很自豪，而且有充分的权利感到自豪。"但是，如果一个国家的成员身份被赋予了自豪感，同样，这种身份也要承担责任。舒利金认为，为托尔斯泰感到骄傲，意味着分担拉斯普京（Rasputin）和布尔什维克主义的责任。

舒利金列出的俄国犯罪清单并没有超过这两项，这似乎意味着俄国人除了向自己不需要向其他人道歉。犹太人不是这样。由于红色恐怖的大部分受害者是俄国人，罪犯头子中许多人（特别是1919年在舒利金的家乡基辅）是犹太人，所有犹太人都应该向所有俄国人正式道歉。正如舒利金1919年10月8日在他的报纸《基辅人》（*Kievlianin*）上写的那样，在一场残酷的大屠杀中（因此并非丝毫没有敲诈的意味）

　　他们会明白他们现在需要做什么吗？所有那些与造成大灾难相干的犹太人会在所有犹太会堂里被公开诅咒吗？大部分犹太人会像攻击旧世界一样与"新世界"的创造者断绝关系吗？犹太人会不会因为以色列儿子在布尔什维克狂热中扮演的决定性角色而公开忏悔？[117]

如果他们没有——如果他们说，毕竟，犹太人作为一个民族没有发动俄国革命，也不应该为少数犹太裔布尔什维克而受罚，那么答案应该是：

> 好吧，在那种情况下，我们也没有筹划大屠杀，也与那些参与筹划的少数人没有任何关系：彼得留拉（Petliura）①的匪帮、奥塞梯人，以及和他们一起的各种流氓。我们对他们没有任何影响。就个人而言，我们没有参与任何大屠杀，我们试图阻止大屠杀……因此，如果犹太人，他们中的所有人，不承认在社会革命上犯了罪，那么俄国人，他们所有人，也不会对犹太人大屠杀认罪……[118]

一些俄国犹太知识分子的确承认自己有罪。在1923年发表于柏林的一本文集《俄国和犹太人》中，他们呼吁"所有国家的犹太人"抵制布尔什维克主义，承认犹太人曾经与之共谋犯下"痛苦的罪恶"。用I.M.比克尔曼（I.M.Bikerman）先生的话来说，"不用说，并非所有犹太人都是布尔什维克，也不是所有布尔什维克都是犹太人，但是同样明显的是，犹太人与其人口比例相比过多、过于狂热地参与了布尔什维克'革命'"。为什么继续声称邪恶"总是来自他人，总是针对我们"？毕竟，这些犹太人截然不同。根据G.A.兰道的说法，"我们惊讶地看待我们最不希望在犹太人中遇到的事情：残酷、虐待和暴力对一个迄

---

① 西蒙·彼得留拉，乌克兰政客，苏俄国内战争时期白军彼得留拉匪帮的头目。1879年5月10日生于沙皇俄国波尔塔瓦，原为乌克兰报纸编辑。1917年"十月革命"后开始组织乌克兰民族主义匪帮，成立"乌克兰人民共和国"并自任领袖。失败后流亡法国，组织"乌克兰民族共和国"流亡政府，鼓吹"乌克兰文化认同"。1926年5月25日被一名犹太无政府主义者刺杀身亡。

今为止远离体力和尚武的民族来说似乎是陌生的；那些昨天不知
如何用枪的人现在却跻身于刽子手之列。"[119]

伊亚·A.布朗伯格（Ia. A. Bromberg）是一名欧亚主义
者①，他没有在《俄国和犹太人》文集上发文章，但他认同该文
集的目标、论点和预言风格，在他自己的专著《西方、俄国和犹
太人》中，他用最激动人心的手法讲述了墨丘利们转变成阿波罗
们这一非凡的过程。"笔者不禁回忆起自己当时的惊讶之感，几
乎可以说是震惊，当时他第一次看到一名犹太士兵作为政委大会
的成员，而他本人作为布尔什维克的囚犯被带去，在大会前接受
又一次痛苦的毫无意义的审讯。"这位之前热爱自由的受压迫者
变成了一个暴君，"其专制专横闻所未闻"；之前他是谦逊的谈
判者，如今已成为"最恶劣流氓团伙"的头目；他曾经是有原则
的人道主义者，现在却以"经济间谍"和其他离奇的罪名让人服
劳役；过去他是和平主义者和逃避兵役者，如今却在大声训斥军
队并领导"大型军事分遣队"。最惊人的是：

> 这位之前无条件坚定反对死刑的人，不仅反对给政治犯
> 实施死刑，还反对给最令人发指的罪行施加死刑，他们不忍
> 目睹一只鸡被杀；而如今表面看来他已经变成了一个戴着左
> 轮手枪、身穿皮革的人，事实上，他已经丧尽天良、惨无人
> 道。加入代表更年轻、更残酷民族的"革命正义"的、其他由

---

① "欧亚主义"的提法源于19世纪20年代。在纷繁多彩的俄罗斯社会思潮中，欧亚主
　义以一种介于"西方派"和"斯拉夫派"之间的面貌出现。欧亚主义者认为，"俄国
　既非欧洲国家，也非亚洲国家，而是处于欧亚之间，是连接欧亚文明的桥梁"。他们
　主张世界文明的多极性，认为俄国可以利用横跨欧亚大陆的历史和地理空间，吸收世
　界各民族文明中的积极因素，创造出"欧亚文明"，进而成为世界文明中的一极。

倡导者和专业人士组成的乌合之众后，他冷淡、熟练地清点着革命摩洛神新受害者的数目，仿佛这只不过是普通的统计数据，或者站在契卡地下室进行"血腥但光荣的革命工作"。[120]

犹太人主张犹太人的"集体责任"（兰道的话），与舒利金的观点相同。鉴于布朗伯格称之为"寻找和赞美文化生活各个领域中著名犹太人的这种老套褊狭的热情"，尤其是"围绕爱因斯坦这个名字而组建的无耻马戏团"，人们别无选择，连杀人犯也要纳入。用 D. S. 帕斯马尼克（D. S. Pasmanik）的话说，"犹太人要对托洛茨基负责吗？毫无疑问要负责。犹太民族不仅不放弃爱因斯坦或埃利希（Ehrlich），他们甚至不拒绝受洗的海涅和伯尔内（Boerne）。这意味着他们无权拒绝对托洛茨基和季诺维也夫负责……"。[121]

这一立场不得人心（尽管并非完全无效）。[122] 这一立场不受欢迎，因为它意味着每个人都有理由道歉，但没有提供普遍的罪责标准；因为"诚实的认罪"似乎要等虚伪普遍消失才能实现；因为舒利金和拉脱维亚人都不急于承认他们应承担的责任；因为大屠杀是专门反犹的，而布尔什维克的行动则比较灵活，针对资产阶级；因为纳粹将在十年间掌权；因为国家正典不是由"特殊、引人注目或非凡的"行为组成的［正如简·T. 格罗斯（Jan T. Gross）所说的］，而是由增强自豪感、抑制耻辱感的胜利故事组成的；而且因为最终国家无法赎罪。比克尔曼和其他人的语言是有关罪恶、悔恨和悔罪的基督教语言，适用于具有不朽灵魂的凡人。国家成员可能会感到羞愧，但是国家不能去忏悔、赎罪，然后最终出现在造物主面前。任何国家道歉的要求都不可能得到完全满足——因为没有合法的忏悔源，没有公认的忏悔者法定人数，也无放之四海而皆准的权威可以判断忏悔的诚意。[123]

犹太人中反对布尔什维克的人（以及后来许多历史学家）更普遍坚持的立场是，有犹太血统的布尔什维克并非犹太人。他们的观点与传统观点完全不同，其隐含的意思是，犹太性不是继承的，而是自由采纳的，因此也可以自由抛弃。犹太人不是上帝选民，而是他们自己选择成为犹太人。对一些人来说，选择成为犹太人要遵循犹太宗教仪式；对其他人（世俗犹太人）来说，这相当于一种特殊的政治（道德）关系。西蒙·杜布诺夫（Simon Dubnow）否认犹太裔布尔什维克有权自称为犹太人，宣扬"犹太复国主义"的报纸《日报》（*Togblat*）本着布尔什维克的精神提议，只有国家政党正式任命的人才能被视为犹太大众的真正代表。当然，这与许多俄国民族主义者所持的观点相同：俄国布尔什维克不可能是俄国人，因为他们公开宣称的目标是摧毁俄国、俄国教堂、俄国文化和俄国农民（即"俄国人民"）。如果他们不是俄国人，那他们一定是犹太人。[124]

这种方法的另一个版本是将有关群体分为纯正和不纯正两个类别。列宁认为每个国家都有两种文化——民主文化（好的）和资产阶级文化（坏的）。I. O. 莱文将犹太裔布尔什维克主义与"半吊子知识分子"（与真正的知识分子对立）相提并论，后者"失去了旧犹太教的文化内容，同时不仅与俄国文化，而且与任何文化都不相容"。列夫·科尔别涅夫（Lev Kopelev）的母亲曾经向她的女仆和各类熟人解释"有犹太人，也有依地人（Yids）；犹太人民有着伟大的文化，遭受了很多苦难；基督、卡尔·马克思、诗人纳德松、拉扎列夫（Lazarev）医生（基辅最好的儿科医生）、歌手伊萨·克雷默（Iza Kremer），还有我们全家，都是犹太人；那些在市场上或非法证券交易所里乱窜的人，或者在契卡当委员的人都是依地人"。[125]

对于布尔什维克们及其朋友来说，犹太革命者的突出地位也可以说是一种政治责任。1917 年 7 月，一直钦佩犹太人的高尔基，呼吁彼得格勒的记者 I. O. 海辛（I. O. Kheisin）——海辛写了一篇调侃被监禁的沙皇皇后生病的文章——展示"机智和道德敏感性"，以免排犹主义情绪掩盖革命的成就。1922 年 4 月，内战结束后，高尔基向其朋友夏勒姆·阿希（Sholem Asch）发送了以下信息，让他传递给"美国的犹太工人"：

> 俄国当前排犹现象产生的原因是犹太裔布尔什维克不够圆滑。犹太裔布尔什维克，不是所有人，而是其中一些不负责任的小子，正在参与亵渎俄国人民的圣地。他们不顾俄国人民的感受，将教堂变成了电影院和阅览室。犹太裔布尔什维克本应把这种事情留给俄国布尔什维克。俄国农民狡猾而又鬼鬼祟祟。为你着想，他会露出一丝羞涩的微笑，但内心深处，他对参与破坏自己圣地的犹太人恨之入骨。
>
> 我们应该与此做斗争。为了俄国犹太人的未来，我们应该警告犹太裔布尔什维克："远离俄国人民的圣地！你有能力做其他更重要的事情。不要干涉有关俄国教会和俄国灵魂的事情！"
>
> 当然，犹太人不应该受到责备。布尔什维克中有许多密探内奸、老俄国官员、土匪和各种流浪者。布尔什维克派遣犹太人，那些无依无靠、不负责任的犹太青年，去做这些事情，这当然有点儿挑衅的味道。但是犹太人原本应该克制。他们原本

应该意识到自己的行为会毒害俄国人民的灵魂。他们原本应该牢记这一点。[126]

犹太裔布尔什维克对此不感兴趣。共产党犹太分支的领导人之一埃斯特·弗鲁姆基纳（Esther Frumkina）指责高尔基参与了"对犹太裔共产主义者的攻击，因为他们无私地反对黑暗和狂热主义"。伊利亚·特莱恩（Ilya Trainin）是《民族生活》的编辑，也是有关"民族问题"的顶尖布尔什维克专家，他写道，"革命的风暴海燕"终于落入"市侩主义的沼泽"。然而，他们确实接受了他的观点。托洛茨基本人说他拒绝了内政政委的职位，因为害怕"我是犹太人，从而为我们的敌人提供额外的攻击武器"（尽管列宁坚持认为没有比反革命更重要的任务了，也没有布尔什维克比托洛茨基做得更好的）。与此同时，1919 年 4 月 18 日政治局会议的记录包括：

> 托洛茨基同志说，拉脱维亚人和犹太人在契卡前线区单位、前线区和后方的执行委员会以及中央机构的雇员中占很大比例，他们在前线的比例相对较小。红军中对这个问题有强烈的沙文主义煽动，并且有人响应。托洛茨基同志认为，重新分配党内人员，对于各民族党员在前线和后方进行更均匀的分配至关重要。[127]

布尔什维克一直为他们中间的犹太人的数量致歉，直到 20 世纪 30 年代中期这个话题成为禁忌。根据卢那察尔斯基的说法：

犹太人在我们的革命运动中发挥了如此杰出的作用，以至于当革命胜利、建立国家之时，大量犹太人进入了国家机构。他们赢得了这一权利，是因为其对革命忠诚无私的贡献。然而，这种情况被反犹人士用来打击犹太人和革命。

此外，犹太无产阶级人口主要是城市居民，思想先进。自然，随着我们国家的发展和各种枷锁被拆除，这部分人口相应地上升到领导者的位置。

一些人由此得出结论："啊哈，这意味着革命和犹太人在某种意义上就是一回事！"这让反革命分子得以讨论"犹太人占主导地位"的话题，尽管解释很简单：我们的革命是由城市人口进行的，这些城市人口往往在领导职务上占主导地位，而犹太人在城市人口中占很大比例。[128]

排犹主义者、种族主义者和比例代表制的拥护者不太可能对这种简单的解释感到满意，但直到 30 年代末，他们才或多或少地上升到领导地位。与此同时，犹太裔共产主义者在官员群体中仍然引人注目——作为英雄人物（通常是悲剧英雄），或者仅仅是红军队伍中的或在副手办公桌上的一个熟悉面孔。

———————

讲内战的最著名的书籍之一是巴别尔的《红色骑兵军》，这是一个内情故事，讲述了一名不住打嗝、自命不凡的犹太男孩转变成一个无畏、无情的哥萨克英雄，历经痛苦烦恼，而又永远无法彻底转变。感动他的力量是爱——一名墨丘利对阿波罗的苦涩、热情和无望的初恋。

六师师长萨维茨基远远望见我，便站了起来，他身躯魁伟健美得令我惊叹。他站起身后，紫红色的马裤、歪戴着的紫红色小帽和别在胸前的一大堆勋章，把农家小屋隔成了两半，就像军旗把天空隔成两半一样。他身上散发出一股香水味和凉爽发甜的肥皂气味。他两条修长的腿包在紧箍至膝弯的锃亮的高筒靴内，美如姑娘家的玉腿。

他朝我笑了笑，用马鞭敲了下桌子，把参谋长刚开始口授的那道命令拿了过来。[129]

/ 189

这道命令是"歼灭敌人"，对不服从命令者的惩罚是由萨维茨基就地枪毙。

六师师长签了个带花尾的名字，将命令扔给他的勤务兵，随后把他那双灰色的眼睛转向我，只见快乐在他那双眼睛里欢跳。

我将暂调我来师部的调令递呈给他。

"执行命令！"师长说，"执行命令，你想把你安排到哪儿都行，除了前线。你有文化吗？"

"有，"我回答说，很羡慕他青春的刚强和活力，"是彼得堡大学法学副博士……"

"原来是喝墨水的，"他笑了起来，大声说，"还架着副眼镜。好一个臭知识分子！……他们也不问一声，就把你们这号人派来了，可我们这儿专整戴眼镜的。怎么，你要跟我们住上一阵子？"

　　"住一阵子。"我回答后，便和军需官去村里找个下处住下。[130]

　　萨维茨基是犹太男孩的最后一个导师。这个男孩学过希伯来语、俄语、法语、音乐和法律，还有很多其他领域的知识。当然，他的另一些老师包括普希金，还有扎格尔斯基（Zagursky）、嘉琳娜·阿波罗诺夫纳、教他鸟类和树木名称的伊菲姆·尼基奇·斯摩里奇（Efim Nikitich Smolich），以及俄国妓女薇拉，她教了他如何付钱给她。萨维茨基和他美丽而可怕的红骑兵的工作是教他"最简单的技能——杀死一个人的能力"。[131]

　　一堂课发生在别列斯捷奇科镇，在那里，他看到了博格丹·赫梅利尼茨基的瞭望塔，听到一位老人用孩童般的声音歌唱着逝去的哥萨克荣耀。

　　　　就在我的窗户下面，几个哥萨克正准备射杀一个白胡子的犹太老人，说他在搞间谍活动。老人尖叫着、挣扎着要逃跑。随后，机枪支队的库德林抓住了老人的头，把它塞在自己的胳膊下。犹太人安静下来，双腿分开站着。库德林用右手拔出匕首，小心地割开老人的喉咙，而自己身上没有溅到任何血。然后他敲了敲紧闭的窗户。

　　　　"如果有人感兴趣，"他说，"他们可以来抓他。他供自由拿取……"[132]

　　叙述者的名字，即巴别尔作为记者在内战中用的笔名，是柳托夫（意思是"那个凶猛的人"）。他在杀人方面所上的课程不计其数、残酷无情而又多种多样。萨维茨基欢迎他入伍后不久，他的第一个猎物是一只鹅。

> 有只端庄的鹅正在院场里一边踱着方步，一边安详地梳理着羽毛。我一个箭步蹿上前，把鹅踩倒在地，鹅头在我的靴子下咔嚓一声断了，血汩汩地直往外流。雪白的鹅颈横在粪便里，死鹅的翅膀还在扑棱。
>
> "他妈的！"我一边说，一边用马刀拨弄着鹅，"女掌柜的，把这鹅给我烤一烤。"[133]

柳托夫的奖赏是火炉旁的一个座位，以及"兄弟"的称号，还有一碗土制的猪肉卷心菜汤。然而，他没有和哥萨克们同流。他的工作是大声朗读列宁的文章给他们听，他的心"叫杀生染红了，一直在呻吟，在滴血"。他永远掌握不了最简单的技能，永远学不会如何真正爱一匹马，永远不会失去鼻子上的眼镜或灵魂中的秋天。即使作为契卡的雇员，巴别尔也一直在当翻译。套用奥西普·曼德尔斯塔姆的讽刺短诗："马儿喵喵叫，公猫在嘶鸣。/ 犹太人做事像哥萨克。"[134]

巴别尔，巴别尔作品中与他自己相似的人，无数其他戴眼镜不会游泳的犹太男孩，以及所有俄国文学中从未能满足俄国女人的"多余男人"，都是如此。但这不是巴别尔成为他自己所说的"来自阳光明媚、被海水冲刷过的草原上的文学救世主"的原因。巴别尔之所以成为阳光明媚、被海水冲刷过的草原上的文学救世主，是因为他发现了犹太人阿波罗——那些"快活、大腹便便，像廉价葡萄酒一样充满泡沫"的犹太人；只想着"喝一杯好伏特加，打某人的脸"的犹太人；那些是国王而"看起来像水手"的犹太人；能让一个名叫喀秋莎的俄国女人"呻吟、大笑"的犹太人；比敖德萨最高警察还高的犹太人；"飞扬跋扈、作威作福"的犹太人；"灵魂里杀气腾腾"的犹太人；能够"像洗一副新牌变换其父亲面孔"的犹太人；有受之无愧的绰号的犹太人，比如大屠杀和哥萨克；与其说像大卫还不如说像歌利亚的犹太人，与其说像尤利西斯还不如说像独眼巨人和阿喀琉斯的犹太人。[135]

铁匠约伊内·勃鲁特曼（Jonah Brutman）就是这样一个犹太人，他五短身材，但"身上有敖德萨犹太人那种酒魂"。他有三个儿子，"活像三头膘壮的公牛，血红的肩膀，像铲子一般大的脚掌"。老大继承父业，当了铁匠；老二加入了游击队，战死了；老三谢苗"由游击队转至普里马科夫①麾下，被编入切尔沃诺哥萨克骑兵师。他被遴选为哥萨克骑兵团团长。从他和当地另几名年轻人开始，犹太人的刀手、骑手和游击队员便如雨后春笋般脱颖而出。[136]

这类人成为苏联民间传说、小说和记忆中常见的英雄。比如佩列茨·马尔基什（Perets Markish）笔下的"希罗姆-贝和阿兹瑞尔，他们是鞋匠的儿子，成了红骑兵，奔赴前线"；以兹瑞尔·凯科乐维奇（阿勒莎）·乌拉诺夫斯基［Izrail Khaikelevich（"Alesha"）Ulanovsky"］，一名打手、水手、矿工和游击队队员，他不喜欢知识分子，成了一名内卫军（NKVD）的间谍；斯大林时代最强壮的人，格里戈里·诺瓦克（Grigory Novak），他是苏联第一个世界冠军（1946年获举重冠军），也是唯一一

---

① 普里马科夫（1897~1937），苏联国内战争时期的将领，先后指挥切尔沃诺哥萨克骑兵团、骑兵师和骑兵军。

个表演 70 磅压铁的马戏运动员；还有传说中的匪徒、酒鬼和好色之徒，他们说，"如果有吊环附着在天堂和人间，他们会抓住那些吊环，把天堂拉下来"。所有这些人都是勃鲁特曼，或者可能是阿纳托利·里巴科夫（Anatoly Rybakov）的叔叔米沙生的，米沙是一个"鲁莽慷慨、极度勇敢"的红军指挥官，"肩膀宽阔、身材魁梧，有一张轮廓分明、晒黑的蒙古脸和一双斜眼，是一个不怕死的人"。米沙叔叔也离家去当骑兵了。"他是一个善良、乐天、勇敢、公正、无私的人。在革命中，他找到了一种信仰来取代他祖先的信仰；他那不喜绕弯的头脑无法忍受犹太法典那股钻牛角尖劲儿；革命的简单算法对他来说更易理解。内战为他燃烧的能量提供了发泄口；士兵简朴的生活让他摆脱了人类生存的繁琐。"[137]

这些犹太人有传奇色彩，但他们是边缘人［就像大多数哥利亚（Goliaths）① 一样］。占据早期苏联文化舞台中心的犹太人无疑是布尔什维克理性的墨丘利化身，因此他们身上常见的犹太特性更加突出。所有"有党派意识"的文学作品都是讲无产阶级斗争的自发性如何转变为革命的自觉性，或者用神话（社会主义－现实主义）的措辞来说，是如何把一个鲁莽慷慨、极度勇敢、不怕死的红骑兵训练成一个纪律严明、阅读革命经典的神圣战士。所有这些无产者都有导师，此类导师中许多人是犹太人——部分原因是布尔什维克导师中有许多犹太人，但也因为这个角色需要真实可信的墨丘利来扮演。偶像级的政委对无产阶级自发性来说就是自觉性，是革命身体的头脑，是唤醒广大怠惰群众的躁动不

---

① 哥利亚，来自于迦特的非利士巨人，令希伯来人恐惧，最后被大卫用投石器发射的石头打死。

安的游牧民。偶像级的政委是犹太人，合情合理。[138]

社会主义、现实主义文学的一部基本作品是 A. 法捷耶夫（A. Fadeev）的《毁灭》（1926 年），书中的红军指挥官约瑟夫·阿布拉莫维奇·莱温松（Iosif Abramovic Levinson）是"一个穿着高统靴、留着长长的楔形红胡须的小个子"，看起来像是"童书中的侏儒"，肋部发痛，在俄罗斯人吃喝玩乐间感到尴尬。他父亲是做旧家具买卖生意的，"一辈子都想发财，但是却怕老鼠，小提琴拉得很蹩脚"。莱温松手下的一个人是牧羊人麦杰里察。

> 他总感到，这个人对他有一股说不出来的吸引力，而且不止一次地发觉，他喜欢同麦杰里察骑着马并排走，喜欢跟他交谈，或者只是看着他。他喜欢麦杰里察，并非因为他具有什么卓越的、能为大家做好事的优点；要说这类优点，在麦杰里察身上是有限的，倒是莱温松自己身上要多得多。他喜欢麦杰里察，是因为他那与众不同的矫健的体格，他身上那股像不竭源泉迸射出来的粗犷的生命力，这是他莱温松深感不足的。他只要在面前看到麦杰里察那敏捷的、随时准备行动的身姿，或是知道麦杰里察就在旁边的时候，他就不由得忘掉自己的孱弱，觉得自己也能像麦杰里察那样地健壮、不知疲倦。他甚至因为指挥着这样的人而暗暗感到自豪。[139]

像这样的人都听他指挥的原因是莱温松属于天选者。有自觉性的共产主义者能获得真正的知识，是因为他们天生具有特殊品质（如天生的正义感或钢铁般的意志），还因为他们获得了真正的知识（通过突然的启发、肉体的屈辱或正式的学徒训练），从而形成了特殊品质，这并不总是很明朗的。不管怎样，他们被选为福音的传译者和群众领袖，都是通过明显的身体标志来揭示的，通常是结合了身体缺陷和标准犹太人（以及基督教圣徒和知识分子殉道者）典型的锐利目光。举个例子，莱温松在还是一个"虚弱的犹太男孩"时，就已放弃了所有错误信仰，在一张旧家庭照片上，他那"天真的大眼睛"凝视着，"特别专注，没有孩子气"。他从未失去那份天赋：莱温松"一眨不眨的眼睛"可以把一个人从人群中拉出来，"就像钳子拔钉子一样"。"非常明澈""深邃如湖""超脱尘俗"，这对眼睛能"看穿（无产阶级敢死队员）摩罗兹卡的一切心思，连摩罗兹卡自己可能没有意识到的许多东西都能看到"。[140]

莱温松的洞察力（不管是如何习得的），让他"克服自己的脆弱和虚弱"，带领那些经常不情愿的人走向自我拯救之路。在意识形态上，他不必是犹太人（大多数当选者不是），但毫无疑问，从美学和社会学的逼真性来看，典型的犹太特性似乎恰恰体现了布尔什维克理想中的意识，战胜"奥勃洛莫夫式"惰性的那种意识。

> "只有在我这里，在我们的土地上，"莱温松想道，一面加快脚步，频频吸烟，"几百年来，还有千千万万的人生活在肮脏和贫困之中，按照太阳的懒洋洋、慢吞吞的移动来安排生活，用原始的木犁耕地，信奉狠毒愚蠢的上帝——在这样的国家里也只能生出这种懒虫、窝囊废和这种不稂不莠的人来……"
>
> 莱温松非常激动，因为这是他所能想到的最有深刻意义、最重要的问题；因为他生活的主要目的，在于克服这种

/ 194

贫困和匮乏；因为如果他心中不怀有那个巨大的，任何其他希望都不能与之比拟的，对于美好的、强有力的、善良的新人的渴望，那他就不是莱温松了，而是另外一个人了。[141]

正是为了创造一个完美的人——具有阿波罗的身体和墨丘利的脑袋——莱温松才硬着头皮去做"必要的"事情，包括征用一名哭泣的农民的最后一头猪，杀死一名太虚弱而无法撤离的受伤同志。他必须付出的代价既可怕又神秘——个人责任。这种责任显然类似于基督教的罪恶，它既是不可避免的，也是崇高的。对通常被视为邪恶的行为所负的个人责任越大，当选干部的苗头及其显示的内在力量就越明显。布尔什维克政委们既像恶魔，又像普罗米修斯，"内心承受"着历史必然性的痛苦。[142]

在尤里·利别金斯基（Yuri Libedinsky，与法捷耶夫同属无产阶级作家，本人也是一名犹太人、政委）写的短篇小说《政委》中，内战敢死队队员被召集到一起，参加一个关于军事纪律和政治教育的专修班。负责军事训练的人是前沙皇军官（军事专家）；主要的理论家是孱弱而又不屈不挠的犹太人叶菲姆·罗佐夫（Efim Rozov）和约瑟夫·明德洛夫（Iosif Mindlov）。二人都体弱多病、弯腰驼背、嘴唇苍白、戴着眼镜，都"废寝忘食地阅读马克思"，都知道什么是必要的，都有内在的力量去做这种事。罗佐夫是该地区政治部部长，之前做过钟表匠的学徒，1917 年 3 月，他永远告别了那些"弯着背一动不动工作的人"。"尽管如此，钟表匠的耐心、细致、灵巧已经成为他的内在特质，并证明对他的工作和奋斗有用。"他已经成为革命的工匠，成了众多奥勃洛莫夫的施托尔兹。"他和不慌不忙的当地人不一样。罗佐夫瘦骨嶙峋、身材矮小，动作迅速、突然，但不会四处乱窜，就像老练雕刻家手中的一把刀。"他的任务是"像检查战后的武器一样检查政委们，确保他们没有凹陷、破裂或生锈，然后对他们进行磨砺和磨炼，为下一场战斗做准备"。[143]

所有革命分遣队都需要这样的人。在 A. 塔拉索夫·罗季奥诺夫（A. Tarasov-Rodionov）的《巧克力》（1922 年）中，殉难的契卡成员亚伯兰·卡兹曼（Abram Katzman）驼背，面色蜡黄，戴着眼镜，长着鹰钩鼻；在瓦西里·格罗斯曼（Vasily Grossman）的《四天》中，冷酷的政委法克托罗维奇（Faktorovich）

> 鄙视他覆盖着卷曲黑色毛发的孱弱身体。他既不同情也不喜欢它——他会毫不犹豫地爬上绞刑架，或者把他狭窄的胸部转向行刑队。从孩提时代起，他虚弱的肉体就给他带来麻烦：百日咳、扁桃体肿大、感冒、便秘，和结肠炎、血性痢疾、流感和胃灼热突然爆发交替发生。他学会了忽视自己的肉体——发烧时还工作，一边看马克思的书，一边捂着因为牙齿感染而肿起来的脸颊，一边忍受急性胃痛，一边发表演讲。不，他从未被温柔的手臂拥抱过。

然而，正是法克托罗维奇，因为其纯粹的勇气、仇恨和信仰，拯救了他的战友们，让他们免于被囚禁和不稳定。因为"尽管他孩子般大小的长内裤一直可笑地滑下去，他那骆驼般的希伯来头颅在柔软的脖子上颤抖……毫无疑问，这位真正的信徒有力量支持"。[144]

爱德华·巴格里茨基的《奥潘纳斯的故事》（*The Tale of Opanas*，1926 年）是有关内战的最著名诗篇中的一首，这首

诗作为真正的力量源泉也没有任何疑问。该诗模仿了舍甫琴科
（Shevchenko）的"传奇故事"和乌克兰民间史诗，通过将传统
的哥萨克 - 犹太对抗演绎为社会革命的语言，对这个问题进行
反思并最终解决了它。"征用分遣队"的政委兼负责人约瑟夫·
科甘（Iosif Kogan）没收农民食物、处决反抗者，以此完成必
做之事。困惑的乌克兰小伙子奥潘纳斯离开了分遣队，最终加入
了农民无政府主义者内斯托尔·马赫诺（Nestor Makhno）的军
队。

> 啊，乌克兰！我们的祖国！
> 秋天的金色丰收！
> 过去，我们加入了哥萨克，
> 现在我们加入土匪！

奥潘纳斯杀人、掠夺、抢劫、酗酒（"击败共产党人和依地
人 / 多么轻而易举啊！"），直到他受命射杀被俘的政委科甘。奥
潘纳斯备受怀疑折磨，向科甘暗示设法逃跑，但科甘只是微笑，
扶正眼镜，并把自己的衣服递给奥潘纳斯。枪声响起，科甘坠入
尘土，"鼻子先着地"。奥潘纳斯悔恨莫及，向一名布尔什维克
审讯者坦白了自己的罪行，并被判处死刑。处决前一天晚上，在
牢房里，科甘的鬼魂拜访了他，他僵笑着说："你的人生之路，
奥潘纳斯，/ 在这个门槛之外继续延伸……"[145]

所有这些政委都是完美的英雄，因为他们是犹太人，也因为
他们把自己的犹太特性置之脑后。或者更确切地说，是他们的犹
太特性让他们与过去决裂。莱温松"毫不留情地抑制了自己对幸
福前景的消极、慵懒的渴望"——扼杀了"那些世世代代受到

虚假故事教育的卑微先辈遗留给他的一切"。明德洛夫的妻子莉亚·索基纳（死于消耗和革命疲劳）"已经轻易放弃了她祖先的宗教——无情、不可理解，而且有过多烦人的仪式"。有些人做得更绝。根据 M. D. 贝塔斯基（M. D. Baitalsky）的回忆录，契卡特工海姆·波利萨（Khaim Polisar）"没收了他父亲的五金店以满足革命的需要"。格罗斯曼笔下的法克托罗维奇在当契卡特工时，逮捕了自己的叔叔，他叔叔后来死于集中营。"法克托罗维奇记得，婶婶到契卡办公室看他时，他告诉了她丈夫的死讯。她用手捂住脸说：'哦，我的上帝，哦，我的上帝。'"

斯大林去世后，格罗斯曼在《永恒流动》（*Forever Flowing*）中又一次描写犹太忠实信徒。法克托罗维奇不会改变（除了名字），但是格罗斯曼的语言会改变：

> 是古老的系列虐待、巴比伦囚禁的痛苦、犹太人区的耻辱，还是栅栏区的悲惨，产生并锻造了燃烧布尔什维克列夫·米克勒灵魂中那不可抑制的渴望呢？……
>
> 他用鲜血为正义事业和革命服务，毫不留情。在他革命的廉洁中，他将父亲投入监狱，并在契卡执行管理委员会会议上作证反对他。姐姐恳求他帮助她被逮捕的破坏分子丈夫时，遭到他冷酷无情的拒绝。
>
> 尽管他性情温顺，对异教徒却毫不留情。在他看来，这场革命是孤立无援、幼稚轻信的，周遭尽是背信弃义的人、残忍凶暴的恶棍和肮脏纵欲之徒。
>
> 因此他对革命的故人毫不留情。[146]

这是来自未来大彻大悟的观点。在革命的第一个十年，灵魂中布尔什维克主义的灼烧是力量、骄傲、责任和"个人责任"的问题。灵魂正在灼烧，它必须灼烧——因为这是必要的。

1922年，另一位无产阶级作家 A. 阿罗谢夫（A. Arosev）（V. 莫洛托夫的童年朋友，苏联对外文化联系委员会的未来主席）出版了一部小说，名为《被遗忘的特雷蒂的札记》（*The Notes of Terenty the Forgotten*）。其中一个人物是契卡特工克莱纳（Kleiner），他不经常洗澡，总是穿着同一件皮夹克，睡在一个旧行李箱上，脸庞光滑得像太监。

> 克莱纳属于一个特殊品种。他从头到脚都是个"契卡警察"。
>
> 也许，他是这种人最好的标本。后代可能不记得他的名字。他的纪念碑可能永远不会建造。然而，他是一个非常忠诚的人。他内心满藏热情。他可能看起来干巴巴的。跟他对话也枯燥乏味，但他的讲话会鼓舞人心。他的声音听起来很幼稚，却异常迷人。他们说，他一生中只笑过一次，就是那次微笑也产生了不良影响：当他告诉一位老太太她儿子被处决的消息时，他出于紧张而意外地微笑了。老太太晕倒了。此后克莱纳再也没有笑过。[147]
>
> 克莱纳的一个想法是将死刑执行的场景投影到契卡大楼外的大屏幕上。"这会成为一种每个人都可以看到的电影。"他说。
>
> "您是说像在美国那样？"
>
> "没错，没错，没错。给人民一个教训，这样他们会害怕。他们越害怕，我们杀的人就越少……我是说……处死。"
>
> ……"但是这种场面只会让人们堕落。"我对克莱纳说。

　　"什么？您说什么？堕落？你满怀成见。彼得大帝派俄国学生去斯德哥尔摩解剖学教室，命令他们用牙齿撕裂尸体上的肌肉，这样他们就可以学会如何操作了。我敢打赌这不会让他们堕落。必要的事情不会让人堕落。试着去体会。必要的事情不会让人堕落。"[148]

　　克莱纳自己是不会堕落的，因为他是必需之人。"他们可能永远不会为克莱纳建造纪念碑，但他们真的应该为他建立纪念碑：他全心全意扑在革命中。"[149]

　　他们确实为克莱纳的指挥官费利克斯·捷尔任斯基建造了许多纪念碑。其中一座纪念碑曾经立在莫斯科契卡大楼外面。另一个是爱德华·巴格里茨基写的诗篇"TBC"，在诗中，革命的苍白骑士出现在一位狂热的年轻共产主义诗人面前。"棱角分明的脸，棱角分明的胡子。"捷尔任斯基坐在床边，和年轻人谈论着"刺刀那三棱分明的坦率"所带来的沉重负担，谈论着需要刺穿"地球上旧秩序那带硬壳的内脏"，谈论着被处决者头部上方收尾的壕沟，以及"从人头之孔流溢而出的死刑判决签名"。然后他吟诵了这个时代最著名的几行台词：

　　　　我们的时代在院子里等着你，警觉、警惕，犹如一名全副武装的警卫。

/ 199

　　　　走，和时代站一边，不要犹豫。
　　　　它孤独寂寞，同样也浩瀚雄伟。
　　　　你的敌人是你遇到的每个人，
　　　　你一人独立，时代静止不动，
　　　　如果时代告诉你欺骗——那就欺骗。

如果时代告诉你杀人——那就杀人。[150]

苏联文学中有关犹太政委的故事，在1931~1934年间建造白海运河这段著名历史中达到高潮。这部修建史由36位作家（包括高尔基、M.佐什琴科、Vs.伊万诺夫、维拉·因贝尔、V.卡塔耶夫、A.托尔斯泰和V.什克洛夫斯基）创作。这条运河由劳改营囚犯建造（这些人从而被改造成对社会有用的公民）。运河修建由秘密警察（契卡之后的组织"格别乌"）管理。所有高层领导职位都由犹太人担任：负责该项目的格别乌官员G. G.雅哥达（G. G. Yagoda）；修建主管I.科甘（I. Kogan）；劳改营管理局负责人M. D.伯曼（M. D. Berman）；白海运河劳改营的负责人S. G.费林（S. G. Firin）；修建工程和古拉格的副主管亚·D.拉帕波特（Ya. D. Rappoport）；运河工作组织的负责人N. A.弗兰克尔（N. A. Frenkel）。[151]

正如《修建史》中所描绘的，这些人比他们内战期间的前辈健康得多，但他们没有失去任何基本属性：意识、躁动、冷酷、敏捷、精确、巨大的渗透力，以及作为所有其他属性的确认和可能解释的可选犹太性。他们是俄国革命英雄时代的最后代表：这个时代喜欢流动性而非稳定性，喜欢无国界而非有国界，喜欢变形而非永恒，喜欢自觉而非自发性，喜欢家庭生活，喜欢自然，喜欢美丽，喜欢思想而非物质，喜欢施托尔兹而非奥博洛莫夫，喜欢不会游泳的人，而非会游泳的人。换句话说，这是革命的墨丘利阶段；这是没有德国人的德国舞台；这是犹太时代。[152]

没有哪个图标比埃尔·利西茨基（El Lissitzky）"用红楔击败白军"这张海报更能表达那个时代的本质［用弗拉基米尔·帕尔尼的术语来说，"1号文化"（Kultura 1）］。费利克斯·捷尔任斯基的"刺刀那三棱分明的坦率"和"棱角分明的脸",瞄准"地球上旧秩序那带硬壳的内脏",事实上是瞄准一切沉闷、圆形或可预见的矩形事物。革命先锋派的一位先知瓦西里·康定斯基（Vassily Kandinsky）认为,三角形比正方形更"机智",和圆形相比更不俗气。它具有更多墨丘利特质而非阿波罗特性,因此在风格上更像犹太人而非俄国人。犹太性并不是代表三角形的唯一方式,但它是一种更熟悉、更具美学说服力的方式。莱温松的"楔形红胡须"、明德洛夫的生硬的动作、罗佐夫的刀状形象都是墨丘利主义传统而普遍的形象。伊里亚·爱伦堡笔下的一个人物（一名契卡警察）说,列宁可以说是一个球体;布哈林是一条直线;但是托洛茨基,"这名象棋选手和大草原游牧部落的首领,他领导的游牧民在代表某种决议的 21 个命题的旗帜下,纪律严明,整齐排队——托洛茨基是一个三角形"。阿罗谢夫笔下被遗忘的特雷蒂说:"如果我是未来主义艺术家,我会把托洛茨基描绘成两个向下指向的三角形:一个小三角形——脸,下面是一个大三角形——身体。"[153]

"楔形对圆形"这个意象明显可以解读为暴力（击败白军）,另一个解读是性（爱）。爱德华·巴格里茨基描绘了这两层意思。他 1933~1934 年撰写并在死后出版的诗《二月》讲述了一个"希伯来小男孩",他喜欢关于鸟类（大概也是装饰在嘉琳娜·阿波罗诺夫纳长袍上并居住在叶菲姆·尼基季齐·斯莫利奇的"自然"领域中的那种鸟）的书籍:

> 那些鸟看上去像奇怪的字母、军刀、小号、圆球和钻石。
> 弓箭手一定已被拘留
> 在我们住所的黑暗之上,

在众所周知的鹅肥肝犹太气味之上
在冗长祈祷的连续嗡嗡声之上
在家庭相册中的
胡须之上……

年轻时，他爱上了一个穿绿裙子的金发女孩，她的眼睛里有"一只夜莺在颤抖"，"她身上的一切仿佛都对着大海的清凉、太阳和鸟儿打开了"。每天，当她放学回家时，他都跟着她，"像个杀人犯似的，被长凳绊倒，撞到人和树上"，把她想象成"一只从图画书中飞出来的神鸟"，并想知道自己"出生于希伯来家庭，出生第七天就接受了割礼"，怎么会变成捕鸟者。最后，他鼓足勇气朝她跑去。

我又饿又病，衬衫敞着扣子——
晚上读的那些书——
关于异国他乡的鸟类，
关于遥远行星的人，
关于富人打网球的世界，
喝柠檬水，亲吻慵懒的女人——
所有这些事物都在我面前摇晃，
穿着裙子，挥舞着小背包……

他跟在她身边，"像乞丐一样，毕恭毕敬地鞠躬"，"嘟哝着一些废话"。她停下来，跟他说别碰她，手指向十字路口。在那里，

站着警察，

大腹便便，汗水滴油
挤进高统靴里，
伏特加和培根养得他脑满肠肥……

　　然后发生了"二月革命"，他成为副政委，一个抓捕偷马贼、窃贼的人，"一个死亡天使，带着手电筒和左轮手枪，来自战舰的四名水手是他的副手"。

/ 202

我的希伯来骄傲高声放歌，
就像一根紧弦绷到极限。
我会为我的祖先呈现很多荣耀
他穿着长袖服，戴着一顶狐狸尾巴装饰的帽子
帽子下方，像银色的螺旋，
他的鬓发爬了出来，还有厚厚的头皮屑
飘浮在他的正方形胡须上——
让他能够认出自己的后代
我身材魁梧，像一座塔居高临下
俯视竖立的枪和车头灯，
刺穿午夜的卡车……

　　一天晚上，他被派去逮捕一些匪徒，在一家混杂着扑面粉、精液和甜酒气味的令人窒息的妓院里，找到了她——"那个曾用夜莺般的目光折磨我的人"。她光着肩膀，光着腿，睡眼蒙眬，抽着烟。他问她是否认识他，并给了她钱。

她没有开口，嘀咕着：
"请怜悯我！我不需要钱！"

我把钱扔给她，
没有脱下高统靴和手枪套，
没有脱下我的战壕风衣——
我一头扎入——
极其柔软的毛毯
在其下，这么多男人曾呻吟过，
打开，在黑暗中悸动着
模糊视觉的漩涡流，
突然尖叫、流畅无阻地移动，
黑暗和凶猛、炫目的光……
我按住你，是因为我曾那么胆怯
并且要报仇
为我流亡祖先所蒙的耻辱
还有一只不知名的雏鸟的鸣啭！
我按住你，发泄我的仇恨
对这个我无法逃避的世界的仇恨！
欢迎我进入你贫瘠、广袤的土地，
这里，青草不能生根发芽，
也许我黑夜种的子会成功地
让你可怕的沙漠受孕。
会有雨水，南风将会怒号，
天鹅将会温柔热情地鸣叫。[154]

斯坦尼斯拉夫·库尼亚耶夫（Stanislav Kuniaev）认为，这是"坦率浪漫的理想犹太复国主义诗人"在庆祝对俄国的强奸，他不区分救世主的思想和实际的残忍手段。马克西姆·D. 施雷尔（Maxim D. Shrayer）认为，这是"犹太历史上在俄罗斯和犹太潮流间创造和谐的梦想……如果你愿意的话，这是一个和谐综合的梦想，将让所有边界模糊，也就是说，使俄国犹太人身份得以形成……与他之前爱恋的俄罗斯女人发生性关系，这是主人公对大革命前犹太人在法律上的不平等地位和普遍排犹偏见的的一点儿报复和解脱"。诗中主人公自己说，这是他对自己"无法逃避"的世界的报复——满是"鹅肥肝"、"乏味的祈祷"和"密布头皮屑"的世界。俄国革命中的犹太人革命针对"流亡祖先的耻辱"和弦歌般的"希伯来骄傲"，反抗"胖脸颊"的俄国，支持嘉琳娜·阿波罗诺夫纳的俄国。这是一次暴力的尝试，试图创建一个由墨丘利式阿波罗组成的世界，一个即将包围世界的俄国。[155]

/ 第四章　霍黛儿的选择：犹太人和三个应许之地

老人的儿子秉性各异：
老大天生聪慧，
老二没有最高的天资，
老三是个十足的白痴。

——P. P. 伊尔肖夫，《驼背马》

卖牛奶的台维有五个女儿（他有一次提到七个，另一次说有六个，但是在书中我们只见过五个，所以就算五个）。采依特尔拒绝了一名富有的求婚者，嫁给一位贫穷的裁缝，他后来死于肺结核。霍黛儿跟随她的革命分子丈夫彼尔契克流亡西伯利亚。希普玲查被她那没头脑的新郎抛弃后，跳河自尽了。贝瑞克嫁给了一个邪恶的战争贩子，并和他一起逃到了美国。叶娃和一个自学成才的非犹太人（第二个"高尔基"）私奔，被当成死者哀悼，但在肖洛姆·阿莱赫姆的小说结尾，她后来痛改前非回家了。

叶娃的故事并不特别有说服力（大多数为追随高尔基而离家出走的人再也没有回家），但这并非完全匪夷所思，因为许多犹太民族主义者［包括像贝尔·博罗霍夫（Ber Borokhov）、弗拉基米尔·亚博廷斯基和埃利泽·本－耶胡达（Eliezer Ben-Yehuda）这样的"犹太复国主义"巨人］最初是社会主义普救说信徒和俄罗斯文学的崇拜者。他们中大多数人从来没有像叶娃那样重回台维的家，重信台维的上帝——事实上，他们倾向于比自己的布尔什维克表亲和替身更明确地拒绝台维的"散居"方式——但是他们确实回到了台维认可的犹太人天选观念。（当然，台维越是容易认识到这一点，他们就越倾向于拒绝他的散居方式。）因此，叶娃回家喻指她移民到以色列，这种说法比较合适，因为在台维被驱逐出境之日，她不可能回到台维废弃的房子。

关于"犹太复国主义"者叶娃和美国人别依尔卡，有相当多的评论，他们分别代表了欧洲犹太困境的两个明显成功的解决方案。关于谦逊的采依特尔的文字就更多了，她留在乌克兰农村，被海外移民和历史学家遗忘或得到资助，被什库罗（Shkuro）和彼得留拉的士兵殴打、抢劫，被苏联人（可能是她自己的孩子）进行坚决但不一致的改造，被纳粹匿名杀害，并在大屠杀文学和仪式中被匿名纪念。也就是说，关于采依特尔的生平描写相对较少，但是关于她的死及其在叶娃和别依尔卡的孩子的生活中的意义却有大量的描述。

但是霍黛儿呢？霍黛儿可能会在俄国苏维埃历史上被誉为"革命运动的参与者"，或者，如果她早期选对了，就会被誉为"老布尔什维克"。在国际社会主义运动史上，她可能会作为该运动中俄罗斯特遣队的一员而被铭记，或者她可能会作为杰出的教育家或人种学家在西伯利亚历史上留名。然而，她不会成为20世纪典型犹太历史的一部分，因为布尔什维克（假设她和其他许多人都成了布尔什维克）不可能是犹太人，因为布尔什维克反对犹太性（而且因为"犹太－布尔什维主义"是纳粹的口头禅）。霍黛儿的孙辈——完全世俗化、彻底俄罗斯化，并前往美国或以色列——是犹太故事的重要组成部分；霍黛儿本人不是。

然而，显而易见的是，如果霍黛儿不是台维之女——他最深感自豪的女儿——的话，霍黛儿的孙子们就不会进入犹太历史。作为一名致力于无产阶级事业的马克思世界主义者，她嫁给了"人类大家庭中的一员",她可能永远不会重回博伊伯里克（Boiberik）或卡西里耶夫卡（Kasrilevka），永远不会给她的儿子割包皮，永远不会对她的任何孩子（或者她的丈夫彼尔契克）说意第绪语，也永远不会在安息日晚餐点蜡烛。然而，她将永远是这个家庭的一部分，即使在她改名为艾琳娜·弗拉基米罗夫娜（Elena Vladimirovna）之后（她注定会改名的）。"她是上帝自己的霍黛儿，霍黛儿是上帝的，"她离开后，台维这样说，"她始终在我心灵的……深处，深处……"彼尔契克是当地一位香烟制造商的儿子，但是通过收养和精神洗礼，他成了"上帝之子"，他是台维唯一崇拜的女婿，被台维视为可与其平起平坐，而且台维喜欢和他说点儿"犹太话"。"他好像是我们家庭中的一员，因为从根本上来说，你知道，他是一个正派的人，一个简单、脚踏实地的小伙子，他如果有什么世俗财产的话，肯定会和我们分享他的一切，就像我们和他分享我们的东西一样……"就台维而言，转信共产主义不是转信，放弃犹太教皈依基督教是一种叛教行为，为了"人类"而放弃犹太教是一件家务事。但基督教不是从为全人类而抛弃犹太教开始的吗？这开始不也是件家务事吗？台维不喜欢这样想……[1]

————————

20世纪伟大的犹太人移民不是两次，而是三次。大多数留在革命地俄罗斯的犹太人并没有待在家里：他们搬到了基辅、哈尔科夫（Kharkov）、列宁格勒和莫斯科，到那里后，他们在苏维埃政权中的社会地位就节节上升。尽管他们天生是犹太人，也许因为后天接受的教养而成为犹太人，根据文化背景判断，他们是俄罗斯人，而且他们中许多人因为意识形态认同而成为苏联人。共产主义并非全然是犹太宗教或主要是犹太宗教，而是20世纪上半叶犹太宗教中最重要的一种：共产主义比犹太教更有活力，比"犹太复国主义"更受欢迎，而且作为一种信仰，共产主义远比自由主义更有生命力（自由主义永远需要外来的灌输，以便不是仅作为一种学说存在）。当然，犹太人还前往别处，但这种移民看起来是同一主题的变奏（在其他民族国家中充当少数民族），而不能为犹太人问题提供永久的解决方案。[2]

现代时期建立在资本主义和以科学为中心的职业精神之上。资本主义和职业精神得到民族主义的滋养、规整和约束。资本主义、职业精神和民族主义遭到社会主义的反对，社会主义声称自己既是它们合法的后代，也是最终战胜它们的主义。犹太人是欧洲传统的墨丘利，在所有现代追求中都非常成功，因此也更加脆弱：作为全球资本家、专业人士和社会主义者，他们顾名思义就是陌生人，作为其他部落文化谱系的祭司，他们是危险的冒名顶替者。作为双重的墨丘利，在欧洲他们不受欢迎，因为这里新近经历了墨丘利化，而且没有完全转化，因此也就越发呈现阿波罗特质。

然而，欧洲以外还有一种生活。20世纪初，犹太人有三种选择——三个目的地，代表了成为现代人的其他可选途径：一种相对熟悉但迅速扩展，另两种则是全新的。

美国代表毫不掩饰的墨丘利主义、非部落国家，以及代表资本主义和职业精神的最高主权国家。从修辞学角度说，美国集合了理性非自然的人，一个由陌生人组成的国家，他们共同颂扬分立（个人主义）和漂泊（移民），因而紧密团结在一起。美国是犹太人可成为平等的公民而且保留犹太人身份的唯一现代国家（不包括其他被欧洲殖民的国家，其中没有一个拥有像美国那样的标志性力量和全球影响力）。美国为犹太人提供了完整国籍，而又没有将其完全同化。实际上，在美国，人们似乎需要与次国家级群落建立联系，才能成为该政治国家的正式成员。自由主义与民族主义和共产主义不同。自由主义——特别是在美国，该国比任何其他国家都更接近自由主义——总是伴随着更实在的信仰（因为"与政权分离"，这种信仰更贴近现实）。这种精神支架的作用可能是由传统宗教、部落种族，或宗教和种族相结合（对于犹太人来说，两者融合成一个和谐的整体）实现的。无论如何，犹太人通过认同犹太性的特定定义（至少表面上是宗教的）而成为美国人。正如亚伯拉罕·卡汉因曾是俄国知识分子中的一员而成为"人类大家庭中的一员"，他于1911年4月在纽约写道，

> 在许多受过教育的进步犹太家庭中，人们昨晚坐在一起，共享逾越节晚餐。二十年前，如果有人听说犹太社会主义者对这种犹太宗教节日感兴趣，他们就会叫他伪君子。但今天，这种事是完全理所当然的。
>
> 二十年前，一个自由思想家不允许表现出对犹太人有任何兴趣，但今天他可以！ [3]

伊亚·A.布朗伯格希望继续成为人类大家庭和俄国知识分子中的成员，并一再嘲笑"犹太裔美国新闻界肆无忌惮、肤浅、平庸的种族吹嘘之潮"。正如他在1931年所写，

> 在那些过去常为国家兄弟会的祭坛带来数百年苦难和歧视的痛苦的人中，出现了最不宽容的种族分裂主义的恶

魔……近年来，有可能观察到令人震惊的犹太教新教化现象，犹太教变成了无数教派之一，以奇特方式装饰着美国宗教生活的景观，渲染了反常的地方主义艳俗色彩。[4]

新世界看起来像古老的国家，而巴勒斯坦和彼得格勒却不像。

以色列地（Land of Israel）代表了不屈不挠的阿波罗主义，还代表了不可分割的、领土性的以及公然世俗的犹太民族主义。世界上最精通业务的服务型游牧民通过成为阿波罗来适应普世墨丘利主义时代。世界上最奇怪的民族主义是将陌生人变成当地人。犹太人要通过不再扮演犹太人而去寻找真正的自我。

苏联代表所有区别的终结以及墨丘利和阿波罗所有特质的最终融合：思想与身体，城镇与乡村，意识与自发，陌生人与本地人，时间与空间，血液与土壤。民族国家的挑战要通过废除所有民族和所有国家来解决。犹太人的问题要与所有曾经提出过的问题一起解决。

当然，这三种选择不是截然分明的：没有一种选择达到预期目的；每一种选择都包含另外两种选择的元素。在美国，残余的当权部落主义（establishment tribalism）足以减缓犹太人社会地位的上升；共产主义是年轻犹太知识分子的主要宗教（"二战"后被"犹太复国主义"取代）；中欧犹太人带来的弗洛伊德主义，将有助于把理性非自然的人变成自然事物中适应性可能最好的冠军。在巴勒斯坦，社会主义（包括集体农庄、经济规划和官方工会主义）成为"犹太复国主义"意识形态的重要组成部分，在存在真正的、不可否认的本土阿拉伯阿波罗（布伦纳曾称之为"东方的波兰人"）的情况下，相对于身体和自发性，"犹太侨民"对心灵和自觉性的偏爱就在表面现象之下（有时甚至远远超出表面）。在苏联早期，精心挑选的墨丘利仍在领导、教导或谴责大腹便便或魁梧高大的阿波罗；新经济政策创造了足够多的机会让人发挥创业创造力，吸引一些移民商人回到俄罗斯；努力促进世俗犹太文化和发起犹太农业定居点的各种人士似乎都认识到"犹太复国主义"挑战的严重性。5

这三个选择不只是共同拥有一些重要特征，做这些选择的人群特质也相似。台维那不务正业的女婿同样愿意将这位老人运往美国或巴勒斯坦。采依特尔如果幸存的话，可能会加入她三个姐妹中的任何一个。然后是阿纳托利·雷巴科夫（Anatoly Rybakov）笔下弥夏大叔的四个兄弟（"善良、无所顾忌、勇敢、公正、无私"的红骑兵）。一个是"投机者，贪婪狡猾"。另一个是"淳朴、平静、精致的人"，在美国当卡车司机。第三个是"有远见的空想家"，前往巴勒斯坦，但在其妻子去世后回来。第四个成为苏联检察官，并花了几年时间谴责他那开店的父亲（同时谴责和判决更多与他无关的人）。他们中的一些人可能会交换位置。艾斯特·马尔基什（Ester Markish）的父亲离开巴库前往巴勒斯坦，但后来听到关于新经济政策（NEP）的情况，觉得比较喜欢，就回到巴库。 查弗里拉·梅龙斯卡（Tsafrira Meromskaia）的叔叔西马去西伯利亚西部拓荒当建筑工人前，曾在以色列圣地体验过开拓者的生活。费利克斯·罗兹内（Feliks Roziner）的父亲曾是敖德萨的"犹太复国主义"者，后来去了巴勒斯坦，成为共产主义者，接着又到苏联当共产主义者，最终成为以色列的"犹太复国主义"者。我自己的祖母起初去了阿根廷，然后去了比罗比詹（Birobidzhan）"斯大林建立的'锡安山'"，最后去了莫斯科。她的一个兄弟留在白俄罗斯，另一个留在阿根廷（后来移居以色列），第三个兄弟在华沙经商（后来在苏联被捕），第四个兄弟成为以色列工人党和总工会的官员。[6]

然而，无论有何相似点或替代方案，毫无疑问，在这三种选择中，每一种都让犹太人在现代生活的一个特定方面上下求索、竭力而为，或者说，这三种选择都代表了在表现欠佳的欧洲民族国家中，一个争强好胜的少数民族为改变其地位所采取的激进方案。

移民美国是最不激进的选择，而且是唯一不走革命道路的选择。这是"所有伤心落魄的人都去"的地方（正如台维所说）。在那里，对犹太小镇的怀念并非绝对的禁忌；在那里，城市街道上都可以说意第绪语；在那里，台维和他"关系亲密的堂兄"梅纳赫姆·孟德尔（Menachem Mendl）可以重操旧业；犹太人举家迁移到那里（之后几代年轻的犹太人会继续重演他们错过的伟大弑父叛乱）。美国是一个乌托邦，任何人都可以成为罗斯柴尔德或布罗德斯基（也许还可以成为爱因斯坦），但这是一个犹太人熟悉的乌托邦，是没有沙皇和哥萨克人的敖德萨。布朗伯格认为，"布鲁克林区、布朗克斯区和东区这个拥有数百万人口的巨大贫民区，如果不是（敖德萨的）马来亚亚瑙茨卡亚、（基辅的）波多尔，以及众多地方城镇和犹太小镇的缩影和特写的话，那还是什么呢？街道铺筑良好，但是肮脏龌龊，令人匪夷所思，而意大利人、黑人和希腊－亚美尼亚元素交杂混合，只能带回之前和旧摩尔多瓦人、吉卜赛人和希腊－亚美尼亚人近距离接触的回忆"。[7]

巴勒斯坦和苏俄是真正的新世界——为新生人类而建。如果台维和梅纳赫姆·孟德尔被迫去那里，他们会沉默隐形于自己孩子的家里和两个运动的公开言论中（除了梅纳赫姆可能会在新经济政策下短暂做个投机者）。巴勒斯坦和苏俄是犹太人反对上帝、父权制、陌生感以及台维所代表的一切取得的表面胜利的两大中心。两者都处于欧洲反对普遍墨丘利主义叛乱——一场包括各种法西斯主义和社会主义运动的反叛，并由极度想要（再次）成为阿波罗的墨丘利领导——的最前沿。"犹太复国主义"和布尔什维克主义都有关于即将得到集体救赎的弥赛亚承诺，而且或多或少都有奇迹般的集体变身。正如大卫·本－古里安（David Ben-Gurion）1918 年致信其妻保拉时所说，"我不想给你一点儿微小廉价的世俗幸福。我为你准备了历经苦难所带来的伟大神圣的人类快乐……满怀悲伤、泪流满面，你将上升到一座高山，从那里可以看到新世界的远景，一个欢乐和光明的世界，闪耀着永恒幸福和光荣生活之光，永恒年轻理想的光芒。这个世界只有少数人会有幸进入，因为只有富有的灵魂和深厚的心灵才获许进入"。[8]

永恒年轻的理想要由永远年轻的理想主义者实现。"犹太复国主义"和布尔什维克主义都为"下一代"努力，并赞美由工作和战争训导的旺盛青春活力。理想主义者中最年轻的人（他们将继承"以色列地"或地球，取决于他们所在的地点）在各种年轻的先驱组织中接受工作和战争的训练，这些组织提倡团体远足、行进、唱歌、锻炼。男孩们变成了青年男子（女孩的命运在早期并不完全清楚）；青年男子要永远保持年轻，为事业牺牲自己或让时间完全停止。"犹太复国主义"和布尔什维克主义都崇尚肌肉发达的阳刚之气，要么鄙视晚年，要么将其遗忘。最受推崇的品质是阿波罗（无产阶级或土生土长的以色列人）的稳健、坚定、坚韧、果断、认真、单纯、朴讷、勇气；最受蔑视的特征是墨丘利（资产阶级或离散犹太人）的躁动、多变、怀疑、自省、讽刺、机灵、能言善辩、怯懦。"斯大林"、"莫洛托夫"和"加米涅夫"分别代表"钢铁"、"锤子"和"磐石"。早期"犹太复国主义"者创造的最流行的名字是佩莱德（Peled，钢铁）、楚尔（Tzur，磐石）、埃文／阿佛尼（Even／Avni，石头）、阿隆（Allon，橡木）和埃亚勒（Eyal，公羊、力量）。1922 年，本 – 古里安说："我们不是犹太学生，整天辩论如何更好实现自我改善。我们是土地的征服者，面对铁墙，我们必须突破这座墙。"最初的领导者是因为秉持真正的信仰而转化的墨丘利；他们的门徒是被赋予理想主义的阿波罗。他们共同的后代将是具有新名字的和谐新人。9

战争和辛勤工作应该把所有真正的信徒聚集在一起，锤炼昨天的墨丘利，锻炼年轻的阿波罗。通过战争，实现和平劳动；通过和平劳动，人们排干沼泽之水，征服大自然，让沙漠开花，并进一步锻炼了人类钢铁般的意志。战争和工作的需要使禁欲主义和无性文化永久化，这需要更多的战争和工作才能重现自身（从而确保永恒的青春和兄弟情谊）。在犹太人的巴勒斯坦（伊休夫，Yishuv）和苏联的俄罗斯，兄弟情谊代表了所有真正的信徒（总是少数人反对许多人）的完全身份以及他们对事业的完全认同（两地大多数年轻犹太人都非常渴望和真正感受到这种情谊）。最终，两次革命的发展方向都演变为森严的等级制度、制度化的军国主义、对外国人的强烈焦虑，以及对将军、童兵和精英力量的崇拜。但是从 1917 年到 20 世纪 30 年代中期，这两种革命都洋溢着青春的活力，人们勠力同心、奋发图强、勇于自我牺牲。

然而，这两种革命的规模并不能相提并论（"犹太复国主义"者的移民规模比苏联移民小得多），他们的声望也不可同日而语。由于俄罗斯帝国是所有三种移民的主要来源，大多数"犹太复国主义"和共产主义英雄的诞生地，以及大部分现代犹太神话的摇篮，苏联内陆的移民从语言联系和地缘优势中受益匪浅。在巴勒斯坦，俄罗斯的衬衫、靴子和帽子被确定为早期定居者的制服；飘动的额发成为年轻的土生以色列人（Sabra）的最知名标志之一；俄罗斯歌曲（革命歌曲和民谣）是许多"犹太复国主义"歌曲的旋律；俄罗斯文学经典（古典和社会主义－现实主义）成为新以色列文学最重要的灵感来源。本－古里安给妻子的信是用俄罗斯（和波兰）革命的弥赛亚语言写成的。[10]

在美国，没有即将到来的完美社会，俄罗斯作为普希金和民粹主义世界的记忆塑造了许多第一代移民的想象力。在亚伯拉罕·卡汉的《大卫·列文斯基的崛起》（*The Rise of David Levinsky*）中，其中一个人物（希伯来语诗人和"犹太复国主义"者特维金先生）说话时让人想起了一个套话：

> 无论如何，即使俄罗斯被沙皇压迫，也是一个比美国更好的国家。至少，对于精神来说，这是一个更自由的国家。那里有更多的诗歌，更多的音乐，更多的情感，即使我们的人民遭受了令人震惊的迫害。俄罗斯人民真的是热心人。此外，人们在俄罗斯的生活比这里更好。哦，好一千倍。这里有过多的物质主义，太匆忙，太单调，是的，太多的机器。用机器制作鞋子或面包都很好，但唉！精神的东西，在美国似乎也是机器制造的。[11]

在特维金生活的过去，人们期盼未来会迥然不同。用伊亚·

布朗伯格的话来说，

那些访问纽约公共图书馆俄语阅览室的人经常可以看
到这些长着犹太面孔的老年男性和女性，翻阅旧革命地下先
知的经典和虚构的著作，日内瓦和斯图加特印刷的小册子，
"走私"的论文，希什科的俄罗斯历史，以及人民意志委员
会（the Committe of the People's Will）的呼吁。第五大
道和第四十二街"世界十字路口"的喧嚣从外面渗入；现代
巴比伦的多层神龛上闪着成千上万的广告，窥视着他们。但
是读者们思绪飘得很远，他们追忆着摩尔达瓦卡、佩乔尔斯
克和维堡的贫民窟中举行的秘密会议，或许是想起莫霍瓦亚
（Mokhovaia）和 B. 弗拉基米尔斯卡亚（B. Vladimirskaia）
的喧闹学生集会，或者是雅库特营地多年孤独的思考，带着
烟熏和苦涩的温暖，在极夜的黑暗中流逝的年华。从革命回
忆录页面中仰望他们的是穿着托尔斯泰衬衫的年轻人的照
片，他们爱说话的紧闭嘴巴上是凹陷的眼睛和倔强的线条，
还有年轻女孩，身无分文的烈士，她们令人同情的细辫子扎
得高过她们纯洁的高额头。[12]

然而，希望依然存在。过去可能会成为未来，即使是那些从
未体验过它的人。对于艾尔弗雷德·卡津（Alfred Kazin）来说，

社会主义也许是一个漫长的星期五晚上，我们围着茶壶
和装满坚果、水果的雕花玻璃碗，所有人都在唱"团结，团
结，大家团结起来！"然后，俄罗斯小说的英雄——我们那
种人——将走遍世界，我仍然穿着一件圆领的俄罗斯"托尔

斯泰式"衬衫，将永远与我所爱的人一起生活在美丽的俄罗斯精神之国。我从未去过俄罗斯，只将她与伟大作家的名字相关，还有我的父亲在我们经过布鲁克林植物园时说的话——"很好！但你要是见过沙皇村的夏宫就知道哪个更好了！"听我们的堂姐和她的两个朋友说话，我突然看到俄罗斯是所有资产阶级理想的宏大对立面，是所有真正自由人民的精神家园。我完全相信世界其他地方没有像俄罗斯文学这样的作品；世上唯一有温暖心肠的人是俄罗斯人，就像我们的堂姐和她的两个朋友一样，其他人总是呆板的物质主义者。但俄罗斯的灵魂，就像尼金斯基纯粹的飞翔梦想，总是会向外跳跃，经过一切障碍，进入一个抒情世界，在这个世界里，我理想的社会主义和柴可夫斯基的悲怆交响曲将完全和谐交融。[13]

当然，他们相互之间早已完全和谐交融。对于卡津这一代大多数纽约犹太知识分子来说，社会主义确实已经来临，确切地说是到了应到的地方。自由精神人士的土地已成为真正的自由之地；俄罗斯的灵魂向外跳跃，向世界提供救赎；没有沙皇的俄国已经成为一个纯粹飞翔之国，由嘴角线条倔强的年轻男人和辫子扎得高过额头的年轻女孩领导。

在 20 世纪前二十五年里，犹太人前往的三大目的地中，有一个是实际存在的应许之地。美国是一种妥协，也是一种实现了墨丘利主义的承诺；巴勒斯坦的犹太国家是少数理想主义者的梦想；但苏维埃俄国是一个成真的美梦，为年轻的美国犹太人提供了希望和第二个家园，为"犹太复国主义"先驱带来了灵感（以及可能的替代目的地）。事实上，在苏维埃俄国，年轻的犹太人抓住了"附着于天堂和人间的吊环",将天堂拉到人间(正如巴别尔所说的那样)。

对于获胜的犹太布尔什维克,甚至其敌人似乎也承认他们的卓越地位。在亚博廷斯基的《五个孩子》(*The Five*)中,一个成功的敖德萨谷物商人的家庭拥有必不可少的五个孩子。玛卢西娅(Marusia)为爱与温暖而生,却飞蛾扑火般死去;梦想家马尔科(Marko)因为试图拯救一个不需要或不想得救的俄罗斯人而毫无意义地淹死;恶作剧者赛瑞扎(Serezha)被酸弄瞎了眼睛;野心家托里克(Torik)皈依基督教,消失得无影无踪。在小说结尾,幸存的只有利卡(Lika),这名布尔什维克、契卡剑子手。20世纪二三十年代,许多年轻犹太知识分子不同意亚博廷斯基对革命的控诉:就他们而言,可能是马尔科、玛卢西娅,甚至是赛瑞扎(经过正式"重新改造"和再教育),与利卡一起(首先将托里克运往美国),在苏联成为掌权者。然而更重要的是,他们认为利卡这样的契卡剑子手并没有错,因为利卡既是"必需的",又是正义的 —— 就像她一样,他们对社会主义革命的纯粹暴力行为负有"个人责任"。这就是早期苏联文学的官方观点,也是非苏联犹太知识分子持有的多少有点儿官方的观点。正如瓦尔特·本雅明——他的鼻子上架着眼镜,灵魂中秋风瑟瑟,酝酿着替代性谋杀(vicarious murder)——于1921年写道,"如果现时还能偶尔打破神话的统治,那么在并不遥远的未来,对法律的攻击将全然无用。但是,如果在法律之外确实存在着纯粹直接暴力,那就证明革命暴力作为人类暴力中最无瑕疵和最高表现形式,是可以进行的,并且显示出进行的手段"。在接下来的十五年中,本雅明对利卡及其暴力宗教的钦佩将更加直接(他称之为"对暴力的批判")。他一直计划去耶路撒冷,却前往

/ 216

了莫斯科（是一次短途旅行：实际上杀鹅是利卡的工作）。[14]

在犹太人的三个乌托邦中，其中有一个掌权。许多没有去过莫斯科的犹太人都希望他们去过。大多数去过莫斯科的年轻犹太人都怜悯或鄙视那些没有去过的人。罗兹内的父亲从巴勒斯坦回来，并给儿子起名叫费利克斯（Feliks）（与苏联秘密警察的创始人同名）。亚古尔斯基（Agursky）的父亲从美国回来，并给儿子取名为马恩李卜（Melib）（马克思－恩格斯－李卜克内西，Marx-Engels-Liebknecht）。米哈伊尔·贝塔斯基（Mikhail Baitalsky）从敖德萨搬到了莫斯科，并给儿子取名为弗伊列（Vil）（弗拉基米尔·伊里奇·列，Vladimir Ilich Lenin）。我的姑姥姥贝拉从波兰回来，给儿子起名叫马列（Marlen，马克思－列宁）。我最亲密的两个朋友的母亲（犹太裔的第二代莫斯科人）被命名为列宁娜（Lenina）和宁列（Ninel）（从后往前读）。这就是国际无产阶级的希伯来语——天堂的真正语言。[15]

———— ▄▄▄▄ ————

从前栅栏区到莫斯科和列宁格勒的旅程，并不亚于从敖德萨到巴勒斯坦或从彼得格勒到纽约的旅行，也堪称移民。这可能需要同样长的时间，而且在革命之后的前几年里，这种迁徙可能会更加危险。伴随革命的勃兴，大量人口卷入迁移的浪潮，导致近乎神奇的转变，并构成俄国、欧洲犹太人和现代时期最重要而又最不引人注目的标志之一。

1912 年，莫斯科的犹太人口约为 15353 人，不到总人口的 1%。到 1926 年，犹太人口已增长到 131000 人，占总数的 6.5%。约 90% 的移民不到 50 岁，约 1/3 的人 20 多岁。到

1939 年，莫斯科的犹太人口已达 25 万（约占总人口的 6%，是该市第二大族群）。在列宁格勒，1910 年，有 35000 名犹太人（1.8%），到 1926 年，犹太人数量增至 84603 名（5.2%），到 1939 年，多达 201542 名（6.3%，是该市第二大族群）。哈尔科夫的犹太人数量在 1897 年为 11013 人（6.3%），1926 年是 81138 人（19%），1939 年是 130250 人（15.6%）。最后，在基辅（在旧栅栏区），1897 年，犹太人数量是 32093 人（13%），1926 年为 140256 人（27.3%），1939 年为 224236 人（26.5%）。在第二次世界大战前夕，130 万犹太人生活在二十五年前他们无法进入的地区。莫迪凯·阿特舒勒（Mordechai Altshuler）认为，其中超过 100 万人是"前栅栏区以外居住地的第一代移民"。[16]

到 1939 年，86.9% 的苏联犹太人居住在城市中，其中大约一半居住在苏联 11 个最大的城市。几乎 1/3 的城市犹太人居住在四大都市：俄罗斯的莫斯科和列宁格勒，以及乌克兰的基辅和哈尔科夫。莫斯科和列宁格勒的犹太人口中将近 60% 的人年龄介于 20 至 50 岁之间。[17] 用苏联的意第绪语诗人伊齐·哈里克（Izi Kharik）的话说（1927 年），

> 所以这里列出了所有这些人
> 他们最近前往莫斯科：
> 四名店主，一名仪式屠宰手，
> 八名要上大学的女孩，
> 一些小学教师和十二个年轻人
> 他们要去那里寻找工作；
> 胖乎乎的多巴和她所有的孩子

跟随她那当裁缝的丈夫，

还有别依尔卡，她丈夫不是犹太人，在莫斯科的研究所工作，

还有倒爷博瑞尔

他似乎早就在那里了；

哦，是的——还有那善良的老拉比，

他如今也去过莫斯科

并带回各种精美的礼物，

并且一年来一直在说

莫斯科的种种奇观，

那里的生活对犹太人来说是如此美好。

……

每个人都渴望向你倾诉

莫斯科的生活多么美好。[18]

    一些移民从事传统的墨丘利式交易。1921 年，革命前的企业家阶层几乎彻底被摧毁，以及新经济政策的引入，为四名店主和胖多巴的裁缝丈夫等人创造了非凡的新机会。 1926 年，犹太人占苏联人口的 1.8％，而在所有私人交易商中占 20％（乌克兰为 66％，白俄罗斯为 90％）。在彼得格勒（1923 年），雇用劳动力的私营企业家在犹太人中的比例是其他人口的 5.8 倍。1924 年，在莫斯科，犹太"奈甫曼"（Nepman）①拥有 75.4％的药店，54.6％的布店，48.6％的珠宝店，39.4％的干货店，36％的木材仓库，26.3％的鞋店，19.4％的家具店，17.7％的烟草店，14.5％的服装店。新的"苏维埃资产阶级"在很大程度上是犹太

———————————

①　奈甫曼，苏联新经济政策中被允许从事私人买卖的商人。

人。在奈甫曼类别的底层，犹太人占所有苏联工匠的40%（比如，列宁格勒35%的裁缝是犹太人）；在上层，犹太人占最富有的莫斯科企业家（两大最高等级贸易和工业许可证的持有人）的33%。莫斯科所有犹太企业家中有25%属于这一群体（相比之下，该市非犹太奈甫曼只有8%属于该群体）。[19]

新经济政策下犹太人所占的优势地位，突出体现在当时描写"资产阶级威胁"的作品中。20年代的苏联文学中包含了大量令人讨厌的犹太走私者、投机者和诱惑共青团女孩的人。其中一个是V.基尔雄（V. Kirshon）和A.乌斯宾斯基（A. Uspensky）笔下的所罗门·鲁宾（Solomon Rubin）[在《科连科夫事件》（The Korenkov Affair）中]，他声称自己"像个疣：你在一处用酸烧我，我会在另一处蹦出来"。还有一个人物形象是谢尔盖·马拉什金（Sergei Malashkin）笔下的伊赛卡·楚扎朝（Isaika Chuzhacho）（《局外人小以赛亚》），"他身材矮小，面容虚弱，纺锤状的脸上只有三个突出的装饰：一个红色的大鼻子，黄色的大尖牙，还有一双咖啡渣颜色的大眼睛"。尽管小以赛亚非常活泼，但仍然显得空虚、毫无生气。最终，苏联的"资产阶级"从未认同犹太人。新经济政策时代恶魔学的阶级敌人主要是俄罗斯农民（沙俄富农）、店主和东正教牧师，以及全世界懦弱的"庸人"和外国资本家。[在《科连科夫事件》修订版《康斯坦丁·捷廖欣》（Konstantin Terekhin）中，犹太奈甫曼所罗门·鲁宾成为反犹太的奈甫曼彼得卢基奇·潘菲洛夫（Petr Lukich Panfilov）。]总的来说，典型奈甫曼中犹太人的比例似乎远远低于现实生活中苏联企业家中犹太人的比例，小说中许多与犹太资本家相对的布尔什维克资本家也被刻意描写成犹太人。马特维·罗伊兹曼（Matvei Roizman）笔下怪异狡猾的阿伦·所罗门诺维奇·

菲什拜因（Aron Solomonovich Fishbein）遇到了铁匠和工人系的穷学生拉比诺维奇（Rabinovich），这穷学生搬进了他的房子。更为典型的是鲍里斯·莱文（Boris Levin）笔下的战时投机商莫里特·甘布格尔（Morits Gamburg），他"投机面粉、布料、鞋子、糖、留声机针头等所有东西"，而敏感的儿子谢尔盖（Sergei）却与之断绝父子关系。

> 谢尔盖·甘布格尔不喜欢自己的父母……他对父母处心积虑要混入上流社会感到厌恶…… 他们房子里有和塞内科夫家相同的灯罩。他的父亲拥有了书籍，但他从未读过，这些书籍重新装订过，以匹配他办公室里的新丝绸装饰。客厅里出现了一架三角钢琴，尽管没人弹过。他的妹妹艾达根本没有音乐天赋，但她的音乐老师按时上门……他们买了一头牛犊般大小的大丹犬。他的母亲和父亲以及家里的其他人都害怕那只眼睛像人眼的巨狗……他们有"周二聚会"，并特别邀请了一群客人。谢尔盖非常清楚人们来他们家是要吃的……当他母亲说"卡克勒茨"（cucklets）时，谢尔盖会畏缩，头也不抬地纠正她："卡特勒茨（cutlets，炸肉排）。"

最后，谢尔盖决定离家出走。"投机商，"他想起他们就反感，"受贿者、流氓。"父母可怜巴巴地试图阻止他，结果他大发雷霆。

> "你们让人恶心！"谢尔盖咬紧牙关，愤怒地说道。"你明白吗？——让人恶心。 我讨厌你们！"他边说边把父亲推开，然后猛地去拉门把手。

"谢尔盖宝贝！谢尔盖！想想你在说什么！"他母亲恳求，一把抓住他的风衣袖口。

"让他下地狱！下地狱！下地狱！"他父亲尖叫道。

他的姐姐艾达跑进来了，身穿饰有很多缎带的乌克兰连衣裙。她打着手势，好像喘不过气来似的，手一直指着自己的房间。这意味着："安静，看在上帝的面上，我房间有人，她们可以听到一切。"

谢尔盖砰地一声把门关在身后，震得餐柜里的粉红杯子叮当作响。[20]

犹太革命或暴力家庭罗曼斯史，既是新经济政策和斯大林大变革的部分内容，也是俄罗斯革命运动、布尔什维克接管或内战的部分内容。台维的女儿霍黛儿以作家、学者、党内官员的新身份，毫不妥协地谴责台维的宗教和生活，没有一项沙皇法令像她那样严厉。基尔雄、罗伊兹曼和莱文都是犹太人（以及无产阶级作家），据说，甚至苏联最有影响力的犹太人之一，莫洛托夫的妻子波丽娜·泽姆楚芝纳［Polina Zhemchuzhina，佩尔·卡波夫思凯亚（Perl Karpovskaia）］也钦佩马拉什金的排犹作品。当新经济政策结束时，所有剩下的私营企业家——其中包括他们中间突出的犹太"父亲"——正在被追捕、抢劫、踢出家园，负责这类行动的大多数格别乌官员［包括格别乌经济事务局的"硬通货"部门负责人马克·伊萨耶维奇·加依（Mark Isaevich Gai）、什托克力安德（Shtokliand）］自己就是犹太人。到1934年，当格别乌变为内务人民委员部时，犹太人"按民族"构成了苏联秘密警察"领导干部"（37名犹太人，30名俄罗斯人，7名拉脱维亚人，5名乌克兰人，4名波兰人，3名格鲁吉亚人，3 名白俄罗斯人，2 名德国人，5 名其他人）中最大的单一群体，包括负责警察（工人－农民自卫队）、劳改营（古拉格）、反间谍、监视和经济破坏在内的十二个主要的内务人民委员部部门和指挥部由犹太人领导，其中除了两人外都是来自前栅栏区的移民。掌管内务人民委员部的是亨里希·格利戈里耶维奇·亚戈达［Genrikh Grigorevich Yagoda］。[21]

在俄国许多革命中，犹太人的革命版本（到 1934 年）是最无情、最成功的。亚戈达的父亲是金匠（或根据某些消息来源，他是药剂师、雕工或钟表匠）。艾斯特·马尔基什的父亲是一名富商，在监狱里被一个名叫瓦诺维茨斯基（Varnovitsky）的男子折磨，这名男子现在是伊卡德连诺斯拉夫的"黄金征收"活动的负责人，以前是佩列茨·马尔基什的同学，在别尔季切夫（Berdichev），他们还是同道的意第绪语诗人。契卡特工海姆·波利萨（Khaim Polisar）没收自己父亲的五金店时，没有"惊动或冒犯"他的任何共青团朋友（他的一个朋友米哈伊尔·贝塔斯基这样说）。当然，公然抛弃其"驼背弯腰的"犹太父母的爱德华·巴格里茨基，是所有"共青团诗人"中最受欢迎的。米哈伊尔（梅立波）·亚古尔斯基［Mikhail（Melib）Agursky］、阿纳托利·雷巴科夫和查弗里拉·梅龙斯卡的祖父母都被划为被剥夺权利者（lishentsy，由于他们的"阶级异己"出身或职业而受到政治、教育、就业和住房方面官方歧视的人），但他们所有人（像艾斯特·马尔基什，一个被剥夺权利者的女儿）都是苏联精英团体中享有特权的自豪成员。正如 V. G. 坦－博格拉兹（V. G. Tan-Bogoraz，之前是犹太造反派，后来成了苏联知名人类学家）所说的那样，在罗加切夫（Rogachev），祖父是信奉犹太教法典者，儿子是共产主义者，孙子是不洁净的——没有经过犹太割礼的净化。因此，一位祖父将这种未受割礼的违禁品偷偷带入犹太教堂，并将他安置在一张桌子旁，旁边是一本皮革装订的大书，带着老鼠和腐烂的味道。

"你长大后要做什么，贝尔卡？" 贝尔卡深思熟虑、自高自大地回应："首先，我的名字不是贝尔卡，而是列拓季（列宁－托洛茨基－季诺维也夫），至于我将来要成为什么样的人——我将当一名契卡警察。"[22]

年轻的贝尔卡要实现自己的梦想几乎没有什么障碍（他曾经放弃"列拓季"这个名字，更名为"鲍里斯"），而且他要离开罗加切夫前往莫斯科或列宁格勒的话，也没有阻碍。在那里，他会去上学，并且功课学得很好。犹太人一直是苏联最有文化的群体，他们中间文化人的比例大大高于其他族群（在1926年有文化的犹太人比例是85％，俄罗斯人为58％；到1939年分别为94.3％和83.4％）。接受公共教育相对自由，加上俄国革命前精英阶层的破坏以及对官方子女的无情歧视，为苏联城市的犹太移民创造了前所未有的机会（根据任何地方的任何标准）。在犹太人的两个传统追求中——财富和学问，追求财富让他们落入了新经济政策的陷阱，而在第二个追求中，也由于缺乏准备充分的竞争对手，他们左右逢源，因此，学问成了他们在苏联社会取得成功的门票。大多数犹太移民和几乎所有年轻移民都选择了第二个追求。[23]

到1939年，26.5％的犹太人接受过高中教育（相比之下，在苏联全部人口中接受过高中教育的比例是7.8％，在俄罗斯共和国中俄罗斯人的比例是 8.1%）。在列宁格勒，犹太人中高中毕业生的比例为 40.2%（而在整个城市中的比例为 28.6%）。苏联中学两个高年级的犹太学生人数超过普通人口的 3.5 倍。教育是马克思主义政权的首要任务之一，该政权在一个被认为是"落后"的国家上台，而且其上台方式被描述成颠覆式的。苏维埃国家（上层建筑）的使命是创造现实的经济先决条件（经济基础）。强迫工业化被认为是纠正历史错误的唯一途径；对"有自觉意识的要素"进行大众教育被视为成功工业化的关键；犹太人被认为是有自觉意识的人中文化程度最高的，也是有文化人中最有自觉意识的。在政权存在的头二十年里，这种关联似乎有道理。[24]

1928~1939 年，苏联的大学生人数增加了 4 倍多（从167000 人增加到 888000 人）。犹太人无法跟上这个速度，不仅因为作为少数族群（占人口的 1.8%），犹太学生配额受限制，而且因为其中许多人没有资格参加预备"工人部门"，而该政权正在将其作为往上晋升的重要工具，同时因为非俄罗斯共和国的各种"肯定行动"（affirmative action）计划包括录取土著民族优惠政策。结果，就乌克兰而言，犹太人在所有大学生中的比例从 1923/24 年的 47.4% 下降到 1929/30 年的 23.3%。但是，犹太人的表现仍然是首屈一指的。在 1929~1939 年的十年间，犹太大学生人数从 22518 人增加到 98216 人（占总数的 11.1%）。1939 年，犹太人占莫斯科大学生总数的 17.1%，在列宁格勒占19%，在哈尔科夫占 24.6%，在基辅占 35.6%。犹太人中大学毕业生的比例（6%）是普通人口的 10 倍（0.6%），是城市人口（2%）的 3 倍。在所有受过高等教育的苏联公民中，犹太人占 15.5%；从绝对数字来看，他们仅次于俄罗斯人，领先于乌克兰人。苏联犹太人中 19~24 岁年龄段的，有 1/3 是大学生，而在整个苏联相应比例在 4%~5% 之间。[25]

犹太人迁移到苏维埃城市最突出的结果是，他们转变为白领国家机关工作人员。早在 1923 年，44.3% 的莫斯科犹太人和 30.5% 的列宁格勒犹太人属于这一类别。1926 年，在莫斯科，所有就业犹太人的白领比例为 50.1%，列宁格勒为 40.2%（非犹太人的比例分别为 38.15% 和 27.7%）。到 1939 年，这个比例在莫斯科达到 82.5%，在列宁格勒达到 63.2%。自苏维埃政权成立以来，因为犹太人拥有极高的识字率和极高的政治忠诚度（"意识"），这两种品质相结合让犹太人更显特殊，让他们成为新苏维埃官僚机构的支柱。苏共认为，旧的沙皇官员——实际上所有在革命之前受过教育的非布尔什维克——都无可救药地不可靠。如果他们仍然是不可替代的，就只好利用他们（作为"资产阶级专家"）；一旦他们可以替代，他们就会被清除（作为"社会异己因素"）。替换他们的最佳候选人（当无产阶级正在"掌握知识"时）是犹太人——文化阶层中唯一没有为沙俄提供服务而被降格的成员（因为他们被禁止在沙俄政府从业）。[26]

正如列宁所说，"俄国城市中有许多犹太知识分子成员，这个事实对革命来说非常重要。他们结束了'十月革命'后我们所面临的一般怠工状态……犹太人被调动起来……从而在困难时期挽救了革命。就是因为这样一支有理性、有文化的劳动者队伍，我们成功地接管了国家机器"。[27]

苏联国家迫切需要新的专业人士和官员。犹太人，特别是来自前栅栏区的年轻犹太人，响应了这一号召。1939 年，在列宁格勒，犹太人在所有牙医中占 69.4%，在所有药剂师中占 58.6%，在所有辩护律师中占 45%，在所有医生中占 38.6%，

在所有法律顾问中占 34.7%，在所有作家、记者和编辑中占
31.3%，在所有音乐家中占 24.6%，在所有图书馆员中占 18.5%，
在所有科学家和大学教授中占 18.4%，在所有艺术家中占 11.7%，
在所有演员和导演中占 11.6%。在莫斯科，比例也差不多。[28]

地位等级越高的阶层，犹太人所占的比例越大。1936~1937
年，犹太学生在所有莫斯科小学一年级到四年级学生中占 4.8%，
在五年级到七年级的学生中占 6.7%，在八年级到十年级的学生中
占 13.4%。在大学生中，他们的比例（1939 年）为 17.1%，在大
学毕业生中的比例是 23.9%。1939 年，在所有苏联护士中，犹太
人占 3%，在所有医生中，犹太人占 19.6%。在列宁格勒，犹太人
在所有店员中占 14.4%，在所有店铺经理中占 30.9%。在 1926 年
的苏联军队中，犹太人在军事院校中的比例（8.8%）几乎是他们
在苏联指挥官中比例（4.6%）的 2 倍，是他们在军人中比例（2.1
%）的 4 倍。在 1939 年的俄罗斯共和国，犹太人占所有学校教师
的 1.8%，占所有研究人员和大学教授的 14.1%（白俄罗斯和乌克
兰的相应比例分别为 12.3% 和 32.7%，8% 和 28.6%）。[29]

在莫斯科和列宁格勒的上层文化精英中，犹太人的实力特别
强大，而且相当明显。犹太人在前卫艺术家中脱颖而出〔纳坦·
阿尔特曼、马克·查加尔（Marc Chagall）、瑙姆·加博（Naum
Gabo）、莫伊西·金兹堡（Moisei Ginzburg）、埃尔·利西茨基、
安东·佩夫斯纳（Anton Pevsner）、大卫·施特伦贝格（David
Shterenberg）〕，还有形式主义理论家〔奥西普·布里克（Osip
Brik）、鲍里斯·艾肯鲍姆（Boris Eikhenbaum）、罗曼·雅各布森
（Roman Jakobson）、鲍里斯·库什纳（Boris Kushner）、维克托·
什克洛夫斯基、尤里·蒂尼诺夫（Yuri Tynianov）〕，"无产阶级"
辩论家〔利奥波德·阿维尔巴赫（Leopold Averbakh）、雅科夫·

埃尔斯伯格（Yakov Elsberg）、亚历山大·伊思巴赫（Aleksandr Isbakh）、弗拉基米尔·基尔雄、格里戈里·列列维奇（Grigory Lelevich）、尤里·里贝丁斯基（Yuri Libedinsky）]，创新的电影制作人 [弗里德里希·埃尔姆勒（Fridrikh Ermler）、伊俄夫·凯菲斯（Iosif Kheifits）、格里高利·科津采夫（Grigorii Roshal）、格里高利·罗斯哈尔（Grigorii Roshal）、列昂尼德·特劳勃格（Leonid Trauberg）]，以及共青团诗人 [爱德华·巴格里茨基、亚历山大·别济缅斯基（Aleksandr Bezymensky）、米哈伊尔·戈洛德尼（Mikhail Golodnyi）、米哈伊尔·斯韦特洛夫（Mikhail Svetlov）、约瑟夫·乌特金]。

　　在大变革期间，犹太人在反对"资产阶级"习性最激烈的斗士中占据突出地位；在"大撤退"（撤离革命国际主义）期间，犹太人是社会主义、现实主义最自律的倡导者；在对抗纳粹的伟大卫国战争期间，犹太人是最热情的信仰、希望和战斗先知（其中一些人参加了所有上述活动）。当激进的唯物辩证者协会（Society of Militant Materialist Dialecticians）于1929年成立时，53.8%的创始成员（13人中的7人）是犹太人；当共产主义学院（Communist Academy）于1930年6月举行全体会议时，犹太人占所有当选的正式和通讯成员的一半（23人）。在1934年苏联作家第一次代表大会上，犹太人占所有代表的19.4%（仅次于占34.5%的俄罗斯人，领先于占4.8%的格鲁吉亚人、占4.3%的乌克兰人），在莫斯科代表团中占32.6%。在1935~1940年间，作家协会莫斯科分支的所有新成员中有34.8%是犹太人（244人中的85人）。大多数流行的苏联大众歌曲都是由前栅栏区的移民编写和表演的。在用古典音乐经典来庆祝革命胜利时，绝大多数表演者都是由犹太教师培训的犹太音乐家

（20世纪20年代任命的莫斯科和列宁格勒音乐学院所有教师中，有45%是犹太人）。苏联在生活的各个方面都与资本主义世界竞争，但在苏联运动员于40年代开始参加国际比赛之前，只在两个领域中，社会主义世界按照常规直接、公开地面对"资产阶级世界"，即国际象棋和古典音乐领域。这两样几乎完全是犹太人的特长，在这两个领域中都产生了一些30年代最著名、获得最高奖项的偶像人物，其中包括未来的国际象棋世界冠军米哈伊尔·鲍特维尼克（Mikhail Botvinnik），以及苏维埃音乐奖全部最高荣誉获得者，包括大卫·奥斯特拉赫（David Oistrakh）、埃米尔·吉勒斯（Emil Gilels）、鲍里斯·戈德茨坦和米哈伊尔·菲赫滕戈尔茨（Mikhail Fikhtengolts）。[30]

然后发生了战争。西班牙内战是由该国最著名的记者米哈伊尔·科尔佐夫［Mikhail Koltsov，即弗里德兰（Frdlidland）］为苏联公民讲述的，并由该国一些最优秀的特工和外交官代表他们进行，其中大多数是犹太人。在反对纳粹的战争中，苏联政权用两种声音说话：俄罗斯愤怒和报复的喉舌是伊里亚·爱伦堡（斯大林的主要文化大使），而社会主义国家崇高的男中音属于尤里·莱维坦（Yuri Levitan，苏联电台的官方播音员）。在战争中被杀害的莫斯科作家，至少有40%是犹太人。其中一位是我的外祖父莫伊谢伊·哈茨克列维奇·戈德茨坦（Moisei Khotskelevich Goldstein），一位从波兰途经阿根廷来到苏联的移民。他在1943年2月致信给我10岁的母亲："在光荣的红军成立25周年之际，作为红军的一员，我希望你在学校表现良好，正如列宁－斯大林的伟大政党所要求的那样。"一个月后，在他去世前不久，他用不通顺的俄语给我祖母写道：

很难想象在德国占领下人民的痛苦生活。在接下来的千年里，有关这位俄罗斯女人的遭遇，人们将编成故事、演唱歌曲。她的丈夫被杀了，她的孩子被带走了，她的房子被烧毁了，然而她却站在那里，像一座纪念碑，矗立在她房子的废墟中，酷似一幅生存意志顽强的鲜活图像。她还活着，并将继续活着。[31]

———————————

苏联文化精英中的一些犹太成员是旧时的造反派，如台维的霍黛儿、F. A. 莫雷尼斯－穆拉托娃和 V. G. 坦－博格拉兹，他们离开失明的父亲去对抗沙皇，在恐怖阴谋、阅读圈、政党会议和西伯利亚流放的地下世界成长，成为革命分子。他们中的一些人在 20 世纪 30 年代仍将是积极的"社会主义建设者"，但由于他们是社会主义革命的生还者和忠实的记忆者，他们将永远是"老人"。

其中一些人，比如纳坦·阿尔特曼、埃尔·利西茨基和大卫·施泰伦伯格（David Shterenberg），走了先锋派的后门加入了这场革命，并在标准弥赛亚主义的早期，继续描绘革命的正面，在斯大林的大变革期间，再次继续这项事业。

一些人，如霍普·乌兰诺夫斯卡娅（"Hope" Ulanovskaia）、爱德华·巴格里茨基或巴别尔的伊莱贾·布拉茨拉夫斯基（Elijah Bratslavsky），他们与自己的父母断绝关系，成为内战的孩子。他们的革命代表了反对旧"暴力世界"（引自《国际歌》）的最后一场决定性战斗中的骑兵袭击、土匪子弹和营火会兄弟情谊。这一代人最忠实的编年史者是米哈伊尔·斯韦特洛夫[Mikhail Svetlov，沙因克曼（Sheinkman）]，他也是这代人最伟大的两首歌曲的作者。其中《格拉纳达》（"Granada"）讲述了一名乌克兰男孩为遥远西班牙贫困农民的幸福而牺牲自己的故事；《卡霍夫卡之歌》（"Kakhovka"）讲述了"我们穿着军装大衣的女孩"，穿过一个燃烧的城镇，走向"轰隆作响的机关枪"。作为一个在伊卡德连诺斯拉夫的犹太小男孩，他曾经害怕自己拉比的病态故事——但现在不再害怕了。

> 现在我穿了一件皮夹克，
> 现在我很高，而拉比那么矮小。

他准备——如果必要的话——烧毁这座古老的神殿，他期待着烈火般的末世来临，"这位老拉比死在倒塌的犹太教堂墙下"。拉比的去世标志着布尔什维克的诞生。

> 头顶上的红旗，
> 闪光的刺刀，
> 装甲车。
> 这是圣日的黎明
> 布尔什维克诞生了。
>
> 我站在我的共和国面前，
> 我来自遥远的南方。
> 我让我所有的弱点——真的——
> 被逮捕。

这场战斗的参与者将在有生之年，一次又一次地带着对那一天的记忆，以及重现这一天的希望。他们中很少有人能活到斯韦特洛夫这个岁数（1964 年，斯韦特洛夫去世了，他的青春"变老"，但尚未用尽），但没有一个人——契卡警察或诗人（他们自己没有如此区分）——会变老。亚历山大·别济缅斯基是来自日托米尔的犹太工匠的儿子，他是共青团官方歌曲《年轻的卫兵》（1922 年）的作者，也是苏联共产党反对衰老和堕落艺术的最不妥协的斗士之一，他一直佩戴着共青团徽章，直到 75 岁去世。他并不需要戴这个徽章："我的老母亲，她只是我们的斗争中的 / 一个小斑点，/ 不明白我的党员证 / 是我的一部分。"他也不需要死：

> 人啊！磨快你们的刀剑！
> 人啊！你们不愿意
> 永远活下去吗？
> 这些是你们生命中的小偷：
> 睡眠和死亡。
> 都去死吧！[32]

还有一些人——"弟弟们"——是由 20 年代的共青团抚养长大的，目的是"围攻第一个五年计划的堡垒"。他们太年轻，没参加过内战，"心理也太年轻"，无法在新经济政策下过和平生活，他们与粗俗、贪婪、平庸、不平等、父权制尤其是"庸俗"做斗争。他们中的一个人，列夫·科佩列夫（Lev Kopelev），描述了他们所面对的邪恶：

新经济政策代表私人商场和小商店，与单调乏味的工人合作社相比，这些商店的库存要丰厚得多，装饰也更加华丽多彩。盛装打扮的男男女女，他们在乐队彻夜高唱的餐馆里，他们在赌场里，轮盘旋转，庄家们尖叫着："赌注下了！"穿短裙、涂鲜艳口红的女孩，她们夜晚走在街上，和单身男人搭讪，或者在出租车里尖声大笑。

新经济政策代表着农贸市场，充斥着肮脏、斑驳陆离的人群：被过度喂养的马匹拉着的富农手推车，大声叫卖商品的女人，油嘴滑舌的投机者，以及衣衫褴褛、满身泥垢的街头儿童。

新经济政策代表报纸上有关于富农杀害村记者的报道，对贪污者、受贿者和骗子的审判，关于道德腐败的讽刺故事——之前诚实的工人阶级共产主义小伙子稳定下来，变成官僚和趋炎附势者，坠入庸俗的沼泽。[33]

为了在腐败和不完美中保持他们的信仰，共产党和共青团成员必须不断清除自己的不纯洁思想，而共产党和共青团则不断地把不纯洁的成员从队伍中清除出去。贝塔斯基的共青团同志伊芙（伊芙为他生了一个儿子，他们给儿子起名叫维尔，而贝塔斯基从来没有和伊芙正式结婚，因为结婚这件事是庸人才会做的）是一名贫穷裁缝的女儿。

伊芙所做的每一件事，她迈出的每一个步伐，都致力于革命。她每一刻都充满热情，无论是在港口做卸煤的志愿者，还是在工人俱乐部学习俄语语法。由于小时候无法上学，她在年长后开始学习语法，但坚信这样做不是为了自己，而是为了无产阶级革命。我回顾自己和同伴的生活，可以看到：伊芙的大多数行为就像是庄严的宗教表演。[34]

普世救赎的希望取决于个人的正义感和革命即将取得的胜利。基洛夫被谋杀后，所有的异端分子都必须被清除，这时，伊芙将贝塔斯基（他曾是左翼反对派）赶出了家门。1927年，当战争似乎迫在眉睫之时，米哈伊尔·斯韦特洛夫期待着再次"向西行进"。（"苏维埃的子弹 / 将会像以前一样飞射……指挥官同志，开门！"）1929年，对农村的最后一次进攻开始时，他——永远是共青团激进主义的代言人——要求扒开他在内战留下的伤口，这样他体内的旧子弹就可以再次使用。"草原在熊熊燃烧，我的朋友，/ 又要用上我的铅弹！"[35]

他们如愿以偿了。内战老兵和"20年代的共青团员"站在"第一个五年计划"伟大战役的前列。他们击败了油嘴滑舌的店主，"重新改造"了街头娼妓，清除了道德败坏的人，并将"富农作为一个阶级清除掉"。这是一个需要坚定意志的时刻。根据科佩列夫（Kopelev）的说法，他参与了没收乌克兰农民财产的运动，目睹了随后发生的饥荒，并试图在多年后找回他当时的感觉："你不能屈服于令人意志衰弱的怜悯之情。我们是历史必然性的代理人。我们正在履行我们的革命职责。我们正在为我们的社会主义祖国采购粮食。为五年计划。"对科佩列夫以及新苏联知识分子中的大多数犹太人和非犹太人来说，这是一个充满革命热情、自我牺牲、真诚的同志情谊和弥赛亚期盼的时代。正是人们热切期待的内战再次上演，为那些错过革命的人提供了他们自己的"叛逆青春时代"——一个注定会永远存在的青春时代（在许多情况下，的确如此）。[36]

最后，在莫斯科和列宁格勒出生于 20 年代的精英阶层成员，当时昔日的革命者，开始组建自己的家庭。新政权的孩子——包括霍黛儿的孩子——他们是革命后的第一代，完全是苏联人的第一代，没有反抗父母的第一代（因为他们的父母已经把反抗父母这件事做到极致了）。他们中大多数人在莫斯科和列宁格勒的市中心长大，并就读于最好的苏联学校（通常建在以前的高级中学或贵族大厦里）。其中犹太人的比例特别高，可能比之前学生群体中的比例还要高。查弗里拉·梅龙斯卡用另一个时代的讽刺口吻和阶层分类角度如是描写：

> 我们的学校位于［莫斯科］市中心，那里是无阶级社会的特权阶级居住的地方，所以这里的学生也是一个特殊群体。至于学生团体的民族构成，"犹太游说团"绝对占主导地位。所有人，妮娜·米勒、柳西亚·佩夫茨纳、布西娅·弗莱姆森、丽塔·平森以及博里亚·福克斯等，在各方面都让偶尔出现的伊万·穆欣或娜塔莎·杜吉纳相形见绌。这些精英学习轻松又拔尖，毫无例外地为所有活动设定主调。[37]

他们上剧院看戏，阅读 19 世纪的经典作品，在乡间别墅或黑海边避暑，他们的生活方式让人回忆起那些 19 世纪的经典作品。他们中许多人都有农民出身的保姆，在后来的回忆录中，这些保姆将成为老革命者农家保姆的忠实化身（最终让人想起普希金的阿利娜，所有农家保姆的不朽原型）。茵娜·盖塔尔（Inna Gaitar）的父亲是来自栅栏区的移民，也是集体化的杰出理论家，她是由梁赞城（Riazan）外卡拉洛沃村（Karaulovo）的娜塔莎·西多丽娜（Natasha Sidorina）抚养长大的。赖莎·奥尔洛娃（她住在离梅龙斯卡和贝塔斯基家不远的高尔基街上，在盖斯特的"政府之家"河对面）有保姆，这名保姆喜欢偶尔喝一杯伏特加，崇拜善良、心地单纯的农民之神。

> 事实上，我的童年时代有两个神，而不是一个。我的老祖母——我母亲的母亲——也住在我们的公寓里。她睡在入口通道边的一个小房间里，想起她，总觉得她躺在床上……她的房间又闷又臭，由于某种原因还让人害怕。祖母会跟我说她的上帝和《圣经》。祖母的上帝——和保姆口中的不一样——是吝啬的，总是扔石头、打仗。在很长一段时间里，这些石头是我关于《圣经》的唯一记忆。也许那是因为保姆和祖母长期不和，我总是站在保姆一边。[38]

奥尔洛娃的祖母与巴别尔和曼德尔斯塔姆的祖母没有什么区别。她母亲要求在临终时听人给她读普希金。她的保姆叫阿利娜。

普希金街从前栅栏区的黑暗房间一直延伸到俄罗斯和苏联的中心（30年代末，所有列宁格勒犹太人中有3/4居住在这个帝国故都的七个中心区）。霍黛儿的孩子长大后会说普希金的语言和革命的语言。这两种语言对他们来说都是母语，他们比任何人都说得更流利、更有信心。他们是大革命后第一代知识分子的核心成员——苏联文化精英历史上最重要和最有影响力的一代。他们认为自己同时真正继承了伟大的俄罗斯文学和伟大的社会主义革命。正如贝塔斯基所说，"我们继承了俄罗斯革命知识分子世代的道德理想：不墨守成规，热爱真理，有道德观念"。贝塔斯基在该书几页后又说，"我们都做好了成为煽动和宣传官员的准备"。只有那些在第二次世界大战中死去的人才成功地将两种身份完美结合。而幸存者必须选择一种。[39]

但是，早在 30 年代，当他们年轻时候，大多数人都很开心，他们最大的挑战是找到一种配得上致福境地的语言。正如赖莎·奥尔洛娃的一个同学［安娜·姆莱尼克（Anna Mlynek）］在1935 年全国高中毕业典礼上的著名演讲中所说的——显然是让人深受感动、热烈欢迎：

> 同志们，今天讲话很困难，只是我想说的太多了，需要说的话也太多。我们在寻找合适的词语来回答我们亲爱的老同志，寻找合适的词语来表达我们内心深处的情感——但是什么词语会公允地描述我们的生活呢？……
>
> 地球上最高的山——斯大林山——已经被我们的国家征服了。世界上最好的地铁是我们的地铁。世界上最高的天空是我们的天空：它被我们的飞行员升高了。最深的海洋是我们的海洋：它已经被我们的潜水员加深了。在我们国家，人们比世界上其他地方的任何人都更快、更远、更好地飞行、跑步、学习、画画和玩耍！……
>
> 这就是对我们的期望——革命后产生的第一代人。[40]

在 30 年代后半期，最负盛名的苏联大学是文史哲学院（IFLI），由 R. S. 泽姆利亚奇卡（R. S. Zemliachka）的姐姐 A. S. 卡尔波娃（扎莉德）[A. S. Karpova（Zallide）] 领导，被称为"共产主义学校"（与普希金入读的贵族子弟学校类似，永远与快乐的创造力、终身友谊、吉祥的开端，尤其是诗歌联系在一起）。文史哲学院荟萃了所有这些精华。奥尔洛娃回忆称，"对友谊的崇拜是至高无上的。我们有自己独特的语言，共济会的标志，以及强烈的归属感。友谊是一夜之间形成的，却持续很长时间。即使到了现在（1961~1979），无论我们中间有什么样的城壕和悬崖的隔绝，我都发现自己在说：'上帝保佑你，亲爱的朋友。'"[41]

这句话当然来自普希金。文史哲学院最受欢迎的老师[亚伯兰·贝尔金（Abram Belkin）、米哈伊尔·利夫希茨（Mikhail Lifshits）和列昂尼德·平斯基（Leonid Pinsky）]是文学教授，该学院最有魅力的学生（主要也是犹太人）是诗人、评论家和记者。科佩列夫在关于贝尔金的文章中写道，"他不仅仅爱陀思妥耶夫斯基——他声称陀思妥耶夫斯基的作品是一种宗教教义"。大卫·萨莫伊洛夫（David Samoilov）在谈到平斯基时写道："在过去，他会成为哈西德派乌克兰某个地方的著名拉比，一个圣人，一个让人崇拜的对象。事实上，我们也崇拜他。他是一位伟大的权威，一位著名的文本阐释者。"但文史哲学院诗人崇拜的不是他们的教授，而是他们的"年龄"、他们的青春、他们这一代人、他们之间的兄弟情谊和他们的艺术。

> 我们会一直说话，直到嗓子嘶哑，一直背诵诗歌，直到脸色发青。我们在午夜过后很久还坐着讨论。我记得有一次，大约凌晨两点，我的香烟抽完了。我们穿过城市大约五公里，来到玛雅科夫斯基广场附近的一家通宵商店。然后我们走回来，在烟雾缭绕中继续我们的争论。[42]

/ 234

这些男孩和女孩中有许多是过着俄罗斯知识分子潇洒生活的犹太移民子女——其父母就是俄罗斯知识分子。他们不关心父母来自何方，因为他们明白自己就是俄罗斯知识分子的后裔，他们是神圣兄弟会的继承人，其父母加入兄弟会并摧毁了这个兄弟会，然后又不知不觉地努力重建。在文史哲学院，"这一代人"毫无争议的预言家是帕维尔·柯冈（Pavel Kogan），他创作了有史以来最受欢迎、最经久不衰的苏联歌曲之一：《双桅帆船》。

> 我厌恶坐而论道，
> 可爱的脸庞苍白病态……
> 一个遥远海盗城的某个地方
> 一艘双桅帆船即将启航……
>
> 老船长，像风中的海岩
> 举起锚，离开我们。
> 让我们和他告别，祝他好运
> 举起装满金酒的玻璃杯。
>
> 让我们为海盗和陌生人干杯
> 他们鄙视家园的廉价安逸，
> 让我们为骄傲的快乐罗杰干杯，
> 无畏地劈波斩浪。

革命结束了；船长已扬帆启航；诗人的同龄人和国家一起成熟。但革命当然尚未结束，诗人的同龄人，就像自己的国家一样，也尚未成熟。根据柯冈的说法，"即便在冬天，也永远是春天"。斯大林时代的俄罗斯是一个永远繁荣、年轻温暖的土地（此即"社会主义－现实主义"的现实），是一个"永恒之路"和"时间之桥"的土地。对于永葆青春的人来说，总是有战争要打——

以我们青春期的勃勃生气，
以我们星球的名义
这个星球，我们让它摆脱瘟疫，
免遭血腥屠戮，
去除寒冬凛冽
脱离愚昧无知。

以 1945 年战争的名义，
以契卡警察的名义。
以
名义！

　　这首诗写于 1939 年，当时柯冈 21 岁，离战争还有两年（而非六年）。柯冈的同志配得上他们的契卡前辈，因为他们都是同类人，用同样的方式反抗同样的"愚昧无知"和"廉价安逸"。柯冈最著名的台词是："我从来不喜欢椭圆形 / 我喜欢画棱角。"他所处的"时代"最终与巴格里茨基一致："在院子里等你"，并要求做出流血牺牲。

我明白这一切，这不是什么巨大的奥秘。
我们的时代沿着铁轨快速前进。
我明白，我说："历史万岁！"——
把自己一头撞在铁轨上。

　　柯冈生前最后所写的诗包括《信》，写于 1940 年 12 月。"我

们在有生之年看到了这一天，"他写道，

> 我们，一场非凡革命中的男孩——
> 十岁的追梦人，
> 十四岁的诗人和朋克。
> 在伤亡名单登记年龄为 25。[43]

柯冈于 1942 年被杀害，当时他 24 岁。他立志将自己的诗歌体小说写成——几乎是冒渎地——他这一代的《叶甫盖尼·奥涅金》，当时尚未完成。他最好的"纪念碑"是他的同道诗人鲍里斯·斯卢茨基（Boris Slutsky）所写的一首诗（他会尽最大努力将共产主义学校的毕业生重新归类为"战争一代"，并使之永垂不朽）。

> 让我们吹吹牛
> 因为战斗已经结束。
> 我们一起举杯庆祝，
> 我们畅怀欢饮。
> 然而不知何故，我们都对
> 未来的火箭满怀信心：
> 我的朋友们都磨砺以须
> 做好先知的工作。[44]

那些幸存下来的人，一些成为"战争一代"，然后成为"60年代那代人"，最终成为戈尔巴乔夫经济改革的"先驱"。但是在 30 年代（在"战斗结束"之前），他们仍然是非凡革命中永葆青春的男孩和女孩。战前苏联精英的共同点是：他们完全认同自己的"时代"；他们相信自己以及自己的国家是革命的化身；他们坚信，正如科佩列夫所说，"苏联的政权是地球上最好、最公正的政权"。他们中的所有人——从霍黛儿到霍黛儿的孩子——都愿意以先知的身份工作。[45]

———————————

　　新苏联精英的大多数成员不是犹太人，而大多数犹太人也不是新苏联精英的成员。但毫无疑问，犹太人的精英成员比例远远高于苏联的其他民族。从绝对数字上来说，他们仅次于俄罗斯人，但是如果将精英成员按来自同一个地区、有着相似的社会和文化背景并承认彼此拥有共同的传统和祖先的标准划分，那么犹太人将会是新苏联精英中最大的一个群体，尤其是（或者更确切地说，最明显的是）其文化队伍。他们往往是诗人、先知和宣传员。大卫·萨莫伊洛夫属于柯冈那一代人，他出生在莫斯科，父亲是来自白俄罗斯的一名犹太医生，大卫后来成为苏联文化精英中最雄辩的史学家之一。据他说，犹太人填补了"恐怖主义政权造成的真空"，然后从一个"社会阶层"演变为"国家的一部分"。他认为，犹太人代表了"某种心态，俄罗斯知识界的一个分支，是其最无私的变体之一"。[46]

　　事实上，犹太人在战前苏联的角色类似于德国人在帝俄时代的角色（或者法纳尔人在奥斯曼帝国的角色，等等）。作为世界帝国中的墨丘利民族，他们在注定会成为墨丘利的阿波罗中代表了现代性和国际主义。在墨丘利化政权成立之初，他们与之紧密相关，被这些政权用作模范、传教士、代理人、热心的皈依者和廉洁的官员。沙皇时代的德国人和苏联时代的犹太人都认同他们的国家,因为他们认同这些国家的目标,擅长实现这些目标,并且从他们的忠诚和能力中受益匪浅(只要政权仍然是世界性的)。他们充当官僚、精英专业人士(包括学者),发挥在所有国家职能中最墨丘利化的职能:外交和特工。俄国的德国人是传统的墨丘利,他们倾向于保持外部陌生感和内部凝聚力,这是他们持续发挥调节作用的先决条件。苏联犹太人是抛弃传统墨丘利主义的现代人,以克服自己的陌生感,创造一个摒弃所有调解形式的社会,却发现自己正在发挥传统墨丘利的功能,几乎与帝俄时期他们的德国前辈相同(在许多方面与在德国和波兰国土上他们自己的祖父母相似)。

　　一个关键的区别(这可能是犹太人在无计划、非预谋的情况下转变成专业的苏维埃墨丘利造成的)是,在那些认为自己是俄罗斯知识分子的人中,苏联犹太人(与德国人相比)的比例要大得多。在俄罗斯帝国时代,代表阿波罗的先知和执着的墨丘利现代专业人士之间有一个区别,很大程度上不一致但总是被坚持,这就是其中一些墨丘利现代专业人士与国家结盟,许多是德国人(真实的或隐喻的)。在 30 年代的苏联,大多数认为自己是知识分子的人都属于代表阿波罗的先知或执着的墨丘利现代专业人士,他们与国家结盟,其中许多是犹太人。大卫·萨莫伊洛夫试图在两者之间划清界限,或者更确切地说,将 70 年代和 80 年代看起来如此清晰的界限延伸出去,一直回溯到 20 年代和 30 年代。他在回忆录中写道,在前往苏联城市的犹太移民中,"既有知识分子中的犹太成员,或者至少是能成为知识分子的料子,也有成千上万的红色委员和党的官员,他们乘浪潮高升,在权力中陶醉"。比他迟两年(1922 年)出生的查弗里拉·梅龙斯卡认为自己属于知识分子，因为她有犹太血统，还有精英教育经历和社会成就。她将家搬到特沃斯卡亚街（Tverskaia）的一栋精英建筑前。在 20 年代末，刚到莫斯科时，住在一个公寓里。她在回忆录中描述了这个公寓，提到了公寓的前主人和他那"早熟的女儿，油腻的头发直挺挺的，颜色像腐烂的稻草，眼睛深陷，睫毛无色"；"无产阶级古洛夫，他用沉重的锤子换来了一份在苏联安全机构的工作，混得不错"；"富裕的总会计师，鲁宾赤克同志，和他那无子女的优雅妻子"；"敷衍应付"的共产党官员和他"不负责任"的岳母；工程师弗里德曼及其妻子和两个小孩；最后是"苏联知识分子的代表"——梅龙斯卡自己的家庭。梅龙斯卡的祖父母是来自栅栏区的传统犹太人；她的父母都就读于革命前的高级中学，然后去上基辅大学法学院。在苏联统治下，她的父亲（出生时名叫亚伯兰·梅克尔）成为《农民报》和《消息报》的杰出记者；她的姑姑已经成为电影导演和制片人；她的母亲从未参加工作。[47]

作为 30 年代的苏联知识分子，意味着他们完全是苏联人（致力于社会主义建设）和真正的知识分子（致力于文化经典保护）。梅龙斯卡最终迁到精英住宅的一个原因是她和普希金同住一处。

没错。他总是和我在一起。我总是通过问下列问题来检讨自己的情感、意见和趣味：他会说什么？做什么决定？想什么？相信什么？

我记得五岁时问爸爸："普希金的时代，他们有冰激凌吗？"对我来说，重要的是知道他是否有机会像我一样享用冰激凌。

后来，我读了所有关于他的文章。我知道他在莫斯科住过或待过的所有房子，他朋友住过的地方，当然还有他结婚的著名教堂。

在列宁格勒时，我没有错过拜访他在莫伊卡住过的最后一间公寓，他在黑溪（Chernaya Rechka）上决斗的地点，以及举行他葬礼的教堂。我通过他的眼睛观察这座城市。我去了沙皇村（Tsarskoe Selo），他在那里上高中。在比萨拉比亚（Bessarabia）四处旅行，我一直在想他的"吉卜赛人"。然后是米哈伊尔夫斯基（Mikhailovskoe）和特里戈斯科（Trigorskoe），我可以在公园里尽情漫步。在克里米亚半岛（Crimea），我通过他的眼睛看到了大海。[48]

很久以后，她去了位于亚斯纳亚－波良纳庄园（Yasnaia Poliana）的托尔斯泰之墓，去"倾听沉默"，体验"成为重要、强大和纯洁事物一部分的感觉"。赖莎·奥尔洛娃已去过那里：她和她的第一任丈夫列昂尼德·谢尔谢尔（Leonid Shersher，一名犹太人和文史哲学院诗人）在那里度过了他们的"新婚蜜周"。[49]

30年代，所有受过大学教育的苏联人——尤其是霍黛儿的子女——和普希金、赫尔岑、托尔斯泰、契诃夫以及各种西方经典作家共同生活，就像他们与工业化、集体化和文化革命共处一样。共产党犹太分部的高级官员、希伯来语和"犹太复国主义"的最大苏联敌人萨穆伊尔·亚古尔斯基（Samuil Agursky），用"海涅、狄德罗、莎士比亚、席勒、普劳图斯、歌德、塞万提斯、萨克雷、斯威夫特、贝朗格还有其他众多经典作家的作品"培养自己的儿子梅立波（Melib，他不会说意第绪语）。"父亲还买了许多革命前的文学作品，特别是《麦田》杂志副刊，其中包含果戈理、安德烈耶夫、哈姆森、易卜生和贡查洛夫的作品。我们还有沃尔特·斯科特爵士、拜伦、拉伯雷、莫泊桑、雨果、普希金、高尔基、托尔斯泰、屠格涅夫、莱蒙托夫、契诃夫、别林斯基、杰尔扎温、韦列萨耶夫和纳德松的作品。至于苏联文学，很奇怪的是，我们很少阅读，除了马雅可夫斯基、肖洛霍夫和富尔马诺夫。"[50]

  根据共产党正统信仰而创造的所有伟大著作（绘画、交响乐、芭蕾舞剧）合在一起，被认为是社会主义－现实主义。在30年代，"世界文化"及日益增长的俄罗斯成分，影响并打造了苏联社会主义，就像古典主义、巴洛克和哥特式建筑塑造苏联城市和住宅一样。叶夫根尼娅·金茨堡是一位享有特权的共产主义知识分子，她的丈夫是一名高级官员，在她坐着7号牛车被押往劳改营的路上，她通过背诵格里博多夫（Griboedov）的《机智的悲哀》和涅克拉索夫（Nekrasov）的《俄罗斯女人》，让自己和其他囚犯振作精神。当偷听的警卫指控她偷偷带入一本书时，她背诵了整部《叶甫盖尼·奥涅金》，来证明自己是清白无辜的，并且揭示他们也是清白的。首席警卫坐在裁判席上。"起初，（他）带着威胁的表情：她一会儿就卡住了，然后他会让她看！逐渐地，警卫威胁的表情转化为惊讶、近乎友好的好奇，最后是不加掩饰的喜悦。"他要求她背诵更多内容。"所以我接着背。火车又开动了，车轮一直紧跟普希金的音步前行。"[51]

  瓦西里·格罗斯曼（Vasily Grossman）的《生活与命运》（*Life and Fate*）之于伟大的卫国战争的意义，正如列夫·托尔斯泰的《战争与和平》之于"1812年的卫国战争"的意义。其核心人物是一个犹太人，在战争之前，他"从来没有想过自己或他的母亲是犹太人"。他的母亲是一名医生，她曾认为自己是犹太人，但那是多年前，普希金和苏联政府"让她忘记自己的犹太人身份了"。当纳粹强迫她记起自己是犹太人时，她不得不收拾东西搬到犹太区。

> 我拿了一个枕头，一些床上用品，你给我的杯子、一把勺子、一把小刀和两个盘子。我们真的需要这么多东西吗？我带了一些医疗器械。我带了你给我写的信；我已故母亲和大卫叔叔的照片，以及你和你父亲的合照，一部普希金的书，《来自风车小屋的信》，一本收入《一生》的莫泊桑作品集，一本小词典……我还拿了一些契诃夫的书，包括《没有意思的故事》和《主教》的合集，就那么多了，我的篮子已经装满了。[52]

叶夫根尼·格涅金（Evgeny Gnedin）于 1898 年诞生时，他的父亲帕尔乌斯（Parvus）宣布没有祖国之国的敌人诞生了，格涅金后来成为人民对外事务委员会新闻部的负责人。他在回忆录中写道，他这一代人是由"两种知识生活潮流形成的：社会主义革命意识形态和人道的俄罗斯文学"。在农民集体化的过程中，他是一名"鼓动者"，当他后来因为莫须有罪名而赤身裸体地被关在冰冷的牢房里时，他背诵了普希金、勃洛克、古梅列夫和维亚切斯拉夫·伊万诺夫以及他自己的诗歌。[53]

列夫·科佩列夫是推动集体化的人，他是诗人，也是囚犯。他也曾在文史哲学院求学，能讲俄语和乌克兰语，也是正式的"世界公民"（世界语中称"Satano"）。他不认为自己是犹太人。在标准的苏联表格和他的内部护照上，他的确自称为"犹太人"，但这是因为他不想被视为"懦弱的叛教者"，而且因为第二次世界大战后他不想与那些因犹太人身份而被谋杀的人断绝关系。"我从未听到过血的呼唤，"他写道，"但我理解记忆的语言……这就是为什么在所有正式的调查问卷中，对所有正式的调查者，以及任何只是觉得好奇的人，我总是说，并且将永远说：'我是犹太人。'但是对我自己和我的好朋友来说，我说的话不一样。"

对他自己及其密友来说，科佩列夫说着国际共产主义、苏联爱国主义和世界文化的语言，对他自己、其密友及所有来到苏联首都的犹太移民来说，这些语言都是俄语。正如马雅可夫斯基所说，科佩列夫不断重复这是"他的个人信念"。

> 我也会学俄语——
> 只是因为
> 那是列宁讲的语言。

但是，由于他像列宁一样，早就学会了俄语并将其作为母语，他别无选择，只能用俄语来创造他的世界。"我对世界的感觉和看法是通过俄语词汇、俄语导师以及莎士比亚、雨果、狄更斯、马克·吐温和杰克·伦敦作品的俄语译文形成和发展的。"对于霍黛儿及其孩子来说，普希金街和通往社会主义的道路完全是一回事。"成为俄罗斯人，"科佩列夫写道，他引用了陀思妥耶夫斯基《普希金演讲》中的话，"就是成为一个全世界的人（Universal Human Being）"。[54]

犹太人向大城市的大规模移民，他们对布尔什维克主义的认同，以及他们还成为新苏联知识分子的核心力量，这些现象激起了那些反对这些新移民到来的人的敌意，他们不赞成布尔什维克主义，或者由于种种原因无法加入新苏联知识界。1925 年，一名列宁格勒居民在给一位美国朋友的信中写道："你知道这座城市的人都长什么样子吗？你会遇到各种令人反感的犹太人——留着鬈发，说话嘎嘎叫，直打嗝。"三个月后，另一个人在致南斯拉夫一名记者的信中写道："人行道上挤满了穿着皮夹克和灰色战壕服的人，向你脸上吐葵花籽，有那么多留长鬈发的犹太人，从容自在，你还不如在戈梅尔、德文斯克或别尔季切夫。"一名莫斯科人在 1925 年 4 月寄往列宁格勒的一封信中也表达了同样的感受："我不再去公共场所了，尽量别四处走动，因为一走动就不得不看到犹太人的脸、犹太商店的招牌，这让我非常恼火。很快，在莫斯科，俄罗斯的标志将变得稀有少见，或者我应该说这个地方是'新别尔季切夫'①。这个苏联民族无处不在；我特别注意不读报纸或卑躬屈膝的文学作品。"[55]

/ 243 在 20 年代中期，列宁格勒秘密警察截获的反犹太信件中，将犹太人与苏联政权相联系是一个共同的主题。"犹太人绝对占主导地位"（1924 年 10 月）；"全部报刊都掌握在犹太人手中"（1925 年 6 月）；"大多数犹太人日子过得非常好；从贸易到国家机关，一切都掌握在他们手中"（1925 年 9 月）；"每个孩子都知道苏联政府是犹太政府"（1925 年 9 月）。特别是革命前精英

① 别尔季切夫，乌克兰的一座城市。

阶层中的一些成员，对教育机构中的"反布尔乔亚"配额以及随后犹太移民的崛起表示不满，这些犹太人既是杰出的新文化承载者，也是主要的攻击传统观念的"无产阶级"。艺术史学家 A. 阿尼西莫夫（A. Anisimov）给布拉格的一名同事的信（1923 年 11 月）中称，"申请上莫斯科大学的 100 名学生中，有 78 名是犹太人；因此，如果现在俄罗斯大学在布拉格，那么犹太大学就在莫斯科"。一名学生即将因为其出身被"清除"，他的父亲给塞尔维亚的一位朋友或亲戚写信说："帕维尔和他的朋友正在等待命运的安排。但是很明显，只有耶路撒冷的学者和共产主义者，通常是党员，会留下来。"一名列宁格勒大学教授的妻子说："在所有学院中，只有工人和以色列人被录取；知识分子的生活非常艰难。"[56]

米哈伊尔·布尔加科夫（Mikhail Bulgakov）认为犹太人是"伟大的莫斯科城"发生的事件中重要的（如果明显是副手的话）煽动者和受益者。正如他在 1924 年 12 月 28 日的日记中所写，在一次时髦的"尼基京周六"（Nikitin Saturdays）会议上公开阅读了他所著的《致命鸡蛋》之后，"那里大约有三十个人，其中没有一个是作家，也没有一个人对俄罗斯文学有任何了解……这些'尼基京周六'会议参与者是一群陈腐、卑屈的苏联乌合之众，其中犹太人占很大比例"。一周后，在他的朋友 M. 德米特里·斯托诺夫（Dmitry Stonov，作家，来自栅栏区的犹太移民）的陪同下，他参观了《无神》杂志的编辑部。

结果发行量高达 70000 份，而且还在快速增长。办公室来来往往的都是难以置信的人渣。有一个小舞台，一些窗帘，装饰品……舞台上有一张桌子；桌子上有一本神圣的书，也许是《圣经》，上方有两个头像。

"让我想起一个犹太教堂。"我们走出去时，M 说……

就在那天晚上，我浏览了《无神》发行的期刊，被惊呆了。问题不仅仅在于这是一种亵渎，尽管从形式上来说，亵渎是无限的。关键是他们把基督，基督本人，描写成一个恶棍和骗子。不难看出这是谁的作品。这真是弥天大罪。[57]

苏共严肃认真地对待这些观点。根据 1926 年 8 月宣传鼓动部门给中央委员会秘书处的报告，"苏联政权偏爱犹太人，是'犹太政府'，犹太人造成失业、住房短缺、大学入学问题、价格上涨和商业投机——这种感觉是所有敌对分子灌输给工人的……如不加抵制，反犹浪潮很可能在不久的将来成为一个严重的政治问题"。[58]

苏共确实进行了一些抵制，反犹太浪潮从未成为一个严重的政治问题（就苏共而言）。应对威胁的一种方法是监视和镇压。秘密警察阅读的大多数信件（1925 年，单是在列宁格勒政治管制办公室，一个月就有大约 1500 封）都附有"备忘录"，其中包括发件人和收件人的姓名以及与格别乌特定部门工作相关的摘录。以上引用的所有信件（除了阿尼西莫夫的信，这封信来源不同）都被转交给格别乌的反革命部（KRO）或秘密行动部（SOCh），要采取进一步行动。1925 年 3 月，七名俄罗斯民族主义者被枪杀，因为他们主张推翻"共产主义犹太人"政权，将所有苏联犹太人驱逐到巴勒斯坦（还有其他原因）。[59]

另一个策略（前后不一致、不协调，或多或少带有个人色彩）是，有犹太血统的杰出官员小心翼翼地避免过于显眼或淡化其犹太血统。托洛茨基声称，他拒绝担任内政部委员是因为担心给该政权的敌人提供更多的反犹太弹药。莫洛托夫回忆说，列宁死后，俄罗斯裔李可夫当选为苏联政府人民委员会（Sovnarkom）的新领导人，而不是更有能力的加米涅夫，因为"在那段时间，犹太人占据了许多领导职位，尽管他们在该国人口中只占很小比例"。托洛茨基和加米涅夫都不认为自己是犹太人，除了在狭义系谱（种族）上承认自己是犹太人外——在苏联的"民族政策"中，当然是狭义系谱观念占主导地位（1933年引入护照制度后，或多或少是强制性的）。1931年，当莫洛托夫要求提供全俄苏维埃第三次代表大会中央执行委员会成员的种族分类信息时，托洛茨基和加米涅夫都被列入了没有填写代表调查表但民族是"众所周知"的人的名单。叶梅利扬·雅罗斯拉夫斯基（Gubelman，古贝尔曼）和尤里·拉林（Yuri Larin）（卢里，Lurie）的国籍不太为人所知；两人都是苏联在排犹主义问题上的主要发言人，而且都以第三人称称呼犹太人。[60]

最敏感的"民族身份"当然是列宁的民族身份。1924年，列宁的姐姐安娜发现，他们的外祖父亚历山大·德米特里耶维奇·布兰克（Aleksandr Dmitrievich Blank）出生时名叫斯鲁尔[Srul，即伊斯雷尔（Israel）]，出生地是沃尔尼亚（Volynia）旧康斯坦丁诺夫（Starokonstantinov）的犹太人小村，是莫什科·伊茨科维奇·布兰克（Moshko Itskovich Blank）的儿子。当加米涅夫发现这个事实时，他说，"我一直都这么想"。据称，布哈林回答说："谁在乎你的想法？问题是，我们该怎么办？""他们"，或者更确切地说，共产党（通过列宁研究所）所做的是宣布这个事实"不适合公布"，并下令对此"保密"。1932年，还有1934年，安娜·伊琳娜请求斯大林重新考虑，声称她的发现一方面是对"犹太民族非凡能力"和"其血统对异族通婚后代的非凡有益影响"的重要科学证实，另一方面，也是反对排犹主义的有力武器，"因为伊里奇在大众中声望很高，深受爱戴"。在她看来，列宁认为犹太民族"在斗争中具有独特的'坚韧性'"和高度的革命倾向，他自己是犹太人是对这一观点的最佳确证。"总体上讲，"她总结道，"我不明白作为共产党人，我们有什么理由要隐瞒这个事实。从逻辑上来说，这不符合各民族完全平等的观点。"斯大林的回应是下达命令，要求"保持绝对安静"。安娜·伊琳娜做到了。该政权的敌人因而丧失了额外的反犹弹药。[61]

对于犹太人在苏联社会上层人数过多的另一种处理方法，是将他们中的一些人转移到底层，或者更确切地说，通过为墨丘利式头脑提供阿波罗式身体，将犹太人转化为一个"正常的"民族。20年代和30年代初，苏联的民族政策包括大力促进民族多样性、民族自治，巩固族群地域制度。根据共产党的正统观念（革命前由列宁和斯大林确立），沙皇统治下"各民族大监狱"的不公正只能通过体察、机智和各种形式的"肯定行动"（affirmative action，这里用了一个年代误植的短语）来克服。以前受压迫的人民强烈感受到自己的文化特性，因为他们有受压迫的历史。结束这种压迫并且对民族特性进行有针对性的宣传，将不可避免地让民族间的猜疑消失，从而取消对民族特性的过度关注。正如斯大林早在1913年所说，"有少数人不满……因为他们无权使用自己的母语。允许他们使用母语，不满就会自行消失"。随着种族不满情绪的消失，种族群体将去神秘化，最终在共产主义下融合。每个马克思主义者都知道，民族身份是掩盖阶级斗争现实的门面。布尔什维克的多元文化主义就像礼貌一样：

没有什么东西像礼貌那样，珍贵却不花钱（或者布尔什维克这样认为）。通过宣传"民族形式"，共产党加强了"社会主义内容"。多样性是通向团结的最可靠的道路。这种辩证法的最伟大纪念碑是世界历史上第一个族群地域联盟——苏维埃社会主义共和国联盟。[62]

犹太人被认为是一个过去受压迫的苏联民族，和所有其他以前受压迫的苏联民族一样（也就是说，俄罗斯人除外）。当然，宗教是个坏东西，出于世俗目的使用《圣经》语言也如此（穆斯林不得不放弃阿拉伯书面语言），但是现代世俗的民族文化确实是很美好的事物。就犹太人而言，这意味着在乌克兰和俄罗斯共和国建立几个特殊的种群地域单位，并大力推广意第绪语、戏剧、报刊、学校和文学（同时将肖洛姆·阿莱赫姆作为犹太人的普希金进行大力颂扬）。布尔什维克犹太人的热情是巨大的，但是总体效果——到1934年，当苏联停下来喘口气时——是微不足道的。问题不在于"犹太复国主义"、希伯来主义或犹太传统主义，与苏联文化建设努力在中亚遇到的挑战等相比，这些都是微不足道的刺激。问题是，根据官方的马克思主义蓝图，犹太人在苏联的文化建设中遥遥领先。许多苏联民族没有聚居的家园，更多的苏联民族似乎无法将宗教和种族区分开来，但是没有其他苏联民族在阶级方面像犹太人那样头重脚轻（如同偶像级人物托洛茨基，像一个倒三角形），像犹太人那样在苏联高层有大量代表，也没有民族像犹太人那样对国家攻击其宗教或对宣传其"民族文化"不感兴趣。也没有其他民族像犹太人那样更擅长当苏联人，更热衷于放弃自己的语言、仪式和传统的定居地区。换句话说，没有其他民族像犹太人那样墨丘利化（全是头，没有身体）或者那样具有革命性（全是年轻人，没有传统）。[63]

因此，在一个至关重要的意义上，犹太人的"正常化"与苏联所有其他民族的"现代化"正好相反。培养族裔单位、文化、干部和机构，目的在于消除社会主义城市化、教育和世界主义道路上的民族主义障碍。然而，犹太人城市化程度如此之高，教育水平如此之高，并且如此渴望成为世界主义者（通过世俗化、异族通婚和语言转变），以至于苏联国家建设似乎要么无关紧要，要么适得其反（对苏共和大多数犹太消费者来说）。值得称赞但也很危险的是，犹太人看起来比苏联其他人更像苏联人。此外，那些作为传统商人和工匠留在旧犹太小镇的犹太人，无论他们说什么语言，都不适应新的苏联经济，也不适应从农民转化为工人并成为新人类的马克思主义进程。因此，在平等的名义下，为了应对排犹主义和资本主义的威胁，苏共支持尤里·拉林将至少40万名城市犹太人转变成农民的尝试。拉林的反对者卡冈诺维奇（Kaganovich）认为，这一尝试包含了"犹太复国主义的元素"，无论人们怎么看，这都是马克思主义理论和苏联实践的镜像。[64]

拉林和他的大多数支持者（包括在美国的支持者，他们提供了大部分资金）希望把新犹太农业的中心——最终是"犹太民族共和国"——设在克里米亚北部以及库班河和乌克兰南部的邻近地区。该计划及其1926~1927年实施的早期阶段证明这是一项严重的政治挑战，因为地方官员，特别是克里米亚自治共和国首脑韦利·伊布赖莫夫（Veli Ibraimov）强烈反对这项计划，他声称代表克里米亚鞑靼人发言，并游说居住在土耳其的数十万鞑靼流亡者返回克里米亚。1926年10月，拉林给苏共中央委员会写了一封信，指控伊布赖莫夫煽动大屠杀，捍卫富农的利益，并"为鞑靼资产阶级鼓吹土耳其取向的民族沙文主义野心服务"。

拉林的控诉可能是也可能不是伊布赖莫夫 1928 年因土耳其间谍罪名被处决的一个因素；无论如何，最坚定反对克里米亚项目的人死得太早了，无法阻止克里米亚犹太人阿波罗化进程的终止。1928 年 3 月 28 日，苏联政府批准在苏联远东的一个偏远地区建立一个犹太农业定居点，该定居点没有分配给任何其他民族（当地的狩猎和采集人口在首都没有影响力，也没有从事农业的明显意图）。1930 年，比罗比詹被宣布为犹太民族地区；1931 年，我的祖父母从布宜诺斯艾利斯经汉堡和列宁格勒到达此地；1932 年，他们的第一个女儿冻死了；同年晚些时候，他们搬到了莫斯科（留下了我祖母的姐姐和她的家人）。定居在这片土地上的想法——尤其是这样一片荒凉的土地——对大多数苏联犹太人来说没有什么意义，对在概念上一以贯之的苏联马克思主义者来说更无意义，因为在任何一个国家试图进行最激烈的工业化运动以及任何城市文明最坚决地攻击阿波罗式乡村之时，这种想法几乎没有任何意义。[65]

因此，反对"排犹浪潮"的斗争，那些负责煽动和宣传的人必须一马当先。1926 年 8 月，中央委员会的宣传鼓动部门就这个问题召开了一次特别会议。1927 年 12 月，斯大林向第十五次党代会的代表宣布："同志们，我们必须以最残酷的方式打击这种邪恶浪潮。"在接下来的四年里，共产党赞助了无数次旨在根除该邪恶浪潮的正式上诉、名人演讲、群众集会、报纸曝光和展览审判。1927~1932 年，苏联出版社出版了 56 本反对排犹主义的书，在 1928 年至 30 年代早期的竞选高潮中，莫斯科和列宁格勒的报纸几乎每天都刊登有关该主题的文章。这场运动在 1932 年失败了，但是到了 1935 年，刚刚被解雇的莫斯科克里姆林宫指挥官 R. A. 彼得森（R. A. Peterson）不得不向党的监察委员会道歉，因为他说打击排犹主义的一个方法就是不要雇用犹太人。1935 年 5 月 22 日，作家联盟的秘书 A. S. 谢尔巴科夫（A. S. Shcherbakov）写信给中央委员会的斯大林、安德烈耶夫（Andreev）和叶若夫（Ezhov），建议惩罚诗人帕维尔·瓦西里耶夫（Pavel Vasiliev），因为他大肆宣扬要排犹。5 月 24 日，《真理报》发表了一篇谴责瓦西里耶夫排犹"流氓行为"的文章，几天后，他被逮捕，并被判在劳改营服刑三年。1936 年 5 月 17~23 日，联邦检察官 A. 伊亚·维辛斯基（A. 伊亚·Vyshinsky）被指派参与审判一个被广为宣传的谋杀案（这是他职业生涯中的第一个案件，也可能是几个月后第一次"莫斯科审判"的彩排）。弗尔格尔岛（Wrangel Island）极地站站长康斯坦丁·塞门楚克（Konstantin Semenchuk）和他的狗拉雪橇车手斯捷潘·斯塔特谢夫（Stepan Startsev）被指控谋杀探险队的医生尼古拉·吕沃维奇·武夫森（Nikolai Lvovich Vulfson），并计划杀死他的妻子吉塔·鲍里索瓦娜·费尔德曼（Gita Borisovna Feldman）。排犹主义是被指控的一个动机，武夫森和费尔德曼无私捍卫国家财产和苏联民族政策则是另一个动机。没有提出证据，不需要证据［根据维辛斯基的说法，他宣称获益者有责（cui prodest）是他的主要法律原则］，也不存在任何证据［根据阿尔卡季·瓦克斯贝格（Arkady Vaksberg）的说法，他声称看过这个文件］。两名被告都被枪杀了。[66]

　　反对排犹主义运动是积极的"本土化"和"国际主义"的大变革政策的部分内容。从 1928 年到 1932~1934 年，苏共要求尽可能广泛地使用尽可能多的语言，积极提拔"民族干部"，并坚持不懈地颂扬种族差异、特性和权利。然而，犹太人又一次处境特殊，因为根据反犹分子和亲犹分子（以及一些犹太人）的说法，他们的主要特点是拒绝拥有任何特点，他们的主要权利是被认为是非常优秀的俄罗斯人和苏联人——因此在各民族中也是特殊的。在 30 年代中期之前，"俄罗斯人"和"苏联人"是仅有的两个没有被视为民族，或者更确切地说，没有被视为具有政治意义的民族形式的民族。这两种人都不受民族政策的影响，因为两者都是完全按阶级来定义的。以此类推，大多数莫斯科和列宁格勒犹太人也是如此。或者更确切地说，他们应该是民族政策覆盖的人群，但似乎对此并不感兴趣，他们通常被定义为上等阶层，却不应该如此。他们似乎是一个没有形式的民族——一个苏联人的模范群体。

但这意味着什么？为什么会这样？苏联反对排犹主义的运动包括两个要素：一是试图打击排犹偏见、嫉妒和敌意（旧有的和新出现的），二是试图解释为什么犹太人在苏联社会中占据如此特殊的地位。两种基本的方法是：（a）犹太人在苏联社会中没有占据特殊的地位；（b）犹太人在苏联社会中占据了一个特殊的位置，原因是完全正常、可以理解的。方法（a）暗示排犹主义是从旧政权继承下来的一种虚假意识；方法（b）表明，排犹主义是一种嫉妒，可以通过让犹太人正常化、实现阿波罗现代化来解决。 大多数苏联作家这两种方法都采用。根据叶梅利扬·雅罗斯拉夫斯基的说法，革命的敌人正在散播有关犹太人在苏联领导人中占比过多的谣言。"他们真正关心的是，在有 130 万成员和候选成员的共产党中，有 100 多万俄罗斯人、乌克兰人、白俄罗斯人和其他非犹太人！"至于未来的领导人，"即使是沙皇政府也允许犹太人在所有大学生中占 10%，但是在苏联政府统治下，这个数字还没有达到在所有高等教育机构中占比 13% 的要求"。另一方面，雅罗斯拉夫斯基认为，除非犹太工人的比例（"仍然完全不够")和犹太农民的比例("排犹主义斗争的重心")大幅增加,否则就无法击败排犹主义。[67]

拉林更进一步剖析了这个问题。他确实说过,在苏联领导人中,犹太人远非"优越、占比过多、占主导地位等等",尽管他们在争取自由的斗争中,为从地主和资本家手中、从沙皇统治中解放我们的国家,(比其他民族的工人流了更多的血)。然而,拉林的要点是解释为什么犹太人在"公共组织机构"中的比例确实过高(在1929年,约占总数的19%),包括"工会委员会、省政府、党委和类似机构中的民选和任命成员"。他指出,原因是"犹太工人,由于过去生活的特殊性,以及在沙皇统治下不得不忍受多年额外的压迫和迫害,已经形成许多特殊品质,能够在革命和公共事务中发挥积极作用。因为犹太革命工人具备领导角色所必需的特殊心理结构,他们比生活条件迥然不同的普通俄罗斯工人更有能力在公共生活中获得优越地位"。

拉林认为,其中原因主要有三个。首先,在拥挤不堪的犹太小镇中,经济上的"生存斗争"造就了异常活跃、适应力强、意志坚定的人。"换句话说,城市犹太人因为其日常生活条件产生了一种特殊的能量。当这些人成为工厂工人、地下革命者,或者在革命后到达莫斯科成为我们机构的雇员时,他们因为这种能量而迅速提升——尤其是因为我们的俄罗斯工人大部分是农民出身,几乎不能进行系统的活动。"

造成犹太人地位优越的第二个原因是他们之间有强烈的团结精神。由于旧政权下对犹太工人的歧视,"在这部分犹太人中,形成了一种异常强烈的团结精神和相互支持帮助的倾向。这种特别强烈的团结精神在革命斗争和党的工作中都非常有用,通常是无产阶级的基本阶级美德之一……因此,在革命运动中,犹太工人必然会快速进入革命机构，速度远超其在整个无产阶级中所占的份额"。

拉林认为，犹太人相对于俄罗斯人的第三个优势是他们的文化水平普遍较高。因为教育一直是犹太人获得解放的主要途径，也因为犹太人长期以来有知文识字和城市生活的传统，"成千上万的犹太劳动青年过去长年夜以继日地埋头读书，试图打破狭隘生活圈的限制。他们鲜能成功，……但是以这种方式获得的较高文化水平后来有助于他们参加革命斗争"。[68]

根据苏共理论家（犹太人或非犹太人）的说法，犹太人表现卓越，这在本质上并没有错，但是，这种情况确实违反了民族完全平等的原则，导致了排犹主义的滋长。拉林提出的补救措施与雅罗斯拉夫斯基及其他人提出的一样：让犹太人正常化（特别是通过农业定居）、非犹太人现代化（特别是通过教育），以及在非犹太人中间就犹太人卓越的主题开展联合活动，提高他们的意识（让他们明白，犹太人卓越并不存在，即便存在，也是暂时的）。

/ 253

在这些补救措施中，最值得注意的一点是，其中两种措施按计划发挥了作用。犹太人正常化项目失败了，但是，在第一个五年计划期间，公众对排犹主义的攻击以及数十万阿波罗教育和就业机会的急剧增加，两者相结合，似乎取得了效果。当然，这个问题一开始可能并不普遍：在以孜莫兹克（Izmozik）对截获邮件的研究中，列宁格勒秘密警察在 1925 年 3 月至 1926 年 1 月期间打开的所有信件中，只有 0.9%（7335 封中的 67 封）包含对犹太人的负面评论。同样很有可能的是，尤其是在前栅栏区，传统的排犹主义和苏联国家对犹太人优越地位的新怨恨，都在平静的表面之下酝酿，尽管官方禁止和掩饰，但偶尔也能瞥见。

无论如何，令人震惊的是，在所有记录莫斯科和列宁格勒知识分子生活的回忆录作者中，所有人似乎都同意不存在排犹敌意，而且鲜有民族等级或标签的表现。考虑到某种程度上怀旧、单凭主观愿望的想法，并考虑到这些回忆录作者大多是精英成员，写的是精英机构，似乎可以得出公正结论：在30年代新诞生的、自信的、乐观的、充满激情的爱国苏联知识分子中，有很大一部分是犹太人，而诋毁他们的人则明显很少。著名哲学家维塔利·鲁宾（Vitaly Rubin）就读于莫斯科一所顶尖学校，他一半以上的同学是犹太人。

> 可以理解的是，犹太人问题在那里并没有出现。这个问题不仅没有以排犹主义的形式出现，而且它根本就没有出现。所有的犹太人都知道自己是犹太人，但认为一切与犹太身份有关的事情都属于过去。我记得，当时我认为我父亲关于童年、犹太宗教小学和传统犹太人教养的故事应该被遗忘。这些故事与我都无关。我们也没有放弃犹太身份的积极愿望。这个问题根本不存在。[69]

苏联正在建立一个独特的阿波罗主义和墨丘利主义的混合体系，迅速发展的苏联知识界由感激的年轻受益者组成。犹太人的孩子正在锻炼自己，养成阿波罗的体魄和好战性；"工人和农民"的孩子则变得像墨丘利那样聪明灵活。两种人都鄙视他们的父母（因为他们都是混血种人），他们都被训练成兄弟和先知。瓦西里·斯大林曾经告诉他的妹妹斯维特拉娜（Svetlana）："我们的父亲曾经是格鲁吉亚人。"或者，正如肖勒姆·阿莱赫姆的小莫特（Motl）所说，"我很幸运，我是一个孤儿"。[70]

犹太人在社会上崛起、犹太人弑父、犹太人转化为非犹太人（无论是哪种人），这些故事当然不是苏联独有的。奇怪的是，没有预先存在的精英可以与之竞争或疏远之，没有类似洗礼的特殊会费，直到 30 年代末，也没有任何形式的官方歧视（当然，在考虑到意识形态完全纯洁的情况下）。霍黛儿的丈夫彼尔契克一直认为自己是"人类大家庭中的一员"，在布尔什维克革命后，当他到达莫斯科时，他可能会在法律意义上，也许就职业来说成为这样的人。假如他没有在内战中死去，也没有加入反对派，最终他很有可能会经营一家出版社、一个人民委员部，甚至一家直接负责意识形态纯洁的特殊机构。

事实上，苏联秘密警察——该政权的神圣中心，在 1934 年后被称为内务人民委员部——这是所有苏联机构中犹太人占比最高的一个机构。1937 年 1 月，在"大清洗"（Great Terror）前夕，内务人民委员部的 111 名高级官员中包括 42 名犹太人、35 名俄罗斯人、8 名拉脱维亚人和 26 名其他人。在内务人民委员部的 20 个局中，12 个局［60%，包括国家安全局、警察局、劳动营局和移居（递解离境）局］由自称是犹太族裔的官员领导。国家安全局是所有内务人民委员部机构中最排他、最敏感的机构，下设不同部门：其中七个部门［政府官员保护部、反间谍活动部、秘密政治部、军队特别（监察）部、外国情报部、档案部和监狱］由来自前栅栏区的移民管理。外交服务几乎完全是犹太人的专长（恰如苏联在西欧尤其是美国的间谍活动）。自 1930 年成立起，古拉格，或称劳改营管理总局，由犹太人领导，一直

到 1938 年 11 月底"大清洗"基本上结束时。正如巴别尔（他
自己曾是秘密警察雇员，是一些著名刽子手的朋友，最终是一名
供认不讳的"恐怖分子"和"间谍"）——他的一个角色、一个
绰号叫"一个半犹太人"——描述的那样，"塔尔塔科耶夫斯基
有杀人犯的灵魂，但他是我们的人，他是我们的骨肉"。[71]

　　当然，这些人没有共同的犹太利益——就像俄罗斯帝国的德
国官员和专业人士也没有特殊的德国利益一样。恰恰相反，所有
这些团体之所以成为完美的警察和全权代表，正是因为他们接受
了墨丘利培训并具有独特的墨丘利式无根流浪性。民族国家的崛
起使得内部的陌生感变得不可能（那些表示忠诚的特质现在却暗
示着背叛），但是苏联既非阿波罗帝国，也非民族国家，苏联犹
太人也不是普通的墨丘利。在 30 年代中期之前，苏联是一个孜
孜不倦推行普世主义的半人马国家，渴望完美地整合墨丘利主
义和阿波罗主义（暂时强调前者，是因为在俄罗斯后者过多存
在）。犹太人在这一工作中扮演了核心角色，因为他们是传统的
墨丘利，而且因为他们非常渴望成为阿波罗。他们的父母早就让
他们获得了在苏联社会取得成功所必需的技能；因为他们一致反
抗自己的父母，所以在苏联的国际主义中能异乎寻常地达成一
致。由于犹太人所具备的能量和接受的教育，以及他们对社会主
义的独特献身精神（犹太人的非犹太性），犹太人在权力机构中
的人数相对较多。阿波罗化的墨丘利比墨丘利化的阿波罗表现得
更出色。

　　无论如何，在 1937 年初，莫斯科人霍黛儿不会被允许和她
的姐妹通信，但她可能会住在莫斯科市中心的精英住宅里（离梅
龙斯卡、盖斯特、奥尔洛娃、马尔基什和其他许多人不远），可
以去特殊商店，在乡下有一所房子（乡间别墅），还有一个住家

农民保姆或女佣（马克舍夫夫妇两者都有）。每年，她至少会去一次黑海疗养院或高加索的矿泉疗养地。

如果霍黛儿在30年代写了回忆录，那讲的将是关于她的革命青春。霍黛儿会记得，她的生活没有童年（也许只是简单提到自己的家庭贫困），没有卡西里耶夫卡，也没有台维。她的生活没有成年，也没有老年。这场革命将先前存在的革命者变成了"老布尔什维克"，老布尔什维克除了他们的革命青春之外，别无其他记忆（或期待）。在苏联，30年代正值霍黛儿的女儿们的快乐童年。

霍黛儿的女儿们的回忆录里都有童年——在30年代她们快乐的童年以及快乐的青春期。她们崇拜自己的保姆和父母（但不一定崇拜她们的祖父母——假设台维还在周围，静静地住在霍黛儿的新公寓里）。她们热爱自己的学校、老师和朋友。她们上钢琴课，崇拜著名男高音，认识马利剧院所有的演员。她们读了许多19世纪的小说，过着19世纪知识分子的生活。她们对新年庆祝活动的记忆是典型的圣诞节回忆的版本，她们对她们的夏天的乡间别墅的描述是纳博科夫对俄罗斯绅士失去的天堂的回忆。甚至连梅龙斯卡的讽刺——在一本名为《怀旧？从未有过！》（*Nostalgia? Never!*）的书中——也在苏联版本的世外桃源面前消解。

哦，莫斯科郊外的那些景象和夜晚，在乡间别墅区，木屋带有开阔的阳台，可以俯瞰由尖桩围栏或草木欣荣的庭院包围的小花园。实际上，这些庭院是树林的一部分，由围栏圈起来，里边还有蘑菇和浆果。修整过的花园里长满了丁香、茉莉和野樱桃。花坛散发着木犀草的味道，因为种植着紫罗兰和其他温和花卉，看起来明亮而美丽。在窗户下，浪漫的别墅主人种植了芳香的烟草，白天平淡无奇，到了晚上则喷香刺鼻，而更务实的主人则种植了绚烂的大丽花，看起来很美丽，但不会被偷。在大门外，有一条狭窄的小径沿着栅栏延伸。附近总有一条河或一个湖，当然还有树林：莫斯科南部是混交林，北部和西部是干燥、温暖的松林——高大纤细的树干散发着树脂的气味，地上散布着黑色松果，松果上有一半被黄色松针覆盖。

傍晚，"漫长的一天工作"之后，我们用被太阳加热的温水清洗自己，我们那因为长久赤裸到处乱跑而变硬的双足穿上了凉鞋。然后，我们会和成年人一起喝茶，而更经常的是，我们和女友们，还有男孩，没完没了地一直聊到深夜。每一个露台都传来留声机的声音：闷热的唐戈、乌特索夫、舒振科的唱片，被半禁止的莱斯琴科唱片，有时是艾灵顿的《大篷车》，但大多是《我和我的玛莎在喝茶》。

渐渐地，所有这些熟悉的别墅声音都会消失，别墅主人们上床睡觉，万籁无声，除了偶尔传来火车汽笛声或母亲和祖母的召唤声。月亮慢慢地从树后出现。空气中飘荡着轻微的烟味。[72]

大部分别墅主人——通常是苏联"新阶层"的成员——不是犹太人。但是，无论如何定义，苏联其他族群很少能像来自前栅栏区的移民那样有机会出现在梅龙斯卡的别墅区。霍黛儿的孩子，和其他任何人的孩子相比，更有可能拥有苏联的"快乐童年"。

在1937年，茵娜·盖斯特的祖母吉塔从波兰来到莫斯科看望她的孩子们。她有七名儿女。最小的还和她同住，其他孩子都搬到莫斯科去了。拉希尔（Rakhil，伊娜的母亲），自1918年以来一直是一名党员，在重工业人民委员部担任经济学家；她的丈夫阿伦·盖斯特是农业副政委；他们的小女儿瓦列里娅（Valeria）与斯大林的高级副手瓦列里安·古比雪夫（Valerian Kuibyshev）同名。海姆（Khaim）是一名内战老兵，嫁给了一名俄罗斯人，他是莫斯科军事化学学院的副院长。韦尼阿明（Veniamin）是历史博士（"科学博士"），在世界经济和国际政治研究所担任研究员。莉帕（Lipa）是一家工厂的工程师；她的第一任丈夫是匈牙利的苏联特工，第二任丈夫是莫斯科汽车厂的工程师。皮尼亚（Pinia）是一名海军飞行员，空军学院的学生，和海姆一样，也是一名上校，也娶了一名俄罗斯女人。皮尼亚和妻子给他们的儿子按照苏联著名飞行员瓦列里·切卡洛夫的名字取名为瓦列里。阿达萨（Adassa）于1923年非法移民到苏联，后来，她读了大学，现在是一名化学工程师。最后一个孩子莱瓦（Leva），于1932年到达莫斯科，在汽车厂工作，并成为鲍曼高级技术学院的函授学员。

　　吉塔奶奶不会说俄语，所以阿达萨到边境城镇涅戈里勒（Negoreloe）去接她。在白俄罗斯火车站，她乘我父亲的车，被带上莉帕的车。那天晚上，七个孩子和他们的配偶都来看她。自打他们年轻时离开家庭，已经过去很多年了。她当时对孩子们有什么期盼，我们只能猜测了。为她那些来自一个贫困的犹太小镇、没有受过教育的孩子，她向上帝做了什么祈祷？现在，她在这里，周围都是拥有各种学位的富人：工程师、上校、博士。比如说，对她而言，我母亲是

"部长的妻子"！她也有很多孙子、孙女。她一生都被绑在花园和奶牛身上。我的曾曾祖父，吉塔奶奶的祖父，是一名拉比，他写了著名的《塔木德经》评论，名为《以利亚的观点》。她自己的识字能力仅限于阅读希伯来祈祷文，她用自己的犹太小镇方言费力地写信。

那天晚上，我也在场。根据犹太习俗，奶奶戴假发。假发是红色的。我也很惊讶，她正在用她从波兰带来的特制盘子吃饭。她自豪地坐在餐桌主位。我还记得她那条拖地的全黑长裙。那天晚上肯定是她一生中第一次真正感到快乐。[73]

我们不知道吉塔奶奶（她与她的孙辈无法沟通）有多快乐，也不知道她以前是否真的开心过，但我们可以肯定，她的孩子、孙子们和坐在餐桌旁的姻亲们对他们的成就真的感到自豪，并且完全相信吉塔奶奶以前从未真正快乐过。他们也知道——毫无疑问、不假思索地——他们的生活是历史的一部分，因此与他们在美国和巴勒斯坦受苦的亲人的生活不可同日而语。台维当然爱他的所有女儿；霍黛儿（她和吉塔的大女儿与茵娜·盖斯特的母亲拉希尔·卡普拉差不多大）担心她的姐妹别依尔卡和叶娃；霍黛儿对他们的海外堂兄弟，除了同情外没有其他感觉（在偶尔想到他们之时）。

在 1931 年，当霍普·乌兰诺夫斯卡娅和她的丈夫被告知，他们下一次会作为苏联特工被派往美国而非罗马尼亚时，霍普"非常沮丧"。

第一个五年计划正在进行中；人们正在建设社会主义，

做出牺牲。至少在罗马尼亚，我们不会过上轻松的生活。我们也许能吃饱饭，但随时都有可能被秘密警察逮捕。但是在美国，众所周知，苏联间谍活动对任何人都没什么了不得的。我从厄普顿·辛克莱（Upton Sinclair）和西奥多·德莱塞（Theodore Dreiser）的作品中了解美国，一想到要去那里，我就很反感。[74]

事实证明，美国确实是一个相当令人讨厌的地方，即使不像霍普所想的那样糟糕。"我知道美国是典型的资本主义国家，是世界上最令人厌恶的地方，我渴望尽快看到资本主义的所有'溃疡'。"她在救世军施汤场前看到人们排着长队，看到了"骇人听闻的巨石"（像一口井），看到了失业者的"真正绝望"，但她也发现美国不拘礼节、繁荣发达，还有许多好朋友〔尤其是惠特克·钱伯斯（Whittaker Chambers），她和丈夫都叫他"鲍勃"〕。最重要的是，她找到了她最喜欢的阿姨和叔叔，他们因为家庭问题离开了家乡贝尔沙，还知道她原来叫"埃斯特卡"。叔叔从事擦窗生意，但由于大萧条，他不得不让助手离开。"他有一套五间房的公寓；他们每天洗澡，早上喝橙汁。换句话说，他们已经成为真正的美国人。"然而，霍普和她叔叔本人都没觉得这有什么了不起的。

叔叔对资本主义不满，对苏联人民的生活非常感兴趣。听说这个人的儿子成为医生，那个人的女儿成为工程师，他对自己的孩子没有上大学感到非常不开心。他本来想让自己小儿子斯里克成为一名牙医，现在他改名西德尼，成了一名狂热的共产主义者，辍学去巴尔的摩一家共产主义报纸工

作。大儿子大卫是一名工人，加入了一个左翼工会。姑姑抱
怨，她的孩子都责备她：她为什么把他们带出苏联？叔叔问
我："你认为我在那里生活会好些吗？"我想说实话："即使
摩根大亨给我他所有的财富，我也不会离开苏联。但是我对你
坦白，叔叔：你可能不过是位洗窗户的，但你的日子比我们的
工程师过得还好。我们早上不喝橙汁，也不吃鸡肉。没有人拥
有像你这样的公寓。比如说，我们就住在一个房间里。"

……后来，我的表亲来了。他们全神贯注地听我讲话……
我告诉他们："你看，我们国家的工人觉得他们是这片土地
的真正主人。通过鲜血和汗水，我们正在建造一座美丽的
大厦。当我们完成时，我们将拥有一切。"他们听得如此入
神！他们爱我。他们相信我。我们是一起长大的。[75]

她也相信自己说的话。她每一个字都是当真的。但她所说的
物质条件差异也是正确的——造成这种差异的原因是美国拥有更
多的财富，还有犹太裔美国人在经济上取得了成功。犹太人在美
国表现出色，事实上，比任何其他移民族群都好，就社会流动性
而言，也比大多数土生土长的美国人好。俄罗斯犹太人是最晚、
为数最多、最专业的墨丘利式犹太人移民，他们也像其他犹太人
那样行动，并取得了成功。他们以家庭为单位来到美国（约40%
的犹太移民是女性，25% 是儿童）；他们打算留下来（犹太人从
美国回国的平均比例为7%，而其他种族这个比例为42%）；他
们完全城市化；几乎没有参加无需技能的工作竞争；他们中企业
家占比很高（1914 年，在纽约，每三名男性移民中就有一名企
业家）；他们用老式墨丘利方法做生意——依靠廉价的家庭劳动
力、长时间工作、低利润率、族群抱团、纵向一体化以及极高的

标准化、专业化和产品差异化。特别是在纽约，俄罗斯犹太移民利用他们的传统技能和在故国积累的经验，垄断了服装行业并对其进行改革（在1905年，服装行业是该市最大的产业，价值达3.06亿美元，雇用了纽约1/4的工业劳动力）。到1925年，纽约50%的俄罗斯犹太户主都是白领，几乎完全是通过创业起家的。正如安德鲁·戈德利（Andrew Godley）所言，"大多数犹太移民……在50年内从最贫困的状态上升到有经济保障和社会地位的位置，而他们周围的大多数人却没有"。[76]

这个故事耳熟能详：取得商业成功后，在教育系统和职业上飞黄腾达。第一次世界大战结束时，哈佛大学的犹太人入学率约为20%，哥伦比亚大学约为40%。1920年，纽约城市大学亨特学院有80%~90%是犹太人。1925年，超过50%的犹太移民商人的孩子成为需要正规教育的白领。根据工业委员会的一份报告，"在中小学里，老师最喜欢犹太学生，因为他们聪明、顺从、乖巧"。 波士顿预科学校的一名学生困惑地说："犹太人每天晚上学习到深夜，第二天早上的功课他们背得一字不差，很明显，他们对自己的学习成绩感到自豪，并将此当作谈资。每年年底，每门学科都有优秀奖，这些犹太学生公开追求这些奖项。像罗克斯伯里那里的学生联合起来对付老师的情况根本没有。如果任何学生背诵时犯了一个错误，而老师没有发现，就有20只手高高举起，让老师注意这个问题。"[77]

在苏联和美国，犹太移民的孩子几乎都在同样的年龄上学，对学习同样满怀热情，硕果累累。在这两个地方，在教育系统急剧扩张的同时，犹太人也大量涌入，这有助于容纳犹太人。在这两个地方，最终都出现了由犹太人过于成功导致的"犹太问题"。在苏联，国家的应对措施包括增加入学人数，并加强对

"工人和农民"及名义上的种族平权行动计划。正如拉林所言，并非没有一些防卫，"我们不能像沙皇政府过去那样做：通过一项法律，要求犹太工人进入工人预备部门的比例低于俄罗斯工人，或者犹太知识分子和工匠在大学注册的比例相对于其总人口来说要低于俄罗斯同行"。在美国，大多数顶尖大学也不像沙皇政府那样做，但他们可以而且确实使用间接方法，比如地区配额或"性格"测试，来对抗"犹太人入侵"。[78]

苏联犹太学生和美国犹太学生最显著的一点是，苏联大学培养共产主义者，而美国大学也培养共产主义者。正如托马斯·凯斯纳（Thomas Kessner）所说，"移民一代要为其孩子寻求安全，据他们理解，这需要美国教育。在此过程中，他们把孩子从自己身边推开，产生了巨大的代沟，导致激烈的冲突，往往无法和解。其他族群坚持让其后代遵循传统模式，但是东欧人没有传承他们过去的道德规范。相反，他们把自己的孩子交给了美国"。[79]

换句话说，美国正在复制常见的欧洲模式。犹太人从贫民区崛起并在扩大的市场上取得成功之后，发动了针对犹太性的革命，认为其是资本主义的"空想民族"（Chimerical nationality）。按比例来说，犹太人比国际无产阶级更加信奉马克思主义，因为他们更像马克思。在美国，他们更是如此，因为美国是理性非自然的人的应许之地，是一个空想民族的国家，没有歌德－席勒崇拜或弥赛亚式知识界来取代失去的犹太特性。一个策略是保留犹太特性，如果犹太特性看起来丧失了，就恢复它，并可能通过一种独特的美国程序来改良这种特性，布朗伯格称之为"犹太教的新教化"。另一个策略是组织自己的"弥赛亚知识分子运动"。30 年代，大多数"纽约知识分子"都是俄罗斯犹太移民的子女。他们不是参与"文化生产"的现代知识分子，他们是俄罗斯知识分子的海外分支，永恒青年圣殿的真正信徒，无产阶级政治的祭司，邪恶帝国中"自由小岛"的居民。据一名城市大学毕业生称，这个邪恶帝国"抵制马克思的分析，就像其他国家在其他时候抵制以赛亚雷鸣般的怒吼一样"。[80]

像旧俄时代的自由小岛一样，美国的自由小岛也非无人居住。根据大卫·A. 霍林格（David A. Hollinger）的说法，美国新的世界主义知识分子"是由两次反地方主义抗议合并促生的，一次是针对'清教主义'的限制，特别是针对本地富裕的、具有盎格鲁－撒克逊人血统的清教徒（WASPs），另一次是针对犹太狭隘主义的限制，特别是针对东欧人"。约瑟夫·弗里曼（Joseph Freeman），一名栅栏区难民，在哥伦比亚大学接受了共产主义，他（通过马修·阿诺德的棱镜）看到，两个团体同时"从信摩西和耶稣转到信维纳斯和阿波罗，从普通的'犹太－基督教禁欲主义'转到希腊化的'反抗清教徒束缚的灵魂避难所'"。就像亚伯拉罕·卡汉的维尔纳圈（"犹太人和非犹太人没有区别！本着真正平等和兄弟情谊的精神！"），弗里曼的避难所是一个没有父亲的新家庭，在这个家庭里，"北欧美国人"与犹太人和黑人交流，并且"代表了我们都想要的理想社会，一个没有种族隔离的社会"。[81] 他们——至少是其中的犹太人——为了超越人类历史，已经继承了整个人类历史。"当我们离开大学的时候，从文化上来说，我们已经不再是犹太人了。我们是西方人，加入了这样一种文化，这种文化融合了耶路撒冷、埃及、希腊和古罗马的价值观与中世纪的天主教文化、文艺复兴时期的人文文化、法国大革命的平均主义理想和19世纪的科学概念。在这个混合体中，我们加入了社会主

/ 264

义，在我们看来，社会主义是迄今为止西方文化中最伟大思想的巅峰。"[82]

就像曼德尔斯塔姆的母亲的维尔纳朋友一样，他们是自觉的一代，跟随"发光的知名人士"走向"自我牺牲"（事实证明，是代替别人牺牲的，除了少数成为霍普·乌兰诺夫斯卡娅秘密特工的人）。他们是一支由博爱先知组成的军队。他们是"运动派"。

艾萨克·罗森菲尔德（Isaac Rosenfeld）回忆30年代芝加哥大学的生活时写道：

> 校园里的每一项学生活动似乎都带有政治色彩，（主导美国学生会的）斯大林主义者和（在青年社会主义联盟的地方分会工作的）托洛茨基主义者之间存在着重大分歧。这两个马克思主义团体，连同他们的研讨会和伙伴们，激烈地谈论着彼此，但从来没有彼此交谈，并且避免了所有接触，除了对彼此的会议进行诘问，偶尔还会用暴力。政治无处不在，在某种程度上，人们吃喝时都在谈政治，连睡眠都无法逃脱，因为睡觉时，政治给我们的梦带来了恐惧……联络、婚姻、离婚，更不用说友谊，有时都只是基于这些问题而建立的……政治是形式和实质、偶然和修正，是所有事物的隐喻。[83]

这是苏联政治，或者社会主义反苏政治，或者更确切地说，苏联阴影下的预言性政治，这是所有事物的隐喻。别依尔卡的孩子们赞同霍黛儿的孩子，认为历史（作为未来，而不是过去）正在莫斯科展开。苏联可能正朝着完美的方向前进，或者在某个地方走错了路；不管怎样，苏联是"讨厌的问题"被回答的地方，也是发动"最后的决定性战斗"的地方。在美国，乌兰诺夫斯基夫妇招募的大部分特工都是俄罗斯犹太人或其孩子。毫无疑问，托洛茨基最大的吸引力是，他既是犹太人，又是俄罗斯人，一个完美的墨丘利式阿波罗，一个戴眼镜的可怕战士（实际上，他是30年代的以色列（雅各的别名）；或者更确切地说，以色列将成为下一代犹太裔美国人的托洛茨基）。欧文·豪（Irving Howe）认为，20世纪没有一个重要人物像托洛茨基那样"将历史演员和历史学家、政治领袖和理论家、魅力超凡的演说家和孤立寡与的批评家这些角色结合得如此完美，如此非同凡响"。托洛茨基创造了历史，并关注着历史。他是一个英雄式的人物，完全致力于行动的生活，但他也是一个知识分子，相信这个名词的力量和纯洁。[84]

30年代，一些美国犹太人反叛者也是俄罗斯犹太人反叛者的孩子——他们在纽约公共图书馆花上几个小时"翻阅老革命地下先知的经典和伪书"。对他们来说，社会主义是从家里开始的，"一个漫长的周五晚上，在茶炊以及装满坚果和水果的玻璃碗周围，我们都在唱'一起，一起，大家在一起'"；或者是叔婶之间关于无产阶级专政和修正主义者背信弃义的激烈争论。当丹尼尔·贝尔（Daniel Bell）从犹太教加入青年社会主义联盟时，他的家庭主要担心的是他是否加入了正确的派别。[85]

但是在20世纪二三十年代，大多数犹太裔美国父母并不是造反派，所以大多数犹太裔美国造反者与其父母断绝关系，也放弃了其父母将他们带入的冰冷世界。如同在苏联以外的欧洲一样，犹太父母和资本主义似乎轮流代表彼此（犹太人的社会解放就是将社会从犹太教中解放出来）。早期的美国犹太文学中，有很多写犹太男孩质疑他们的合法性，以及犹太企业家向魔鬼出卖他们的灵魂。 艾萨克·罗森菲尔德的作品《离家》（*Passage from Home*）中的地下年轻人讨厌他的父亲，宁愿他父亲是别人。亨利·罗斯（Henry Roth）《安睡吧》（*Call It Sleep*）中的"地窖"男孩被他的父亲憎恨，父亲更希望有另一个儿子（其出身能获肯定）。亚伯拉罕·卡汉笔下的大卫·列文斯基和巴德·舒伯格（Budd Schulberg）笔下的萨米·格利克（Sammy Glick）都失去了父亲，失去了自己，也没有生孩子，因为他们要上攀寻找财富和地位。

台维的美国女儿（别依尔卡）、苏联女儿（霍黛儿），以及她们的孩子们，对每个目的地代表什么意见一致。对《安睡吧》里的大卫和他的母亲来说，纽约是一片"荒野"。对于巴别尔（Babel）的《犹太人》中的鲍里斯·埃尔里奇（Boris Erlich）来说，苏联既是他的家园，也是他的杰作。

> 鲍里斯带着无比的骄傲和自信向她展示了俄罗斯，就好像是他，鲍里斯·埃尔里奇，创造了俄罗斯，就好像他拥有俄罗斯一样。在某种程度上，他真的是这样。从国际火车车厢到新建的糖厂和翻新的火车站，每样事物都渗透了他的灵魂或血液，这位兵团政委（红色哥萨克人）的血液。[86]

对别依尔卡和她的孩子来说，语言和"无话可说"是痛苦和魅力的来源；对霍黛儿的孩子来说，"清晰而纯净的俄语声音"是自然产生的（或者他们似乎这样感觉到了）。别依尔卡的孩子们鄙视他们的父亲波德霍特楚尔（Podhotzur），这位鲁莽的商人和攀龙附凤者；霍黛儿的孩子们崇拜他们的父亲，彼尔契克，这位苦行的革命家和勤劳的官员。别依尔卡的孩子是身份不确定的犹太人和不完整的美国人；霍黛儿的孩子是土生土长的俄罗斯人和完美的苏联人。

但是叶娃在巴勒斯坦的孩子呢？他们在莫斯科的表亲离世界中心和历史的尽头太近，对他们关注不多（除了给出一个普遍的拯救承诺），而纽约的表亲们则忙于关注莫斯科（或做生意）。别依尔卡有一个女儿可能更喜欢"以色列地"而非苏联，但是她的声音被世界革命的合唱淹没了。

同时，叶娃的孩子们正在经历一场他们自己的革命——在一个国家始终如一、理直气壮地建设社会主义。像他们的苏联表亲一样，他们是第一代人：因为他们是土生土长的犹太人和有强烈自我意识的一代，因为他们知道自己属于应验预言和永恒青春的兄弟会。用本杰明·哈沙夫（Benjamin Harshav）的话来说："生命的细胞不是家庭，而是有共同意识形态和共读新希伯来新闻的同龄人。他们意识到过去所有历史已经终结：两千年的流亡史终结了，几千年的阶级战争也终结了——在人类和犹太人的新开端的名义上。"像他们的苏联表亲一样，他们也不需要台维。或者更确切地说，霍黛儿的孩子们真的想到台维时，就觉得他可怜：大多数人都知道肖勒姆·阿莱赫姆是犹太人的普希金，即使他们从未读过《卖牛奶的台维》，他们中许多人也听说过米霍埃尔斯（Mikhoels）的意第绪语剧院，即使他们从未去过那里。在以色列圣地，与台维断绝关系是建立新社会的基石，是人类和犹太人新起点的真正开端。哈沙夫认为，"这是一个没有父母的社会，对于成长中的孩子来说，这是没有祖父母的社会；从前的人崇拜祖父，视他们为智慧的源泉，如今这种崇拜被颠覆了，生活面向乌托邦式的未来，下一代人将实现这个未来"。[87]

他们在美国的表亲质问,有时甚至否认他们的父亲。苏联和以色列的表亲及其父母一起否认祖父。"下一代"的任务是通过完成从其父母开始的弑父革命来证明自己配得上父母。1938 年,一个 14 岁的男孩在雅格集体农庄(Kibbutz Yagur)写信给他的父母:"我感到高兴的是,为社会谋福祉的重担落在了我的背上,或者更确切地说,我挑起了为社会谋福祉的重担,并承受了这个重担……正如他们所说,我渴望为我的人民、祖国、世界、工人和所有一切服务,这样我就能对事物进行修正,让它们改头换面。"[88]

像第一代苏联人及其美国同胞中真正的共产主义信徒一样,在第一代土生土长的以色列人生活的世界里,政治是"万物的隐喻"。基布兹(集体农庄)、莫沙夫(村合作社)、学校、青年运动和军队都密切相关,相互依存,最终都服从政治领导和"犹太复国主义"救赎事业的安排。这些以色列人热爱老师,因为他们是先知;而且崇拜军事指挥官,因为他们是老师。幼儿园有类似苏联"红角"(共产主义圣地)的"犹太国家基金角",帕尔马(犹太军事组织哈加纳的精英突击部队)有类似苏联政委的政治官员。这两代人都生活在无可置疑且大多自发的政治一致之中;他们都是在活着的圣徒和不断增加的纪念馆中长大的;他们都开垦沼泽,让沙漠开花;他们都努力将个人经历和社会进程相融合,塑造一个永恒不朽的英雄故事。正如大卫·本-古里安在 1919 年宣称的,"在以色列圣地的工人生活中,个人需求和国家需求之间的区别没有任何依据"。正如一位年轻的以色列人在 1941 年的日记中所写:"有关私人事件的记忆"已经开始掩盖他生活纪事中的"国家历史背景"。"我现在将纠正这种不平衡,要描写关于征兵和逃避征兵的人,记录乌什金(Ussishkin)和布兰代斯（Brandeis）的死亡，记载俄罗斯的战争……为什么我不应该在日记中写这些事情呢？这些事实已经成为历史，将永远被铭记，而个人的细节却会迷失，在遗忘中淹没，消失殆尽。"[89]

伊休夫（The Yishuv）[①] 不是苏联。它面积很小，傲然实行排他主义、地方主义。其团结完全是自愿的（叛逃者被鄙视，但可以自由地离开），其战斗能量向外指向易识别的非犹太人。这个组织是弥赛亚式的，但也是众多常见的民族独立主义模式国家中的一个，是独一无二的，但也是"正常的"（这种模式最初大多如《圣经》般宏大）。赫兹利亚中学的一名学生在 1937 年写道："这是一个培养了伟大英雄、热衷于自由的民族，这些英雄中的先知们预言了世界要由正义和诚实统治——因为这个民族是一个英雄和高尚的民族，只是流亡中痛苦、严酷的生活损贬了它，这个民族仍然注定会成为万国之明灯。"[90]

"犹太复国主义"和苏联共产主义都反抗资本主义、"庸俗主义"和"空想民族"，期望建立太平盛世。但是"犹太复国主义"属于 20 世纪反现代性革命中重建民族主义（integral-nationalist）阵营，与该阵营在措辞和美学上有很多共同之处。在 30 年代，比起他们的苏联表亲，叶娃的孩子们参加更多的徒步旅行、锻炼、篝火演唱，更多谈论健康（阳刚）的身体，更热情地与自然交流（在常住的田园环境里），花更多的时间学习射击。苏联人试图完美地结合墨丘利主义和阿波罗主义；"犹太复国主义"者试图将墨丘利们转变为阿波罗们。苏联人通过建设城市来消除城乡差异；"犹太复国主义"者通过建造村庄来克服因散居国外而形成的城市主义。霍黛儿的孩子们想成为诗人、学者

---

① 伊休夫，以色列建国前的巴勒斯坦犹太社团，也是犹太人的"民族之家"。

和工程师；叶娃的孩子们想成为武装农民和"希伯来指挥官"；别依尔卡的孩子们则想成为别人的孩子——最好是霍黛儿的孩子。

如果霍黛儿的丈夫彼尔契克真的成为人民政委、出版社主任、秘密警察，或者杰出的老布尔什维克，那么在1937~1938年所谓的"大恐怖"期间，他的家业会衰败，孩子幸福的童年可能会结束。苏联社会主义在追求平等的过程中力图让人类完全透明化，每个人的生活与世界革命的故事要完全吻合（最终与《联共（布）党史》中记录的斯大林的经历吻合）。该政权击败了军事敌人和政治对手，摧毁了所有的"剥削阶级"，替换了（或改造了）"资产阶级专家"，将农民和牧民都国有化，并在1934年打下了"社会主义的基础"，现在已没有社会上可分类的公开敌人了。然而，杂质依然存在，因此，在宣布战胜过去之后，该政权开始对自己开弓。在斯大林的监视下，革命者被自我鞭笞和相互猜疑的狂热所驱使，为社会主义及其世俗先知牺牲了自己。正如尼古拉·布哈林（Nikolai Bukharin）在狱中致信斯大林时所写，

> 全面清洗的政治理念有其伟大、英勇之处……没有我，这个事务是无法经营的。一些人以一种方式中立化，另一些人以另一种方式中立化，还有一些人用其他方式中立化。所有这一切的保证是，人们不可避免地会议论彼此，这样会引起彼此之间永远不信任……

哦，上帝，要是有什么装置能让你看到我的灵魂被剥掉和撕开就好了！如果你能看到我的身体和灵魂都是如何依恋你的就好了……现在天使不会现身，从亚伯拉罕手中抢走他的剑。我的死期已至……

我在精神上准备离开这个眼泪的山谷，我对你们所有人，对共产党和共产主义事业，只有一种伟大而无限的爱……

我最后一次请求您的原谅（只在您心里，不需别的方式）。[91]

正如主持处决布哈林的尼古拉·叶若夫后来在他自己被处决的前夜所说的那样，

在我 25 年的党务工作中，我光荣地与敌人作战，并消灭了他们……我清除了 14000 名契卡警察。但是我最大的罪过在于我清除的人才这么少……我周围都是人民的敌人，我的敌人……告诉斯大林，我临死还会念着他的名字。[92]

革命终于开始吞噬自己的孩子——或者更确切地说，吞噬自己的父母，因为霍黛儿特别是彼尔契克比"第一代苏联人"的年轻成员更有可能被逮捕和枪杀。最近从美国回来的霍普·乌兰诺夫斯卡娅说，

有一次，在又一次被逮捕之后，我问："发生了什么事？为何？为了什么？"你的父亲［即她的丈夫，情报总局的特工］平静地回答道："你为什么这么沮丧？……"你问："怎么，为什么从一开始就是这样？"我跟他讲道理："我明白

人被杀害是很恐怖的，但是之前，我们一直认为这是为了革命。现在没有人在做任何解释！"因此，我们开始审视我们的过去，试图确定这一切是在何时开始的。[93]

乌兰诺夫斯基夫妇在自己的公寓里回顾自己的过去；他们的大多数朋友和同事都在审讯室里回顾。每一份监狱供词都试图确定叛国罪的来源，每一份公开声明都是对完美起源的评论。正如巴别尔在 1934 年苏联作家第一次代表大会上的讲话中所说的那样，

> 在我们这个时代，不好的品位不再是个人缺陷；这是犯罪。更糟糕的是，坏品位是反革命……作为作家，我们必须为我们国家新布尔什维克品位的胜利做出贡献。这将不是一场微不足道的政治胜利，因为幸运的是，对我们而言，我们没有非政治性的胜利……布尔什维克时代的风格是冷静的力量和自我控制；它充满了火、激情、力量和快乐。我们应该模仿谁？……只要看看斯大林制定演讲的方式，他的只言片语都那么刻骨铭心，那么阳刚有力。[94]

巴别尔被处死是因为他品位不好——他未能掌握时代的风格，没有足够的冷静力量和自控能力，不能将自己塑造成斯大林的样子。因为，对他来说不幸的是，在斯大林时期的苏联，没有任何东西不是政治性的、强劲有力的。巴别尔被他自己的同伙和他唯一的真爱处决了：那些可以"像洗新牌一样洗自己父亲的脸"的人；那些"其愤怒包含了统治他人所必需的一切"的人；那些"灵魂里有谋杀罪"的人；那些掌握了"最简单的技能——杀死一个人的能力"的人。第一个审讯巴别尔的人名叫列夫·什

瓦尔茨曼（Lev Shvartsman）。

米哈伊尔·贝塔斯基被逮捕并被送往一个营地。我祖母的哥哥平克斯是一名波兰的来访商人，他也被逮捕并被送往一个营地。我的祖父莫伊谢伊·哈茨克列维奇·戈德茨坦在一年半之后被逮捕、拷打，并在叶若夫被驱逐后获释。查弗里拉·梅龙斯卡的童年在她父母被捕时就结束了。茵娜·盖斯特也是如此。在吉塔奶奶的欢迎宴席上齐聚的孩子和姻亲中，至少有 10 人被捕。

> 莉帕和我母亲被捕后，吉塔奶奶一直和阿达萨住在一起。阿达萨入狱后，奶奶和韦尼阿明住在一起。12 月初，莉帕的女儿埃洛卡有一天放学回家，发现吉塔奶奶坐在他们公寓前的楼梯上。韦尼阿明没有通知纽马（莉帕的丈夫）或莱瓦，就把她带到了那里，并把她留在紧锁的门外。奶奶住在纽马家了。我经常在那里见到她。她不再是我之前看到的那位骄傲、快乐的波兰奶奶了。我仍然可以想象她戴着红色假发，发髻垂耳。她不明白为什么她的孩子被监禁。她在公寓里来回踱步，嘟囔着："都是我的错。我给我的孩子们带来了不幸。我必须马上回家。我一离开，情况就会好转。"她是用意第绪语说这些的。当然，埃洛卡和我一个字也听不懂她在说什么，所以莱瓦不得不为我们翻译。[95]

在"大恐怖"期间，政治精英成员遭受了严重的痛苦折磨。由于犹太人在政治精英中所占比例过高，他们在受害者中很突出。在开往科雷马（Kolyma）集中营的火车上，与叶夫根尼娅·金茨堡同行的许多乘客都是犹太共产主义者，罗泽纳（Roziner）的母亲在莫斯科布特尔卡（Butyrki）监狱的同牢难友也是如此。

/ 273

/ 第四章 霍黛儿的选择：犹太人和三个应许之地 /

那里还有其他女性，"但是知识分子共产党人，包括我母亲，与她保持着距离。实际上她们都是犹太人，都无条件地相信党是纯洁的，她们每个人都认为逮捕我母亲是错误的"。罗泽纳的母亲尤迪特（Iudit）毕业于犹太宗教小学，在（1920年）搬到莫斯科之前，在博布鲁伊斯克（Bobruisk）的犹太高级中学上了两年学，在莫斯科，她就读的是该市最好的学校（莫斯科模范学校 – 公社）。她在巴勒斯坦短暂居住期间加入了共产党，后来又回到了苏联。[96] 政治精英成员遭遇了严重的打击，但他们并不是受影响的大多数。犹太人在非精英受害者中为数不多，但在整个"大恐怖"中，犹太人受害的人数偏少。1937~1938年，大约1%的苏联犹太人因政治罪被捕，相比之下，波兰人和拉脱维亚人中则分别有16%和30%的人因政治罪被捕。到1939年初，古拉格的犹太人比例比他们在苏联总人口中的比例低15.7%，原因是犹太人没有被视为一个种族群体。1937~1938年"大恐怖"期间被捕的人，包括梅龙斯卡的父母、盖斯特的亲戚和我的祖父，没有一个是作为犹太人被捕的。秘密警察确实处理了几起针对犹太人的案件，但是这些案件都是政治性的（而非种族性的）。例如，尤迪特·罗泽纳 – 拉比诺维奇（Iudit Roziner-Rabinovich）在清除"巴勒斯坦人"过程中被捕，但是她的审讯者（自己是犹太人）感兴趣的是"犹太复国主义"组织，而非族裔。反对"犹太复国主义"的斗士萨穆伊尔·亚古尔斯基、他的政敌兼共产党犹太分部的领袖摩西·利特瓦科夫（Moyshe Litvakov），以及意第绪语"无产阶级"作家以兹·哈里克（Izi Kharik），都是在打倒前崩得分子（真实或虚构）的运动中被捕的。与此同时，对其他非布尔什维克政党的前成员也发起了类似的运动，其中包括社会主义革命党、孟什维克党、乌克兰战士党

（Borotbist）①、阿塞拜疆穆沙瓦提斯特党（Mussavatists）和亚美尼亚革命联盟（Dashnaks）等。当犹太民族地区和学校关闭时，所有其他民族地区和学校也都关闭了，他们中的许多地方，比起犹太民族（"民族"是指不同特定族群单位中的一个特定族群单位，如乌克兰的犹太或波兰地区和学校）地区和学校，关闭得更残忍、更突然。[97]

事实上，犹太人是苏联没有自己"原生"领土的大民族中在"大恐怖"期间唯一一个没有成为清洗目标的民族。自革命以来，苏联政权一直在促进一般的种族特殊性，特别是散居社群（那些跨国界拥有"民族家园"的社群）。促进散居社群的种族特殊性的一个原因是为了向邻国人民明确、具体地证明苏联的优越性。1925年中央政治局的一项特别法令规定，苏联边境地区的少数民族获得民族学校、民族地区、本族语出版物和族裔雇用配额中特别慷慨的一部分。（特里·马丁所称的）"皮埃蒙特原则"背后的理念是：教育、激励和影响邻国人民——或许为他们提供一个替代家园。然而，从30年代中期开始，随着对感染的恐惧增加，敌人的性质似乎更难确定，偏执狂们痛苦地意识到，鼓舞人心的影响力的反面是敌意的渗透，跨境亲属关系意味着败坏的苏联人，而不仅仅是善良的外邦人，可能会谋求一个替代家园。1935~1938年间，中国人、爱沙尼亚人、芬兰人、德国人、伊朗人、朝鲜人、库尔德人、拉脱维亚人和波兰人都被强行驱逐出边境地区，理由是他们与邻近的非苏联人的种族关系使得他们特别容易受到外来渗透。1937~1938年，苏联境内所有离散民族都成为特别"大规模行动"的对象，都有被逮捕和处决的配额。21%

---

① 战士党，是1918~1920年间乌克兰境内的一个左派民族主义党派。

因政治指控被捕的人和 36.3% 被处决的人是"民族行动"的对象。所有因"希腊行动"被捕的人中，81% 被处决。在针对芬兰人和波兰人的行动中，处决率分别为 80% 和 79.4%。[98]

犹太人似乎没有一个替代家园。与阿富汗人、保加利亚人、中国人、爱沙尼亚人、芬兰人、德国人、希腊人、伊朗人、朝鲜人、马其顿人、波兰人和罗马尼亚人不同，外国间谍不认为他们天生有吸引力，也不像忠诚的苏联人那样天生软弱。1939年，苏联出版社在肖洛姆·阿莱赫姆 80 岁生日时出版了他的 14 种书籍；列宁格勒的国家民族志博物馆组织了"沙皇俄国和苏联的犹太人"展览；国家犹太剧院的导演所罗门·米霍埃尔斯（Solomon Mikhoels）获得了列宁勋章以及"苏联人民艺术家"的称号，在莫斯科市苏维埃担任职务。大多数苏联犹太人并没有直接受到"大恐怖"的影响，而那些遭受影响的人大多是政治精英。因为被提拔接替他们的人往往之前是农民和蓝领工人，犹太人在党和国家机器中所占的比例在 1938 年后急剧下降。因为文化和职业精英没有遭遇如此沉重的打击，也没有经历重大的更替，所以犹太人在顶尖专业人士中的突出地位保持不变。[99]

———————————

随后发生了两件大事。30 年代后半期，随着极端斯大林主义（High Stalinism）的确立，特别是在伟大的卫国战争期间，苏联国家——由新提拔的农民和无产阶级出身的俄罗斯人组成——开始认为自己是俄罗斯帝国和俄罗斯文化传统的合法继承人。与此同时，随着纳粹主义的兴起，特别是在伟大的卫国战争期间，越来越多的苏联知识分子——此时不可避免地被打上了生物种族（biological ethnicity）的烙印——开始将自己视为犹太人。

苏联既不是民族国家，也非殖民帝国，更不是由可互换公民组成的美国。这是世界上一个庞大的地区，由许多领土根深蒂固的民族组成，这些民族被赋予自治机构，由世界革命的国际主义意识形态以及一个世界性官僚机构团结在一起。联盟就是如此设计的，并声称一直这样保持，直到它在1991年崩溃。但事实上，由于"斯大林革命"期间工业、农业、政治和言论的激进集体化，意识形态和官僚机构在大约1932年后就开始改变。新建成的指令性经济和新统一的社会主义 - 现实主义社会似乎需要更大的透明度、集中化、标准化，因此，除其他条件外，还需要一种全联盟通用的语言和一个精简的通信系统。到30年代末，大多数按种族划分的苏联人、村庄、地区和"少数民族"学校都被牺牲在由相对同质的原生民族和少数民族亚单位组成的对称联盟的祭坛上，这些亚单位根深蒂固，无法根除（其中大部分在俄罗斯共和国）。

现代国家对民族的需要至少和现代民族对国家的要求一样多。通过代表和体现共享空间、经济和概念货币的政治团体，它们往往得以"种族化"，在获得共同语言、目标、未来和历史的意义上。即便是在美利坚合众国，这个非种族自由国家的代表，也创造了一个受共同语言文化约束的民族，从而由一种比少数政治机构崇拜更加具体和持久的亲属关系相维系。"美国人民"的苏联版本当然是苏维埃，但是苏联是一个民族领土联盟，每个单位都有自己的母语和说母语人士（俄罗斯共和国除外，它仍然在为自己的帝国历史忏悔，同时也是一个没有民族的社会的典范）。在最初的 15 年，苏维埃似乎是指所有母语的总和，无一例外，再加上以莫斯科为中心的马克思世界主义。然而，斯大林大变革后，马克思世界主义的语言成为整个苏联指令性社会的通用语言。这种语言是俄语（不是一些人提议的世界语），俄语除了是马克思世界主义的语言之外，还是一大群人的骄傲，也是强大的浪漫主义崇拜的神圣对象。此外，俄语是布尔什维克高级官员的日常语言，他们中的大多数人（包括重要的犹太人）是俄罗斯知识分子以及"社会民主民族"的革命者。他们对普希金和世界革命同样执着，没有感觉到两者之间存在任何矛盾，因为他们大多数人认为普希金和世界革命是双胞胎。在有关民族主义的一个常见悖论中，苏联走向现代化和统一，导致了走向民族（the Volk）的"大后退"，向社会主义的飞跃，导致了俄罗斯化。

苏联从未成为俄罗斯的民族国家，但该国的俄罗斯核心确实获得了一些民族内容（尽管没有其他联盟共和国多），苏维埃的总体概念确实有赖于俄罗斯民族主义元素（尽管从未有定论或一贯如此）。"俄罗斯民族"和"苏维埃"一直有关联：首先俄罗斯是苏联非少数民族的唯一民族，最终两者相互映衬，彼此之间部分"种族化"；俄罗斯共和国的俄罗斯性质相对不发达，因为苏联国家的苏维埃性质主要是俄罗斯性质。

内战期间，当列宁呼吁革命的工人和农民捍卫他们的"社会主义祖国"时，"祖国"这个俄语词，无论列宁愿不愿意（列宁可能不愿意），其中的前社会主义内涵都不能被剥夺。20 年代中期，当斯大林呼吁共产党建设"一个国家的社会主义"时，至少有一些党员将这个国家与他们出生的国家联系在一起。1931 年，当斯大林敦促苏联人民实现工业化或灭亡时，他的推理更多地与

俄罗斯的民族自豪感（据他理解）有关，而不是马克思主义决定
论：

> 放慢节奏意味着落后。落后的人会被打败。但是我们不
> 想被打败。不，我们拒绝被打败！旧俄罗斯历史的一个特点
> 是，由于落后，她不断遭受失败。她被蒙古可汗们打败了。
> 她被土耳其老爷们打败了。她被瑞典封建领主打败了。她被
> 波兰和立陶宛贵族打败了。她被英国和法国资本家打败了。
> 她被日本大王打败了。都打败了她——因为她的落后，因为
> 她的军事落后，文化落后，政治落后，工业落后，农业落
> 后。所有人都打败了她，因为这样做有利可图，而且可以免
> 罚……过去我们没有祖国，也不可能有。但现在我们推翻了
> 资本主义，权力掌握在我们手中，掌握在人民手中，我们有
> 了祖国，我们将维护祖国的独立。[100]

"成熟"的斯大林主义国家通过促进非俄罗斯共和国的民族
主义（包括官方赞助和高度制度化的对民族诗人和民族根源的崇
拜），确保了"苏联人民的友谊"。它通过促进对俄罗斯人民、
语言、历史和文学的崇拜巩固了这种友谊（作为一种共同的苏联
资产，而不是俄罗斯共和国的专有财产，直到苏联结束，俄罗斯
共和国一直是一个幽灵实体）。1930 年，斯大林命令无产阶级
诗人杰米扬·别德内依（Demian Bedny）不要再数落众所周知
的俄罗斯人的懒怠了。"所有国家革命工人的领导人都在热切地
研究俄罗斯工人阶级的启蒙历史、阶级历史和俄罗斯历史……所
有这些让俄罗斯工人的心中充满了（不能不充满！）革命民族的
自豪感，能够移山排海，创造奇迹。"别德内依是一名无产阶级

诗人，他无法理解这一点。1936 年 11 月 14 日，政治局颁布了一项特别法令，禁演他的喜剧歌剧《勇士》，因为他"诽谤了俄罗斯史诗中的勇士，其中最重要的人士作为俄罗斯人民英雄品质的代表，在大众意识中永垂不朽"。几个月前，布哈林因称俄罗斯人为"奥勃洛莫夫民族"而遭到攻击，几天前（1936 年 2 月 1 日），《真理报》一篇专论正式宣布，俄罗斯人民是苏联民族大家庭中"各平等民族中的第一民族"。到 30 年代结束时，爱国主义已取代世界革命，"祖国的叛徒"已取代阶级敌人，大多数新拉丁化的语言已经转换成斯拉夫语，俄罗斯共和国内的所有非俄罗斯学校已经关闭。世界语研究是非法的，俄语研究则成为必修课。1938 年 5 月，鲍里斯·沃林（Boris Volin，一名教育官员和前首席检查员）在共产党的主要理论期刊上发表了一篇文章，题为《伟大的俄罗斯人民》，总结了新的正统观念：

> 俄罗斯人民完全有权利为他们的作家和诗人感到骄傲。他们造就了普希金，普希金是俄罗斯文学语言的创造者，现代俄罗斯文学的奠基人，他以不朽的艺术创作丰富了人文……俄罗斯人民完全有权利为他们的科学家感到骄傲，他们为俄罗斯人民无穷的创造性天才提供了更多的证据……俄罗斯人民的音乐天赋丰富多样……同样强大的还有俄罗斯美术和建筑领域大众天才的表现……俄罗斯人民创造了一种戏剧，可以毫不夸张地说，这个剧种在世界上没有其他戏剧可与之比肩……
>
> 犹大布哈林，因为憎恨社会主义，诽谤俄罗斯人民，称他们是"奥勃洛莫夫的民族"……这是对俄罗斯民族，对勇敢、热爱自由的俄罗斯人民的卑鄙诽谤，因为俄罗斯

人民为打造幸福的现在而奋斗和不懈努力，并正在创造一个更加幸福美好的未来……伟大的俄罗斯人民发现自己站在与社会主义敌人斗争的最前线。伟大的俄罗斯人民是苏维埃土地上所有民族中为人类幸福和共产主义而斗争的领导者。[101]

起初，似乎没有任何迹象表明"伟大的俄罗斯人民"的新角色与苏联文化精英对来自前栅栏区的犹太移民的持续开放不相容。事实上，俄罗斯爱国主义的一些主要理论家［包括鲍里斯·沃林、法学家 I. 特赖宁（I. Trainin）、评论家 V. 基尔波京（V. Kirpotin）和历史学家 E. 塔尔列（E. Tarle）］本身就是犹太人。年轻的列夫·科佩列夫对斯大林的"我们不想被打败"的演讲并不佩服，这种情况不止他一个人。"就在那时，我，一个有坚定信念的国际主义者，一个苏联爱国者，一个新成立的多民族苏联人民的代表，开始为俄罗斯、俄罗斯历史和俄语感到强烈的伤害和不公正。"

> 我对政治宣传和历史研究的这一新转变感到非常高兴，这是对国家虚无主义的果断拒绝。党确认并肯定了我从小就感到并在青年时代意识到的观点。
>
> 诸如"祖国"、"爱国主义"、"人民"和"民族"等概念正在恢复。我的意思是恢复——因为之前这些概念被推翻了……
>
> 我喜欢关于彼得大帝、亚历山大·涅夫斯基（Alexander Nevsky）和苏沃洛夫的电影；我喜欢西蒙诺夫（Simonov）的爱国诗、E. 塔尔列的书和"苏联伯爵"伊格纳季耶夫；

我接受了军官军衔和肩章的回归。

　　我童年时迷恋我们国家的历史故事，现在这种迷恋以成人的形式恢复了生命。"波尔塔瓦"和"波罗底诺"从未被遗忘的声音以新的力量响起。[102]

没有人比巴别尔和马尔沙克的犹太男孩——或者他们的苏联孩子——更了解"波尔塔瓦"。伟大的卫国战争开始时，这些孩子（帕维尔·柯冈的一代人）发现自己"置身于战争的尘埃之中"，重新讲述波尔塔瓦和革命。鲍里斯·斯卢茨基（Boris Slutsky）是一名年轻的政治官员，他"代表俄罗斯"向军队发表讲话：

　　我让他们想起了我们的祖国。

　　他们沉默，然后唱歌，然后重新加入战斗。[103]

斯卢茨基的朋友大卫·萨莫伊洛夫是他所在连队的共青团领导者。在等着去前线的时候，他写了一篇有关托尔斯泰的《战争与和平》的论文。

　　我（也许还有我之前的人）试图通过托尔斯泰的眼睛来辨别卫国战争结构中的社会主义、社会平等的形态……一个文学青年正在寻求自己在文学中的地位，而非在生活中的地位，这坚定地支持了精神的发展。我深切体会到，问题的关键是抛弃知识分子排外的观念，或者更确切地说，抛弃义务优先于权利的观念。我需要摆脱这种想法，这种想法是由我的环境、教养、教育、文史哲学院精英主义以及我对诗歌天赋和天选的梦想在不知不觉中灌输给我的。[104]

　　他找到了他想要的东西：伟大的卫国战争是 1812 年卫国战争的重演，他自己的精神旅程是皮埃尔·别祖霍夫（Pierre Bezukhov）精神之旅的映像，也可能是巴别尔的映像，因为犹太矮子"觉醒"的故事只是典型的墨丘利－阿波罗（知识分子－人民）相遇的种族版本。萨莫伊洛夫写道："我感到的兴奋来自和众人承担共同义务的感觉，同时也来自对我个人的特殊价值等同于他人的感知。"不久，萨莫伊洛夫找到了自己的普拉东·卡拉塔耶夫（Platon Karataev）和叶菲姆·尼基季奇·斯莫利奇。"我们单位唯一真正崇敬精神生活和知识的人是谢苗·安德烈伊维奇·科索夫（Semyon Andreevich Kosov），一位来自阿尔泰的庄稼汉。他身材高大、力大无比，对所有比他弱小的，他都有一种特殊的柔情，不管是动物还是人。他比任何人都更受饥饿折磨，有时我会把我的汤给谢苗，而他会帮我藏一小块糖。但是，维系我们友谊的不是这种交流，而是强者和弱者之间的相互吸引。"[105]

　　萨莫伊洛夫把弱点和知识结合起来，因为他是一个俄罗斯知识分子，也因为他是一个犹太人。对他来说，他喜欢并想与之分担责任的"俄罗斯人"既是一个外来部落（俄罗斯民族），也是一个外来阶层（人民）。当然，这是一个古老的浪漫方程式，但第一代知识分子似乎更强烈地感受到了这一点，他们刚刚从"缄默"中解放出来。在萨莫伊洛夫的版本中，曼德尔斯塔姆沉浸在"伟大的俄罗斯话语的文化归属感和声音中，这种话语因为知识分子的习俗而略显贫瘠"，谢苗代表语言既是生活又是真理。"谢苗的智慧不是来自阅读，而是来自大众话语中积累的所有经

/ 第四章　霍黛儿的选择：犹太人和三个应许之地 /

验。有时我觉得他没有自己的想法，他的观点只不过是在所有场合都适用的陈词滥调。但是现在我明白了，我们也用套语说话，除了我们随意引用、不准确之外。我们的信号可能是个性化的，但是它们像言语行为一样苍白。人们沉浸在话语的元素中，在其中清洗思想。我们用言语漱口。"106

与谢苗分担责任，是巴别尔和巴格里斯基的初恋达到的完美高潮。在伟大的卫国战争期间，反对犹太性的犹太革命似乎最终完美地融合了真正的国际主义和根深蒂固的俄罗斯特性、知识和语言、思想和身体。萨莫伊洛夫和谢苗"代表（救世主）俄罗斯"并肩战斗。诗人萨莫伊洛夫是谢苗的真正继承人。"谢苗……属于俄罗斯民俗文化，随着其载体农民的消失，这种文化已经几乎完全消失了。这种文化延续了许多世纪，成为民族文化的固有组成部分，已经熔铸出 19 世纪的天才，尤其是普希金。"107

萨莫伊洛夫的满足是柏拉图式、兄弟式的，而且大多是口头的。玛格丽塔·阿利格尔（Margarita Aliger）的激情，是对巴别尔的"初恋"、"第一只鹅"和"第一笔稿费"直接而且是自觉的女性反应。她的长诗《你的胜利》（1945~1946 年）讲述了一个爱情故事，一名来自"俄罗斯南部海岸"的美丽犹太女孩和一名来自哥萨克村庄的"野蛮、无畏、顽固"男孩之间产生了征服一切的爱情，前者"逃离温暖房间和心爱书籍的监狱"，后者"偷西瓜、戏弄女孩"。他们都属于由革命孕育的一代人，在《国际歌》中长大，并在"第一个五年计划"期间得到锻炼——这一代人"永远不会变老"，也"永远学不会如何省钱或妥善保管物品"。他们拥有共同的希望、朋友和信仰；他们在土库曼斯坦结婚，她是那里的一个共青团官员；他们搬到莫斯科，在那里获得一套新公寓，有"两个房间，一个阳台，一个走廊"。他们相爱，但是他们"性格"不同、"灵魂"各异，他们最后一场决定性的革命斗争是相互发现、认可和接受。或者更确切地说，这是她个人的战斗，要学习如何和像他一样"巨大、可怕、善良、背信、忠诚和困惑"的人一起"有尊严地生活"。

> 谁的缪斯女神会公正对待你，
> 可怕、善良、大胆的，
> 光明和黑暗的心脏，
> 孩子和艺术家的灵魂，
> 奇妙的俄罗斯灵魂？
>
> 渐渐地，当你发现
> 你丈夫最隐秘的财富，
> 你看到他比你想象的
> 差得远，而又好很多。
> 你所想象的一切，
> 所有你渴望欣赏的东西
> 都是琐碎、轻微、可怜的
> 与这黑暗和火焰相比。

他与众不同，令人向往，而且神秘莫测，因为他既是一个男人，又是一个俄罗斯人——就像萨莫伊洛夫笔下的谢苗既是"人民的人"又是俄罗斯人一样。最终，阿利格尔的主角（或许玛格丽塔也是）理解她"别无出路，也无其他的命运"。但只有在伟大的卫国战争期间，当他走上前线，她留在后方（作为诗人和政治"煽动者")分享"俄罗斯人民的神奇信仰"时,她才做出了最后的承诺,要生一个像他一样的女儿。"你可以给她取任何你喜欢的名字。"

但是太晚了:因为他永远不会从前线归来,他们也永远不会有孩子。最亲密和真正满足的时刻(与巴别尔和巴格里斯基的青春期尝试相比)从俄罗斯－犹太初恋结束开始。原因是"血统"。

玛格丽塔的母亲被纳粹赶出敖德萨,游荡在鞑靼荒野的某个地方,她失去了她一贯的"宁静和高贵",变得"可怕、焦黑,类似/那些没有家园的人"。为什么?难道他们不在苏联吗?

> 在火炉旁取暖,
> 临时张罗好饭桌,
> "我们是犹太人,"我母亲说,"你
> 能忘记吗,你怎么敢忘记?"

玛格丽塔不知道她是什么意思。毕竟,她有自己的祖国,因为"别无选择",她越发热爱这个国家,

> 是的,我敢!你没看见吗,我敢!
> 我能热爱的事物还有那么多。
> 为什么我——为什么我会在乎,
> 在头顶的天空如此蔚蓝之时?

祖国(民族)不是关于"普希金的金色故事"、"果戈理迷人的声音"、"列宁的豪爽姿态"和"一个疯狂俄罗斯人毫不留

情的爱"吗？事实证明不完全是。

> 我们自由的第一代，
> 在对地狱的无知极乐中长大，
> 我们忘记了我们古老的国家，
> 但是纳粹——他们记得很清楚。
> 我们都知道战争需要勇气，
> 不是说它需要一个最终的选择；
> 我们都知道人类的血液有颜色，
> 不是说它也可能有声音。
> 当死亡的镰刀开始刈割之时，
> 我们发现地狱有几个台阶；
> 当血液开始流动之时，
> 它用多种不同的语言喊叫。
> 聆听着凡人的呻吟，
> 我能回忆起一个声音。
> 每天声音越来越大，越来越哀伤，
> 血一直在地下呼唤。[108]

　　纳粹根据人们血的声音对他们进行分类，特别是犹太人。大多数人，尤其是犹太人，听到了他们的血在召唤。没有什么比苏联更有意义了，在那里，所有公民，包括犹太人，都被按血统分类，并期望认真倾听其呼声。

　　从一开始，苏联国家就一直提倡种族划分，以此来消除压迫记忆。在没有新压迫的情况下，种族划分最终会死于过量的氧气（国家本身会因为变得强大而消亡）。与此同时，国家需要了解其公民的民族，因为它需要划定少数民族领土，教授土著语言，出版全国性报纸，并将固定比例的土著干部分配到各个职位和机构。国家不断询问其公民的民族出身，他们一遍又一遍地回答——首先根据他们的自我感觉或自身利益，然后根据他们的血统（不管他们是否喜欢）。

随着1932年内部护照制度的引入，民族成为永久的标签，也是加入苏联和晋升的最重要的官方条件之一。20岁时，列夫·科佩列夫收到他的第一份护照后，他做了霍黛儿许多孩子都会做的事：他选择当犹太人。根据文化和信念，他是俄罗斯人、乌克兰人，他"从来没有听到过血的呼唤"，但是他确实理解"记忆的语言"。诚如他本人所说，他相信抛弃一直认为自己是犹太人的父母，将是"对他们坟墓的亵渎"。让他更容易选择的是，这没有任何影响。作为乌兹别克斯坦的乌兹别克人或白俄罗斯的白俄罗斯人，你会从中受益；"犹太人"身份和"俄罗斯人"身份在1932年几乎可以互换（在俄罗斯共和国内外）。[109]

但是科佩列夫的选择被证明是短暂的。随着苏联更加彻底的民族化，族裔单位变得更加根深蒂固（在历史、文学和本土上），个人的民族身份变成了纯粹的血统问题。尤其是在捕杀敌人方面，生物民族归属远远高于流动的政治和阶级关系。1938年4月2日，当大多数散居少数民族正在被清除时，警方的一项特别秘密指令引入了一种严格的新基因程序来确定民族。

如果父母是德国人、波兰人等，不管他们出生在哪里，在苏联生活了多长时间，或者他们是否改变了民族身份，等等，被注册的人都不能被归类为俄罗斯人、白俄罗斯人等。

如果被登记者声称的民族与其母语或姓氏不符［例如，该人的名字是穆勒（Müller）或帕潘多泼罗（Papandopoulo），但他自称是俄罗斯人、白俄罗斯人等］，如果在登记时无法确定当事人的真实民族，在申请人出示书面证明之前，不得填写"民族"一栏。[110]

德国人、波兰人和希腊人受到"大规模行动"的影响；犹太人和俄罗斯人没有，但是程序对每个人都一样。纳粹来的时候，大多数苏联人都不难理解他们的语言。

纳粹到来时，霍黛儿的大部分孩子都知道在某种意义上他们是犹太人。他们从来没去过犹太教堂，也没见过光明节烛台，没吃过鱼丸冻，没见过自己的祖父母。但他们知道，在苏联人看来自己是犹太人——实际这也是纳粹的判断。他们按照血统来说是犹太人。

纳粹到来时，他们开始根据血统杀害犹太人。伊娜·盖斯特的奶奶吉塔回家后不久就被杀了，米哈伊尔·亚古尔斯基的祖母和曾祖母也被害，我祖母唯一没有从栅栏区移民的哥哥，还有采依特尔，台维那留在家乡卡西里耶夫卡的女儿，她的大部分孩子、孙子、朋友和邻居也是如此。

［瓦西里·格罗斯曼（Vassily Grossman）1943年秋重返乌克兰时写道，］老工匠和经验丰富的手艺人都被杀害了：裁缝、帽匠、鞋匠、铁匠、珠宝商、画家、毛皮商、装

订工等；工人们被杀害了：搬运工、机修工、电工、木匠、石匠、水管工等；车夫、拖拉机驾驶员、卡车司机、橱柜制造商被杀害了；水夫、磨工、面包师、厨师被杀害了；医生们被杀害了：内科医师、牙医、外科医师、妇科医师等；科学家们被杀害了：细菌学家、生物化学家、大学实验室主任等；讲师、助理教授、硕士、博士被杀害了；土木工程师、建筑师、发动机设计师被杀害了；会计、簿记员、推销员、供应代理人、秘书、夜班护卫被杀害了；小学老师和女裁缝被杀害了；那些知道如何编织袜子、烤美味饼干、炖鸡汤、用坚果做苹果馅饼的祖母，以及那些不会做这些事情、只会爱自己的儿孙的祖母都被杀害了；忠于丈夫的女人和放荡的女人都被杀害了；漂亮的女孩、严肃的学生和咯咯笑的女学生都被杀害了；平庸愚蠢的人都被杀害了；驼背人被杀害了，歌手被杀害了，盲人被杀害了，聋子被杀害了，小提琴手和钢琴家被杀害了，两三岁的孩子被杀害了；80岁老人被杀害了，他们的眼睛因为白内障变得模糊，他们的手指冰冷透明，声音像发出沙沙声的纸一样轻柔；哭闹的婴儿被杀害了，他们一直吮吸着母亲的乳房，直到最后一刻。[111]

对于他们每一个幸存的亲戚，对于所有有犹太血统的人，就像玛格丽塔·阿利格尔一样，犹太人被害所洒的鲜血用他们的母语说话。正如波兰犹太诗人朱利安·杜维姆（Julian Tuwim）所说，

> 我听到了声音："非常好。但是如果你是波兰人，为什么你写下'我们——犹太人'"？我回答："因为我的

血。""那么这是种族主义？""没有那种事。相反。有两种血在流动：在你血管中流动的血，从血管中流出的血……犹太人的血液（而非"犹太血液"）在深邃宽广的溪流中流动；这些黑暗的溪流在泡沫飞扬的湍急河流中汇合，在这个新约旦，我接受神圣的洗礼——犹太人血腥、燃烧的兄弟情谊。"[112]

杜维姆的三段论既有缺陷，也有力量。他没有呼吁所有正派的人称自己为犹太人——他呼吁所有有犹太血统的人通过民族信仰（以及公开声明）成为犹太人，因为纳粹正在洒犹太人的血（犹太血液）。伊里亚·爱伦堡（Ilya Ehrenburg）一反常态，更加直白。纳粹入侵苏联一个月后，他说：

> 我在一个俄罗斯城市长大。我的母语是俄语。我是俄罗斯作家。现在，和所有俄罗斯人一样，我在捍卫自己的祖国。但纳粹也让我想起了别的事情：我的母亲名叫汉娜。我是犹太人。我提起这点很自豪。希特勒讨厌我们甚于任何其他人。这让我们增光。[113]

犹太特性，就像俄罗斯特性一样（更重要的是，因为犹太人过去是墨丘利），最终是关于父母和他们的孩子。在格罗斯曼的《生活与命运》中，主人公的母亲在她死前不久从犹太人区致信给她的儿子：

> 我从来不曾觉得自己是犹太人：我成长中的所有朋友都是俄罗斯人；我最喜欢的诗人是普希金和涅克拉索夫；让

我与所有观众一起感动得热泪盈眶的戏剧——观众都是俄罗斯乡村医生——是斯坦尼斯拉夫斯基创作的《万尼亚舅舅》（Uncle Vanya）。亲爱的维蒂亚，我十四岁时，我们全家决定移居南美，我告诉我父亲："我永远不会离开俄罗斯——我宁愿淹死也不去。"所以我没有去。

但是现在，在这些恐怖的日子里，我的心里充满了对犹太人的母爱。我以前从来不知道这种爱。这让我想起了我对你的爱，我最亲爱的儿子。[114]

她的儿子维克托·帕夫洛维奇［事实上是"平科苏洛维奇"（Pinkhusovich），但他的母亲已经将他的父姓俄罗斯化］·什特拉姆（Viktor Pavlovich Shtrum）成了犹太人，因为他对母亲的爱——因为纳粹对她的所作所为。

战前，维克托从未想过他是犹太人，或者他母亲是犹太人。他的母亲从来没有和他说过这件事，无论是在他的童年，还是学生时代。他在莫斯科大学时，从来没有一个学生、教授或研讨班负责人提到过这一点。

战前，无论是在研究所还是在科学院，他从未听过有关此事的对话。

他从来没有，甚至没有一次，想和［他的女儿］娜迪雅谈论这件事，向她解释她母亲是俄罗斯人，她父亲是犹太人。[115]

他母亲的最后一封信迫使他听到"血的呼唤"。看到解放区——格罗斯曼称之为"没有犹太人的乌克兰"——可能会让这种呼唤变得更加响亮。毫不掩饰的民众排犹主义逐渐抬头——先是在纳粹占领的领土上，然后是在偏远的疏散中心，最后是在俄罗斯的中心地带——可能会让人无法抗拒这种呼唤。尤其是乌克兰，曾经是旧栅栏区"两次大灾难"——革命中最血腥的大屠杀，以及苏联国家对农民的战争的主要舞台（至少其中一些人认为苏联是犹太人的国家——源自排犹习惯和犹太人在党内引人注目的地位）。现在，在"三年来不断接触无情、灭绝性的排犹言论和行径"[正如阿米尔·魏纳（Amir Weiner）所言]之后，一些苏联公民似乎 20 年来第一次表示，他们更喜欢乌克兰"没有犹太人"。[116]

也许对"国家犹太人"（比如什特拉姆和霍黛儿的孩子们）来说最重要也最致命的是，对于新的排犹言论，对于 1945 年 9 月基辅大屠杀以及纳粹统治下苏联犹太人的遭遇，苏共（当时）保持了沉默，这令人诧异。一场全面的民族战争的经历，使刚刚民族化的苏联政权更加自觉地关注血统和土地，或者更确切地说，关注那些对苏联土地拥有正式主张的人的血统。犹太人不是正规的苏联民族，这似乎意味着他们无权拥有自己的烈士、自己的英雄，甚至他们自己的民族存在。维克托·什特拉姆在他母亲及其所有朋友和邻居遇难之后，可能会不得不重新思考他的苏联爱国主义和犹太民族属性。[117]

/ 290

然而，这直到战争后期才会发生。在早期阶段，当越来越多的苏联土地被纳粹侵占，越来越多的犹太裔苏联爱国者听从血的召唤，而不断地成为苏联爱国者时，苏共并不避讳地宣布其对犹太烈士、英雄和民族生存的支持。纳粹入侵两个月后，苏共赞助了由四位著名的意第绪主义者和几名具有犹太背景的苏联文化名人签署的《呼吁世界犹太人》，包括莫斯科大剧院芭蕾舞团指挥家 S. 萨莫苏德（S. Samosud）、物理学家彼得·卡皮查（Petr Kapitsa）和社会主义－现实主义总建筑师鲍里斯·约凡（Boris Iofan，他一直在为最好的公共建筑——苏维埃宫殿工作）。在呼吁发表的当天（1941年8月24日），莫斯科电台向盟国广播了一场特别的"犹太人民代表集会"。书面呼吁和广播讲话都提到他们的听众是"全世界的犹太人兄弟"，强调犹太人是纳粹主义的主要受害者，对他们致力于战斗的"亲友"的英雄主义表示自豪，并呼吁那些远离战场的人给予帮助和支持。用文件中的话来说，"从罗马统治到中世纪，在我们长期受苦受难的人民的悲惨历史中，从来没有一个时期能比及法西斯主义给全人类，特别是犹太人民带来的恐怖和灾难。"

在这个恐怖和灾难的时刻，事实证明犹太人——种族上或宗教上的犹太人、共产主义者、"犹太复国主义"者或传统主义者——都是一家人。正如国家犹太剧院的导演所罗门·米霍埃尔斯所说，

> 和我们伟大国家的所有公民一样，我们的儿子们也在战斗，在苏联人民正在发动的爱国主义中抛头颅、洒热血。
>
> 为了我们自由的苏联祖国的伟大事业，我们的母亲们正在亲自将儿子们送进这场正义之战。
>
> 我们的父亲们正与他们的儿子和兄弟们并肩作战，对抗蹂躏和毁灭人民的敌人。
>
> 我们的兄弟们，你们要记住，在我们的国家，在战场上，你们的命运以及你们生活的国家的命运正在被决定。不要幻想残忍野蛮的希特勒会放过你。

在所有生活在苏联和被占领的欧洲之外的兄弟姐妹中，最大的一部分生活在美国。大部分呼吁都是针对他们的，人们也期待他们表示最强烈的兄弟情谊。用伊里亚·爱伦堡的话来说，"没有海洋可以隐藏……你平静的睡眠会被来自乌克兰的利亚、来自明斯克的雷切尔、来自比亚泽斯托克的萨拉的哭声扰乱——他们正在为他们被屠杀的孩子哭泣"。[118]

米霍埃尔斯、爱伦堡和其他人被"血的召唤"和道德义愤所感动。赞助集会和编辑演讲的苏联官员主要对财政援助和开辟第二条战线感兴趣。[虽然他们中的一些人可能也听到了血的召唤：苏联对外宣传机构的负责人所罗门·洛佐夫斯基（Solomon Lozovsky）本人就是犹太人，苏联驻英国和美国大使 I. M. 迈斯基（I. M. Maisky）和 K. A. 乌曼斯基（K. A. Umansky）也是如此，他们在 1941 年会见了哈伊姆·魏茨曼和大卫·本－古里安，代表苏联向世界犹太组织求助。] 1941 年末至 1942 年初，苏联情报局成立了一个特别的犹太反法西斯委员会（JAFC）。该委员会的目的（和同时成立的其他几个委员会——妇女委员会、学者委员会、斯拉夫委员会和青年委员会一样）是培养一个专门的海外机构，来支援苏联战争。犹太反法西斯委员会的主要任务是在美国筹集资金。该委员会的领导人是苏联犹太人最知名的面孔米霍埃尔斯，以及记者沙赫诺夫·爱泼斯坦（Shakhno Epstein）——苏共犹太分部的资深成员，曾当过苏联在美国的特工。[119]

第二次世界大战期间，苏联从各种犹太组织获得了大约 4500 万美元，其中大部分组织都在美国。所有筹款活动中规模最大的一次来自 1943 年夏天和秋天米霍埃尔斯和犹太反法西斯委员会主席团成员伊斯科·费费尔（Itsik Fefer）的北美之旅，伊斯科·费费尔是一名意第绪语作家和秘密警察线人。米霍埃尔斯和费费尔在群众集会上发表了讲话（纽约马球场地的那次集会有大约五万人参加），与世界犹太人大会和世界犹太复国主义组织的领导人谈判（以苏联官员批准的方式），并会见了阿尔伯特·爱因斯坦、查理·卓别林、埃迪·坎特（Eddie Cantor）、西奥多·德莱塞、托马斯·曼和耶胡迪·梅纽因（Yehudi Menuhin）。这次访问非常成功：美国人热切响应苏联犹太人的呼吁，美国犹太组织的财富、影响力和慷慨大方给米霍埃尔斯和费费尔留下了深刻的印象。这次旅行的主要组织者是本－锡安·戈尔德贝格（Ben-Zion Goldberg），一名亲苏联的犹太记者，他是来自俄罗斯帝国的移民，还是肖勒姆·阿莱赫姆的女婿。台维幸存的一些子女和孙辈终于又团聚了。[120]

在苏联内部，台维在美国幸存的子女和孙辈，包括那些从未自认为是犹太人的人，比如维克托·什特拉姆，终于又团聚了，这可能会让犹太反法西斯委员会感到震惊。正如佩列茨·马尔基什在 1943 年 2 月的犹太反法西斯委员会第二次全体会议上所说，"一个坦克部队的上校不久前向我走来。'我是犹太人，'他说，'我想像犹太人一样战斗。我想联系有关当局，建议成立单独的犹太部队。'……然后我问他：'你认为这样的部队会有效吗？'他回答说：'非常有效。犹太士兵只有一个选择：要么杀死敌人，要么灭亡。'"[121]

一年后，奔萨州炮兵学院（Penza Artillery Academy）的一名中尉写信给米霍埃尔斯，请求帮助他转到前线。"我也是犹太人，我和希特勒的团伙有笔个人旧账要算。德国暴徒屠杀了我住在敖德萨的亲戚，破坏了我们快乐宁静的生活。我想为此报仇。报仇雪恨，在每个地方、每个时刻。"[122]

随着苏联军队向西推进，为犹太人苦难寻求犹太人答案的呐喊变成了一种"坚持不懈的地下呼吁"。苏联犹太人写信给反法西斯委员会，要求帮助埋葬和纪念死者，记录犹太人的殉难和英雄行为，重新获得战前住宅，打击日益增长的排犹主义。但是最重要的是，他们写的是持续不断的地下呼吁本身。正如一位老兵在给米霍埃尔斯的信中所说："让我们不要为自己的血统感到羞愧。更重要的是，在我们国家，我们犹太人不是微不足道的人。我越来越相信，以色列曾经存在，现在存在，将来会永远存在。我的眼睛充满了泪水。它们不是悲伤的眼泪，而是快乐的眼泪。"[123]

另一名犹太人是警卫中尉和"高级工程师"，他在委员会全体大会上发言：

> 作为年轻一代成年犹太人中的一员，我向你发出这一呼吁。
>
> 在你们身上，我们看到了伟大民族的代表——一个天才和殉难的民族。通过你们，我们表达了我们对独特的国家地位和民族文化自治的希望。我们不能允许一个美妙的民族消失，这个民族贡献给世界一些最璀璨的杰出人物，几个世纪以来，历经迫害、死亡和苦难，这个民族依然保留了人道主义和国际主义的旗帜，对创造力、探索和发明的无与伦比的渴望，人类幸福统一的梦想，以及对进步的信念。
>
> 你们是苏联那个美妙民族的唯一司令部。只有你们才能确保我们的民族得以保全，这个有先知、创新者和烈士的伟大民族。[124]

委员会的一些成员生怕有篡夺苏共地位的嫌疑。〔正如一位老布尔什维克，经验丰富的党和国家官员 M. I. 古贝尔曼（M. I. Gubelman）所说，"斯大林同志已经充分解决了我们国家的民族问题，不需要进一步修正"。] 但是许多人，特别是委员会主席团中的意第绪语作家，似乎觉得他们确实在某种意义上代表了犹太人民，犹太人民需要特别考虑，因为他们遭遇了民族悲剧，而且那场悲剧的幸存者是他们的人，他们的血亲。[125]

由这种情绪产生的最大胆政治倡议是 1944 年 2 月致斯大林的信，委员会领导人米霍埃尔斯、爱泼斯坦和费费尔在信中提议，在克里米亚建立一个"犹太苏维埃社会主义共和国"。他们争辩说，第一，来自纳粹占领区的犹太难民没有住房，或无家可归；第二，"兄弟民族"中产生了国家知识分子，使"犹太民族"的专业人员变得多余；第三，现有的意第绪语文化机构太少，过于分散，无法满足犹太人的文化需求；第四，战争导致排犹主义重新抬头，作为反应，犹太民族主义从而也重新抬头。他们总结说，远东现有的犹太自治区离"主要的犹太劳动群众"太远，因此无法本着"列宁主义－斯大林主义民族政策"的精神解决"犹太人民的行政和法律问题"。[126]

政治局成员卡冈诺维奇（Kaganovich）、莫洛托夫和沃罗什洛夫（第一位是犹太人，后两位的妻子是犹太人）似乎谨慎地表示赞同，但斯大林不喜欢这个想法，这个项目慢慢地被官僚机构扼杀了（尽管克里米亚鞑靼人被驱逐到中亚和哈萨克斯坦后，对该项目的热情短暂爆发）。将犹太人重新安置在前伏尔加德意志人苏维埃社会主义自治共和国的替代计划，在费费尔和佩列茨·马尔基什看来有吸引力，是一种"历史正义"的行为，但是被莫洛托夫否决了，他认为这是另一种将"一个城市民族放在拖拉机上"的不切实际的企图。"犹太问题"似乎无法按照列宁主义－

斯大林主义民族政策的精神来解决。[127]

尽管这些逆转可能令人失望，但它们发生在"机器"政治的黑暗角落，并与来自前栅栏区的战时难民有关，而不是他们在首都的亲戚（采依特尔幸存的孩子，而非霍黛儿）。然而，在巴勒斯坦建立以色列国之后，一切都变了。为了向英国施加压力并在中东获得盟友，苏联支持了一个独立的犹太国家，（通过捷克斯洛伐克）向犹太战士提供武器，并迅速承认以色列的独立。然而，正是在苏联内部，官方对"犹太复国主义"的鼓励产生了最引人注目的结果，对苏联官员来说，也是令人不安的后果。假定自己的行为在官方政策允许的范围内，或可能不顾政策是否允许，成千上万的苏联犹太人，其中大多数是来自莫斯科和列宁格勒"血统上"的犹太人，借此机会表达了他们的自豪、团结和归属感。一名莫斯科学生给犹太反法西斯委员会致信时写道，

> 请帮我作为志愿者加入以色列军队。当犹太人在为他们的自由和独立而进行的不平等斗争中挥洒热血的时候，我作为犹太人和共青团成员的责任是加入他们战士的行列。
>
> 我二十二岁了；身体状况良好，受过充分的军事训练。请帮助我，让我履行自己的职责。[128]

战前，作为一名犹太血统的共青团成员，意味着要成为一名国际主义者，对于霍黛儿和她的孩子来说，意味着要成为俄罗斯高等文化的狂热追随者。战后——显然仍然是本着列宁－斯大林民族政策的精神——这也意味着成为一名自豪的犹太人。正如另一名莫斯科人两天前写道，"毫无疑问，苏联政府不会阻碍（向

巴勒斯坦运送武器和志愿者的）努力，就像它不会阻碍援助西班牙共和党的运动一样"。犹太民族的救赎等同于反法西斯主义，等同于苏联的爱国主义。"我们的生活发生了巨大的变化：我们的名字'犹太人'被提升到如此之高的地位，以至于我们已经成为一个与其他民族平等的民族。目前，以色列国的少数犹太人正在进行反对阿拉伯侵略的激烈斗争。这也是一场反对大英帝国的斗争。这不仅是争取独立以色列国的斗争，也是为我们的未来、为民主和正义而发动的斗争。"[129]

另一封给犹太反法西斯委员会的信中写道，斯大林同志和苏联政府"一直在帮助独立战士"（不像"英国和美国的败类"，他们"煽动并将永远煽动阿拉伯人"）。然而，最终，巴勒斯坦的犹太人事业是所有犹太人的事业，因为所有犹太人都有血缘关系，也因为他们所经历的一切。"（另一名犹太反法西斯委员会记者写道，）现在，当一场你死我活的战争正在进行，当战争变得越来越激烈，当我们的兄弟姐妹正在流血，当英美帝国主义支持的法西斯阿拉伯团伙试图扼杀英勇的犹太人并将他们淹没在鲜血中时，我们苏联犹太人不能袖手旁观。我们必须积极帮助那些自我牺牲的英雄获胜，积极帮助意味着与我们的兄弟并肩作战。"[130]

费费尔后来在描述 1948 年 5 月的情形时写道："我们被包围了。每天都会有几十个人来。"正如 G. M. 海费茨（G. M. Kheifets）（费费尔在犹太反法西斯委员会的副手，该委员会的主要秘密线人，之前是苏联在美国西海岸间谍活动的负责人）向党中央委员会所报告的，大多数访客都想以志愿者的身份去巴勒斯坦。

大多数请愿者不仅代表自己，而且代表他们的同事和同学发言。请求最多的是莫斯科高等院校的学生：法律学院、化学研究所、外语学院、化学机械制造学院等。还有来自苏联雇员——钢铁研究中心和国防部的工程师——以及苏联军官的请愿书。请愿者声称其动机是代表犹太国家帮助犹太人民进行反对英国侵略的斗争。[131]

事实上，有些人甚至发表了"闻所未闻、令人震惊的"声明（正如犹太反法西斯委员会主席团一名成员所描述的那样），大意是：巴勒斯坦是他们的家园。但是，更闻所未闻、更骇人听闻的是，成千上万的人公开、集体地发表这种声明。1948 年9 月 3 日，第一位以色列驻苏联大使果尔达·梅尔森［Golda Meyerson，后来改名梅厄（Meir）］抵达莫斯科后，接下来是一系列自发、无人监管的临时政治集会——这是苏联首都二十多年来从未见过的。对于出生在俄罗斯帝国的果尔达·梅厄来说，访问苏联就像回家一样。在她到达后的第一个周六，她去了莫斯科犹太教堂，和拉比打了招呼后，放声大哭。然而，她访问的目的，当然也是她代表的新国家的目的，是提醒所有国家的犹太人，他们真正的家园不是他们的家园。在接下来的一个月里，她每次公开露面都获得苏联犹太人对以色列的认同。1948 年 10 月4 日，在犹太新年，成千上万的人来到莫斯科犹太教堂看她。有人叫道，"沙洛姆"（犹太语，意思是"您好"）；大多数人可能以前从未去过犹太教堂。10 月 13 日，在赎罪日，一大群人跟随以色列外交官从犹太教堂来到大都市酒店，高呼"明年耶路撒冷见"。[132]

　　这两种趋势——苏联国家的伦理化和犹太族裔的民族化——一直在相互加强，直到斯大林和新的宣传鼓动部官员发现了两个可怕的现象。

　　第一，作为一个苏联民族，犹太人现在是一个可能忠于敌对外国的散居民族。在以色列建国和冷战开始后，他们已与德国人、希腊人、芬兰人、波兰人和其他"外来"民族相似，他们被认为蒙恩于一个外国家园，因此是天生的、不可救药的外邦人。官方对犹太人进行攻击，这个在1937~1938年免遭"大恐怖"迫害的族群现在遭到了晚到的民族成分的"大清洗"。

　　第二，根据苏联对民族归属和政治忠诚的新定义，斯大林同志创建和培养的苏俄知识分子并不是真正的俄罗斯人，因此也不是完全的苏联人。犹太血统的俄罗斯人是蒙面犹太人，蒙面犹太人是双重的叛徒。

　　斯大林进行的所有"清洗"都是针对隐形外邦人的潜行渗透——现在，这里有一个无处不在、伪装起来的种族，一个非常善于变得隐形的族群，以至于他们已出人头地，成为精英（也许是苏联精英）。这是一个没有自己领土的民族（或更确切地说，拥有领土但拒绝住在那里），一个没有自己语言的民族（或更确切地说，拥有语言但拒绝说这种语言），一个几乎完全由知识分子组成的民族（或更确切地说，拒绝从事无产阶级的事务），一个用化名而不是本名的民族（这似乎不仅适用于"老布尔什维克"和职业作家，也适用于来自前栅栏区的大多数移民：巴鲁奇、吉尔赛和莫舍的孩子经常将自己的父姓改成博里索维奇、格里高利耶维奇和米哈伊尔洛维奇）。当犹太人成了一种罪行，那么声称拥有独立犹太文化的人就成了"资产阶级民族主义者"，而那些认同俄罗斯文化的人成了"无根的世界主义者"。

针对第一个群体（"公共犹太人"）发起的运动更残酷，如果说规模相对较小的话。1948 年 1 月，最著名的苏联犹太人所罗门·米霍埃尔斯在斯大林的命令下被秘密警察杀害。［引诱他落入陷阱的人，犹太戏剧评论家和警方线人，V. I. 戈卢博夫 - 波塔波夫（V. I. Golubov-Potapov），与他一起被谋杀。他们都被捆起来，扔到地上，然后被卡车撞倒，看起来像遭遇交通事故。］在接下来的两年里，所有意第绪语剧院和作家组织都关闭了，大多数意第绪语作家被逮捕。1952 年春夏，犹太反法西斯委员会的 15 名前成员被当作"资产阶级民族主义者"审判。1 人幸免于难，1 人死于狱中，其余 13 人被判处死刑（审判开始前一个月），并在同一天（审判结束后一个月）被枪杀。

大多数被告，尤其是小说作家大卫·贝格尔松（David Bergelson）、伊萨克·费费尔（Isaak Fefer）、莱巴·克维特科（Leiba Kvitko）和佩列茨·马尔基什，都是共产主义的忠实信徒，他们毕生以意第绪语的"民族形式"宣传斯大林的"社会主义内容"。这是共产党对以前被虐待的民族，特别是长期遭受苦难的犹太人的官方政策。费费尔说，"我希望我的民族和其他人一样……在我看来，只有斯大林才能纠正罗马皇帝犯下的历史不公。在我看来，只有苏联政府才能通过建立犹太民族来纠正这种不公正"。他当然是对的。苏联政府认真努力让犹太人"像所有其他人一样"，并对那些帮助领导冲锋的人给予了充分的奖励。正如费费尔在审判中所说，"我是一名贫穷老师的儿子。苏联政府使我成为一个人，也是一个相当出名的诗人"。几天后，克维特科说："革命前，我像一条可怜的流浪狗般过着卑微的生活。自从'十月革命'以来，在我热爱的祖国，每一片草都向我微笑，我度过了30年美好、腾飞、有建树的岁月。"[133]

然后，由于他们不太明白的原因，同一个苏联政府将犹太人从相当于乌克兰人或莫德维人的准正常民族重新归类为类似于波兰人或希腊人的潜在不忠民族。犹太民族形式已成为敌对资产阶级成分的症状。当众说"你母亲叫汉娜"已成为一种民族主义行为。

有些人拒绝接受这种看法。正如所罗门·洛佐夫斯基所说，"我母亲的名字也叫汉娜，那又怎样，难道我应该为此感到羞耻吗？那是什么样的奇怪心态？为什么这被认为是民族主义？"至于对意第绪语的攻击，"如果你为意第绪语报纸写作，你就用意第绪语写。但是当贝格尔松说这构成了民族主义，那么这里受审的就是意第绪语本身。这难以理解。如果你愿意，你可以用黑人语言写作。这取决于你。重要的是你写什么，而不是你用什么语言写"。[134]

这种传教士式的普世主义早已不是苏联的官方政策，大多数被告，尤其是那些支持犹太人定居在被草率驱逐的伏尔加日耳曼人和克里米亚鞑靼人撤离的地区的人，都非常清楚这一点。问题是犹太人是加入被流放到乌兹别克斯坦的克里米亚鞑靼人，还是加入乌兹别克人，后者在苏联政府帮助下成为"和其他人一样"的民族。正如费费尔所解释的那样，"当我观看乌兹别克艺术节时，我非常嫉妒……我为建立犹太机构尽了最大努力"。

然而，那是冷战前的事了——当时苏共并不认为所有犹太机构都是颠覆性的，费费尔"不认为抵制同化是一种民族主义活动"。1952年，情况迥然不同。费费尔仍然"爱自己的民族"（"因为谁不爱自己的人民？"），他认为《圣经》是"犹太文化最伟大的纪念碑之一"，并坚持认为，在敌意的审讯下，没有其他民族"遭受的痛苦可与犹太人比拟"。然而，他也是一名忠诚的党员和指定的密探，他在审判时争辩说，对自己民族的爱是民族主义，民族主义是叛国，因此所有被告都被指控有罪。另一位忠诚的共产主义者和意第绪语专家莱巴·克维特科似乎也同意他的观点：

> 那个……我认为自己有过错的事——我认为我被指控并感到有责任的事——是这样的。我们相信苏联犹太文学在意识形态上是健康的，是真正的苏联文学，我们犹太作家，包括我自己（我可能比任何人都更有罪过），没有提出我们如何为同化进程做贡献的问题。我说的是犹太大众的同化。通过继续用意第绪语写作，我们不由地阻碍了同化的进程。只要苏联作家的作品思想、政治上内容健康，它们就有助于同化大多数犹太人。但近年来，意第绪语已停止为大众服务，因为它已被大众抛弃，因此成为一种障碍。当我是苏联犹太作家联盟犹太分部的负责人时，我没有提议关闭该分部。对此我有罪。使用一种被大众抛弃、已经过时的语言，这种语言不仅使我们与苏联的大部分生活隔离开来，也使我们与已经被同化的犹太人隔离开来。在我看来，使用这种语言是一种特殊的民族主义。[135]

意第绪语专家和其他自称及国家指定的犹太文化守护者可能会被监禁或处决。他们人数很少，的确，他们把自己与"大部分犹太人"区分开来（包括他们自己的孩子，几乎没有人知道任何意第绪语，也没有人对犹太文化表现出任何兴趣）。然而，斯大林反犹太运动的主要目标是有犹太血统的俄罗斯人，或者，就该党的宣传鼓动部门而言，声称是俄罗斯人以显得像个苏联人的犹太人。该党例行的"人事政策"合并成了调查系谱中的一项练习：每一个身居高位的俄罗斯人都是潜在的犹太人，每一个犹太人无一例外都是潜在的敌人。

"清洗"苏联犹太民族精英的运动早在 1939 年 5 月就开始了，当时斯大林让莫洛托夫负责苏联外交，并命令他在外交事务委员会中"除掉犹太人"。在伟大的卫国战争期间，这成为政府政策的一部分（表达了新的官方爱国主义，并且对犹太人自我主张做出回应）。在 1949 年该运动演变成雪崩，当时意识形态传染成为苏联当局的主要关注点，犹太人"因其血统"成为主要的传染源。负责"干部"工作的苏共官员四处游荡，搜寻秘密外邦人。他们离核心越近，发现的腐败越多。[136]

谁是马克思列宁主义的守护人？ 1949 年，"持有护照"的犹太人占所有苏联马克思列宁主义教授的 19.8%，在莫斯科、列宁格勒、基辅、哈尔科夫、罗斯托夫、萨拉托夫、喀山和斯维尔德洛夫斯克，各大学教授马克思列宁主义的老师中，犹太人占 25%，在莫斯科大学哲学系辩证和历史唯物主义专业，19 名教员中有 7 名是犹太人。在苏联政治经济学研究所中（宣传鼓动部的负责人写给国家规划局局长的信中），51 名高级研究员中，有 33 名犹太人、14 名俄罗斯人和 4 名其他人。（在第一批解雇结束后，改革后的研究所的新负责人不得不向中央委员会道歉，因为在研究所仍然雇用的 34 名科学院成员、通讯成员和"科学博士"中，有 20 名犹太人、12 名俄罗斯人和 2 名其他人。）1949 年 8 月，红色普雷斯尼亚（Presnia）区委员会发现，犹太人占莫斯科法律学院教员的 39%；1950 年，新任命的法律研究所所长报告说，他成功地将犹太研究生的录取比例从 50% 降低到 8%。另一项宣传鼓动部的调查显示，多卷本《内战史》编辑部的秘书处包括 14 名犹太人、8 名俄罗斯人和 6 名其他人。也许最糟糕的是，对学术界主要斯大林学者（每个学科都应该有自己的斯大林学者）的调查显示，苏联哲学界［M. B. 米廷（M. B. Mitin）］、经济学界［E. S. 瓦尔加（E. S. Varga）］、历史学界［I. 明茨（I. Mints）］和法律学界（I. P. 特赖宁）的泰斗都是犹太族裔（瓦尔加来自布达佩斯，其他人来自俄罗斯的前栅栏区）。最后，也是最令人不安的是，B. I. 兹巴尔斯基（B. I. Zbarsky）——曾经对列宁的尸体进行防腐处理，现在仍然是共产主义最神圣遗迹的守护者——不仅是来自栅栏区，而且据孜孜不倦、工作高效的秘密警察说，他还是一名破坏者和一名间谍。[137]

官方意识形态的其他支柱——俄罗斯爱国主义和高雅文化又如何呢？一群关心此事的学者告诉党中央，科学院的文学研究所（"普希金之家"）的学术委员会中，80% 的成员是犹太人。（中央委员会确认了这份报告，并下令迅速采取行动。）作家联盟莫斯科分部中，犹太人占 29.8%。这一事实被披露后，作为回应，该组织的秘书——A. 法捷耶夫（A. Fadeev）、K. 西蒙诺夫和 A. 苏尔科夫（A. Surkov）——承诺要大规模解雇犹太人。宣传鼓动部的负责人 G. F. 亚历山德罗夫（G. F. Aleksandrov）写信给中央委员会的秘书们，谈到了音乐战线上"极其严峻的形势"：莫斯科音乐学院、莫斯科音乐协会和列宁格勒音乐学院几乎所有领导人物都是"非俄罗斯人"，推崇他们作品的音乐评论家以及支持评论家的中央报纸和艺术部门的负责人也是如此。为什么俄罗斯音乐史是由非俄罗斯人编辑的？为什么莫斯科剧院的导演中有这么多犹太人（根据中央委员会的人事数据，犹太人占 42%），艺术展览负责人中犹太人占 40%，流行音乐演出负责人中犹太人占 39%？为什么 87 名苏联马戏团的导演和管理员中包括 44 名犹太人、38 名俄罗斯人和 4 名乌克兰人？记者中排名第一的俄罗斯爱国者、母亲名叫汉娜的那个人呢？说到记者，谁在苏联大众中灌输马克思列宁主义、俄罗斯爱国主义和高雅文化？《真理报》必须进行无情的"清洗"，政府的《消息报》（Izvestiya）和军队的《红星报》（Krasnaia Zvezda）也是如此。人们还发现共青团和作家联盟的官方机构由犹太人统治；主要的体育报纸被命令解雇 12 名记者（由中央委员会人事主管马伦科夫下令）；在工会委员会的《劳动报》（Trud），犹太雇员的比例先降低到 50%，然后再经过 40 次解雇之后，又降低到更可接受的 23%。组织向全国零售商和订阅者递送苏联所有 4638 份报纸的机构由 18 名官员管理，其中 10 名被发现是犹太人。出于类似原因，中央审查办公室（Glavlit）的人员情况也没有激发"政治信心"。[138]

与敌人接触越频繁，感染的危险就越大。说起记者，这是一个政治信心很难获得也很易被滥用的群体，那么有关苏联的海外宣传掌握在谁手里？犹太人占苏联塔斯社（TASS）高层管理人员的 23%，占乌克兰电报局（RATAU）高层管理人员的 49%。苏联情报局的"民族成分"包括 48% 的犹太人、40% 的俄罗斯人和 12% 的其他人；外国文学出版社的俄语分部 90% 的成员是犹太人；苏联官方英文报纸《莫斯科新闻》由 1 名俄罗斯人、1 名亚美尼亚人和 23 名犹太人出品。[139]

经济基础的情况和意识形态的上层建筑一样糟糕。谁在制造苏联汽车？42 名犹太人因受莫斯科汽车厂的"犹太民族主义"事件牵连而被捕，13人被处决。谁在设计苏联飞机？朱可夫斯基研究所（Zhukovsky Institute）解雇了60名犹太研究人员［LA战斗机的创造者S. A. 拉沃奇金（Lavochkin）以及MI直升机的创造者M. L. 米尔（M.L.Mil）没有被解雇］。为什么苏联坦克的生产被委托给来伊萨克·莫伊谢耶维奇·萨尔茨曼（Isaak Moiseevich Zaltsman），这位来自波多利亚犹太小村托马什波尔（Tomashpol）的犹太人？为什么在伟大的卫国战争结束时，犹太人占苏联军备工厂总工程师的1/3？谁在制造苏联原子弹？他们与制造美国原子弹的亲戚有何关系？那些试图擅自连通苏联原子弹和美国原子弹的间谍们呢？[140]

异己分子无处不在：在你家里，在你床底下，甚至在你床上。斯大林同志的大儿子雅科夫（Yakov）和一名犹太女子结婚是巧合吗？（雅科夫被德国人抓获后，他的妻子被捕了，但在雅科夫死后不久就被释放了。）或者斯大林同志的女儿爱上一个又一个犹太人也是巧合吗？［斯维特拉娜的初恋情人，A. 亚·卡普勒（A. Ya. Kapler）被流放；她的第一任丈夫，G. I. 莫洛佐夫（G. I. Morozov）被要求搬出去，并领了新护照，同时取消了结婚登记。］那么所有这些人的妻子呢：莫洛托夫同志的妻子，安德烈夫同志的妻子，沃罗什洛夫同志的妻子？[141]

最可怕的是，意识到对抗邪恶势力的"警惕的契卡警察"本身就是狼人。秘密警察对秘密警察进行了一次特别调查，揭发了一个大规模的"犹太复国主义阴谋"，而且敌我混乱，不可救药。莱夫·施瓦茨曼（Lev Shvartsman）是领衔审讯者，他曾是巴别尔供词的共同执笔人，现在他撰写了自己的供词，声称自己属于一个犹太恐怖组织，并与他的儿子、女儿、前国家安全部长

V. S. 阿巴库莫夫（V. S. Abakumov）和英国大使发生了性关系。组织谋杀托洛茨基（还有其他许多人）的 N. I. 伊廷根（N. I. Eitingon）被指控在计划谋杀苏联领导人；负责犹太反法西斯委员会秘密侦查的 L. F. 赖赫曼（L. F. Raikhman）被作为犹太民族主义者逮捕；科培利安斯基（Kopeliansky）中校曾审问布达佩斯犹太人的救星拉乌尔·瓦伦贝格（Raoul Wallenberg），如今他自己因为是犹太人被解雇；曾在匈牙利主持拉伊克（Rajk）审判的 M. I. 贝尔金（M. I. Belkin），承认自己曾为"犹太复国主义"者进行间谍活动，并招募了匈牙利秘密警察的负责人和他的犹太同胞加博尔·彼得（Gábor Péter）。苏联在美国的间谍网络必须彻底改造，因为大部分特工［包括非常成功的原子弹间谍谢苗·谢苗诺夫（Semyon Semenov），他"控制"了科恩夫妇和罗森伯格夫妇］都是犹太人。甚至所有秘密警察机构——国家安全部的毒物学实验室（"X 实验室"）的最高机密负责人 G. M. 迈拉诺夫斯基（G. M. Mairanovsky）也被揭露是"犹太复国主义"间谍。X 实验室专门生产毒药，在古拉格囚犯身上进行测试，并将其用于秘密暗杀［根据帕维尔·苏多普拉托夫（Pavel Sudoplatov）的说法，包括对拉乌尔·瓦伦贝格的暗杀］。自 1937 年起，迈拉诺夫斯基开始指挥 X 实验室。现在，在多次被殴打之后，他承认自己参与了国家安全部内的犹太人阴谋集团，并在美国"犹太复国主义"者的命令下订好计划，要谋杀这些苏联领导人。[142]

　　迈拉诺夫斯基是斯大林的工具、走狗，也是他最可怕的梦魇。斯大林的"清洗"总是假定：所有偏离完美的行为都是蓄意造成的；蓄意行为是由作恶的敌人实施的；这种邪恶在苏联之外是普遍存在、制度化的；苏联包含了"外来分子"，他们由于其社会或民族出身而倾向于崇拜魔鬼。在 30 年代，民族起源的重要性开始盖过社会起源，"二战"期间，犹太人已成为可疑部落和可疑阶级的完美结合。大部分苏联专业精英是犹太人，大量犹太人属于苏联专业精英。就斯大林和他的调查人员而言，这两个群体很可能完全等同——特别是因为没有哪个精英职业比医学更深奥、更具侵略性，而医学是所有职业中犹太人占比最高的。

在传统社会中，那些与鬼神交流的人既让人害怕，又受到尊敬。为了避开邪恶，人们必须与邪恶接触；治愈的力量也意味着是伤害的力量。通过摧毁教堂中牧师和魔术师之间的区别，现代国家重新引入了巫师，或者更确切地说，那些拥有秘密知识的专业人员，可用来拯救或摧毁灵魂、身体、国家和地球。以斯大林为代表的共产党宣称拥有超凡的政治权威，并鼓励浮士德般地追求无限的知识，假定训练有素的专业人员所追求的科学真理与"自觉"官员所坚持的马克思列宁主义真理是一致的。然而，在人民与党、自发性与自觉性相融合的太平盛世到来之前，苏联仍然是一个不稳定的二元社会，党在其所依赖的专业人员中推行正统的意识形态。20 年代，政委和"资产阶级专家"之间的对立是赤裸裸、不对称的；30 年代，随着新的"苏联知识分子"接受科学和党的正统观念，这种现象似乎消失了；四五十年代，由于军备竞赛的需求日益增长，而且战争幸存者普遍认为，他们取得了伟大胜利，应该有权在决策中发挥更大的作用，这种对立再次出现，而且势头凶猛。苏联专业人员获得的自主权越大，就越难以在其所代表的基于科学的现代性和其应该宣称的超凡信念之间进行调和。斯大林临终时被冠以"苏联科学领袖"的称号，这是重建战前概念无缝性的最后一次严肃尝试。斯大林作为语言学家、经济学家及其他学科的专家，认为没有科学就不可能向共产主义迈进，"没有意见的斗争，就没有科学发展和繁荣"；在一个"由可靠领袖领导的封闭团体"的荫蔽下，任何意见斗争都不会发生；克里姆林宫以外，无人能够确定什么构成进步、科学或有价值的观点。[143]

只要斯大林还活着，而且毫无疑问是绝对正确的，这种推理以及它所维系的世界似乎对大多数苏联精英成员来说就讲得通。然而，有三种职业，其人员仅仅通过执行他们被定期分配的任务就质疑了知识和美德神圣一体化的观点。一个是秘密警察，他们发现党内腐败，因此坚持要获取斯大林无法直接接触的秘密知识。这是一个常见问题，伴随着两个常见解决方案：雇佣墨丘利陌生人和不断灭绝自主知识的持有者。第二个解决方案（在30年代中期，陌生人被怀疑时所采取的方案）被证明廉价又有效，因为斯大林要求的侦探工作只需要很少的特殊训练，除了错误地认为揭露更多的敌人是避免成为敌人的最佳方式。苏联社会中没有几个专业团体有秘密警察那样高的死亡率，或者像他们一样对自己工作的性质不甚了了。1940年，注定要失败的"大恐怖"设计师 N. I. 叶若夫曾说过："我清除了14000名契卡警察。但我最大的罪过是我清除的人这么少。"1952年，劫数难逃的犹太人"事件"设计师 M. D. 里鲁明（M. D. Riumin）写道："我只承认在调查期间我没有使用极端手段，但有人指出我的错误后，我就改正了。"[144]

另一个自然会破坏官方正统观念的专业团体是核物理学家，他们得以成功制造原子弹，似乎是因为他们拒绝接受恩格斯的"自然辩证法"。因为制造炸弹至关重要，所以在项目进行期间，部分官方正统观念（包括不信任犹太人的新要求）必须放弃。这

种信仰的中止之所以可能，是因为这个群体非常小，正统观念中
受影响的部分相对较少。从长远来看，使正统观念变得危险的
是，苏共含蓄地承认其权威是政治性的，而不是先验的。苏联社
会中很少有专业团体像原子能科学家那样拥有如此高的地位，而
对马列主义的需求却如此之少。

最后，还有医生。在正常情况下，他们的专业知识并没有明
显挑战党对真理的垄断，但是，当斯大林年逾古稀并体力开始不
支时，很明显，这位"伟大领袖和导师"的生活以及世界社会主
义的命运掌握在专业人士手中。他们声称掌握的重要知识是无法
检查或核实的除了其他专业人士。在苏联，知识和美德的统一体
一直是脆弱的：在一次又一次的"清洗"中，专家被揭露是肇事
者，工程师被揭露是破坏者，间谍捕手被揭露是间谍，牧师被揭
露是黑魔术师。以与死亡作战为生的医生在 1938 年的布哈林审判
中被描写为"投毒者"，在苏联领导人英年早逝时散播的谣言中
也是如此。然而，他们从来没有被当作一个阶级——直到斯大林
本人大限将至，而且犹太人被认为是传染的主要媒介。第一批被
逮捕的法庭医生是俄罗斯人，但是，随着"医生阴谋"的加剧，
反对"身穿白袍的杀人犯"的运动与对"犹太民族主义"的攻击
合而为一。各民族中最陌生的民族与最致命的职业融为一体。[145]

斯大林对犹太人的攻击，类似于许多其他做法，试图将与苏
联前期历史或当时反苏活动相关的各种团体清除出去。在瓦西里·
格罗斯曼的《生活与命运》一书中，维克托·什特拉姆在填写人
事表时，在第五行"民族"中写下了"犹太"。

353

/ 308

/ 第四章 霍黛儿的选择：犹太人和三个应许之地 /

　　他不知道填写第五行对成千上万自称卡尔梅克人、巴尔卡尔人、车臣人、克里米亚鞑靼人、犹太人的人来说意味着什么……他不知道……几年后，许多人在填写第五行时，也会同样有在劫难逃之感，与过去几十年里哥萨克军官、贵族、工厂主和牧师的子女在第六行填写（"社会出身"）时的感觉一样。[146]

　　也有一些不同。可能是因为斯大林在 1953 年 3 月去世后，对犹太人的攻击规模要小很多，而且，比起格罗斯曼名单上的其他种族群体（以及名单上没有的其他许多人）的遭遇、1937~1938 年的"国家行动"，或者在"红色恐怖"时期以及 30 年代对各种"社会异己分子"的迫害，犹太人遭受的打击破坏力要小很多。对犹太人的歧视也远不如 20 年代和 30 年代初对"哥萨克军官、贵族、工厂主和牧师的子女"的歧视那样固执不变。但这是一个程度的问题。40 年代末至 50 年代初的排犹运动非同寻常的是，专门针对专业精英，而且采用一以贯之的种族标准和有针对性的公共选择标准。[147]

　　针对"资产阶级"和"富农"的"暴力清洗运动"的对象们并不认为自己属于"资产阶级"或"富农"。1937~1938 年"反精英恐怖"的受害者不知道他们为什么被谴责。在叶若夫"国家行动"中被捕的大多数人不知道这种行动的存在，也无法将自己的"案件"与其他受害者的"案件"分开。即使是大规模的种族驱逐（驱逐对象毋庸置疑）也是秘密进行的，而且精英们几乎完全没有注意到（因为这些驱逐主要是将农村人口从一个边境运送到另一个边境）。

排犹运动就其目标而言，既公开也相对明确。它针对的是苏联一些至关重要、最能言善辩的元素，而且该运动违背了该国一些最基本的官方价值。大学生莉娜·卡明斯卡亚（Lina Kaminskaia）是一名活跃的共青团员，航空工业委员会一名前雇员的女儿，她在1952年说："我国在民族问题上的政策是不正确的。战后，这个国家受到排犹主义浪潮的冲击，这是法西斯意识形态的表现……我的观点建立在自己的所见所闻上。我所说的一切都是基于坚定的信念。我的观点得到了知识界所有密友的认同：医生、工程师、律师、学生等。"[148]

卡明斯卡亚被大学和共青团开除了，但她的观点似乎得到了苏联知识界成员的广泛认同，远远超出了她的朋友圈。杰出的电影导演 M. I. 罗姆（M. I. Romm）几年前致信给斯大林时写道：

> 我审视自己的感受，意识到在过去的几个月里，我情不自禁地经常回忆起自己的犹太血统，尽管在苏联统治的前二十五年里，我从未想过这些。因为我出生在伊尔库茨克，在莫斯科长大，只会说俄语，而且一直觉得自己完全是俄罗斯人。因此，如果像我这样的人也开始怀疑，那么我们的电影产业的情况一定非常令人震惊，尤其是如果有人记得我们正在反对法西斯主义，而法西斯正在旗帜分明地实行排犹主义。[149]

/ 310

自革命以来，苏联精英中的犹太裔成员第一次受到直接、明确的攻击——不是因为他们中间存在一些"异己分子"（如1937~1938年的情况），而是因为他们是犹太裔。（我的俄罗斯裔父亲于1949年毕业于莫斯科国立大学，他可以上任何他想上的研究生院，因为他的犹太同龄人不受欢迎，而这部分在申请人中占大多数。他的"贵族出身"不再是一个考虑因素；而他的"本土"民族身份是考虑因素。）

苏联各民族的公民第一次被告知，内部敌人不是来自某些不稳定的社会团体或难以捉摸的秘密团体，而是被证明属于某个古老部落。他们因背叛而被铭记，正如基督教传统和墨丘利刻板印象所描绘的，并且与布尔什维克革命的国际化阶段密切相关（一些俄罗斯人和乌克兰人一直认为布尔什维克革命是故意反俄罗斯、反乌克兰的）。结果是排犹谣言、侮辱、传单、威胁和攻击迅速蔓延，最终导致人们歇斯底里地揭露"谋杀医生"。[150]

苏联国家第一次根据明确的显然是非苏联的原则，开始翻脸攻击一些享有特权的忠诚臣民。第一次，霍黛儿的孩子发现自己和异己分子同列。他们中的许多人第一次开始怀疑他们的苏联信仰，以及之前被划分为"异己分子"的人是否有罪。正如艾斯特·马尔基什所说，

> 只有当我们陷入悲伤之时，我们才意识到我们生活中普遍存在的恐惧：不仅是犹太人或知识分子的苦难，而且是整个国家和生活在其中的所有社会群体和人民的苦难。我们的女佣在我们家住了15年多，实际上已成为我们家的一员，在（佩列茨·）马尔基什被捕之后，她对我说："你现在哭了，但我父亲因为是富农被打击，最后无缘无故地牺牲，我全家被赶出家门、流浪街头之时，你不是也不在乎吗？"[151]

甚至帕维尔·苏多普拉托夫，这位斯拉夫民族绝密警官、忠

诚的共产党战士，也对犹太人遭到的袭击感到困惑和沮丧。作为负责暗杀和破坏的安全部部长，他参与了许多政治"清算"，但他在回忆录中明确谴责的唯一一起谋杀案是米霍埃尔斯的谋杀案（正如他所指出，"幸运的是"，他本人与此案无关）。苏多普拉托夫在秘密警察部门服务了30年，目睹自己许多同志被清洗，但他声称反对的唯一一次逮捕是逮捕 N. I. 艾丁贡，苏联最有成就的暗杀专家之一（也因其恶作剧般的讽刺和背诵普希金作品的能力而出名）。苏多普拉托夫的良知被唤醒的一个原因是，这是他朋友和同事中第一个人被清洗。这种清洗有一种显而易见的模式，这种模式对内战一代的忠实信徒来说，是明确无误令人不快的。另一个原因是苏多普拉托夫的一些最要好的朋友是犹太人，这个事实对大多数内战时期的忠实信徒来说不足为奇。其中最要好的朋友是他的妻子艾玛·卡根诺娃（Emma Kaganova），一名职业密探，她职业生涯的大部分时间都在揭发莫斯科的知识分子，但由于排犹运动，她不得不在1949年以中校身份退休。这两个人一辈子对自己的道德准则坚信不疑，而如今他们发现自己被自己的政党背叛了，并有史以来第一次被迫和他们的孩子谈论国家和家庭、公共和私人之间正在出现的区别："厚颜无耻的排犹言论"和他们母亲的犹太"民族身份"。[152]

苏多普拉托夫家庭的解决方案是继续将《真理报》（毕竟，这份报纸"不包含任何大屠杀的暗示"）视为整个真理，除了真理什么都不是，而且还要强调（特别是如果中学老师要求的话）面对以谣言形式出现的敌对挑衅需要高度警惕。亚瑟·凯斯特勒（Arthur Koestler）笔下的鲁巴索夫（Rubashov）称之为"语法虚构"，这仍然是忠实信徒所持的主要策略。在犹太反法西斯委员会的审判中，伊利亚·瓦滕贝格（Ilya Vatenberg，前"犹太复国主义"者、热情的共产主义者、哥伦比亚法学院毕业生、秘密警察线人）宣称，他签署了伪造的审讯记录，因为他和审讯他的人站在一条战线上。

> 主持官员：一个人必须在任何地方都说实话，除非需要对敌人隐藏真相。
>
> 瓦滕贝格：没有抽象真理这回事。真理总是建立在阶级基础上，既然真理是基于阶级的，那么我认为，也许他毕竟是对的。
>
> 主持官员：但是，如果他真的是对的，那你为什么收回你的证词？
>
> 瓦滕贝格：也许他真的是对的。我需要对自己的一生进行重新审视。[153]

然而，还有另一个解决方案。在1937~1938年的"大恐怖"时期，对于一个位居高位的忠实信徒来说，这几乎是不可思议的，但现在却是可能的。当时一些党的发言人似乎采纳了纳粹对敌人的定义（因此，无论瓦滕贝格如何彻底地反思自己的一生，他都不可能留在这个圈子里）。这种解决办法包括：允许真相和党是两个不同实体；真理可以根据逻辑和常识的理性语法来追求；如果党不同意真理，那对党来说就更糟了。值得注意的是，这种方法得到犹太反法西斯委员会所有被告中级别最高的所罗门·洛佐夫斯基的支持。洛佐夫斯基是唯一一个因为在党组织中的地位，而不是因为他对意第绪语文化表现出任何兴趣，而与犹太反法西斯委员会的工作有关联的人。他是一个著名的"老布尔什维克"，曾经是党的中央委员会和共产国际主席团的成员，共产国际工会主席，苏联外交部副部长，而且作为苏联情报局局长，他还是苏联对外宣传的最高负责人。他忠实地遵循了党的路线，并接受这样一个事实，即作为革命法则的部分内容，他的大部分老朋友将要被谋害。但是当他因为有一个叫汉娜的母亲而受到审判时，他拒绝继续说党的语言，因为他似乎已经得出结论，用那种语言交流，即使是在布哈林－瓦滕贝格（Bukharin-Vatenberg）的忏悔式自我贬低模式下，也不再可能了。他重新审视了自己的一生，发现生活并不如意，或者更确切地说，他对自己为革命事业服务而感到自豪，但始终坚持认为，官方对他的指控"与事实、逻辑和常识相矛盾"。"六十年来"，他可能没读过一个意第绪语单词，但他不认为用意第绪语写作是一种民族主义；他不为父母感到羞耻；不认为"三名苏联公民给自己的政府写信"有什么错；到最后，他还坚持"不是作为中央委员会成员，而是作为一名普通的苏联公民"，有权"知道"他因为什么将要被处决。他滔滔不绝，能言善辩，对于处他以绞刑的法官来说是白搭了，但是对于那些谨慎跟随他的同案被告来说，并没有浪费。他将对他们的起诉描述为来自"诗意诽谤（Poetic Calumny）的领域，如果不是政治灵感的话"，并在诉讼结束时说：

> 我已经说了一切，不需要特别考虑。我要求要么完全平反，要么死亡。我一生致力于党的事业，不想成为寄生虫。如果法院认定我有罪，我请求政府将我的判决改为死刑。但是如果有一天证明我是无辜的，那么我要求死后重新入党，并在报纸上公布我得到平反的事实。[154]

他没有得到特别照顾。他和其他人一起被处决了。三年后，他被平反并重新被党接纳。

由于对犹太共产主义者的讨伐，犹太革命和共产主义之间的伟大联盟即将结束。1952年秋，捷克斯洛伐克举行了一场大型摆样子的审判。包括捷克斯洛伐克共产党总书记鲁道夫·斯兰斯基（Rudolf Slánský）在内的11名被告被认定为犹太人，并被指控为国际"犹太复国主义"和美帝国主义的代理人。其他苏联加盟共和国不得不效仿，不管其是否情愿。在匈牙利、罗马尼亚、波兰的政党机构、国家行政部门，特别是宣传鼓动部门、外交部门和秘密警察中，很大一部分最敏感的职位由犹太人占据。他们因为对党忠心耿耿而晋升，现在却因为其民族身份而不得不被排挤出去。这三个政权都与20年代的苏联相似，因为它们结合了旧共产主义地下组织的统治核心，这种统治核心主要构成人物是犹太人，有大批向上流动的犹太专业人士，这些专业人士通常是受过教育的人中最值得信任的，也是值得信任的人中受教育程度最高的。然而，也存在着重要的差异。一方面，中东欧在第二次世界大战中的经历使犹太人成为某些敏感职位的唯一可能候选人；另一方面，新斯大林主义政权建立之时，斯大林恰好也发现犹太人不可信赖。主要是犹太人组成的"莫斯科匈牙利人"、"莫斯科罗马尼亚人"和"莫斯科波兰人"曾经掌权，然后被鼓励提拔，将要取代他们的土著干部，最后作为"犹太复国主义"者、斯大林主义者或两者兼而有之被驱逐。苏联驻罗马尼亚前代表安娜·保克尔（Ana Pauker）于1952年被罢黜；在赫鲁晓夫1956年的秘密演讲之后，匈牙利的拉科西·马蒂亚斯（Mátyás Rákosi）与波兰的雅各布·伯曼（Jakub Berman）和希拉林·明茨（Hilary Minc）（以及其他人）相继被革职。在"全球历史重要性"的问题上，不允许苏联的卫星国落后整整一代（它们应该是兄弟，而不是孩子）。犹太共产主义者将被种族纯粹的共产主义者所取代。最终——对共产主义来说是致命的——种族纯粹的共产主义者将被证明是一种措辞矛盾。[155]

与此同时，美国国会正在进行自己的清洗。在规模和严重性上，这种清洗不能与斯大林主义的版本相提并论，但清洗对象来自相似的背景和信仰，只不过，在苏联他们作为犹太人受到迫害，而在美国作为共产主义者受到迫害。两国政府都意识到了这种联系，但都认为这很危险或许无关紧要。战后的苏联官员可能意识到，在某种意义上，对犹太"世界主义"的攻击是对共产国际主义的攻击，但他们别无选择，只能把这个话题作为禁忌。因为这个新的族群化的苏联国家，其合法性还是来自伟大的"十月社会主义革命"。同样，参议员约瑟夫·麦卡锡（Joseph McCarthy）和众议院反美活动委员会的成员非常清楚，许多共产主义者、敌对证人和苏联间谍都是犹太人，但他们选择不将这一事实转变为政治"问题"，因为他们认为美国和苏联的敌人都是纯粹的意识形态构念。[156]

当然，为什么共产主义和犹太人相关联可能不是一个好想法，还有其他原因。其中最务实的原因是，很显然，犹太人与共产主义的联系即将结束。在美国，很大一部分共产主义者和苏联特工仍然是犹太人，但是犹太共产主义者的绝对人数正在稳步下降，他们在犹太社区中的地位正在变得微不足道。在罗森伯格审判中，主审法官和被任命审理此案的检察官都是犹太人。这是一个协调一致的政治努力的结果，目的是为被告（他们利用犹太人身份为自己辩护）创造一个明显的平衡，但这也是战后新现实的忠实反映。与此同时，别依尔卡的孩子们开始从共产主义转向犹太民族主义，其中许多原因与他们的苏联表亲相同：斯大林 -

希特勒条约，欧洲犹太人的毁灭，以色列的建立，以及苏联对精英犹太人的清洗。但主要是，他们拒绝了共产主义，因为他们在美国发展得很好。在战后的 20 年中，犹太人在美国崛起了，作为该国最繁荣、教育程度最高、最有政治影响力、专业上最有成就的民族宗教团体。就像 19 世纪的维也纳和布达佩斯，或者苏联时期的莫斯科和列宁格勒，墨丘利式移民的孩子们大批涌入定义和支持现代国家的各种职业：法律、医学、新闻、娱乐和高等教育。与他们在维也纳和布达佩斯的前辈不同，他们几乎没有遭遇排犹打击；与他们在苏联的堂兄弟不同，他们可以从事传统的犹太职业，追求学问和财富。[157]

他们从布鲁克林搬到曼哈顿，从下东区搬到上东区，从城市搬到郊区，从纽瓦克（Newark）的威夸奇高地搬到老里姆洛克（Old Rimrock）的阿卡迪山路。在菲利普·罗斯（Philip Roth）的《美国牧歌》（*American Pastoral*）中，一个"在贫民窟长大"的犹太企业家，他有坚决无情的干劲，就像肖勒姆·阿莱赫姆笔下的波德霍楚尔（Podhotzur）或莫迪凯·里赫勒（Mordecai Richler）笔下的杜迪·克拉维茨（Duddy Kravitz）一样，生下了一个绰号为"瑞典佬"的"家庭阿波罗"。这位父亲是那种"精力无限的有限人；快热又很快厌倦的男人"。儿子温柔体贴，脾气平和。父亲"不超过 5.7 至 5.8 英尺"；儿子"非常英俊，像约翰尼苹果籽那样高大、性感、红润"。父亲无法停止攀爬；儿子娶了新泽西小姐，她是一名非犹太人，他们住在阿卡迪亚山上的梦想房子里，在"最典型的美国田园"的"去宗教化的土地"上庆祝他在美国的成就——感恩节。[158]

"瑞典佬"在新泽西州老里姆洛克的感恩节晚餐完美地复制了莫斯科"政府之家"里盖斯特的家庭晚餐。这名或多或少是虚

构的"瑞典佬"（西摩·欧文·列沃夫）出生于 1927 年；现实
生活中的茵娜·阿罗诺夫娜·盖斯特比他大两岁。两人都有永远
成功的父亲（商人波德霍楚尔和革命者彼尔契克）和异常慈爱
的母亲（谦逊的别依尔卡和自信的霍黛儿）。两人都有幸福的童
年，都不得不与非犹太姻亲打交道，都崇拜让梦想成真的国家。
40 年代和 50 年代，向上登攀的美国犹太人热爱美国，就像他们
向上登攀的苏联表亲在 20 年代和 30 年代热爱苏联一样。就像茵
娜·盖斯特是苏联人那样，"瑞典佬"列沃夫是美国人："他在美
国生活得很自在。他年轻时所有的快乐都是美国式的快乐，所有
的成功和快乐都是美国式的。"对这两个人来说，他们发现的天
堂是新来的阿波罗尼亚的田园牧歌：茵娜·盖斯特的乡间宅邸牧
歌和"瑞典佬"列沃夫的郊区牧歌。盖斯特在其回忆录中写道：

> 1935 年，我们开始在尼克里纳格拉（Nikolina Gora）
> 的一家乡间邸宅度过夏天……房子位于美丽的松林中，莫斯
> 科河一个河湾上方的一座高山上。这是一个景色壮观的地
> 方，莫斯科地区最好的地方之一……我们的地块就在河的正
> 上方，一个高高的河岸上。这座邸宅本身就是一座两层的大
> 房子，我母亲的哥哥韦尼阿明不无嫉妒地称之为"别墅"。
> 这真的是一栋别墅……每座邸宅的前面都有一个游泳用的小
> 木墩……我和我的朋友们喜欢在凯尔任采夫邸宅下方的码头
> 上消磨时间。那里的水很浅，适合游泳……乡间邸宅的生活
> 很精彩。[159]

巴别尔的小男孩们的梦想实现了：他们不仅最擅长学习，而
且还会游泳——霍黛儿的孩子，当然，叶娃的孩子也实现了梦

想，现在别依尔卡的孩子也是如此。"'瑞典佬'是橄榄球队的边锋，篮球队的中锋，棒球队的一垒手。"在50年代初，作为一名成功的商人，他喜欢穿过"花园州"（美国新泽西州的别称）的极乐园，"穿过他喜欢的白色牧场围栏、起伏的干草田。作为一名新农村居民，他对大自然怀着初恋般的情感。他路过自己喜欢的玉米田、萝卜田、谷仓、马、奶牛、池塘、溪流、泉水、瀑布、豆瓣菜、木贼草、草地，还有一英亩又一英亩的树林，直到到达他喜欢的百年枫树和结实的旧石房——一边走一边假装到处扔苹果籽。"[160]

这是苏联和"犹太复国主义"模式通过移民改头换面，获得阿波罗式语言、阿波罗式身体，甚至可能还有阿波罗式配偶（茵娜·盖斯特和"瑞典佬"列沃夫都是如此。但是在巴勒斯坦并非如此，在那里所有犹太人都应该变成开明的阿波罗，而所有的非犹太阿波罗注定要保持蒙昧无知）。他们的头脑依然是墨丘利式的，但现在它牢牢地附着在一垒手的骨架、郊区景观和国家最重要的社会和政治机构上。超人漫画是由克利夫兰（Cleveland）的两个犹太高中生于1934年创作的。[161]

犹太裔美国知识分子也不再为了成为领薪水的教授而当流亡造反派。一个俄罗斯式先知型的知识界已转变成由训练有素的知识分子（"资产阶级专家"）组成的庞大队伍，组织成专业公司。到1969年，犹太人（不到人口的3%）在所有法学院教员中占27%，在医学院教员中占23%，在所有生物化学教授中占22%。在十七所最负盛名的美国大学中，他们占法学教授的36%，社会学家的34%，经济学家的28%，物理学家的26%，政治科学家的24%，历史学家的22%，哲学家的20%，数学家的20%。1949年，耶鲁大学有一名犹太教授；1970年，18%的耶鲁大学教授是犹太人。就在克里姆林宫开始推翻苏联犹太人的成就时，美国开始在犹太人成就方面赶上苏联。20 年内，两者都取得了巨大的成功。[162]

大多数犹太人在进入美国社会的上层后，接受了美国的官方信仰。40 年代和 50 年代，自由主义取代马克思主义，成为犹太知识分子的正统观念［莱昂内尔·特里林（Lionel Trilling）的《自由的想象》充当早期宣言］。像巴勒斯坦和战前苏联的犹太人一样，40 年代和 50 年代的美国犹太人急切地认同他们新家园的首要原则（这些原则因战前犹太人寻求"一个不可能存在种族障碍的社会"而变得更加尖锐，并越来越多地被称为"犹太基督教"）。但是这些原则到底是什么呢？独立于基督教和部落主义的国家自由主义只是半个信仰——一套法律规则和形而上学假设，还有被赋予先验意义的开国元勋，但与亲属关系和个人不朽的迫切需要联系微弱。战后的美国国家在一定程度上（相当有限）脱离了基督教和部落主义，它对自己的角色和公民福利形成了新概念。它变得越来越具有治疗作用，并且实质上（经常是不自觉地）是弗洛伊德式的。[163]

所有现代国家都发展了一种与家庭、教堂和执业医生相联系的"关怀"能力。在美国，新政权的制度和知识基础是由土生土长的进步改革者（包括职业指导者和精神卫生倡导者）奠定的，但正是弗洛伊德主义，由向上层流动的犹太专业人士实践和宣称，提供了核心词汇和一些最持久的概念。通过将弗洛伊德主义带到美国，并简单地将其作为一种拯救宗教，台维的孩子们变得更美国化，同时也让美国变得更具治疗性。正如安德鲁·海因策（Andrew R. Heinze）所说，"通过现代心理学的习惯用法，犹太人给美国中产阶级开了一个道德药方，如果遵循这个药方，将会产生一个'对犹太人有利'的社会秩序，同时也有利于其他寻求融入美国社会的外来者"。套用马克·谢克纳（Mark Shechner）的话，犹太人向美国人的转变需要将革命分子转变为正在康复的人。[164]

弗洛伊德主义是一种诞生于 19 世纪犹太革命的学说。它分享了马克思主义的家庭起源，分享了它对弑父和普遍邪恶的痴迷，并复制了（规模小得多）以神圣经文的祭司守护者为中心的制度结构。然而，它承诺的拯救完全是个人的，永远是暂时的，最终取决于市场专业知识。弗洛伊德主义渴望成为现代资本主义的宗教：它似乎为自由主义关注不可救药的个人提供了科学依据；将政治自由主义的原则应用于人类灵魂的奥秘；改编《美国独立宣言》，使其成为个人救赎的宗教追寻。对个人幸福的追求——恰如维持一个体面的社会——结果成为一个管理不完美的问题，对不可避免的内部压力施加脆弱的制衡。

然而，弗洛伊德主义对美国生活的最大贡献是以整体心理取向和一些有影响力的公式的形式出现的。正如不同国家和运动所采用的"马克思主义"是一系列阅读和解释的马赛克，这些阅读和解释通常也以粗略的近似方式被归因于当地的修正主义先知，弗洛伊德主义只是始创者声音的回声，通常比最初的声音更加清晰和一致。（一个关键区别在于，马克思主义与马克思之间的联系，无论多么可疑，人们都自豪地宣布，而弗洛伊德主义和弗洛伊德的关系则经常被否认，甚至往往不被承认——主要是因为它与主流文化共享，所以要么被认为是理所当然的，要么被认为不能提供反抗的谱系。）

在美国，心理疗法变得乐观起来。经过治疗，人们可以完全康复；本能可以被引导、组织；侵略和死亡的愿望可以通过爱和内省来消除，或者允许它们存在，也能让一个人走向正常。最重要的是，第二次世界大战后，尤其是从 60 年代开始，大多数心理治疗学派从治愈疾病转向安慰不快乐的人，并转向"通过自我检查的技巧……和新的情感词汇来管理自己，实现快乐和满足"[正如尼古拉斯·罗斯（Nikolas Rose）所说]。邪恶成为一种可治愈疾病的症状，大多数病人成为他们心理、童年、父母、护士和邻居（而非"社会制度"）的受害者。换句话说，每个人都是正常的，所有正常的人都是失调的（只要他们不能得到永久的、不可动摇的自我满足）。所有幸福的家庭都不正常（以同样的方式）；所有儿童都遭到虐待；所有成年人都一再受到骚扰和精神创伤。牧师成了治疗师；治疗师成为牧师；国家仍然独立于传统的有组织的宗教，越来越确保有执照的社会工作者、缓刑监督官、婚姻顾问、家庭治疗师和悲伤顾问等能够听到公民的忏悔。在工作场所，管理者要实现更高的生产率，不是通过压制非理性，而是通过创造性和科学地使用非理性（在特别顾问的帮助下）；当然，家庭成了一个不断自我反省的机构，用来培养心理上适应良好的个体（即未来的成年人，他们在童年时不会受到虐待），而这种做法从未完全成功。[165]

/ 321

所有这些发展都与弗洛伊德的精神分析学相去甚远（也许就像卡斯特罗的古巴与马克思的《资本论》一样大相径庭），但它们都是伟大的心理革命的结果，弗洛伊德是这场革命中最有影响力的先知（就像马克思是社会主义和阶级革命中最有影响力的先知）。陀思妥耶夫斯基可能已经发现了地下人，但是诊断陀思妥耶夫斯基的是弗洛伊德，以及卡夫卡、普鲁斯特、乔伊斯和他们的每一个地下原型和创作（无论他们喜欢与否，或者确实知道一些关于它的事情）。弗洛伊德组装了弗拉基米尔·纳博科夫（Vladimir Nabokov）笔下的普宁（Pnin）所称的"共产主义的微观宇宙"；他为新世界提供了语言、神学和处方。正如菲利普·里夫在他的《治疗的胜利》（*The Triumph of the Therapeutic*）中所说，"没有弗洛伊德，谁会知道如何生活在将持久幸福感作为更高目标的环境中？弗洛伊德已经将我们对上帝的不信系统化；他的精神分析学是迄今为止为后宗教文化提供的最鼓舞人心的反信条"。[166]

弗洛伊德的事业现在还非常活跃，换句话说，即使他的个人崇拜和特殊的治疗技术不再流行。弗洛伊德主义作为一幅知识蓝图是成功的；弗洛伊德主义从来不是一门科学，也不是一种宗教。作为一种宗教，它失败了，因为弗洛伊德主义误解了不朽的本质，在第一代皈依者之后就没有追随者了。

所有人类都生活在部落里。所有传统宗教，包括犹太教，都是部落宗教。世界上反对部落主义的最大叛乱，如基督教和伊斯兰教，通过加入部落联盟、将婚姻神圣化、实施性欲和饮食限制以及将自己描绘成可再生的国家（信徒团体或共同体）得以幸存。基督教的衰落使民族主义作为新的旧部落主义得以兴起：人的权利等同于公民权利；经过更严格的考察，人们会发现，公民身份或多或少是由种族定义的。

马克思主义和弗洛伊德主义都研究了作为自由主义的现代性，却没有认识到甚至似乎没有注意到民族主义具有至关重要的现代性。两者都描绘了不以家庭奉献、婚姻安排或饮食禁忌为基础的救赎之路（集体或个人）。马克思主义和弗洛伊德主义都不能（像基督教，当然还有犹太教一样）通过一连串的家庭仪式得到有意义的继承或传承。两者都输给了民族主义，却从未意识到自己在与民族主义作战。在苏联，马克思主义作为一种革命信仰没能比革命者活得更久。在美国，弗洛伊德主义作为一种救世宗教，贯穿了第二次世界大战前一代人的一生，然后演变为一种有关部落以及个人的幸福和受迫害情结的学说。

马克思主义和弗洛伊德主义都是由新解放的犹太人出品并热切信奉的，他们在对付资本主义方面取得了显著的成功，没有求助于急需的民族主义保护。在苏联，统治集团中的犹太成员将受到俄罗斯民族主义兴起的阻挠。在美国，统治集团中的犹太成员将会因种族政治的兴起而得到变革和极大的加强。

弗洛伊德主义在美国变得如此有影响力，因为美国像欧洲犹太人一样，没有求助于急需的民族主义保护就在资本主义方面取得了显著的成功。或者更确切地说，美国官方的民族主义主要是政治性的，而不是部落性的，因此需要持续的静脉注射。简言之，弗洛伊德主义就是其中之一种注射；国家级别以下的部落主义（通常以宗教的形式）是另一种——永久的注射。在无根世界麦加，次级效忠的存在是政治安排的组成部分。这就是在所有现代社会中美国人最经常去教堂做礼拜的原因，也是美国犹太人在耗尽马克思主义和弗洛伊德主义的资源之后，加入民族主义者的行列的原因。

换句话说，只有当他们进入美国机构时，世俗的美国犹太知识分子才感到被迫成为犹太人，而美国犹太传统主义者觉得完全有理由保留他们的传统。在第二次世界大战后的 20 年里，这一传统主要表现为对犹太人聚居地的记忆——一种被剥夺了其经济功能和氏族环境（除了大屠杀之外）的犹太人聚居地的记忆；一个可与其他所有农村"故土"相比的小村庄；体现对祖先家园虔诚的犹太人聚居地；一个因被熄灭而更加光彩照人的小村。

在写于 1943 年的《肖洛姆·阿莱赫姆的世界》（*The World*

of Sholom Aleichem）中，莫里斯·塞缪尔（Maurice Samuel）提出了对逝去的幸福的怀念和对有意义的美国的现在的追求："就在昨天——根据历史——这个世界还是数百万美国公民的祖父和祖母的港湾，而现在，这个世界的城市和居民们都走上了朝圣之旅。"这些爷爷奶奶都是台维和戈尔德，因为台维的戈尔德是真正的美国犹太人亚伯拉罕和萨拉——就像肖勒姆·阿莱赫姆（"发言的普通人……犹太人自我表达的无名氏"）曾经创作了，或者至少应该是创作了他们的新《摩西五经》。为了成为优秀的美国人，犹太人将再次成为上帝选民。"对历史的研究永远不会过时，了解祖先是介绍历史的极好方式。尤其是这些祖父，他们是了不起的一群人。"[167]

去台维的世界朝圣的下一个里程碑作品是《生活与人同在》（Life Is with People）。这部作品从人类学角度"描写犹太人聚居地"，非常受欢迎，于 1952 年在哥伦比亚大学鲁思·本尼迪克特（Ruth Benedict）当代文化研究项目的赞助下写成。正如玛格丽特·米德（Margaret Mead）在前言中所写，"这本书是对一种文化的人类学研究，这种文化已不复存在，除了在记忆中，以及它的成员的部分和改变的行为中。这些成员现在分散在世界各地，以新的方式养育他们的孩子，成为美国人或以色列人，成为东欧发生变化的国土上的集体农庄成员"。[168]

这是一本关于台维的书，为别依尔卡的孩子而写——现在他们已做好准备。

本书试图引用人类学知识，保护东欧犹太人聚居地生活的形式和内容、质地和美感。这种文化存在于第一次世界大战前，在一些地方一直延续到第二次世界大战，仍然保留在那些在犹太人聚集地长大的人的记忆中，也留存在其他地方的犹太人的记忆中。他们还记得祖父母讲述的故事，节日庆典准备时人们忧喜参半地忙碌，祖父对孙子进行智商测试时表现出不屈不挠的渴望。这种记忆不止一点点儿地存在于那些（像玛格丽特·米德）一样的人的记忆中，他们自己没有任何与生俱来的犹太身份，但在某个时间却曾在犹太人聚集地的火炉边温暖双手，或在犹太法典推理的多面抛光石上让自己的头脑变得更加敏锐。[169]

《生活与人同在》开篇描写了安息日前夕的情景，节日蜡烛的温暖光辉一直在书中照耀。巴别尔的黑房间有"祖母的黄眼睛"，曼德尔斯塔姆的祖父母有"令人窒息的"黑黄色披肩，这些房间被改造成伦勃朗式的金色内饰，既遥远又好客，或者可能变成感恩节的闪烁倒影，这是"典型的美国田园风光"。恰如其分的是，这本书的两位合著者之一，根据玛格丽特·米德的说法，"我们研讨会中的关键人物"是马克·兹博罗夫斯基（Mark Zborowski），"他将乌克兰和波兰的犹太人集聚区的生活经历与历史、人类学学科结合在一起，通过这些学科知识来解读他的记忆和阅读，以及项目成员从采访和书面材料中收集的新材料。对他来说，这本书实现了多年来他一直魂牵梦萦的一个计划"。[170]

像这本书及大多数读者一样，马克·兹博罗夫斯基似乎代表了台维的安息日和美国感恩节之间，犹太人集聚区家庭和学术怀旧之间，自觉的犹太特性和自觉的犹太人之间的连续性。然而，他也代表着别的东西。30 年代，兹博罗夫斯基〔别名埃季延（Étienne）〕曾是苏联特工在法国的密探，在那里他渗透到托洛茨基组织，成为托洛茨基儿子列夫·谢多夫（Lev Sedov）最亲密的合作者，协助出版《反对派公报》，获得了托洛茨基欧洲档案的完全使用权（部分档案不久后被盗），与苏联剩余的托洛茨基主义者保持联系。1938 年，他安排谢多夫住进一家私人小诊所，在那里，他在阑尾切除手术后神秘地死去。谢多夫死后，兹博罗夫斯基接管了托洛茨基第四国际的俄罗斯分部。1941 年，他已移民到美国，在那里他开始了学术生涯，同时继续从事间谍工作（主要是与苏联难民交朋友并出卖他们）。[171]

美国犹太人怀旧故事的中心事件当然是 1964 年百老汇音乐剧《屋顶上的小提琴手》（*Fiddler on the Roof*）的上演，随后是该剧 1971 年的电影改编。事实证明，台维既是自豪的犹太人，也是有预见性的美国人。他难以抑制的喋喋不休、个性上的怪癖和不切实际的计划都已一去不复返了；他的孤独寂寞、无家可归和自吹自擂消失了。百老汇和好莱坞作品中的台维是一个阿波罗式的族长，"非常英俊，像约翰尼苹果籽那样高大、性感、红润"。美国郊区中产阶级的犹太化似乎需要每个人的犹太祖父都美国化。当然，台维代表传统，但他也理解进步、自由选择、个人权利和核心家庭的价值。如果他是一个富人，那么他住的房子就会像"瑞典佬"列沃夫在新泽西的房子，有很多房间和楼梯可以上下，他向老戈尔德宣扬的爱是他从叛逆的女儿和郊区的美国孙子那里学到的浪漫爱情。对于自由选择，他唯一还有矛盾情绪的是与外族人通婚，因为如果每个人都像叶娃那样做，台维就不会有犹太孙女，他也成不了犹太祖父（"任何人都可以是异教徒，但犹太人必须生来就是犹太人"）。然而，即使在这里，他也找到了一个合理的妥协，祝福异族通婚的夫妇，而不直接与他们交谈。叶娃及其外族配偶受到惩罚，离开了，但没有被开除教籍。[172]

百老汇和好莱坞作品中台维所做的决定，最令人钦佩、最自然的是他移民美国这个决定。而小说中原来的台维却如此鄙视美国，在肖勒姆·阿莱赫姆的文本中，这个美国是不正当的波德霍楚尔和他长期受苦的别依尔卡的避难所。肖洛姆·阿莱赫姆的书以戈尔德之死而告终，而台维则在"四处奔走"：

> 我们犹太人是最棒、最聪明的人，这是不争事实。正如先知所说的那样，你怎么能把异教徒和犹太人相提并论呢？任何人都可以是异教徒，但犹太人必须生来就是犹太人。谢天谢地，我是一个犹太人，多么幸运，否则我怎么会知道无家可归、在世界各地游荡、从来没有两晚睡同一个枕头是什么感觉呢？ [173]

《屋顶上的小提琴手》剧终，台维、戈尔德和他们的两个女儿都去了美国。其中一个女儿是小别依尔卡，没有波德霍楚尔，他们离开的原因是受排犹迫害。这是美国犹太宗谱的重要组成部分。肖勒姆·阿莱赫姆笔下的台维，因为禁止犹太人进入农村地区的政府法令被驱逐出自己的家园，但他理解这种困境的真正原因是上帝神秘的方式（"向上帝抱怨上帝有很多好处"），当然还有一个原因是，"今天的孩子""太聪明了，就知道为自己谋利"，只是太容易陷入各种"疯狂"。至于当地的"亚玛力人"，他们从来不动手砸台维的窗口。"把茶壶拿出来，"他们说，"让我们喝茶。如果你能给村子捐半瓶伏特加，我们都会为你的健康干杯，因为你是一个聪明的犹太人，也是上帝之子……"在60年代的美国，这样的结局听起来并不真实。音乐剧的第一幕以大屠杀结束（书中从未发生过）；第二幕结束前，几家人愁云满面，排成一队，带着他们微薄的财产流亡。就台维在美国的孙辈而言，犹太历史的火车头是排犹暴力。而在音乐剧中，东欧犹太人生活中没有犹太革命，实际上也没有俄罗斯革命（大屠杀之外）。犹太人在俄罗斯帝国是独一无二的，但他们在美国还不是这样。正如塞思·沃利茨（Seth Wolitz）所说，"音乐剧中的台维成为犹太朝圣者，成为宗教迫害的受害者，逃离偏执的欧洲，前往美国——这片梦想成真的国土"。[174]

美国犹太人和他们的苏联表亲同时重新发现自己的犹太性，基本上是出于相同的原因。纳粹的大规模谋杀（还没有被概念化为犹太人大屠杀）、苏联清洗和以色列建国都是重要因素（在辩论和记忆中都是如此），但正是犹太人在苏联和美国取得的巨大成功，为新的效忠对象提供了背景和动力。在这两个地方，犹太人都进入了当权派的关键部门：在苏联，精英成员的犹太成分被新俄罗斯化的国家（最终也被一些犹太人）视为威胁和矛盾；在美国，这似乎是完美自我价值实现的标志——对这个自由主义国家和新的精英成员来说都是如此。

与此同时，叶娃和她在以色列出生的孩子，对别依尔卡和霍黛儿来说，是真正犹太性的远程灯塔，而对重新发现台维没有特别的兴趣，因为他们一直是犹太人，也因为他们的犹太性迥然不同。以色列是战后唯一一个保留了两次世界大战期间伟大的民族主义和社会主义革命精神的欧洲国家（在构成和灵感方面以色列都属于"欧洲"）。希特勒的德国和墨索里尼的意大利已经被打败，名誉扫地；佛朗哥（Franco）统治下的西班牙和萨拉萨尔（Salazar）统治下的葡萄牙，现在都已经放弃曾经容忍的法西斯狂热；阿塔图尔克（Atatürk）统治下的土耳其已经将它对世界主义和大众宗教的胜利制度化；国民党统治下的南非已经开始了一场行政革命，而不是民众革命；斯大林统治下的苏联已经呈现出成熟中年的特性，有点儿疲倦，或许已经准备好要享受物质惬意和家庭幸福。只有以色列继续生活在 20 世纪 30 年代的欧洲：只有以色列仍然属于永远年轻的人，崇尚运动和不善言辞，赞颂战斗和秘密警察，提倡徒步旅行和侦察，蔑视怀疑和内省，体现上帝选民的和衷共济，拒绝大多数传统上与犹太人有关的特征。对纳粹种族灭绝的规模和性质的认识与"犹太复国主义"先驱传统相融合，产生了一种具有非凡力度和强度的战士文化。比两战期间欧洲的民族主义和共产主义运动更甚，以色列被灌输了"永不再受欺负""这一切已经够了""除了恐惧本身没什么可怕的"等意识。用斯大林 1931 年的"我们不想被打败"演讲来概括胜利的"犹太复国主义"精神再恰当不过了。

五六十年代的以色列不仅仅是阿波罗和反墨丘利式的，而且当时西方世界（以色列认为自己位列其中）大部分地方都在朝相反的方向发展。在战后的欧洲和北美，军事弥赛亚主义、朝气蓬勃的理想主义、先锋的强健韧性、对制服的崇拜都在下降，但是，在认识到纳粹种族灭绝的规模和性质的同时，还有将以色列置于不适用一般规则的特殊类别中的共谋或因不作为而形成的某种尴尬。试图为犹太人建立一个"正常"的国家，结果产生了一个不合时宜的特殊例外（因此受到钦佩和排斥）。两千年来，犹太人一直是生活在阿波罗中间的墨丘利，在美国，他们变成了墨丘利世界里唯一的阿波罗（或者更确切地说，在墨丘利和野蛮人的世界里唯一文明的阿波罗）。他们仍然是陌生人，但这一次（西方人）欢迎他们，因为他们仍然遥不可及。在"二战"后的四分之一世纪里，以色列是每个人对年轻活力、快乐劳动、人类真实性和公正报复的幻想世界。这是欧洲文明中似乎还拥有道德确定性的唯一地方，也是暴力被视为德行的唯一地方。实行种族隔离的南非，也认为自己在捍卫一个种族纯粹的部落，这个部落受昭昭天命的指引，受民主制度的统治，致力于使沙漠开花，并被大批桀骜不驯的野蛮人包围。但是，南非却越来越被视为骗子和尴尬。以色列为大屠杀幸存者提供了家园，同时继续体现了一种真正的基层革命，由一个在欧洲被欧洲人残酷迫害的民族发动，以色列是对"文明世界"的一种正义谴责，或许也是对其未来救赎的一种保证。

以色列最重要的机构是军队，最受钦佩的英雄是将军，最有名望的职业是伞兵［50年代最著名的伞兵是阿里尔·沙龙（Ariel Sharon）］。最受欢迎的一本书是亚历山大·贝克（Aleksandr Bek）的苏联战争小说《沃洛科拉姆斯克公路》（*The Volokolamsk Highway*）（1943~1944年），该书描述了一位慈父般的俄罗斯将军和一位年轻的哈萨克中尉如何把一群由各色人等组成的爱国人士转变成一个紧密团结、不可战胜的整体。这位将军质朴无华，对"战争之谜"有与生俱来的理解（非常像托尔斯泰笔下的库图佐夫），而这位中尉长着一张"印度脸"，好像是用某种非常锋利的工具在青铜上雕刻出来的。他们的主要武器是"心理学"。在小说的一个关键段落中，中尉训导一名尚未掌握战斗艺术或理解爱国主义真正含义的新兵。

"你想回家拥抱你的妻子儿女吗？"
"现在不是时候……我们必须战斗。""对，但是战后呢？你不想吗？""我当然想……谁不想呢？""你不想！"
"什么意思？"

"因为你能否回家取决于你自己。一切都掌握在你手中。你想活下去吗？如果想，你必须杀了那个想杀你的人。"[175]

————————————

斯大林去世后，排犹运动以失败告终，犹太人回到了苏联职业阶层的顶端。他们前进的速度比战前慢，也不如许多其他族群那样出色，但他们仍是所有苏联民族中最成功、最现代的——在职业和人口占比等方面。1959 年，95% 的犹太人生活在城市里（相比之下，俄罗斯人的比例是 58%）；其中就业大学毕业生的比例为 11.4%（俄罗斯人的比例为 1.8%）；每万人中科学工作者的人数是 135 人（相比之下，俄罗斯人是 10 人）。30 年后，99% 的俄罗斯犹太人生活在城市地区（相比之下，俄罗斯人的比例是 85%），其中就业大学毕业生的比例为 64%（俄罗斯人的比例为 15%），每万人中科学工作者的人数是 530 人（而俄罗斯人是 50 人）。[176]

所有苏联民族都不一样，但有些民族比起其他民族来不同之处更多。根据职业"相异指数"（该指数代表一个群体为了与另一个群体在职业上保持一致而需换工作的百分比），在苏联解体前夕，犹太人是俄罗斯所有主要民族中"相异度"最大的。例如，俄罗斯人和犹太人之间的差异大于俄罗斯人和俄罗斯联邦任何其他族群（包括车臣人，调查对象中城市居民占比最小的）之间的差异。俄罗斯人排名前五的职业是金属工人（占总就业人数的 7.2%）、机动车驾驶员（6.7%）、工程师（5.1%）、拖拉机和联合收割机驾驶员（2.4%）以及"专业不明的非体力劳动者"（2.4%）。犹太人排名前五的职业是工程师（16.3%）、医生

（6.3%）、科学人员（5.3%）、中小学教师（5.2%）以及首席生产和技术经理（3.3%）。犹太人的就业种类少很多，性别隔离也少得多，更多集中在地位等级的顶端。在犹太人的主要职业中，最专属（在俄罗斯人中占比最少）的是医生、科学家、首席管理人员、艺术家和制片人以及文学和新闻出版工作者。[177]

在苏联解体之前，犹太人在苏联职业精英中一直很突出（因此占据苏联国家的中心地位），但是犹太人和苏联政府之间的特殊关系已经结束，或者说，追求世界革命的独特共生关系已经让位于两种相互竞争和不相称的民族主义的独特对抗。俄国革命和犹太革命以其诞生的方式灭亡——一起灭亡。战后，苏联政府开始对俄罗斯共和国的俄罗斯人实施传统的支持"名誉"民族的平权行动政策（主要是通过对犹太人采取秘密、谨慎的负面行动）。与此同时，部分是由于这个原因（以及希特勒、斯大林、以色列的建立所提供的许多原因），苏联精英中的犹太人开始认为"犹太血统"代表着共同命运，而不仅仅是遥远的过去。每个人都在听"血的呼唤"——并且听到了不同的语言。

这一发展恰好与党－政府及其所创造的专业精英之间的普遍分歧相吻合。自革命以来，通过教育实现向上流动，这一直是苏联政权最始终如一、最明显成功的政策之一。对于一个在自发性中代表自觉性，在农村落后中代表城市现代性的政党来说，"群众启蒙"加上危险的技术现代化是纠正历史错误（在前资本主义国家进行社会主义革命）以及实现社会主义富裕和平等的唯一途径。1928~1960年，苏联大学生人数增加了1257%（从176600人增加到2396100人）；受过大学教育的专业人员人数增加了1422%（从233000人增加到3545200人）；科学人员数量增加了1065%（从1930年的30400人增加到354200人）。

新苏联知识界的大多数成员都是基于阶级的平权行动的受益者，而且除了俄罗斯民族，也是其他各民族人员的受益者。他们出身清白，应该能确保科学知识和党的真理的统一。而且，有一段时间，他们做到了。[178]

然而，斯大林去世后，形势开始变坏。斯大林是真理和知识唯一可靠的象征，他去世以及身后所受的批判表明了真理和知识可能独立存在；在地球上和太空中进行的冷战，似乎让科学知识离党的真理越来越远；社会主义逐渐被重新解释为一个慷慨的福利国家和富裕的消费社会，这往往使人们将其与改良后的后工业资本主义进行让人难以接受的比较。苏联现代性的可行性取决于苏联专业人士的成功；苏联专业人士的成功需要"意见的斗争"（正如斯大林所说）；意见的斗争导致越来越多的苏联专业人士远离苏联的现代性。

像彼得大帝的新服务精英一样，新的苏联知识界是为服务国家而创建的，但最终服务于自己的"意识"（在"进步"和"人民"之间以不同的比例分裂）。国家越是拼命地坚持其建国真理，越是不妥协地对待受过教育的精英阶层，精英阶层对国家和（真正的）进步以及人民的热爱就越强烈。安德烈·萨哈罗夫（Andrei Sakharov）是苏联氢弹之父，真正（非政府）进步的最伟大的苏联捍卫者，以及西化苏联知识界的良知。对他来说，在1955年，在成功测试了他的"装置"之后，真相大白的时刻到来了。根据萨哈罗夫的回忆录，试验结束后，在苏联战略导弹部队指挥官涅杰林（Nedelin）元帅的住所举行了宴会。

当我们都就位后，白兰地倒好了。保镖们站在墙边。涅杰林向我点点头，邀请我第一个发表祝酒词。我举起酒杯，说道："愿我们所有的设备都像今天一样成功爆炸，但永远在测试地点爆炸，永远不会在城市爆炸。"

全桌的人都陷入了沉默，好像我说了些不得体的话。涅杰林有点儿不诚实地咧嘴一笑。然后他站起来，手里拿着杯子，说："让我讲一个比喻。一个只穿一件衬衫的老人在一个圣像前祈祷：'引导我，让我变硬。引导我，让我变硬。'他妻子躺在火炉边，说：'只要祈祷变硬，老头，我可以自己来引导它。'让我们为变硬而干杯！"

我全身紧张，我想我脸色苍白了——通常我会脸红……这个故事的要点（一半淫荡，一半亵渎神明，这让它更加令人不快）非常清楚。我们，发明家、科学家、工程师和工匠，创造了一种可怕的武器，人类历史上最可怕的武器；但是这种武器的使用完全不受我们的控制。党和军队高层的人会做出决定。我已经知道了——我没有那么天真。但是以抽象的方式理解某事不同于用你的整个生命去感受它，就像生与死的现实。在那一刻被点燃的想法和情感至今没有减弱，它们完全改变了我的思想。[179]

萨哈罗夫的思想在大洋彼岸的许多同行那里找到共鸣，但值得苏联注意的情况是，萨哈罗夫的思想也为越来越多致力于研究更小一些爆炸性的发明家、科学家、工程师和工匠所认可。理论上——经常实际上也会产生一种无法挽回的屈辱感——苏共声称有权对一切做出决定，从炸弹到是否值得去保加利亚旅行〔据弗拉基米尔·日里诺夫斯基（Vladimir Zhirinovsky）在 1996 年的回忆〕。雪上加霜的是，处于"停滞期"的苏联经济（像俄罗斯帝国晚期或欧洲殖民帝国的经济）的发展速度不足以容纳其一直在培养的专业人员。与此同时，越来越明显的是，苏联的知识精英已经凝结成一个世袭的机构，一个人职业等级越高，他发现的世袭知识分子就越多。70年代，在科学院研究所工作的年轻专家中，81.2%是白领专业人士的子女。他们知道自己属于一个团结的社会群体，有着崇高的使命和不确定的未来。他们中的许多人同意萨哈罗夫的想法。[180]

/ 334

苏共敏锐地意识到这个"弗兰肯斯坦困境"①，其反应是重新引入针对蓝领工人的大规模平权行动计划。但因为没有重新引入对白领工人的大规模镇压，苏共这种做法只是增加了对文化精英根深蒂固的怨恨，而没有危及其优势（他们受到高等教育和赞助人的良好保护）。结果，党内理论家与世代相传的发明家、科学家、工程师和工匠之间的社会差距不断扩大，前者继续从新提拔的出身卑微的乡下人中招募，而后者认为自己是专业技能和高雅文化的守护者。1917年，随着拥有知识和真理的布尔什维克的胜利，拥有形式权威但没有权力的临时政府和拥有权力但没有形式权威的彼得格勒苏维埃之间的对峙结束了。随着苏联解体，拥有权力和形式权威的政党机构以及拥有知识和真理的知识界之间的对峙也告终了。与知识界不同，苏共最后无法自我复制。苏联是一个为一代人服务的政权，或者更确

---

① 《弗兰肯斯坦》（全名是《弗兰肯斯坦——现代普罗米修斯的故事》，其他译名有《科学怪人》《人造人的故事》等），是英国作家玛丽·雪莱在1818年创作的长篇小说。书中的弗兰肯斯坦是位科学家，他通过实验创造了一个怪物。怪物本来心地善良，乐于助人，但是因为相貌丑陋，不为人类社会所容，没有人愿意接受他的好意，所有人都拒绝他、驱赶他。他向往爱情和幸福，但得到的却是诺言和追捕，他请求科学家再为他造一个同类，却遭到了拒绝。他的一生悲惨胜过快乐，不顾一切地向人类复仇，最后与他的创造者一起同归于尽。

切地说，因为有斯大林，这个政权为一代半人提供了服务。最初的革命者在壮年时被杀害了；他们的继承人在"大恐怖"后得到提升，在第二次世界大战期间达到成熟，在赫鲁晓夫（他试图迫使整个国家再次体验他的"第一个五年计划"的青年时期）的领导下经历了一场轻微的中年危机，随着勃列日涅夫日渐衰老，最后和1985年死于肺气肿的K. U. 契尔年科（K. U. Chernenko）一起寿终正寝。

涅杰林元帅不必忍受年老体衰的侮辱：他在1960年一次导弹试验中丧生，享年58岁。萨哈罗夫院士，几乎年轻了20岁，后来成为反苏西化派的守护神和最后一届苏联议会的成员。他死于1989年，离他完成新苏联宪法草案还有几天，离苏联解体不到两年。1963年，斯大林的女儿斯维特拉娜·阿莉卢耶娃（Svetlana Allilueva）写了一篇关于萨哈罗夫这一代人（生于20年代初的人）的文章："他们是精英中的精英……他们是我们未来的'十二月主义'者，他们将教我们如何生活。他们还会有话要说——我敢肯定。"[181]

当然，她是正确的。斯大林"快乐童年"的天真受益者，伟大卫国战争的骄傲老兵，赫鲁晓夫"解冻"时期的忧郁诗人，戈尔巴乔夫改革的旗手，他们将新苏联"专家"（无产阶级背景的白领专业人士）转变为旧俄时代的知识界人士（真理和知识的孤独守护者）。事实上，他们是反党情绪不断增长的"十二月主义"者，他们"唤醒"了随后建立的"新俄罗斯"的各种布尔什维克和孟什维克人。其中很多是犹太人。

犹太人在苏联发明家、科学家、工程师和工匠中很突出，尤其是在上层，在文化精英的世袭成员中，他们最有可能为党对决策的垄断和党内官员的社会文化偏狭而感到失望。但他们也有自己沮丧的理由。知识分子（"国内的外国人"）从定义上来说是陌生人。苏联后期的犹太知识分子是双重陌生人，因为新的民族化的国家由于他们的"血统"而怀疑他们，他们也由于同样的原因而怀疑这个新的民族化的国家。

这种不信任是相互的，但关系是不对称的。为了追求一般的比例代表制和特定的犹太人降职，后斯大林主义政权继续以温和的形式推行限制犹太人进入精英学院和享有声望的专业职位的政策。根据苏联社会学家V. P. 米申（V. P. Mishin）的说法，"虽然一些民族（乌克兰人、白俄罗斯人、摩尔多瓦人、鞑靼人、乌兹别克人、阿塞拜疆人和其他人）在高等教育发展和科学干部培训方面仍然远远低于全国平均水平，但其他一些民族（亚美尼亚人、格鲁吉亚人、犹太人）却大大超过了全国平均水平……因此，指导民族关系发展的合理目标不仅在于条件的平等，而且在于继续保持苏联各民族之间的真正平等"。[182]

苏联政府尽了最大努力来实现这个目标。从 1960 年到 1970 年，乌克兰人、白俄罗斯人、摩尔达维亚人、鞑靼人、乌兹别克人和阿塞拜疆人中受过高等教育的就业专业人员增加了 100% 以上，犹太人增加了 23%。犹太人仍然领先几光年（每 1000 名犹太人中有 166 名专家，相比之下，乌克兰人有 25 名，乌兹别克人有 15 名，亚美尼亚人有 35 名），但这一趋势是明确和持久的。在 1970 年之前的二十年里，乌兹别克人和犹太人的科学人员比例分别增加了 1300% 和 155%。[183]

/ **336**

大多数美国读者会发现米申的建议和苏联的做法相当熟悉，大概也可理解，但这两种制度框架确实一点儿也不相似。美国和苏联之间的主要结构性差异是，苏联是一个民族领土的联邦；犹太人和米申名单上所有其他民族的主要区别是犹太人没有自己的领土。（没有任何人曾认真看待比罗比詹①，也没有理由相信苏联领土上的任何其他犹太人城市会被认真对待。）格鲁吉亚人和亚美尼亚人与犹太人一样，在白领专业人士中比例过高，并受到苏联平权行动的伤害。然而，与犹太人不同，他们有"自己的"共和国，在这些共和国中，他们的统治地位被中央政府和所有潜在的竞争对手视为完全合法。犹太人远非苏联民族政策的主要受害者［皮埃蒙特（Piedmont）民族，如芬兰人和波兰人，甚至没有被包括在官方统计中；一些被驱逐的民族，如伏尔加日耳曼人和克里米亚鞑靼人，一直过着流亡生活，直到苏联解体为止］，但犹太人在苏联"主要民族"中是独一无二的。在文化上表现卓越，而在行政上却无关紧要，这使得犹太人（作为苏联民族）的地位真正不同寻常。从苏联现代化的各个方面来看，他们都是第一名，除了最让人宽心的一点：一个拥有自己文化生产机构的原始民族。

但是，在处理种族不平等问题的策略上，20世纪末的美国和晚期的苏联有更重要的差异。平权行动总是意味着对那些没有被设为优先晋升对象的人采取消极（相对于严格的精英政治）行动。在苏联，与美国不同的是，这种消极行动是有明确的目标，并且是蓄意而为的，尽管没有公开承认。一些精英机构不对犹太人开放，其他一些机构有名额限制，还有一些机构限制职业发展、出版机会或不提供福利。不管在苏联领土上还是在苏联等级制度中，犹太民族都是（不应得的）社会优势、政治不可靠性和

---

① 比罗比詹是俄罗斯犹太自治州的首府、经济和文化中心。它因附近的比拉河和比詹河而得名，1937年设市。这一地区原为中国领土，被沙俄通过不平等的《中俄瑷珲条约》（1858年）强行割占。

部落差异的标志。"持护照的犹太人"是官方歧视的普遍目标，他们在苏联没有可回归的家园，没有可申诉的粗暴对待，也没有可隐身的公共民族语言文化。

没有明显的歧视性程序，只有秘密制订的临时安排，在经济部门、学术科目和行政单位之间有选择地和不均衡地应用。出于这个原因，一些向犹太人开放的次要机构在专业上取得了卓越成就；有些项目太重要了，不能丧失有技能的参与者；一些经理人脉广，足以保护他们的员工；一些犹太人改变了自己的名字或篡改了自己的简历。反犹太人的歧视相对来说规模较小（在大多数情况下，区别是在最好和次佳之间的），也不是很成功（犹太人和其他人之间巨大的成就差距正在非常缓慢地缩小），但这种歧视是秘密和矛盾的，专门针对精英职位，因此更加令人沮丧。这种"消极行动"对所有相关人士来说都是显而易见的，因为它与后赫鲁晓夫时代的公开言论背道而驰。后赫鲁晓夫时代的公开言论赞扬了职业精英政治，而这种政治由于对落后者有分寸的帮助而变得更加温和。更引人注目的是，这种公开言论对所有犹太人保持震耳欲聋的沉默。立陶宛或白俄罗斯各大城市的历史不应提及这些城市的主要居民；"二战"博物馆从未提及针对犹太人的种族灭绝屠杀；当科尔涅伊·丘科夫斯基（Kornei Chukovsky）申请出版一本儿童《圣经》时，他获得了许可，条件是不能提及犹太人（他拒绝了委员会的要求）。世界象棋冠军季格兰·彼得罗相（Tigran Petrosian）是亚美尼亚人；世界象棋冠军米哈伊尔·塔尔（Mikhail Tal）是里加人。1965 年，所有与列宁的犹太祖父有关的档案文件都被命令"删除，不留下任何副本"。这背后的原因，不再是害怕为布尔什维克主义和与犹太人相提并论的反动观点提供更多的弹药（20 年代和 30 年代初的情况就是如

/ 338

此），而是因为害怕会被认为是冒渎。犹太人是异己分子；碰巧的是犹太人的苏联英雄要么不是真正的英雄（犹太人在战争英雄的名单上没有被列为犹太人），要么不是真正的犹太人［例如，雅科夫·斯韦特洛夫（Yakov Sverdlov）主要与莫斯科的一个广场和乌拉尔的一个城市有关联］。[184]

像 20 世纪初"被解放"的欧洲犹太人一样，"停滞期"的苏联犹太人在社会上取得无与伦比的成功，同时又遭遇无法辩护的障碍，并持有不受国家民族主义保护的"空想"民族身份。他们的反应方式很常见，要么是有原则的自由主义（以美国为例，或者看起来是这样），要么是犹太民族主义（以以色列为代表，力度越来越大）。第三个选择——苏联——不再可用。正如米哈伊尔（之前称马克思 – 恩格斯 – 李卜克内西）·亚古尔斯基在有关苏联 60 年代的文章中写道：

> 犹太人已经变成了奴隶阶级。人们真的能指望一个给予苏联国家政治领导人、外交官、将军和高级经济管理人员的民族会同意成为奴隶阶级，其最大胆的梦想是成为实验机床研究所的实验室主任或自动化和远程机械研究所的高级研究员吗？犹太人比其他人受压迫、被羞辱的程度要深得多。[185]

从表面上看，这种说法可能看起来明显不真实，或许在道德上有问题。不仅一些被驱逐的民族仍然在流亡，一些基督教教派被正式禁止，大多数游牧社区被迫与他们的孩子分离，而且绝大多数苏联人口不被允许居住在大城市（更不用说在精英研究机构工作）。大多数农村居民，无论其民族身份是什么，都无权获得国内护照，实际上仍然是国家的农奴。但是亚古尔斯基当然不是

386

/ 339

（在这个场合）写历史著作，他写的是一部关于造反派形成的回忆录，犹太人成为造反派是因为他们感知到无法挽回的屈辱。在帝国晚期的俄罗斯，犹太人——根据各种经济和文化标准——比许多其他群体富裕，但他们已经成为其中最具革命性的群体，因为他们按照最严格的精英统治（而不是参照藏传佛教或农民）来衡量自己，认为自己有能力登上顶峰（有很好的理由），并认为他们遇到的障碍是完全非法的（因为这些障碍是基于旧的教派，而不是基于新的自由主义国家建设原则）。在苏联后期，"犹太人问题"至少也同样尖锐：程度较轻，但官方立场（以官方术语来说）不那么站得住脚，犹太人所取得的社会成就以及由此带来的向下流动的危险要大得多。犹太人并不比其他人更受压迫和羞辱，但他们确实为苏联提供了政治领导人、外交官、将军和最高经济管理者，如果官方采纳的精英原则得到适当执行，那么他们准备提供更多此类人员。换句话说，犹太人并不比其他人更受压迫，但他们感到更受羞辱，因为他们在苏联社会中的地位特别高，又特别脆弱。此外，秘密的官方迫害鼓励大众公开排犹，这种反犹太主义是因为新上位的斯拉夫技术官僚对"无实体脑袋"本来就有阿波罗式敌意，而且考虑到他们自己的既得利益，他们希望一些更成功的竞争对手因种族不合格而被清除。斯旺的鼻子是一个危险的属性；"我是犹太人"的公开声明要么是认罪，要么是挑衅的姿态。[186]

犹太人问题是普通知识分子困境的集中体现。俄罗斯社会主义之父亚历山大·赫尔岑背叛了沙皇，不是因为他和他的农奴一样受到压迫；相反，是因为他认为自己与沙皇平等，却被当作农奴对待。安德烈·萨哈罗夫也是如此，他认为自己优于米特罗凡·涅杰林（更不用说列昂尼德·勃列日涅夫或米哈伊尔·戈尔巴乔

/ 340

夫），但仍被当作农奴对待。犹太人也是如此——除了在战后的苏联，他们不仅仅类似于反政府知识分子——在许多方面，他们是反政府知识分子的核心。犹太人在那些使苏联政府日子难过的人中所占比例过高，而在那些进行指导的人中所占比例过低（犹太人自我感觉在后一种人中所占的比例甚至更低，因为他们在前一种情况下所占比例如此之高）。70年代和80年代，这个由老年人统治的苏维埃国家很难区分犹太人和知识分子；苏联知识界的很多成员（尤其是在莫斯科和列宁格勒从事最精英的职业的人）认为自己是犹太人；莫斯科和列宁格勒的大多数犹太人认为自己是知识分子；当有人因为戴眼镜或带有上流社会口音而在黑暗的小巷中被殴打时，"犹太人"和"聪明人"这两个词可能会互换使用。1964年5月，克格勃负责人向党的中央委员会报告说，对诗人约瑟夫·布罗德斯基（Joseph Brodsky）的审判极大地激怒了"创造性知识分子"，最活跃的煽动者来自"犹太民族的创造性知识分子"（尽管审判和抗议——实际上也不是因为布罗德斯基的诗歌——都与"犹太问题"无关）。1969年，在一次学术会议上，米哈伊尔·亚古尔斯基给两位年轻的同事尤里·古列维奇（Yuri Gurevich）和尤里·加斯捷夫（Yuri Gastev）讲了一个"半政治笑话"。亚古尔斯基离开后，警觉的古列维奇问加斯捷夫：

"那家伙是谁？他说那样的笑话是什么意思？你认识他吗？"

"是的，我认识他。"加斯捷夫坚定地说。

"从什么时候开始？"

"从今天早上开始。"

"你信任他吗？"

"就看看他的鼻子！"——加斯捷夫在结束讨论时说。[187]

斯旺已经走了很长一段路。在"半政治笑话"中，犹太人"拉比诺维奇"成为被残酷压迫但令人啼笑皆非的苏联人（Homo sovieticus）的最终象征。或者说，犹太人聚集区的传统幽默作为苏联知识界的声音再次出现。

正如维克托·扎斯拉夫斯基（Victor Zaslavsky）和罗伯特·J. 布莱姆（Robert J. Brym）在他们关于苏联的犹太移民的开创性著作中所写，"20世纪20年代出现了犹太人对政府异常忠诚的观念，而70年代则出现了另一个关于犹太人内在政治不可靠的便利神话。两者都包含了自证预言的要素"。[188]

俄罗斯犹太人的三种选择包括自由主义、"犹太复国主义"和共产主义，其中第三种已经消失，而前两种是非法的。这使得大多数莫斯科和列宁格勒的犹太人"在政治上不可靠"，并且在某些情况下一贯持反对立场。苏联后期有三种主要的知识分子意识形态，包括自由主义（西方主义）、"犹太复国主义"和俄罗斯民族主义，第一种主要是犹太人的意识形态，第二种完全是犹太人的意识形态，而第三种或多或少是排犹人的意识形态（因为这种意识形态赞颂未遭破坏的农民阿波罗主义，反对城市墨丘利主义，而现在墨丘利主义与犹太人联系在一起，而非德国人；并且如果夸张一点来说的话，因为反农民的布尔什维克革命在很大程度上是犹太人发动的）。

犹太人在西方导向的自由派异见者中所占比例很大，也占据重要地位。奠基事件包括：1964年对约瑟夫·布罗德斯基（Joseph Brodsky）的审判；1966 年对尤利·丹尼尔（Yuli Daniel，犹太人）和安德烈·西尼亚夫斯基［Andrei Siniavsky，俄罗斯人，但他的笔名"亚伯兰·泰尔兹"（Abram Terz）听起来像犹太人——强调自己的异化］；亚历山大·金兹伯格（Aleksandr Ginzburg）编纂的关于丹尼尔－西亚尼夫斯基（Daniel-Siniavsky）审判的纪录片集；1968 年 1 月由帕维尔·利特维诺夫（Pavel Litvinov）和拉里沙·博戈拉兹（Larisa Bogoraz）撰写的《激起世界舆论》（Appeal to World Public Opinion）；1968 年 8 月在红场举行的反对苏联入侵捷克斯洛伐克的示威游行，游行队伍包括 7 人，其中 4 人是犹太人。正如列夫·施滕贝格（Lev Shternberg）对他们的社会主义者祖父母所说，"就像成千上万的以色列先知从他们被遗忘的坟墓中站起来，再次宣告……他们对社会正义的迫切呼吁"。

在拥有狂热追随者的学术创新人士中，犹太人也占很大比例，例如文学批评领域的尤里·洛特曼（Yuri Lotman）、历史领域的阿伦·古列维奇（Aron Gurevich）、物理学领域的彼得·卡皮查和列夫·兰道，以及数学领域的伊兹赖尔·盖尔范德（Izrail Gelfand）和列昂尼德·坎托罗维奇（Leonid Kantorovich）。西方学者偶像（爱因斯坦、奥本海默、博厄斯、列维－斯特劳斯、德里达、乔姆斯基和法兰克福学派的成员等）的近亲，他们是托斯丹·凡勃伦（Thorstein Veblen）所说的"知识界和平的扰乱者"，在"科学、学术、制度变革和发展方面，在先锋、开拓者中，在蠢蠢欲动的探路者和反传统者行列中脱颖而出"。霍黛儿的孩子们终于重新加入了犹太大家庭。[189]

除了西方以外，苏联西化派的一个重要榜样和灵感来源是 20 世纪初的俄罗斯先锋派。大多数原始先锋派艺术家强烈反对自由主义（在某些情况下是激进的布尔什维克），但与他们关系最紧密的苏维埃追随者将他们的作品解释为个人创造自由的最终表达（因此是社会主义－现实主义的自然对应体，也是这种主义的受害者）。后来的反传统主义者甚至比他们的榜样更像犹太人：根据伊戈尔·戈洛姆斯托克（Igor Golomstock）对苏联非官方艺术家的调查，"50% 这个统计比例太低而不是太高"。从不朽的恩斯特·内兹韦斯特尼（Ernst Neizvestny）领导的解冻（Thaw）艺术家的"十二月党人"一代，到奥斯卡·拉宾（Oscar Rabin）的"利安诺佐沃"（Lianozovo）苏联悲剧记录者，再到苏联晚期主要的讽刺肖像画家［埃里克·布拉托夫（Erik Bulatov）、伊利亚·卡巴科夫（Ilya Kabakov）、维塔利·科马尔（Vitaly Komar）和亚历山大·梅拉米德（Aleksandr Melamid）］，大多数探路者和拓荒者都是犹太人。[190]

　　然而，俄罗斯是俄罗斯，其最真实的先知必须是诗人。对普希金的信仰被视为理所当然，而且政府也信仰普希金，反苏联知识分子（anti-Soviet intelligentsia）的特殊守护神是两名女性［安娜·阿赫马托娃（Anna Akhmatova）和玛琳娜·茨维塔耶娃（Marina Tsvetaeva）］和两名犹太人［鲍里斯·帕斯尔纳克（Boris Pasternak）和奥西普·曼德尔斯塔姆］。这四个人都被尊崇为真理和知识的孤独守护者，他们都牺牲了，因为邪恶的政党国家出于无能而嫉妒他们。他们唯一合法的继承人是约瑟夫·布罗德斯基（Joseph Brodsky），他是一名苏联海军军官的儿子，一名彼得堡图书出版商和栅栏区缝纫机推销员的孙子。

　　随着苏联的终结，霍黛儿的生活也毁了。她那一代中到20世纪六七十年代还幸存的一些成员仍然活在梦想中（在"老布尔什维克"的家里），或者等待梦想成真（在"实际存在的社会主义"的国土上），但是大多数人似乎都同意这个梦只是一个幻想。斯大林主义最有影响力的一位地下出版揭露书的作者是叶夫根尼·格涅金（Evgeny Gnedin），他曾是人民对外事务委员会新闻部的负责人，他的父亲是提出"永久革命"理论的帕维斯，帕维斯还说服德国政府于 1917 年 4 月让列宁前往俄罗斯。一部更著名的集中营回忆录是叶夫根尼娅·金茨堡写的，她在 30 年代中期曾是喀山大学列宁主义历史系的系主任和《红鞑靼报》（Red Tataria）的文化部主任。把她送进监狱的审判官是亚伯兰·贝林（Abram Beilin）。根据金茨堡的说法，亚伯兰·贝林的眼睛"看到自己同类牺牲时，闪烁着压抑、嘲讽的喜悦"，他"运用了他那犹太法典般的精微演绎，润饰了有关我的'罪行'的定义"。贝林后来也被捕了，沦落到在哈萨克斯坦开牛车，最后获许退休，回到莫斯科。在那里，他以前的共产党朋友们都避而远之（他们都读过金茨堡的手稿）。[191]

贝林的一位老朋友是萨穆伊尔·亚古尔斯基（Samuil Agursky），他之前像复仇者似的带头攻击希伯来语，但他生命中最后几年都在阅读关于"古代犹太历史"的书籍。当他的妻子布尼亚（Bunia）奄奄一息时，她告诉他们的儿子米哈伊尔："我原本应该过不同的生活。"对此米哈伊尔回应道："我一直告诉你，你应该过不同的生活。"从小就参加革命的职业间谍霍普·乌兰诺夫斯卡娅在她 70 岁到达以色列时，遇到了一些妇女，她们离开栅栏区去了巴勒斯坦，就在那时，乌兰诺夫斯卡娅也离开了自己的犹太人集聚区前往俄罗斯。在参观她们的集体农庄时，她"后悔没有过上她应该过的生活"，"在选择了不同道路的同时代人面前倍感谦卑"。据她女儿说，她知道了，"自己的生活原本可像这些古老的集体农庄成员一样美好、硕果累累"。[192]

霍黛儿的孩子们都认为她没有过上她应该过的生活，就算他们在 30 年代已长大，享受当时的幸福生活，他们也没有过上应该过的生活。米哈伊尔·斯韦特洛夫（Mikhail Svetlov），这位在内战"闪亮刺刀"上写作的皮衣诗人，变成了 60 年代备受推崇的悲伤小丑，他的俏皮话被记下来并广为流传。（其中最著名的是："什么是问号？这是一个老态龙钟的感叹号。"）

列夫·科佩列夫是 20 年代的共青团团员，他不遗余力地推广集体主义，在 70 年代成为苏联当时最著名的与政府意见相左的人中的一个。他的妻子赖莎·奥尔洛娃也是如此，她是"第一代苏联人"中快乐的一员。那一代人的另一个成员是米哈伊尔·盖夫特（Mikhail Gefter），"大恐怖"时期莫斯科大学历史系的一个狂热的共青团审判官（后来成为苏联改革时期的首席道德哲学家、俄罗斯大屠杀研究中心主席）。霍普·乌兰诺夫斯卡娅的女儿玛雅因加入一个名为"革命事业斗争联盟"的学生组织，在监狱和集中营待了五年多（1951~1956），该组织的几乎所有成员，包括三名创始人，都是年轻的犹太人（霍黛儿的孩子们）。说服他们俩移民到以色列的是玛雅的儿子，他生于 1959 年，是霍普的孙子。[193]

犹太移民运动的领导人之一是萨穆伊尔·亚古尔斯基的儿子米哈伊尔（他曾指责自己母亲一辈子都错了）。大卫·阿兹贝尔（David Azbel）也是追随他的一个积极分子，他的叔叔拉赫米埃利·魏因施泰因（Rakhmiel Vainshtein）曾位居苏共犹太分部的领导层，是萨穆伊尔·古亚尔斯基的对手。50 年代末，一些人把年轻的米哈伊尔带入现代西方艺术世界和莫斯科的波希米亚景象，其中一人是苏联第一位抽象表现主义者弗拉基米尔·斯莱皮安（Vladimir Slepian）。斯莱皮安的犹太父亲曾是斯摩棱斯克（Smolensk）州秘密警察局的局长。[194]

从共产主义到反共产主义的转变可能会导致苛刻的认罪（比如科佩列夫或奥尔洛娃）、温和的困惑（比如乌兰诺夫斯卡娅），或费力的困惑（比如盖夫特）。但这种转变几乎从未产生集体责任感——就任何人而言。苏联最卓著的成就——革命、工业化、战胜纳粹、福利国家——其灵感在很大程度上（如果不一致的话）被描绘为来自超国家的苏维埃，在精神上表现为无私的全球主义。它们是以共同未来的名义进行的，任何共同拥有这个梦想的人都可以为之喝彩，推动和珍惜这些事业。发起者和目标的不确定性（宽宏大量）同样适用于其他事件——"红色恐怖"、"大恐怖"、"强迫劳改"和"反富农化"（dekulakization）——这些事件在老化的政权看来是可疑的成就，而新的反政府知识分子则视之为可怕的罪行。[195]

暴力行为，如果不是一个部落对另一个部落实施的，投下的阴影很短。与种族灭绝不同，它们不会为受害者或犯罪者产生合法的继承人。"德国人"作为纳粹的真实或隐喻的孩子，可能被敦促忏悔和赎罪；"犹太人"作为大屠杀的真实或隐喻的孩子，可能有权得到补偿和道歉。共产主义者（像万物有灵论者、加尔文主义者或任何其他非种族团体）除了那些被收养的孩子之外，没有别的孩子。斯大林主义的暴力受害者唯一可识别的集体后代是民族，主要是苏联的非俄罗斯民族（包括犹太人），但在某些情况下，也包括俄罗斯人（他们是布尔什维克反对农村落后和宗教的主要斗争目标）。斯大林主义暴力的发起者和实施者唯一可识别的集体后代也是民族，主要是俄罗斯人，但在某些情况下，也包括犹太人（作为苏联国家最热情的种族定义的支持者）。声称犹太种族受害是完全令人信服的，但是考虑到斯大林主义暴力的总体规模和性质，这相对来说是微不足道的；被指控的受害者的身份似乎可疑。民族责任是不可避免的，（如果一个人不对自己"父亲"的行为负责，那么什么是"民族"？）就像它在道德上不确定一样。（如果没有祭司或神的权威来提供赦免，那什么是悔改或赎罪？）至于共产主义的遗产，那甚至更不确定——因此也有理由轻易逃避。

共产主义者的孩子中不愿成为共产主义者的，可以回到他们的部落或文化谱系，不管如何定义。对于霍黛儿的子孙们而言，这意味着要成为犹太人以及俄罗斯知识界的一员（以各种组合）。正如赖莎·奥尔洛娃在她的《往事回忆录》中所写：

> 我所知甚少。我所知如此之少，令人震惊。我对我的根一无所知，对我的家谱一无所知。我甚至不知道我外祖母的姓名，而她和我们同住时间很长，直到我结婚后她才去世。现在对我来说重要的是找到答案。在脑海中我似乎看到，1915 年 3 月，基辅—华沙列车载着我未来的父母，他们在进行新婚旅行。他们的蜜月。
>
> ……车轮在砰砰作响。基辅—华沙列车上的那个车厢正在向前行驶，两名快乐的乘客不知前方会发生什么。我以前从未听到那列火车上车轮的撞击声，但现在我一直能听得清清楚楚。[196]

她听到了什么？她的父母搬到了俄罗斯和世界革命的中心（克里姆林宫旁边的高尔基街 6 号），他们的社会地位上升到苏联官僚和后来的文化精英的顶端。如果要恢复她的真正的"根"，作为憎恶共产主义的人，她需要忘记这一点。其他的记忆就是她父母对犹太教的拒绝，他们革命前的大学教育（她父亲的商业学院，她母亲的牙医学院），以及她母亲一生对普希金的热爱。（"也许她在蜜月时给我父亲读过普希金的作品？"）

60 年代，奥尔洛娃写回忆录时，知识界青少年中最受欢迎的书之一是亚历山德拉·布鲁施泰因（Alexandra Brushtein）的《通向远方的路》（*The Road Leads Off into the Distance*）。这是一部自传体的成长故事，讲述了一个来自犹太知识界家庭的敏感女孩在革命前的维尔纳长大。这本书引人入胜，汇集了 19 世纪末文学的陈词滥调，书中有一名热情体贴的母亲，一名道德正直的父亲（一名专注于治疗贫困病人、阅读普希金、参加革命的医生），一名愚蠢的德国家庭教师，一名忠诚的农民保姆，以及大量革命流亡者、无知的牧师、肥胖的实业家、读书的无产者、无情的中学教师，还有青少年们在面对世界上不公正现象时产生的强烈友谊。书中没有提及的是栅栏区的犹太人（除了偶尔出现的幽灵受害者或"被遗忘祖先的影子"）。有许多排犹现象（以及其他形式的不公正现象），有致力于普世平等事业的知识分子，但没有犹太人，因为大多数犹太人是俄罗斯知识分子，而大多数俄罗斯知识分子是犹太人。这是布鲁施泰因大多数读者的宗谱，也是奥尔洛娃追求背后的假设。[197]

然而，还有其他可能的谱系。不，不是台维：他对已故苏联知识分子毫无用处，他们中很少有人对犹太教感兴趣，实际上也没有人对犹太人集聚区文化或意第绪语文学感兴趣（苏联不会产生《生活与人同在》或《屋顶上的小提琴手》之类的反苏作品）。就霍黛儿的子孙而言，她出身的世界令人恐惧和窒息，和她一直告诉他们的一样。

但是霍黛儿不是台维的独生女，所以霍黛儿的子孙们有表兄弟姐妹，还有祖父母和曾祖父母。毕竟，共产主义有两个明显的替代方案，也可以作为苏联犹太人的可选方案，他们在俄罗斯知识界中地位不稳定，在国家和部落的阿波罗看来，还是非法成员。一种可选方案是别依尔卡的美国，作为纯粹的自由主义，或者可能是被"新教化"犹太教稀释的自由主义（那种无须严格遵守仪式甚至信仰上帝就能保证部落团结的自由主义）。另一种是叶娃的以色列，南部阿波罗民族主义，或者更确切地说是"犹太复国主义"，这种思想似乎没有受到台维的语言、自我反思或宗教的污染。

———————

当年轻的苏联犹太人在由反抗霍黛儿的左翼激进主义转向"犹太复国主义"，尤其是资本主义之时，年轻的美国犹太人正在由反抗别依尔卡的资本主义，转向"犹太复国主义"，尤其是左翼激进主义。60年代和70年代初，犹太人参与激进的学生运动，就好像犹太人参与东欧社会主义和战前的美国共产主义。60年代上半叶，犹太人（占所有美国学生的5%）在学生争取民主社会运动（SDS）成员中占30%~50%，在其领导层中占60%以上；伯克利言论自由运动的11名指导委员会成员中有6名是犹太人；被警察逮捕的气象员派成员中有1/3是犹太人；加州和平与自由党50%的成员都去南方反抗种族隔离主义；白人自由骑士（Freedom Riders）在1961年去南方反抗种族隔离的成员中有2/3是犹太人；1964年"密西西比夏季"志愿者中1/3~1/2的人是犹太人（3名遇害烈士中有2名是犹太人）；芝加哥大学反对向征兵局公布学生成绩的人中有45%是犹太人；密歇根大

学约瑟夫·埃德森（Joseph Adelson）研究的激进分子样本中
90% 是犹太人。1970 年，在入侵柬埔寨和肯特州的 4 名学生（其
中 3 名是犹太人）遇害之后，在举行示威活动的学校就读的犹太
学生中有 90% 声称已经参加过示威活动。在 1970 年开展的一项
全国性调查中，23% 的犹太大学生认为自己是"极左分子"（相
比之下，新教徒和天主教徒的比例分别为 4% 和 2%）。在加州大
学研究的一小群激进分子中，有 83% 是犹太人。美国教育委员
会在 60 年代后期对学生激进主义进行的一项大型研究发现，犹
太背景是参与抗议活动的唯一最重要的预测指标。[198]

1971~1973 年，斯坦利·罗斯曼（Stanley Rothman）和罗
伯特·利希特（S. Robert Lichter）对波士顿大学、哈佛大学、
马萨诸塞州大学阿姆赫斯特分校和密歇根大学的 1051 名学生进
行了调查，他们发现"53% 的激进分子有犹太背景，参与 7 次或
7 次以上抗议的人中犹太人占 63%，领导 3 次或 3 次以上抗议的
人中犹太人占 54%，组成 3 次或 3 次以上抗议团体的人中犹太人
占 52%"。最重要的是，他们发现"犹太人和非犹太人之间的二
分法为解释新左派激进主义的许多其他社会和心理方面提供了最
简约的手段……在检查了我们的研究结果后，我们得出结论，把
非犹太人分为几个种族或宗派成分是没有意义的，因为这些亚群
体在坚持激进思想方面差别很小。相比之下，犹太人比任何非犹
太宗教或种族的子群体都要激进得多"。[199]

在犹太人中，"随着正统宗教的衰落，激进主义勃兴。改革
派犹太人比正统或保守的犹太人激进……而没有进一步说明从属
关系的犹太人则更激进"。到目前为止，最激进的是"不信教但
属犹太人的父母"的孩子，尤其是那些来自中上阶层职业家庭的
孩子。激进主义无可争议的领导人是犹太学者的后代。奇怪的

是，来自专业人员家庭的非犹太学生并不比来自其他职业背景的非犹太学生激进多少。世俗专业主义和政治激进主义之间的联系似乎只适用于犹太人。[200]

在 19 世纪的欧洲，犹太人在革命者中所占比例过高，因为他们在现代国家的非凡成功没有受到所在国合法意识形态（民族主义）的保护。或者更确切地说，许多年轻的犹太人发动了一场弑父革命，因为他们的父亲似乎把无限的资本主义和"幻想的民族"结合在一起。所有现代性都是有关现代民族主义所覆盖的"赤裸身体"。不幸的是，犹太人成了没穿衣服的皇帝。

20 世纪中叶，美国是一个普遍赤裸的国家，因为美国对资本主义的承诺似乎是无限的，也因为按照欧洲标准，美国民族是空想的。然而，在美国，始终如一的"无根世界主义者"还是犹太人。没有人比犹太人更世俗、更城市化、更精英化，甚至那些像犹太人一样世俗、城市化、精英化的非犹太人也没有那么有弑父倾向，因为他们的家长式作风更加浓厚，因为他们更重视那些让生活有部族人情味的仪式、亲属和习俗。在所有现代革命中，最坚定的是犹太革命。

20 世纪 60 年代的犹太裔美国叛军是唯一来自激进家庭的激进分子，要么是因为其父母是共产主义者，要么是因为其父母在一个次民族族裔和宗教信仰的国家里犯了追求不妥协的启蒙自由主义的错误。犹太父母是唯一相信普遍无民族主义（universal nakedness）并据此抚养孩子的人。菲利普·罗斯笔下的"瑞典佬"列沃夫娶了一位新泽西州天主教小姐，在阿卡迪山上买了一栋房子，并把女儿梅立抚养成人，热爱过感恩节和有"完美自制力"的美国。但他的女儿长大后，首先成为革命恐怖分子，最终成为激进非暴力的女祭司。正如"瑞典佬"的父亲，这位严肃的企业家所说，"以前犹太人要逃离压迫；现在他们要摆脱无压迫状态"。或者，"瑞典佬"自己似乎已经得出结论：以前犹太人逃离犹太性；如今他们远离非犹太性。"他们养育了一个既非天主教徒也非犹太人的孩子，她先是口吃，然后成了杀手，然后变成耆那教徒。"巴别尔和曼德尔斯塔姆笔下的小男孩们不得不克服犹太人的沉默，去追求阿波罗式的"清朗纯正"的话音。梅立·列沃夫（Merry Levov）的母语是英语，但她说起英语来结结巴巴，因为感恩节很难替代逾越节。普希金也难以替代。共产主义也是如此。[201]

梅立是不可治愈的：她是"投错胎的可怕孩子"。但是 60 年代的大多数其他犹太激进分子在 70 年代确实恢复常态了，因为他们发现了适合自己身份的衣服——一种既温暖又现代的救世主般的信仰，而且与感恩节完全兼容。他们成了自觉的犹太人，和犹太人有福同享、有难同当。从广义上说，他们成了犹太民族主义者。根据威尔·赫伯格（Will Herberg）的说法，

（美国犹太人的）第三代对其美国属性感到安全，所以不再认为有任何理由像其前辈那样拒绝自己的犹太属性。因此，这一代人毫不犹豫地承认自己是犹太人，并肯定自己的犹太属性；相反，这种认同实际上变得令人信服，因为这是美国犹太人现在能够在更大的社群中定位自己的唯一方式……当第三代犹太人开始"记起"其祖先的宗教，至少在某种程度上、"在宗教意义上"肯定自己是犹太人时，他们也开始对意识形态和"革命事业"失去兴趣，这在前几十年中一直是犹太青年的特征。社会激进主义实际上消失了，直到 1948 年，美国犹太人团体支持的充满激情、好战的"犹太复国主

义",并上升为对以色列国的友好情谊,虽然含糊不清,但绝非虚情假意。[202]

"六日战争"后,霍黛儿和叶娃的孩子们重新承担起让别依尔卡的孩子生活得有意义的责任:苏联表亲是受害者,以色列表亲既是受害者又是胜利者。在70年代的美国,大多数按血统属于犹太人的人因其信仰变成了犹太人,从而成为成熟的美国人。他们对失落世界的怀念转化为对活着的亲人的效忠;幻想的民族转变成一个严格意义上的民族宗教团体。事实证明,除了殉难和感恩节,台维还有其他选择;台维还有后代与自己和平相处,与压迫者作战。美国犹太人最终成了美国的一个正式"少数民族",完全具备各种因素,包括一个古老的故国,也是一个新建立的国家,拥有国旗、军队和篮球队。不仅如此,他们已成为美国少数民族中最领先的一个,因为他们新建立的故国如此古老、崭新,既胜利又罹难,绝无仅有。当然,这个国家的存在,以及所有犹太人、苏联人和美国人的继续存在,是对一个有史以来"最独特的"事件的回应。正如埃利·威塞尔(Elie Wiesel)1978年在《纽约时报》上所写,"奥斯威辛集中营既无法解释,也无法想象。无论它算是历史的高潮还是低谷,大屠杀都超越了历史……死者拥有一个秘密,而我们活着的人既配不上,也无能力恢复……大屠杀?终极事件,终极神秘,永远无法理解或表达"。[203]

犹太裔美国人的共产主义在犹太人的世纪最后一次爆发,最终屈服于民族主义。由于以色列式的不妥协的好战性和"道德明确性",在昔日的世界主义者中,相对来说很少有人会成为"新保守主义"的拥护者,但几乎每个人都会加入"正常"的现代民族，为自己的裸体寻找一个体面的掩护。犹太人在美国的地位最终将取决于以色列会变得有多正常或有多独特。

　　与此同时，苏联犹太民族的生存变得难以维持。大多数放弃共产主义的人更喜欢美国自由主义（不管有无犹太民族的内涵），但总有一些人把目光投向巴勒斯坦。1957年莫斯科国际青年节期间发起了苏联青年与所有外国事物之间的"非法恋情"，其中包括一个广受欢迎的以色列代表团；苏联国家反对外来渗透的"意识形态斗争"包括反对"犹太复国主义"宣传的定期运动；吸引苏联知识界远离党的正统的最有影响力的异端文本包括霍华德·法斯特（Howard Fast）的《我的光荣的兄弟》（*My Glorious Brothers*）和里昂·尤里斯（Leon Uris）的《出埃及记》（*Exodus*）等"犹太复国主义"现实主义经典的地下翻译。（这两本书的优势在于，将赎罪的犹太民族主义和好战的阿波罗世俗主义结合起来；尤其是法斯特，他似乎是共产主义理论家和斯大林和平奖获得者的完美象征——对苏联人和美国人来说都是如此——他意识到了犹太人的天选观和苏联的排犹事实。）[204]

　　苏联（和美国）"犹太复国主义"在历史上最重要的一幕是1967年的"六日战争"。"我坐在我那郊外的邸宅里，贴着收音机听，欣喜若狂，"米哈伊尔·亚古尔斯基写道，"我不是唯一这样欢天喜地的人"。艾斯特·马尔基什就是其中一个人，"日夜听收音机……犹太人公开举行庆祝活动，奔走相告：我们在前进！"当战争威胁逼近以色列时，许多俄罗斯犹太人做出了明确的选择："以色列是我们的血肉之躯。俄罗斯充其量只是一个远亲，可能完全是个陌生人。"[205]

　　所有苏联公民中最忠诚的人的孩子们已经成为所有反政府知识分子中最异化的。早在1956年，米哈伊尔·亚古尔斯基对以色列的"同情"尚未"达到完全认同的程度"。在那些日子里，"以色列是一个边缘小国，而我生活在一个大都市，一个决定世界命运的超级大国。我在克里姆林宫附近长大，处于世界中心。像我国大多数公民一样，我是一个大国沙文主义者"。[206]

现在，几乎一夜之间，世界中心转移到了他同情的族亲所在之地。"'六日战争'让我相信，我柏拉图式的'犹太复国主义'正在成为现实，我注定要生活在以色列，宜早不宜迟……以色列从一个边缘小国变成了一个我们可以效忠的大国。"几乎被遗忘的以色列表兄弟从外省的穷亲戚变成了英雄，甚至可能是庇护人。正如艾斯特·马尔基什所说，"以色列阿姨、叔叔、堂兄弟的照片一再被移除，保存在最远的抽屉里；最好不要大声讨论他们，也不要在政府问卷中提及他们"。现在，他们已经成为"我们家族在希特勒和斯大林的大屠杀中幸存下来的遥远碎片"。他们很强壮，他们很善良，他们自由自在。根据 60 年代末苏联的一个流行笑话，一名内务人民委员部调查员审问拉比诺维奇：

"你为什么在问卷上说你在海外没有亲戚？我们知道你有一个表兄住在国外。"

拉比诺维奇说："我没有住在国外的表兄。"

"这是什么？"调查员说，给他看了一封他在以色列的表兄寄过来的信。

"你不明白，"拉比诺维奇说，"我表兄住在国内。我是住在国外的人。"[207]

1968 年苏联入侵捷克斯洛伐克后，越来越多的苏联知识分子在国内觉得像在国外，正如埃琳娜·邦纳所说，"独自一人在一起"。或者更确切地说，越来越多的苏联专业人士正在成为俄罗斯知识界的成员（"在国内的外国人"）。其中最生疏的是世袭陌生人——犹太人。

犹太人不仅高度集中在上层（正是因为这个原因），成为被歧视的目标，而且在一个越来越部落化的国家被视为部落外邦人与他们的大多数同行不同，他们确实还可以求助于一个不同的耶路撒冷。不管是字面上还是隐喻上，他们确实有在国外的表亲。艾斯特·马尔基什和她的孩子们在以色列大使馆受到接待后，回到他们在莫斯科的公寓。"感到沮丧：就好像我们要离开祖国前往异国他乡。"米哈伊尔·亚古尔斯基、玛雅·乌兰诺夫斯卡娅和查弗里拉·梅龙斯卡都有同样的感受——苏联也是如此。苏联的德国人、亚美尼亚人和希腊人要移民，他们有富裕的外国表亲愿意支付赎金，而犹太人是唯一被允许从苏联移民的苏联公民，实际上也是唯一的苏联职业精英。这一特权的官方原因是有以色列存在，即犹太人的"历史家园"。[208]

"六日战争"后，移民申请数量激增。作为报复，苏联政府加紧了"反犹太复国主义"运动，并增加了犹太人在教育和就业方面的障碍。犹太人的反应是有更多人申请移民；苏联政府通过征收高等教育税进行报复。这种情况一直持续，直到80年代末，戈尔巴乔夫打开了移民闸门（以及其他许多闸门）。L. 奥尼科夫（L. Onikov）是中央宣传部官员，在1974年9月30日，他在写给上级的一份秘密备忘录中提到，"几乎所有犹太人，包括那些从未考虑过离开这个国家的人（绝大多数），都处于一种心理紧张、不确定和焦虑的状态：'他们明天会遇到什么事？'"[209]

苏共领导人似乎困惑不解。一方面，任何从天堂移民的愿望都是对真正信仰的公开挑战，因此既是信徒的一种诱惑，也是天堂在地狱面前的一种尴尬。正如奥尼科夫在备忘录中所写，"一些犹太人离开苏联的事实被广泛用于反苏宣传，以此证实对逃离'共产主义天堂'的老套诽谤"。奥尼科夫接着又写道："一些犹太人移民到以色列，这对其他民族有负面影响，包括一些德国人、波罗的海人、克里米亚鞑靼人和其他人。他们问：'为什么允许犹太人去外国，而不允许我们去？'"最后，还有一个被广泛讨论的问题，即"人才外流"和中东大国政治的动态。正如 L. I. 勃列日涅夫 1973 年 3 月 20 日在政治局会议上所说，"不仅学者，甚至中层专家都不应该被允许离开——我不想让阿拉伯人感到不安"。[210]

另一方面，为什么不扔掉烂苹果呢？ 1971 年 3 月，克格勃主席尤里·安德罗波夫（Yuri Andropov）建议允许编剧家 E. E. 塞韦拉（E. E. Sevela）离开这个国家，因为他持"民族主义观点"，而且"道德和专业水平低下"。用奥尼科夫的话来说，让"犹太复国主义者和其他民族主义者"、"宗教狂热分子"、"冒险家"、"梦想开办私企的利己主义者"和"希望命运垂青的失败者"移民是一件好事。"这种元素越早离开越好。"当然，这种逻辑中有一个令人不安的因素（比如安德罗波夫，可能会拒绝给予移民许可，理由和他可能同意移民一样）。但是苏共的领导人似乎都认为，至少在某些情况下，摆脱麻烦公民有好处，尽管他们不得不眼睁睁看着这些移民在流亡中成功发达。

最后，一些苏共领导人准备给犹太人一些他们想要的东西，以此来阻止他们离开。但是犹太人想要什么？苏共最高领导人勃列日涅夫对此问题的看法相当狭隘。1973 年 3 月 20 日，他向政治局报告了一个令人惊讶的事实：苏联有一本意第绪语刊物。

　　所以我问自己这个问题：我们有一定数量的吉卜赛人，但肯定没有犹太人多，不是吗？我们没有任何针对犹太人的法律，不是吗？那为什么不给他们一个有500个座位的小剧场，一个犹太综艺剧场？这个剧场由我们的审查制度监管，剧目由我们监督。让索尼娅阿姨在那里唱犹太婚礼歌曲。我不是在提议这个，我只是在大声把我的想法说出来。或者开办一所学校怎么样？我们的一些孩子甚至在英国学习。姆扎瓦纳泽（Mzhavanadze）的儿子要去英国上学。我自己的孙女毕业于一家所谓的英语学校。他们确实学习这门语言，但是其余的课程是标准课程。所以我在想：为什么不在莫斯科开办一所学校，叫它犹太学校呢？总课程是标准的，但是他们会教意第绪语——他们的民族语言。有什么大不了的？毕竟，犹太人有350万，而吉卜赛人仅有15万。

　　所以我有了这个非常大胆的想法。当然，我总是有很多想法。

　　无论如何，我意识到以前没有人提过这个建议，但是为什么不允许办一个犹太人周刊呢？我们在比罗比詹有一些小型犹太周刊。不是每个人都能读懂它。一些犹太人，一些老阿布拉莫维奇会读，但那又怎样？总之，这一切都来自塔斯通讯社……我说得很自由，因为我还没有举手表决。我现在只是在大声思考，手还一直放在桌子上，仅此而已。[211]

　　勃列日涅夫的大胆想法都没有实现，但他之所以有这些想法，以及犹太移民在政治局议程中占据如此重要位置的原因，是来自美国的残酷政治压力。到70年代初，别依尔卡的孩子们——现在是美国政治和经济上最强大的族群之一——重新找到了自己的苏联表亲，并将他们作为"大屠杀中幸存下来的远亲"而收养。在美国，社会主义者向犹太人转变，在苏联，社会主义者向犹太人转变，两者同时发生。但在美国，这种转变标志着犹太人进入精英阶层，而在苏联，伴随这种转变的是犹太人日益异化。(当然，只有少数美国犹太人曾经是社会主义者，但很少有人会怀疑，新教化的犹太教已取代社会主义成为占主导地位的非传统犹太意识形态。)30年代的穷亲戚已经转变为70年代的富叔叔，在以色列击败敌人并开始失去一些光彩和纯真之后，苏联犹太人大批离开苏联，接纳这些人暂时成了美国犹太人最紧迫、最激动、最团结的事务。到1974年，犹太组织和政治家广泛联合起来，确保国会通过《杰克逊－瓦尼克修正案》(Jackson-Vanik amendment)，从而成功挫败了尼克松－基辛格的"缓和"(détente)计划。该修正案将美苏贸易与犹太人从苏联移民联系起来。正如J. J. 戈尔德贝格(J. J. Goldberg)所说，"犹太激进分子与尼克松政府和克里姆林宫对抗并获胜。犹太人已经向世界和他们自己证明，他们可以站出来为自己而战"。[212]

尽管《杰克逊－瓦尼克修正案》(由杰克逊参议员的幕僚长理查德·佩尔和里比科夫参议员的幕僚长莫里斯·阿米塔伊发起并指导国会通过)总体上提到了移民自由，但它仅适用于犹太人。申请出境签证的专有权导致了越来越严重的异化：所有犹太人都成为潜在的移民，因此是潜在的叛徒。这也产生了越来越多的伪"犹太复国主义"者和伪犹太人：离开苏联的唯一途径就是宣称渴望去以色列。20世纪末的大规模迁徙与20

世纪初相似，因为绝大多数移民更喜欢去美国而不是巴勒斯坦；主要区别在于，去美国（或其他任何地方）的唯一途径是申请去巴勒斯坦。

"去哪个地方"这个问题，对一些人来说比其他人更重要，但对霍黛儿所有的孙子来说，重要的是他们有机会离开苏联。20世纪末的大迁徙更多的是因为人们认为霍黛儿的选择错了，而不是发现叶娃和别依尔卡的选择是正确的。

他们中的许多人都这样做了。1968~1994 年，约有 120 万犹太人（占犹太人总数的 43%，比别依尔卡和叶娃参与的那次移民规模更大）离开苏联以及后来解体产生的国家。第一波移民潮于 1968~1975 年间抵达以色列，带来大部分信奉"犹太复国主义"的人和来自前栅栏区的采依特尔的孙辈。随后的移民潮主要是前往美国，包括霍黛儿在莫斯科和列宁格勒的许多孙辈（其中约 90% 去了美国）。以色列政府试图遏制这一趋势，但直到 1988 年，前往美国的总人口比例达到 89%，美国才同意大幅降低苏联犹太人的移民配额。1989 年柏林墙倒塌后，以色列在苏联开设了领事馆，关闭了位于维也纳的漏洞百出的过境点，并最终成功阻止 1989~1992 年大部分难民（最大的移民群体）在半途中"漏掉"。到 1994 年，27% 的苏联犹太移民被别依尔卡的孙辈收留，62% 由叶娃的孙辈收留。[213]

无论他们最终走到哪里，霍黛儿大部分后代一直忠于苏联晚期的归属概念。他们在血统上是犹太人，在（高雅）文化上是俄罗斯人，毫无宗教信仰（除了普希金崇拜之外）。因此，在他们的美国和以色列东道主看来，他们并不完全是犹太人（这些东道主中的许多人似乎和任何庇护了一个失散多年的亲戚的人一样失望）。事实上，他们就像颠倒的马拉诺人

（Marranos）①：在公开场合是犹太人，但是在自己的家里秘密实践自己的非犹太信仰——有特殊的宴会、仪式和经文，一应俱全。但这只是暂时的情况，因为最重要的是，台维所有后代都知道他们都是台维的后代。或者更确切地说，他们都认同台维最重要的信仰："任何人都可以是异邦人，但犹太人必须生来就是异邦人。"所有犹太人都是"血统"上的犹太人；其余的特性是"吸收"问题（用以色列的话来说）。到以色列和美国的苏联犹太移民迟早将完全"恢复他们的犹太身份"。当然，这并不意味着要回到台维的宗教，（就像任何文艺复兴并非意味着真正的重生）。在以色列，完全恢复意味着俄罗斯知识界的正典被以色列希伯来语的正典所取代；在美国，要求用新教化的犹太教和"犹太复国主义"的混合产物来取代俄罗斯知识界的正典。这是一个很高的代价，但是大多数霍黛儿的孙辈愿意为此付出代价。因为霍黛儿"应该过不同的生活"，她曾经的生活必须被忘记。正如霍黛儿的一个女儿查弗里拉·梅龙斯卡所说，

> 我在莫斯科住了四十多年。我热爱它，就像热爱一个人一样。我以为没有它我一天也活不下去。然而，我已经永远离开了它——有意识地、平静地甚至快乐地离开了，没有机会再见到它，也没有任何回来的愿望。
>
> 我没有怀旧，没有回首。莫斯科，不过如此，已经从我的灵魂中消失了，这最好地证明了我的决定是正确的。[214]

---

① 马拉诺人：被迫改信基督教的犹太人。

20 世纪初，台维的女儿们有三块应许之地可以选择。至 20 世纪和 21 世纪之交，只有两个。苏联输给了自由主义和民族主义，然后因疲惫而死亡。

犹太世纪的俄罗斯部分已经结束。世界上犹太人口最多的家园已经成为犹太人生活的一个偏远小省份；自第二圣殿以来最犹太化的国家已从地球上消失了；世界革命的神圣中心已经变成另一个阿波罗民族国家的首都。霍黛儿曾因与俄罗斯、世界革命和苏联国家的联系而受到姐妹们的钦佩，现在她成了家庭的尴尬，甚至可能成了一个幽灵。似乎很少有犹太历史记得她是谁：这些历史呈现的 20 世纪包括了采依特尔、别依尔卡、叶娃和他们的后代，以及台维被遗忘而且显然成为孤儿的孙辈。[215]

俄罗斯历史的犹太篇章也结束了。它与苏维埃实验的命运密切相关，因此被人们记住或遗忘。大多数犹太民族主义者对苏联历史的记述都保留了犹太人在白人、纳粹、乌克兰民族主义者和战后苏联国家手中受害的记忆，却没有保留犹太人反对犹太教的革命、犹太人认同布尔什维克主义以及 20 世纪 20 年代和 30 年代犹太人在苏联体制内取得无比成功的记忆。此外，一些俄罗斯民族主义者将布尔什维克主义等同于犹太人，试图将俄罗斯革命描绘成或多或少是对俄罗斯人民和文化的蓄意外来攻击。我写本书时，亚历山大·索尔仁尼琴敦促犹太人为他们的亲属承担"道德责任"，因为他们"参与了布尔什维克的铁腕领导，更重要的是，参与了将一个大国带入错误道路的指挥活动"。他提及德国接受了其对大屠杀在"道义和物质上"应负的责任，并在革命后重提瓦西里·舒利金（Vasily Shulgin）关于犹太人"集体有罪"的论点，他呼吁犹太人"忏悔"，为他们在"契卡处决、在白海和里海将驳船连同罪犯一起沉没、推行集体化、乌克兰饥荒——以及政府的所有卑鄙行为"中所扮演的角色而忏悔。和大多数试图将基督教的个人罪恶概念应用于民族主义者要求承担既往部落责任的尝试一样，索尔仁尼琴的呼吁没有设想最终的赦免，没有在相互竞争的权利主张之间进行道德裁决的程序，也没有呼吁他的同族人对许多非俄罗斯人民或他们自封的代表——可能认为卑鄙的、种族上属于俄罗斯的行为承担无限责任。[216] 这两种方法——霍黛儿在斯大林主义上所受的迫害和霍黛儿对此的道德责任——都是微不足道的。对 20 世纪俄罗斯历史的大部分记载与对 20 世纪犹太历史的大部分记载一样，因为它们都没有提及霍黛儿。正如米哈伊尔·亚古尔斯基告诉他母亲的那样，她本应该过不同的生活。亚古尔斯基的母亲似乎同意，霍普·乌兰诺夫斯卡娅、我的祖母以及她们的大多数亲戚和同胞也同意。许多语言都遗忘了他们，这似乎是对他们的惩罚。

留在俄罗斯联邦的犹太人（根据 2002 年的人口普查，有 23 万人，占总人口的 0.16%，约为 1994 年的一半）面临所有墨丘利少数民族在阿波罗民族国家的选择。一种选择是同化，这不仅因为大多数犹太人都信奉普希金，也因为越来越多的俄罗斯人皈依了普世墨丘利主义。越来越多的俄罗斯犹太人（绝大多数）与非犹太人结婚，强烈认同俄罗斯是祖国，并且对在任何意义上保持他们的犹太特性都不感兴趣。据 1995 年的一项民意调查，16% 的俄罗斯犹太人认为自己信教，其中 24% 的人信奉犹太教，31% 的人信奉东正教，其余 45% 的人没有什么特别的信仰（除了一般的一神论）。与此同时，对整个俄罗斯联邦公众舆论的调查表明，大多数非犹太裔俄罗斯人对犹太人和以色列有好感，对其近亲与犹太人结婚持中立或积极态度，欢迎犹太人成为他们的邻居或同事，反对就业和大学入学方面对犹太人的歧视。受访者越年轻，对犹太人的看法就越正面，而且越无视种族区别。（相比之下，俄罗斯人对吉卜赛人、穆斯林和高加索人在传统上以及最近产生的敌意仍然相当明显。）大多数人口指标似乎表明，在俄罗斯联邦，自觉的犹太公民人数持续减少。人们可称之为"伊比利亚人的选择"：在 15 和 16 世纪，大多数没有从西班牙和葡萄牙移民的犹太人后来成为西班牙人或葡萄牙人。[217]

　　另一种可能性是，犹太民族仍将是在阿波罗占主导地位的社会中争强好胜的一个墨丘利式少数民族。在 1997 年进行的一项民意调查中，大多数受访者（62%）声称犹太人比其他人生活得更好，避免了体力劳动（66%），有良好的教养和教育背景（75%），并且包括大量才华出众的人（80%）。这些是关于墨丘利们的标准阿波罗式概括（以及墨丘利们对自己的概括）。和许多此类概括一样，它们在很大程度上是真实的。犹太人仍然高度集中在职业和教育阶层的顶端（事实上，比苏联后期更加集中，因为对犹太人的歧视已经停止，而且因为采依特尔的孙辈大多是非精英，他们移民离开苏联的速度快于霍黛儿的孙辈）。此外，在引入市场经济后，犹太人很快在私营企业家、自营职业者和那些声称更喜欢职业成功而不是工作保障的人中占比超出常人。在叶利钦时代，七个顶级"寡头"在苏联废墟上建立了巨大的金融帝国，然后控制了俄罗斯的经济和媒体，其中一个是一名苏联外贸高级官员的儿子［弗拉基米尔·波塔宁（Vladimir Potanin）]；另外六个人 [彼得·阿文（Petr Aven）、鲍里斯·别列佐夫斯基（Boris Berezovsky）、米哈伊尔·弗里德曼（Mikhail Fridman）、弗拉基米尔·古辛斯基（Vladimir Gusinsky）、米哈伊尔·霍多尔科夫斯基（Mikhail Khodorkovsky） 和亚历山大·斯摩棱斯基（Alexander Smolensky）] 是犹太人，他们"无中生有"发大财（如果台维在世，他会这么说的）。从长远来看，犹太人在某些职位上的强大表现可能有助于保持族群凝聚力和认可；这些职位是熟悉的墨丘利式职位，可能会强化俄罗斯人和犹太人的传统对立，保持犹太人的陌生感（在犹太人和非犹太人之间）。根据民意测验，认为自己是犹太人或同时是俄罗斯人和犹太人的俄罗斯犹太人，比认为自己是俄罗斯人的俄罗斯犹太人更有"雄心壮志"。或者，可能更中肯的说法是，专门从事危险和（根据大多数俄罗斯人的说法）道德可疑职业的俄罗斯犹太人自然更热衷于保持他们的陌生感（犹太性）。回到第一章中引用的一个例子，泰国的孟族人被分成米农和河商。农民认为自己是泰国人，不确定自己的孟族血统；而交易者则认为自己是孟族人，并强烈感觉自己不是泰裔。犹太人在俄罗斯未来的主要问题不是犹太人是否会成为农民（正如一些沙皇和共产主义者所希望的那样）。在这个普世墨丘利主义时代（犹太时代），主要问题是俄罗斯人能否学会如何成为犹太人。[218]

事实证明，另一个革命性的选择，即"叶娃的选择"，要成功得多。部落主义是一种普遍的人类境况，家庭是所有人类制度中最基本和最保守的（也是大多数宗教和政治言论的来源）。所有人类文化都是围绕着对繁殖的管理来组织的，生殖无论用什么样的管理机制都认为某些人作为伴侣优先于其他人，自己的孩子优先于其他孩子。所有改造人类的激进尝试最终都是对家庭的攻击，这种攻击要么失败，要么掩饰。大多数时候，对大多数人来说，追求幸福包括追求异性、人丁兴旺、养育孩子，所有这些活动都是歧视的形式，也是部落主义取之不尽的源泉。正义即平等的愿景不能容纳人类家庭，无论其如何构成，任何涉及男人、女人和儿童的人类存在形式都不能容忍消除亲属和非亲属之间的区别。基督教敦促人类像爱自己的孩子一样爱别人的孩子，这种宗教得以生存，是因为其将婚姻（对一个人绝对忠诚的许诺）当作一种宗教圣礼，相当于所有部落社会的中心制度。共产主义则没有融入家庭。最后，是民族主义决定性地战胜了两者，因为民族主义通过引入现代的部落方式和部落的现代方式，更新了传统（系谱）不朽的品牌。民族主义不需要教条，因为它看起来这么自然。无论叶娃的孙辈如何看待她的理想主义和牺牲精神，他们都不难理解她的动机。即使是最不抱幻想的以色列人也不会问叶娃让霍黛儿在她生命尽头备受困扰的不解问题："你真的相信吗？你怎么能这样？"

"犹太复国主义"战胜了苏联，因为它兑现了（相对现实的）承诺。上帝的语言已成为一种可行的方言；以色列的一部分土地已经成为以色列国；世界上最有成就的墨丘利已重新成为犹太阿波罗的新品种。欧洲最奇怪的民族主义成功地将激进犹太人的"自我仇恨"（与台维断绝关系）变成了一个正常运转的民族国家。

然而，这是一个奇特的国家，几乎和它产生的学说一样奇特。在"东方"黑暗之心中自觉是西方，面对西方墨丘利主义则实践阿波罗意识形态，在"二战"和冷战后的世界里，以色列是

两次世界大战之间欧洲整体民族主义的唯一西方幸存者（或许还
有土耳其）。以色列内外都认为"德国人的德国"和"大塞尔维
亚"——"犹太国家"——等政治上不合法的概念是理所当然的。
（历史上，绝大多数欧洲国家都是单一民族实体，拥有部落神话
和基于语言的高等文化宗教，但 20 世纪 70 年代后的惯例是用各
种"多元文化"的主张和规定淡化这一事实，使得欧洲国家看起
来更像美国各州。）西方其他地方禁止的种族同质和种族驱逐的
言论是以色列政治生活中的一个常规因素。或许没有其他欧洲国
家希望在推行领土扩张、修建隔离墙、在被占地区修建定居点、
对示威者使用致命武力以及法外杀戮和推行拆除政策的同时避免
遭遇抵制和制裁。诚然，没有其他欧洲国家处于永久战争状态；
同样真实的是，没有其他欧洲国家对西方的道德想象力会有如此
强烈的要求。

在"六日战争"之后，许多后殖民时代的西方人认同了一
个既是欧洲的又是阿波罗式的国家，这个国家领土面积小却胜
券在握，有民主的美德却傲慢无礼，人们晒得黝黑，年轻坚定，
穿卡其布衣服，万众一心，深信不疑。然而，正是因为 70 年
代"大屠杀"文化的兴起，以色列得以在日新月异的世界继续
自行其是，还合情合理。1973 年"赎罪日战争"后，特别是在
1977~1983 年梅纳赫姆·贝京（Menachem Begin）担任总理期
间，"大屠杀"成为犹太人和世界历史上的中心事件。这是一个
超越性的宗教概念，被描述为无与伦比、不可理解、不可再现
的事件。事实证明，以色列存在的理由与其说是否认台维的生
活，还不如说是对台维之死的报复；"与其说是对散居者的否定，
不如说是以一种新方式延续其命运"[正如大卫·比亚尔（David
Biale）所说]。以色列不是永久逃离犹太人集聚区，而是成为犹

太人集聚区的镜像——一个武装营地（马察达 ①）。在成为叶娃反抗活动的产物之时，以色列还成了一座陵墓，专门用于安葬殉难的采依特尔。[219]

以色列这个新形象被广泛接受，其中一个原因是美国犹太人所施加的巨大影响，他们的犹太特性以及可能还具备的美国特性似乎取决于以色列一直是受上帝垂爱的，以及"大屠杀"对历史的超越。另一个原因是以色列的阿拉伯邻国保持敌意和顽固态度，以及西方对伊斯兰教和阿拉伯民族主义越来越反感。但最重要的原因是，犹太种族灭绝"大屠杀"本身的性质，或者更确切地说，是纳粹意识形态和实践的性质。纳粹通过认定犹太人是所有不完美和不公正的根源，为现代世界的邪恶问题制定了一个简单的解决方案。人文时代得到了一个可识别的人形魔鬼；民族主义时代实现了与完全族群化地狱的完美对称（天堂和族群化炼狱）；科学时代获得了明确的道德目标，因为科学成为暴力种族灾难的主要工具。纳粹输掉了战争（输给了他们救世主般的孪生兄弟和克星苏联），但他们赢得了概念之战。他们的具体计划被拒绝，但 他们对种族的崇拜和对恶魔学的关注被广泛接受。第二次世界大战改变世界的最基本方式是，这次大战产生了一种新的道德绝对观念：纳粹是普遍的邪恶（universal evil）。

纳粹通过代表自己创造的宇宙进化论中的"撒旦"，给他们希望摧毁的世界赋予了意义和凝聚力。自从欧洲国家开始脱离教会以来，西方世界第一次获得了一种超验共相。上帝可能已死，但是黑暗王子穿着他们特殊的黑色制服却昭昭在目。按照人文时代的要求，他们是人；按照民族主义时代的规定，他们被定义为

---

① 马察达，死海东岸的山地要塞。

种族主义者（不是指所有德国人都愿意当刽子手，而是指纳粹的罪行在内容上是种族主义的，德国人作为一个民族要为纳粹的罪行负责）；他们施暴的方法有条不紊、科学理性，以至于在科学时代和全面暴力之间建立了永久的联系。换句话说，纳粹暴力的核心攻击目标成为普遍受害者（universal victim）只是时间问题。犹太人从犹太上帝的选民变成了受纳粹攻击的选民，在成为纳粹的选民后，他们又成了战后西方世界的选民。"大屠杀"成了衡量所有罪行的标准，排犹主义成了西方公共生活中唯一不可挽回的种族偏见形式〔任何其他类型的民族敌意，无论是长期的还是暴力的，都没有一个专用词与之关联——除了"种族主义"（racism）这个词可与之比较，但该词不用于特定部落〕。

与此同时，出于同样的原因，以色列成为一个不适用标准规则的国家。"犹太复国主义"者试图建立一个正常的欧洲民族国家，结果建立的国家是所有欧洲民族国家中最古怪的一个。其中一个后果是言论和行动的极大自由；另一个后果是日益被孤立。当然，这两者是相互关联的：不受习俗约束既是被孤立的原因，也是被孤立的结果，贱民身份和英雄主义一样都与例外主义紧密关联。"犹太复国主义"者要摆脱陌生感，这是一种悲剧性的讽刺行为，结果导致了一种新的陌生感。以色列犹太人之前是阿波罗中的模范墨丘利，现在却成了普世（西方）墨丘利中的典型阿波罗。他们代表了暴力报复和强烈的民族主义，而当今世界，这两种行动都不再受崇尚，他们已经与自己想结盟的国家隔离开来了。叶娃的选择被证明是成功的，因为她的孙辈是一个犹太国家中骄傲自豪的犹太人。事实证明，这也是一次失败，因为以色列在世界列国中仍是陌生国家。不管成功还是失败，"犹太复国主义"革命已经结束。年轻的运动精神、好斗和专一的原始精神是由老将军组成的疲惫精英群体继承的。建国半个世纪后，以色列与"十月革命"半个世纪后的苏联遥呼相应，有家族相似性。第一代土生土长的以色列人的最后代表仍然掌权，但是他们的日子屈指可数了。因为"犹太复国主义"是民族主义的一种形式，而不是社会主义。当这些人去世时，以色列不会灭亡，但紧随其后的新将军和平民可能会选择在正常状态和种族自我主张之间达成不同的平衡。

在犹太世纪之交，可供台维的女儿选择的三个选项中，最不具革命性的女儿的选择结果被证明是最成功的。在犹太世纪末，台维绝大多数的后代似乎同意，别依尔卡的选择是最明智的。台维鄙视的选择（"所有伤心落魄的人还能去哪里？"）吸引了教育程度最低、理想主义最弱的人；这是从未承诺过奇迹或永久家园（只是希望在老游戏中运气更好）的应许之地——结果是最领先的。美国既有美德，也有财富，它拥有足够的财富，甚至连台维也可以变成富人。美国代表了掌权的墨丘利主义，没有陌生感的服务型游牧，追求财富和学问的完全自由。

犹太人是美国所有宗教团体中最富有的（包括像统一派和圣公会此类传统上富裕的教派）。他们的家庭收入最高（比全国平均水平高72%），自主创业率最高（是全国平均水平的3倍），在美国最富有个人中所占比例最高（据《福布斯》杂志1982年的报道，在最富有的40人中犹太人约占40%）。即使是来自苏联的新移民家庭，在到达后的几年内，收入也开始超过全国平均水平。[220]

犹太人在所有美国人中受教育程度最高（几乎所有符合大学年龄的犹太人都在上大学，而且犹太人在专业职业中的集中度是非犹太人的 2 倍）。他们也是受教育程度最高的：一般来说，大学越有声望，犹太学生和教授的比例就越高。根据 1970 年的一项研究，50% 最有影响力的美国知识分子（在排名前 20 的知识期刊中发表论文、评审最多）是犹太人。在学术精英中（以同样的方式确定），犹太人占社会科学领域的 56%，人文学科领域的 61%。按照其他知识分子的排名，在 20 名最有影响力的美国知识分子中，有 15 名（75%）是犹太人。而犹太人在美国人口中的总比例不到 3%。[221]

财富和学问适时而来，但墨丘利最初的工作是送信。根据七八十年代进行的研究，犹太人占"媒体精英"（三大电视网和公共广播公司的新闻部门、三大新闻杂志和四大报纸）的 1/4~1/3。1965~1982 年间，超过 1/3 最有影响力的电影、文学、广播和电视评论家都有犹太背景，好莱坞黄金时段电视节目的制作人几乎有一半是犹太人，在 50 部最高票房电影的导演、编剧和制作人中，大约有 2/3 有犹太背景。1994 年 10 月，《名利场》（*Vanity Fair*）报道了 23 位媒体大亨，他们组成了杂志所说的"新当权者"，即"娱乐、通信和计算机行业的领军人物，他们的雄心和影响力使美国成为信息时代真正的超级大国"。这些人中，有 11 人（48%）是犹太人。[222]

"当权者"和超级大国可能会改变，但后传统经济和传统墨丘利技能之间的一致性仍然很高。美国犹太人在与欧洲和苏联犹太人相同的职业上取得了成功，本质上，这些职业一直是有文化的墨丘利所追求的，在今天的美国，黎巴嫩基督徒、海外印度人和华人以及其他人都在追求这一目标。"医生和律师"既是欧洲最古老的犹太职业，也是美国中产阶级取得成就（以及犹太人向上流动）的标志。80 年代中期，犹太人在精英阶层的集中度仍在上升，犹太人与非犹太人之间的职业和教育差距仍在扩大。[223]

在欧洲、亚洲和非洲的民族国家（或自称的民族国家），陌生人对本地人的类似胜利导致歧视和暴力。但是美国——从修辞学上来说——没有建立国家的本地人，因此也没有永久的陌生人。让美国与众不同的是，墨丘利主义，包括精英统治，是国家的官方意识形态；传统墨丘利，包括犹太人在内，没有法律障碍；本土部落主义，包括排犹主义，在政治生活中起着相对次要的作用。美国犹太人因为他们是美国人而自由成功，就像20世纪二三十年代的苏联犹太人因为他们是苏联人而自由成功一样。在世界历史上所有的非犹太政体中，犹太人在战后美国参与政治进程的重要性上仅次于在战前的苏联。犹太人在国会两院的代表比例都很高（是普通人口的3~4倍），他们在政治顾问、工作人员、资助者和志愿者中也非常突出。民主党全部竞选资金的1/4~1/2由犹太人提供，根据泽耶夫·查菲兹（Ze'ev Chafets）的说法，在1986年36次参议员竞选中，有27次"至少1名候选人（通常2名）由犹太人竞选经理或财务主席"。1982年对美国经济、文化和政治精英的一项研究发现，这一类别中的大多数新教徒是通过商业和选举政治而崛起的；大多数天主教徒，因为支持工会和党派激进主义而崛起；大多数犹太人，通过在媒体、公共利益组织和行政部门中工作而崛起。毫无疑问，犹太人的策略是三者中最有效的，因为它与现代后工业化国家高度兼容。事实上，犹太人在美国政治精英中的突出地位在70年代开始明显提高，当时非营利组织、政治基金会、监管机构、新信息技术和公益律师事务所方兴未艾。当然，没有单一的"犹太人利益"（除了支持这些机构继续发展的趋势），但有一个问题，别依尔卡的孙辈都会同意，他们可观的财富、教育和政治影响力可以围绕着一个问题来组织，即他们海外表兄弟的福利。[224]

随着苏联解体和所有希望离开苏联的犹太人移民出境，美国犹太人动员犹太人离开苏联的运动结束了——就像这个运动开始时一样突然。事实证明，美国犹太人对以色列的认同更持久，因为它把美国的犹太人变成了所有美国少数民族中最有成就、最易受围攻的。但是，别依尔卡的美国和叶娃的以色列认同采依特尔的殉难，这成为 20 世纪末犹太特性的真正来源。在一个没有上帝的世界里，邪恶和受害者是唯一的绝对。"大屠杀"作为一个先验概念的兴起，使犹太人作为新时代的选民而崛起。[225]

在竞争激烈的美国少数族群中，有两条成功之路：根据财富、教育和政治权力定义的向上流动和根据受害程度衡量的向下流动。[226]别依尔卡的后代在这两个方面都处于领导地位：凭借他们自己在传统墨丘利行业上的努力，升至最高层，同时，因为他们与采依特尔这名普遍受害者是亲戚，又沉到最底层。世界上大多数犹太人再次将经济成就与受惩罚民族的地位结合起来。但世界已经改变：在犹太人的世纪之末，这两种头衔都是普遍的需求。经济成就是不可避免的价值标准，受害者是美德的共同标志（尤其是对于那些缺乏经济成就的人来说）。对犹太人的嫉妒可能仍然是生活的现实，也是犹太人自然能预料到的。但话说回来，可能不会。世界上大多数犹太人生活在一个墨丘利式的社会里，这个社会是墨丘利式的，不仅是因为官方信仰，而且越来越是因为其成员构成。这是一个没有公认原住民的社会，一个注定要拯救人类的服务型游牧民社会。正如历史学家约瑟夫·R. 列文森（Joseph R. Levenson）所说，"这是犹太人的生活方式……当每个人都吃百吉饼时，可能比犹太人吃热十字面包时更危险"。1940 年，美国犹太人的异族通婚率约为 3%；到 1990 年，这个比例已超过 50%。"瑞典佬"列沃夫和他"投错胎的可怕女儿"无法享受的美国牧歌，对他的儿子克里斯来说可能会实现。霍黛儿的选择，不论好坏，在别依尔卡的美国依然存在。

不论好坏？台维不确定。如果犹太人的女儿"最后像从树上落下的树叶一样被风吹走"，为什么还要抚养她们呢？但话说回来，"做犹太人和不做犹太人有什么区别？为什么上帝两种人都必须创造"？ [227]

致 谢

我的许多朋友和同事都读过这本书的不同草稿：玛格丽特·拉维尼娅·安德森（Margaret Lavinia Anderson）、安德鲁·E. 巴尔沙伊（Andrew E. Barshay）、大卫·比亚勒（David Biale）、维多利亚·E. 邦内尔（Victoria E. Bonnell）、罗杰斯·布鲁贝克（Rogers Brubaker）、约翰·M. 埃夫隆（John M. Efron）、特伦斯·埃蒙斯（Terence Emmons）、希拉·菲茨帕特里克（Sheila Fitzpatrick）、格雷戈里·弗莱迪（Gregory Freidin）、加布里埃尔·弗莱塔格（Gabriele Freitag）、乔恩·杰德（Jon Gjerde）、康斯坦丁·古列维奇（Konstantin Gurevich）、本杰明·哈沙夫（Benjamin Harshav）、大卫·A. 霍林格（David A. Hollinger）、谢尔盖·伊万诺夫（Sergey Ivanov）、约阿希姆·克莱因（Joachim Klein）、玛莎·利普曼（Masha Lipman）、丽莎·利特（Lisa Little）、马丁·玛丽亚（Martin Malia）、蒂姆·麦克丹尼尔（Tim McDaniel）、伊丽莎白·麦奎尔（Elizabeth McGuire）、乔尔·莫基尔（Joel Mokyr）、艾瑞克·奈曼（Eric Naiman）、诺曼·M. 奈马克（Norman M. Naimark）、本杰明·内森斯（Benjamin Nathans）、伊琳娜·帕帕诺（Irina Paperno）、伊戈尔·普里马科夫（Igor Primakov）、尼古拉斯·V. 里亚萨诺夫斯基（Nicholas V. Riasanovsky）、欧文·申纳（Irwin Scheiner）、詹姆斯·J. 希恩（James J. Sheehan）、彼得·斯莱兹金（Peter Slezkine）、罗纳德·格里格·苏尼（Ronald Grigor Suny）、玛丽亚·沃肯施泰因（Maria Volkenshtein）、爱德华·W. 沃克（Edward W. Walker）、阿米尔·韦纳（Amir Weiner）、叶文辛（Wenhsin Yeh）、维克

424

托·扎斯拉夫斯基（Victor Zaslavsky）、雷金纳德·E. 泽尼克（Reginald E. Zelnik）和维克托·M. 日沃夫（Viktor M. Zhivov）。他们大多数人不赞同我的一些观点，一些人不赞同大多数观点，没有人［除了莉萨·利特尔（Lisa Little），她发誓要分担所有责任，还有彼得·斯廖兹金（Peter Slezkine），他别无选择］对任何观点负责。有两个人特别值得一提：加布里埃尔·弗雷塔格（Gabriele Freitag），他的论文和谈话让我产生了写这本书的想法；本杰明·哈沙夫，他的著作《革命时期的语言》（*Language in Time of Revolution*）启发了本书最后一章的结构和"犹太人的世纪"这个概念。在芝加哥大学和斯坦福大学参加了两次研讨会后，我对本书进行了若干实质性修订。我在伯克利、哈佛、瓦萨、耶鲁和宾夕法尼亚大学高级犹太研究中心发表的几次演讲引发了有益的讨论。我的一些同事，包括詹姆希德·K. 乔克西（Jamsheed K. Choksy）、司提反·迪克（István Deák）、大卫·弗里克（David Frick）、何冬晖（Donghui He）、安德鲁·C. 贾诺斯（Andrew C. Janos）、塔比莎·M. 坎诺戈（Tabitha M. Kanogo）、布赖恩·E. 卡斯索（Brian E. Kassof）、彼得·凯内兹（Peter Kenez）、G. V. 科斯蒂琴科（G. V. Kostyrchenko）、马修·莱诺（Matthew Lenoe）、伊森·M. 波洛克（Ethan M. Pollock）、弗兰克·E. 塞辛（Frank E. Sysyn）和小弗雷德里克·韦克曼（Frederic E. Wakeman, Jr.），他们通过回答具体问题为我提供了帮助。在普林斯顿大学出版社，布里吉塔·范·莱茵伯格（Brigitta van Rheinberg）主持了该项目，劳伦·莱波（Lauren Lepow）对文本进行了改进，艾莉森·卡莱特（Alison Kalett）关注每一个细节。这项研究和写作的资金由国家人文基金会、约翰·西

/ 犹太人的世纪 /

蒙·古根海姆纪念基金会（John Simon Guggenheim Memorial Foundation）和行为科学高级研究中心提供（它们还提供了良好的研究氛围和许多活跃热情的研究伙伴）。埃利诺·吉尔伯德（Eleonor Gilburd）是一位无与伦比的研究助理；贾罗德·坦尼（Jarrod Tanny）在本书写作的最后阶段提供了很大的帮助；瓦萨学院（Vassar College）、皮纳尔·巴图尔（Pinar Batur）和约翰·M. 范德－利珀（John M. Vander-Lippe）一起让2002年春季学期过得既愉悦又富有成效。十多年来，伯克利的历史系一直是一个非常令人愉快、充满新思想的工作场所。

/ 致 谢 /

注　释

第一章　墨丘利的凉鞋：犹太人和其他游民

1 David Nemeth, "Patterns of Genesis among Peripatetics: Preliminary Notes from the Korean Archipelago," in *The Other Nomads: Peripatetic Minorities in Cross-Cultural Perspective*, ed. Aparna Rao (Cologne: Boehlau Verlag, 1987), 159-78; George de Vos and Hiroshi Wagatsuma, *Japan's Invisible Race: Caste in Culture and Personality* (Berkeley and Los Angeles: University of California Press, 1966), 20-28; Michael Bollig, "Ethnic Relations and Spatial Mobility in Africa: A Review of the Peripatetic Niche," in Rao, *The Other Nomads*, 179-228; James H. Vaughn, Jr., "Caste Systems in the Western Sudan," in *Social Stratification in Africa*, ed. Arthur Tuden and Leonard Plotnicov (New York: Free Press, 1970), 59-92; Sharon Bohn Gmelch, "Groups That Don't Want In: Gypsies and Other Artisan, Trader, and Entertainer Minorities," *Annual Review of Anthropology* 15 (1986): 307-30; Asta Olesen, "Peddling in East Afghanistan: Adaptive Strategies of the Peripatetic Sheikh Mohammadi," in Rao, *The Other Nomads*, 35-64; Hanna Rauber-Schweizer, "Trade in Far West Nepal: The Economic Adaptation of the Peripatetic Humli-Khyampa," in Rao, *The Other Nomads*, 65-88; Philip D. Curtin, *Cross-Cultural Trade in World History* (Cambridge: Cambridge University Press, 1984), 19. 我遵循大多数人类学家的用法来使用"吉卜赛人"这个词，因为并不是所有被该词覆盖的群体都是说吉卜赛语的人或者自称"罗姆人"。

2 Curtin, *Cross-Cultural Trade*, 186-206; Bruce Masters, *The Origins of Western Economic Dominance in the Middle East: Mercantilism and the Islamic Economy in Aleppo, 1600-1750* (New York: New York University Press, 1988), 82-89; John A. Armstrong, "Mobilized and Proletarian Diasporas," *American Political Science Review* 70, no. 2 (June 1976): 400; John A. Armstrong, *Nations before*

Nationalism (Chapel Hill: University of North Carolina Press, 1982), 210.

3 Ernest Gellner, *Nations and Nationalism* (Ithaca: Cornell University Press, 1983), 102; Dominique Casajus, "Crafts and Ceremonies: The Inadan in Tuareg Society," in Rao, *The Other Nomads*, 291–310; William Lancaster and Fidelity Lancaster, "The Function of Peripatetics in Rwala Bedouin Society," in Rao, *The Other Nomads*, 311–22; Hagop Barsoumian, "Economic Role of the Armenian Amira Class in the Ottoman Empire," *Armenian Review* 31 (March 1979): 310–16; Hillel Levine, *Economic Origins of Antisemitism: Poland and Its Jews in the Early Modern Period* (New Haven: Yale University Press, 1991), 59–73.

4 Edna Bonacich, "A Theory of Middleman Minorities," *American Sociological Review* 38, no. 5 (October 1973): 583–94; Paul Mark Axelrod, "A Social and Demographic Comparison of Parsis, Saraswat Brahmins and Jains in Bombay" (Ph.D. diss., University of North Carolina at Chapel Hill, 1974), 26–39, 60; Charles A. Jones, *International Business in the Nineteenth Century: The Rise and Fall of a Cosmopolitan Bourgeoisie* (Brighton: Wheatsheaf, 1987), esp. 50 and 81–84; T. M. Luhrmann, *The Good Parsi: The Fate of a Colonial Elite in a Postcolonial Society* (Cambridge: Harvard University Press, 1996), 78–91; D. Stanley Eitzen, "Two Minorities: The Jews of Poland and the Chinese of the Philippines," *Jewish Journal of Sociology* 10, no. 2 (December 1968): 221–40; Daniel Chirot and Anthony Reid, eds., *Essential Outsiders: Chinese and Jews in the Modern Transformation of Southeast Asia and Central Europe* (Seattle: University of Washington Press, 1997), esp. editors' introductions; Joel Kotkin, *Tribes: How Race, Religion, and Identity Determine Success in the New Global Economy* (New York: Random House, 1993), 170–80; Thomas Sowell, *Migrations and Cultures: A World View* (New York: Basic Books, 1996); Edgar Wickberg, "Localism and the Organization of Overseas Migration in the Nineteenth Century," in *Cosmopolitan Capitalists*, ed. Gary G. Hamilton (Seattle: University of Washington Press, 1999), 35–55; Yuanli Wu and Chun-hsi Wu, *Economic Development in Southeast Asia: The Chinese Dimension* (Stanford: Hoover Institution Press, 1980); Linda Y. C. Lim and L. A. Peter

Gosling, eds., *The Chinese in Southeast Asia*, vols. 1 and 2 (Singapore: Maruzen Asia, 1983); Lynn Pan, *Sons of the Yellow Emperor: A History of the Chinese Diaspora* (Boston: Little, Brown, and Company, 1990), 23–152; Agehananda Bharati, *The Asians in East Africa: Jayhind and Ururu* (Chicago: Nelson-Hall, 1972), 11–22, 36, 42–116; Pierre L. van den Berghe, *The Ethnic Phenomenon* (New York: Praeger, 1987), 135–56; Dana April Seidenberg, *Mercantile Adventurers: The World of East African Asians, 1750–1985* (New Delhi: New Age International, 1996); Albert Hourani and Nadim Shehadi, eds., *The Lebanese in the World: A Century of Emigration* (London: Center for Lebanese Studies, 1992); William K. Crowley, "The Levantine Arabs: Diaspora in a New World," *Proceedings of the Association of American Geographers* 6 (1974): 137–42; R. Bayly Winder, "The Lebanese in West Africa," *Comparative Studies in Society and History* 4 (1961–62): 296–333; H. L. van der Laan, *The Lebanese Traders in Sierra Leone* (The Hague: Mouton, 1975).

5 Norman O. Brown, *Hermes the Thief: The Evolution of a Myth* (Madison: University of Wisconsin Press, 1947); Marcel Detienne and Jean-Pierre Vernant, *Cunning Intelligence in Greek Culture and Society* (Hassocks, Sussex: Harvester Press, 1978); Laurence Kahn, *Hermès passe ou les ambiguités de la communication* (Paris: François Maspero, 1978); W. B. Stanford, *The Ulysses Theme: A Study in Adaptability of a Traditional Hero* (Dallas: Spring Publications, 1992).

6 George Gmelch and Sharon Bohn Gmelch, "Commercial Nomadism: Occupation and Mobility among Travellers in England and Wales," in Rao, *The Other Nomads*, 134; Matt T. Salo, "The Gypsy Niche in North America: Some Ecological Perspectives on the Exploitation of Social Environments," in Rao, *The Other Nomads*, 94; Judith Okely, *The Traveller-Gypsies* (Cambridge: Cambridge University Press, 1983), 58–60; Curtin, *Cross-Cultural Trade*, 70; Clifford Geertz, *Peddlers and Princes: Social Change and Economic Modernization in Two Indonesian Towns* (Chicago: University of Chicago Press, 1963), 43–44; Mark Zborowski and Elizabeth Herzog, eds., *Life Is with People:*

The Culture of the Shtetl (New York: Schocken Books, 1952), 62; Armstrong, Nations before Nationalism, 42; Daniel J. Elazar, "The Jewish People as the Classic Diaspora," in Modern Diasporas in International Politics, ed. Gabriel Sheffer (London: Croom Helm, 1986), 215.

7 Brian L. Foster, "Ethnicity and Commerce," American Ethnologist 1, no. 3 (August 1974): 441. See also Cristina Blanc Szanton, "Thai and Sino-Thai in Small Town Thailand: Changing Patterns of Interethnic Relations," in Lim and Gosling, The Chinese in Southeast Asia, 2:99-125.

8 Benjamin Nelson, The Idea of Usury: From Tribal Brotherhood to Universal Otherhood (Chicago: University of Chicago Press, 1969); Max Weber, Ancient Judaism (Glencoe, Ill.: Free Press, 1952): 338-45; Curtin, Cross-Cultural Trade, 5-6; Alejandro Portes, "Economic Sociology and the Sociology of Immigration: A Conceptual Overview," in The Economic Sociology of Immigration: Essays on Networks, Ethnicity, and Entrepreneurship, ed. Alejandro Portes (New York: Russell Sage Foundation, 1995), 14; L. A. Peter Gosling, "Changing Chinese Identities in Southeast Asia: An Introductory Review," in Lim and Gosling, The Chinese in Southeast Asia, 2:4. 有关该问题的精彩讨论，包括上述两处引用（以及更多引用），参见 Mark Granovetter, "The Economic Sociology of Firms and Entrepreneurs," in Portes, The Economic Sociology of Immigration。

9 Donald L. Horowitz, Ethnic Groups in Conflict (Berkeley and Los Angeles: University of California Press, 1985), 119; Casajus, "Crafts and Ceremonies," 303; de Vos and Wagatsuma, Japan's Invisible Race, 231; Werner Sombart, The Jews and Modern Capitalism (London: T. Fisher Unwin, 1913), 138; Gmelch, "Groups That Don't Want In," 322-23.

10 Joseph C. Berland, "Kanjar Social Organization," in Rao, The Other Nomads, 253; Gmelch, "Groups That Don't Want In," 320-21; Anne Sutherland, "The Body as a Social Symbol among the Rom," in The Anthropology of the Body, ed. John Blacking (London: Academic Press, 1977), 376.

11 Taina Izrailia: "Evreiskii vopros" v russkoi religioznoi mysli kontsa XIX-pervoi poloviny XX v.v. (St. Petersburg: Sofiia, 1993), 251. 整本书中，除非另有说明，

外语作品都是作者本人翻译的。

12 Yuri Slezkine, "Naturalists versus Nations: Eighteenth-Century Russian Scholars Confront Ethnic Diversity," *Representations* 47 (Summer 1994): 174, 180–82; Max Weber, *Ancient Judaism* (Glencoe, Ill.: Free Press, 1952), 351–55.

13 Vaughn, "Caste Systems," 77–79; Sutherland, "The Body," 378–80; Okely, *The Traveller-Gypsies*, 83–85; Axelrod, "A Social and Demographic Comparison," 51–54, 61–62.

14 特别参见 Sutherland, "The Body," and Luhrmann, *The Good Parsi*, 102; Max Weber, *The Sociology of Religion* (Boston: Beacon Press, 1963), 109; David Nemeth, "Gypsy Taskmasters, Gentile Slaves," in *The American Kalderas: Gypsies in the New World*, ed. Matt T. Salo (Hackettstown, N.J.: Gypsy Lore Society, North American Chapter, 1981), 29–41。

15 有关反对意见，参见 Okely, *The Traveller-Gypsies*, 8–19; and Paul Wexler, "The Case for the Relexification Hypothesis in Romani," in *Relexification in Creole and Non-Creole Languages*, ed. Julia Horvath and Paul Wexler (Wiesbaden: Harrassowitz, 1997), 100–161。 有关非常有用的综述，参见 Yaron Matras, "Para-Romani Revisited," in *The Romani Element in Non-Standard Speech*, ed. Yaron Matras (Wiesbaden: Harrassowitz, 1998), 1–27。

16 For the main arguments, see, in order: (1) Sarah Grey Thomason and Terrence Kaufman, *Language Contact, Creolization, and Genetic Linguistics* (Berkeley and Los Angeles: University of California Press, 1988), 103 f.; (2) Ian F. Hancock, "The Social and Linguistic Development of Angloromani," *Working Papers in Sociolinguistics*, no. 38 (December 1977): 1–42; also Ian F. Hancock, "Is Anglo-Romanes a Creole?" *Journal of the Gypsy Lore Society* 49, nos. 1–2 (1970): 41–44; (3) Norbert Boretzky and Birgit Igla, "Romani Mixed Dialects," in *Mixed Languages: Fifteen Case Studies in Language Intertwining*, ed. Peter Bakker and Maarten Mous (Amsterdam: IFOTT, 1994), 35–68; and Norbert Boretzky, "Der Romani-Wortschatz in den Romani-Misch-Dialekten (Pararomani)," in Matras, *The Romani Element*, 97–132; (4) Peter Bakker and Maarten Mous, "Introduction," and Peter Bakker, "Michif, The Cree-French

Mixed Language of the Métis Buffalo Hunters in Canada," in Bakker and Mous, *Mixed Languages*, 1-11 and 13-33; and (5) Jakob Ladefoged, "Romani Elements in Non-Standard Scandinavian Varieties," in Matras, *The Romani Element*, 133-64.

17 Olesen, "Peddling in East Afghanistan," 36; Bollig, "Ethnic Relations," 204, 214.

18 Casajus, "Crafts and Ceremonies," 308-9; Bollig, "Ethnic Relations," 214; Hancock, "The Social and Linguistic Development," 29; Anthony P. Grant, "Shelta: The Secret Language of Irish Travellers Viewed as a Mixed Language," in Bakker and Mous, *Mixed Languages*, 135-36; R. A. Stewart Macalister, *The Secret Languages of Ireland, with Special Reference to the Origin and Nature of the Shelta Language* (Cambridge: Cambridge University Press, 1937), 132.

19 转引自 Macalister, *The Secret Languages*, 134-35。

20 Solomon A. Birnbaum, *Yiddish: A Survey and Grammar* (Manchester: Manchester University Press, 1979), 76, 106.

21 Max Weinreich, *History of the Yiddish Language* (Chicago: University of Chicago Press, 1980), 95-124.

22 Paul Wexler, *The Ashkenazic Jews: A Slavo-Turkic People in Search of a Jewish Identity* (Columbus, Ohio: Slavica, 1993), 59-60 and passim; Dell Hymes, "Introduction," in *Pidginization and Creolization of Languages*, ed. Dell Hymes (Cambridge: Cambridge University Press, 1971), 76, 77-78, 86-87 (引用部分来自第 86 页)；也参见 Ian F. Hancock, "Recovering Pidgin Genesis: Approaches and Problems," in *Pidgin and Creole Linguistics*, ed. Albert Valdman (Bloomington: Indiana University Press, 1977), 277-94, esp. 289-90, and Ian F. Hancock, "Appendix: Repertory of Pidgin and Creole Languages," in ibid, 385。

23 Birnbaum, *Yiddish*, 82 and passim; Weinreich, *History of the Yiddish Language*, 29, 350-51, 599 f., and passim; Joshua A. Fishman, *Yiddish: Turning to Life* (Amsterdam: John Benjamins, 1991), 19-35, 189-201.

24 有关 "混合语言" 分类，参见 Bakker, "Michif," 25-26。当然，毫无疑问，根据语法和基本词汇的基本要素，意第绪语是一种日耳曼语。这种语言在其语族中很独特，这是其出现和运作的历史造成的。

25 Matras, "Para-Romani Revisited," 21; Yaron Matras, "The Romani Element in German Secret Languages," in Matras, *The Romani Element*, 193–94; Hancock, "Recovering Pidgin Genesis," 290.

26 Weinreich, *History of the Yiddish Language*, 199, 605.

27 Luhrmann, *The Good Parsi*, 47–59.

28 Horowitz, *Ethnic Groups in Conflict*, 168–69.

29 Michael J. Casimir, "In Search of Guilt: Legends on the Origin of the Peripatetic Niche," in Rao, *The Other Nomads*, 373–90; Olesen, "Peddling in East Afghanistan," 36; Okely, *The Traveller-Gypsies*, 216.

30 Lancaster and Lancaster, "The Function of Peripatetics," 319.

31 Van den Berghe, *The Ethnic Phenomenon*, 143. 也参见 Bonacich, "A Theory of Middleman Minorities," 586。

32 On "corporate kinship," see William G. Davis, *Social Relations in a Philippine Market: Self-Interest and Subjectivity* (Berkeley and Los Angeles: University of California Press, 1973), 199–200; and Granovetter, "The Economic Sociology," 143–46.

33 Sutherland, "The Body," 377–78; Matt T. Salo, "Gypsy Ethnicity: Implications of Native Categories and Interaction for Ethnic Classification," *Ethnicity* 6 (1979): 78–79; Ignacy-Marek Kaminski, "The Dilemma of Power: Internal and External Leadership. The Gypsy-Roma of Poland," in Rao, *The Other Nomads*, 332–34.

34 Bharati, *The Asians in East Africa*, 42, 149; van den Berghe, *The Ethnic Phenomenon*, 147–53.

35 Van der Laan, *The Lebanese Traders*, 228–30, 241–44. The quotation is from 229.

36 Ivan H. Light, *Ethnic Enterprise in America: Business and Welfare among Chinese, Japanese, and Blacks* (Berkeley and Los Angeles: University of California Press, 1972), 45–61, 81–100; Linda Y. C. Lim, "Chinese Economic Activity in Southeast Asia: An Introductory Review," in Lim and Gosling, *The Chinese in Southeast Asia*, 1:5; Eitzen, "Two Minorities," 230; Pan, *Sons of the Yellow Emperor*, 111–27.

37 Granovetter, "The Economic Sociology," 143; see also Bonacich, "A Theory of Middleman Minorities," 586–87; and van den Berghe, *The Ethnic Phenomenon*, 139–44.

38 转引自 Albert S. Lindemann, *Esau's Tears: Modern Anti-Semitism and the Rise of the Jews* (Cambridge: Cambridge University Press, 1997), 5。

39 Luhrmann, *The Good Parsi*, 50.

40 Berland, "Kanjar Social Organization," 249; Gmelch, "Groups That Don't Want In," 314; Maurice Samuel, *The World of Sholom Aleichem* (New York: Alfred A. Knopf, 1943), 131.

41 Detienne and Vernant, *Cunning Intelligence*, 47–48.

42 Berland, "Kanjar Social Organization," 249.

43 Gmelch, "Groups That Don't Want In," 314.

44 Jacob Katz, *Out of the Ghetto: The Social Background of Jewish Emancipation, 1770–1870* (Cambridge: Harvard University Press, 1973), 22.

45 Cf. Gellner, *Nations and Nationalism*, 103–9; Kotkin, *Tribes*, passim.

46 Luhrmann, *The Good Parsi*, 91–95, 119; Jamsheed K. Choksy, *Evil, Good, and Gender: Facets of the Feminine in Zoroastrian Religious History* (New York: Peter Lang, 2002), 109.

47 Dario A. Euraque, "The Arab-Jewish Economic Presence in San Pedro Sula, the Industrial Capital of Honduras: Formative Years, 1880s–1930s," in *Arab and Jewish Immigrants in Latin America: Images and Realities*, ed. Ignacio Klich and Jeffrey Lesser (London: Frank Cass, 1998), 95, 109; Clark S. Knowlton, "The Social and Spatial Mobility of the Syrian and Lebanese Community in São Paulo, Brazil," in Hourani and Shehadi, *The Lebanese in the World*, 292–93, 302–3; David Nicholls, "Lebanese of the Antilles: Haiti, Dominican Republic, Jamaica, and Trinidad," in Hourani and Shehadi, *The Lebanese in the World*, 339–60; Crowley, "The Levantine Arabs," 139; Nancie L. Gonzalez, *Dollar, Dove, and Eagle: One Hundred Years of Palestinian Migration to Honduras* (Ann Arbor: University of Michigan Press, 1992), 93–100; Amy Chua, *World on Fire: How Exporting Free Market Democracy Breeds Ethnic Hatred and*

Global Instability (New York: Doubleday, 2003), 116, 149–50.

48 David Himbara, *Kenyan Capitalists, the State, and Development* (Boulder, Colo.: Lynne Rienner Publishers, 1994), 45; Kotkin, *Tribes*, 103, 205–9, 229; Sowell, *Migrations and Cultures*, 310–11, 344; Chua, *World on Fire*, 113, 157–58.

49 Chua, *World on Fire*, 3, 36–37, 43, 34–35; Bambang Harymurti, "Challenges of Change in Indonesia," *Journal of Democracy*, 10, no. 4 (1999): 9–10; Kotkin, *Tribes*, 165–200; Sowell, *Migrations and Cultures*, 175–76.

50 比如说，参见 Robert E. Kennedy, Jr., "The Protestant Ethic and the Parsis," *American Journal of Sociology* 68, no. 1 (July 1962): 11–20; Balwant Nevaskar, *Capitalists without Capitalism: The Jains of India and the Quakers of the West* (Westport, Conn.: Greenwood, 1971); Peter L. Berger and Hsin-Huang Michael Hsiao, eds., *In Search of an East Asian Development Model* (New Brunswick, N.J.: Transaction Books, 1988); S. Gordon Redding, "Weak Organizations and Strong Linkages: Managerial Ideology and Chinese Family Business Networks," in *Asian Business Networks*, ed. Gary G. Hamilton (Berlin: Walter de Gruyter, 1996), 27–42; Robert N. Bellah, *Tokugawa Religion: The Cultural Roots of Modern Japan* (New York: Free Press, 1985); Sombart, *The Jews and Modern Capitalism*。马克斯·韦伯热衷于展示为什么只有新教基督徒才能产生现代资本主义，但他强烈暗示，资本主义一旦开始，可能会发现一些宗教（包括我们名单上的那些宗教）比其他宗教更适合资本主义。参见韦伯的 *Sociology of Religion*, chaps. 15–16，特别是他所写的 *Ancient Judaism*。

51 Sowell, *Migrations and Cultures*, 19, 375. For indirect suggestions along similar lines, 参见 Bonacich, "A Theory of Middleman Minorities," 588; Gonzalez, *Dollar, Dove, and Eagle*, 81–92; Curtin, *Cross-Cultural Trade*, passim。

52 特别参见 Wong-Siu-lun, "Chinese Entrepreneurs and Business Trust"; S. Gordon Redding, "Weak Organizations and Strong Linkages: Managerial Ideology and Chinese Family Business Networks"; and Gary G. Hamilton, "The Organizational Foundations of Western and Chinese Commerce: A Historical and Comparative Analysis," and "The Theoretical Significance of Asian Business Networks,"

all in *Asian Business Networks*, ed. Gary G. Hamilton (Berlin: Walter de Gruyter, 1996), 13–26, 27–42, 43–58, and 283–98; Davis, *Social Relations in a Philippine Market*, 199–200; Granovetter, "The Economic Sociology," 143–46; van den Berghe, *The Ethnic Phenomenon*, 140–43。

53 Francis Fukuyama, *Trust: The Social Virtues and the Creation of Prosperity* (New York: Free Press, 1995), 74, 85, 97–112.

54 同上书, passim。

55 Eitzen, "Two Minorities," 223; see also Pan, *Sons of the Yellow Emperor*, 31–34.

56 Nicholls, "Lebanese of the Antilles," 348–49; Brenda Gayle Plummer, "Race, Nationality, and Trade in the Caribbean: The Syrians in Haiti, 1903–1934," *International History Review* 3, no. 4 (October 1981): 517–39; Brenda Gayle Plummer, "Between Privilege and Opprobrium: The Arabs and Jews in Haiti," in Klich and Lesser, *Arab and Jewish Immigrants*, 88–89.

57 Van der Laan, *The Lebanese Traders*, 4–5; Winder, "The Lebanese in West Africa," 300; Anthony Reid, "Entrepreneurial Minorities, Nationalism, and the State," in Chirot and Reid, *Essential Outsiders*, 56, 69 n. 61. See also Kasian Tejapira, "Imagined Uncommunity: The *Lookjin* Middle Class and Thai Official Nationalism," in Chirot and Reid, *Essential Outsiders*, 75–98.

58 Van den Berghe, *The Ethnic Phenomenon*, 155; Bharati, *The Asians in East Africa*, 97–98; Seidenberg, *Mercantile Adventurers*, 203–4; Chua, *World on Fire*, 114. 阿明的引语来自 *Los Angeles Times*, August 14, 1972, 转引自 Bonacich, "A Theory of Middleman Minorities," 591。

59 Pan, *Sons of the Yellow Emperor*, 213–14, 215–19; Chua, *World on Fire*, 36, 44–45; Mary F. Somers Heidhues, *Southeast Asia's Chinese Minorities* (Hawthorn, Victoria, Australia: Longman, 1974), 80–86; Garth Alexander, *Silent Invasion: The Chinese in Southeast Asia* (London: Macdonald, 1973), 130–43; Ben Kiernan, "Kampuchea's Ethnic Chinese under Pol Pot," *Journal of Contemporary Asia* 16, no. 1 (1986): 18–29; Wu and Wu, *Economic Development*, 39–40; Eitzen, "Two Minorities," 224–25; Reid, "Entrepreneurial Minorities," 61; Harymurti, "Challenges of Change," 9–10.

The final quotation is from Abidin Kusno, "Remembering/Forgetting the May Riots: Architecture, Violence, and the Making of Chinese Cultures in Post-1998 Jakarta," *Public Culture* 15, no. 1 (2003): 149.

第二章 斯旺的鼻子：犹太人和其他现代人

1 See chapter 1, nn. 50 and 52, esp. Hamilton, "The Organizational Foundations."

2 Nelson, *The Idea of Usury*.

3 同上书，xvi-xvii.

4 引语来自 van den Berghe, *The Ethnic Phenomenon*, 140。也参见 Bonacich, "A Theory of Middleman Minorities," 589。

5 Heinrich Heine, *The Prose Writings of Heinrich Heine*, ed. Havelock Ellis (New York: Arno Press, 1973), 313.

6 Nelson, *The Idea of Usury*, xvi.

7 Hans Aarslef, *From Locke to Saussure: Essays on the Study of Language and Intellectual History* (Minneapolis: University of Minnesota Press, 1982), 281–82; Maurice Olender, *The Languages of Paradise: Race, Religion, and Philology in the Nineteenth Century* (Cambridge: Harvard University Press, 1992), 1–5; R. H. Robins, "The History of Language Classification," in *Current Trends in Linguistics*, ed. Thomas A. Sebeok, vol. 2 (The Hague: Mouton, 1973), 7–11; Slezkine, "Naturalists versus Nations," 84 and passim.

8 William Blake, *William Blake's Writings*, ed. G. E. Bentley, Jr. (Oxford: Clarendon Press, 1978), 1:318.

9 See Harold Bloom, *Shakespeare: The Invention of the Human* (New York: Riverhead, 1998).

10 Sutherland, "The Body"; John M. Efron, *Medicine and the German Jews: A History* (New Haven: Yale University Press, 2001).

11 Cf. Zygmunt Bauman, *Modernity and the Holocaust* (Ithaca: Cornell University Press, 1989).

12 "第三等级"引语来自 Sigmund Mayer, *Ein jüdischer Kaufmann 1831–1911: Lebenserinnerungen* (Leipzig, 1911), 转引自 Steven Beller, *Vienna and the Jews*

1867-1938: A Cultural History (Cambridge: Cambridge University Press, 1989), 110。也参见 84-121。

13 David S. Landes, *The Unbound Prometheus: Technological Change and Industrial Development in Western Europe from 1750 to the Present* (Cambridge: Cambridge University Press, 1969): 兰德斯特别提及现代技术的兴起，但该比喻似乎适用于整个现代时期；Calvin Goldscheider and Alan S. Zuckerman, *The Transformation of the Jews* (Chicago: University of Chicago Press, 1984), 89; Arthur Ruppin, *The Jews in the Modern World* (London: Macmillan, 1934), 144-47; Ezra Mendelsohn, *The Jews of East Central Europe between the World Wars* (Bloomington: Indiana University Press, 1987), 28; Joseph Jacobs, *Jewish Contributions to Civilization: An Estimate* (Philadelphia: Jewish Publication Society in America, 1919), 239; Saul Friedländer, *Nazi Germany and the Jews: The Years of Persecution, 1933-1939* (New York: Harper Collins, 1997), 77; Donald L. Niewyk, *The Jews in Weimar Germany* (Baton Rouge: Louisiana State University Press, 1980), 15; William O. McCagg, "Jewish Wealth in Vienna, 1670-1918," in *Jews in the Hungarian Economy 1760-1945: Studies Dedicated to Moshe Carmilly-Weinberger on His Eightieth Birthday*, ed. Michael K. Silber (Jerusalem: Magnes Press, 1992), 75, 79-89; Siegmund Kaznelson, ed., *Juden im deutschen Kulturbereich* (Berlin: Jüdischer Verlag, 1959), 720-59; Niall Ferguson, *The World's Banker: The History of the House of Rothschild* (London: Weidenfeld & Nicolson, 1998), 7 and passim; Robert S. Wistrich, *Socialism and the Jews: The Dilemmas of Assimilation in Germany and Austria-Hungary* (East Brunswick, N.J.: Associated University Presses, 1982), 61, 180-81。

14 McCagg, "Jewish Wealth in Vienna," 74-91, William O. McCagg, *Jewish Nobles and Geniuses in Modern Hungary* (Boulder, Colo.: East European Quarterly, 1972), 16, 30, 42-43; Andrew C. Janos, *The Politics of Backwardness in Hungary, 1825-1945* (Princeton: Princeton University Press, 1982), 114, 225; Friedländer, *Nazi Germany and the Jews*, 80; Ruppin, *The Jews in the Modern World*, 207-11; Kaznelson, *Juden im deutschen*

Kulturbereich, 760-97; Mendelsohn, *The Jews of East Central Europe*, 244-45; Jacobs, *Jewish Contributions to Civilization*, 237-46; Cecil Roth, *The Jewish Contribution to Civilization* (New York: Harper and Brothers, 1940), 278-83; György Lengyel, "Hungarian Banking and Business Leaders between the Wars: Education, Ethnicity and Career Patterns," in Silber, *Jews in the Hungarian Economy*, 230; Nathaniel Katzburg, *Hungary and the Jews: Policy and Legislation 1920-1943* (Ramat Gan: Bar-Ilan University Press, 1981), 30; W. D. Rubinstein, *The Left, the Right, and the Jews* (London: Croom Helm, 1992), 13, 27; 有关 W. D. Rubinstein 统计的犹太人参与各种经济精英组织的数据，参见 Niall Ferguson, *The Cash Nexus: Money and Power in the Modern World, 1700-2000* (London: Allen Lane, 2001), 378; Wistrich, *Socialism and the Jews*, 59-61, 180-81; 有关罗斯柴尔德家族，参见 Ferguson, *The World's Banker*, 3, 1034-36。

15 Ruppin, *The Jews in the Modern World*, 151-53. 海涅的引语来自 Jacobs, *Jewish Contributions to Civilization*, 239-40; Janos, *The Politics of Backwardness*, chap. 3; Ferguson, *The World's Banker*, 7-11, 505-7 and passim, esp. 147 and 173; Fritz Stern, *Gold and Iron: Bismarck, Bleichröder, and the Building of the German Empire* (New York: Alfred A. Knopf, 1977); Alexander Herzen [Aleksandr Gertsen], *Byloe i dumy* (Moscow: Khudozhestvennaia literatura, 1969), 1:643-51。

16 Beller, *Vienna and the Jews*, 52-67. Efron, *Medicine and the German Jews*, 236-37. Cf. Lengyel, "Hungarian Banking and Business Leaders." 在匈牙利的犹太商人－父亲中，几乎没有受过正规世俗教育的白手起家的人的比例远远高于非犹太人。有关高级中学学生犹太人数过多的情况，参见 Goldscheider and Zuckerman, *The Transformation of the Jews*, 86; and Victor Karady, "Les juifs de Hongrie sous les lois antisémites," *Actes de la recherche en sciences sociales*, no. 56 (March 1985): 28。

17 Beller, *Vienna and the Jews*, 33-34; Goldscheider and Zuckerman, *The Transformation of the Jews*, 85-87; Efron, *Medicine and the German Jews*, 236; Mária M. Kovács, *Liberal Professions and Illiberal Politics: Hungary from*

the *Habsburgs to the Holocaust* (Oxford: Oxford University Press, 1994), 18;
Mendelsohn, *The Jews of East Central Europe*, 237.

18 Goldscheider and Zuckerman, *The Transformation of the Jews*, 90; Beller,
Vienna and the Jews, 38–39; Mendelsohn, *The Jews of East Central Europe*,
27, 101. See also Kovács, *Liberal Professions*, 17–19; and Katzburg, *Hungary
and the Jews*, 30–31.

19 Beller, *Vienna and the Jews*, 38–40 (the quotation is from 40); Friedländer,
Nazi Germany and the Jews, 79–80; Niewyk, *The Jews in Weimar Germany*,
36–38; Kaznelson, *Juden im deutschen Kulturbereich*, 131–46; Wistrich,
Socialism and the Jews, 182–83.

20 John Murray Cuddihy, *The Ordeal of Civility: Freud, Marx, Lévi-Strauss,
and the Jewish Struggle with Modernity* (New York: Basic Books, 1974), 8;
Milton Himmelfarb, *The Jews of Modernity* (New York: Basic Books, 1973),
23; Katz, *Out of the Ghetto*, 42–56 (the quotation is on 45), 84; Beller,
Vienna and the Jews, 40–41; Hannah Arendt, *The Origins of Totalitarianism*
(New York: Harcourt Brace Jovanovich, 1973), 59–62; Kaznelson, *Juden im
deutschen Kulturbereich*, 862–914; Friedländer, *Nazi Germany and the Jews*,
79–80; Zygmunt Bauman, "Exit Visas and Entry Tickets: Paradoxes of Jewish
Assimilation," *Telos* 77 (1988): 52–53; Niewyk, *The Jews in Weimar Germany*,
33–41; István Deák, *Weimar Germany's Left-Wing Intellectuals: A Political
History of the Weltbühne and Its Circle* (Berkeley and Los Angeles: University
of California Press, 1968), 27–28; Frederic V. Grunfeld, *Prophets without
Honour: A Background to Freud, Kafka, Einstein and Their World* (New York:
Holt, Rinehart and Winston, 1979), 26–29 and passim.

21 Beller, *Vienna and the Jews*, 14–32; Niewyk, *The Jews in Weimar Germany*,
33–41; Kaznelson, *Juden im deutschen Kulturbereich*, passim; McCagg, *Jewish
Nobles and Geniuses*, 15–16 and passim; David Nachmansohn, *German-Jewish
Pioneers in Science 1900–1933: Highlights in Atomic Physics, Chemistry, and
Biochemistry* (New York: Springer-Verlag, 1979). The Gundolf quotation is
from Himmelfarb, *The Jews of Modernity*, 44; see also Cuddihy, *The Ordeal of*

Civility, 8. On the Rothschild myth, see Ferguson, *The World's Banker*, 11–28.

22 Houston Stewart Chamberlain, *Foundations of the Nineteenth Century*, vol. 1 (New York: John Lane, 1912), 574, 492–93, 330, 238, 232, 254, 391.

23 Jacobs, *Jewish Contributions to Civilization*, 10, 56–57.

24 Sombart, *The Jews and Modern Capitalism*, 321, 343, 209, 226–27.

25 同上书, 237–38。

26 Matthew Arnold, *Culture and Anarchy* (Cambridge: Cambridge University Press,1966), 129–44.

27 Friedrich Nietzsche, *Beyond Good and Evil: Prelude to a Philosophy of the Future*, sec. 195, in *Basic Writings of Nietzsche*, trans. and ed. Walter Kaufmann (New York: Modern Library, 1968), 298.

28 同上书, sec. 11; Max Weber, *The Protestant Ethic and the Spirit of Capitalism*, trans.Talcott Parsons (London and New York: Routledge, 1995), 180–82。

29 Madison C. Peters, *Justice to the Jew: The Story of What He Has Done for the World* (New York: Trow Press, 1910), 24, 14, 29, 44, 66, 214, 207.

30 John Foster Fraser, *The Conquering Jew* (London: Cassell, 1915), 30–31, 43, 35. 有关犹太人和理性主义, 参见 Steven Beller 的精彩文章, "'Pride and Prejudice' or 'Sense and Sensibility'? How Reasonable Was Anti-Semitism in Vienna, 1880–1939?" in Chirot and Reid, *Essential Outsiders*, 99–124。

31 Sombart, *The Jews and Modern Capitalism*, 254; L. B. Namier, "Introduction," in Ruppin, *The Jews in the Modern World*, xx-xxi; Fraser, *The Conquering Jew*, 213.

32 Anatole Leroy-Beaulieu, *Israël chez les nations* (Paris: Calmann Lévy, 1893), 221.

33 Chamberlain, *Foundations of the Nineteenth Century*, 1:482–83; Leroy-Beaulieu, *Israël chez les nations*, 341–42.

34 Thorstein Veblen, "The Intellectual Pre-eminence of Jews in Modern Europe," *Political Science Quarterly* 34, no. 1 (March 1919): 33–42. See also David Hollinger, "Why Are Jews Preeminent in Science and Scholarship? The Veblen Thesis Reconsidered," *Aleph* 2 (2002): 145–63.

35 A. Jussawalla, *Missing Person*, 转引自 Luhrmann, *The Good Parsi*, 55。

36 Karl Marx, "On the Jewish Question," in *Early Writings* (New York: Vintage Books, 1975), 211–41; Adolf Hitler, *Mein Kampf* (Boston: Houghton Mifflin, 1962), 26–27, 59–60.

37 Weber, *The Protestant Ethic*, 182.

38 Carl E. Schorske, *Fin-de-siècle Vienna* (New York: Alfred A. Knopf, 1980), 129; Pierre Birnbaum, *The Jews of the Republic: A Political History of State Jews in France from Gambetta to Vichy* (Stanford: Stanford University Press, 1996).

39 Beller, *Vienna and the Jews*, 100–101.

40 Bauman, "Exit Visas and Entry Tickets," 52–55; Leichter 转引自 Beller, *Vienna and the Jews*, 186。See also Birnbaum, *The Jews of the Republic*.

41 有关欧洲经典的不同观点，参见 Harold Bloom, *The Western Canon: The Book and School for the Ages* (New York: Harcourt Brace & Company, 1994)。

42 Arnold, *Culture and Anarchy*, 141.

43 Ernest Gellner, *Plough, Sword and Book: The Structure of Human History* (Chicago: University of Chicago Press, 1989), 115. See also his *Nations and Nationalism*, passim.

44 P. Ia. Chaadaev, *Izbrannye sochineniia i pis'ma* (Moscow: Pravda, 1991), 27, 32. 也参见 Peter Uwe Hohendahl, *Building a National Literature: The Case of Germany, 1830–1870* (Ithaca: Cornell University Press, 1989), esp. 140–73。

45 Osip Mandel'shtam, *Sochineniia v dvukh tomakh*, vol. 2 (Moscow: Khudozhestvennaia literatura, 1990), 14–15.

46 Grunfeld, *Prophets without Honor*, 6 ("Denk ich an Deutschland in der Nacht / Dann bin ich um den Schlaf gebracht"); Goldstein 转引自 Michael Löwy, *Redemption and Utopia: Jewish Libertarian Thought in Central Europe* (Stanford: Stanford University Press, 1992), 31, and Friedländer, *Nazi Germany and the Jews*, 78; Beller, *Vienna and the Jews*, 150–51。See also Janos, *The Politics of Backwardness*, 117–18.

47 Gershom Scholem, *On Jews and Judaism in Crisis: Selected Essays* (New York: Schocken Books, 1976), 79; Beller, *Vienna and the Jews*, 151; Rosenzweig 转

引自 Sidney M. Bolkosky, *The Distorted Image: German Jewish Perceptions of Germans and Germany, 1918–1935* (New York: Elsevier, 1975), 16。

48 Vladimir (Zeev) Zhabotinskii, *Izbrannoe* (Jerusalem: Biblioteka Aliia, 1992), 28.

49 同上书, 160; Goldstein 转引自 Friedländer, *Nazi Germany and the Jews*, 78。

50 Bolkosky, *The Distorted Image*, 13.

51 Chaadaev, *Izbrannye sochineniia*, 28.

52 Otto Weininger, *Sex and Character* (London: William Heinemann, 1907), 308, 313.

53 Joseph Hayyim Brenner, "Self-Criticism," in *The Zionist Idea: A Historical Analysis and Reader*, ed. Arthur Hertzberg (New York: Atheneum, 1959), 307–12.

54 Weininger, *Sex and Character*, 328.

55 参见 "Letter to His Father" and "Selections from Diaries, 1911–1923," in *The Basic Kafka* (New York: Washington Square Books, 1979), 217, 191, 259, 261。See also Erich Heller's introduction, xviii。

56 Marcel Proust, *In Search of Lost Time*, vol. 4, *Sodom and Gomorrah*, trans. C. K. Scott Moncrieff and Terence Kilmartin, rev. D. J. Enright (London: Chatto and Windus, 1992), 16–17, 19.

57 同上书, 104; Arendt, *The Origins of Totalitarianism*, 82。

58 《尤利西斯》的所有引语来自 James Joyce, *Ulysses*, ed. Hans Walter Gabler with Wolfhard Steppe and Claus Melchior (New York: Vintage Books, 1986)。第一个数字指章节号, 第二个指行数。

59 The best books on Marxism and Freudianism are, respectively, Leszek Kolakowski, *Main Currents of Marxism: Its Rise, Growth, and Dissolution* (Oxford: Clarendon Press, 1978); and Ernest Gellner, *The Psychoanalytic Movement, or The Cunning of Unreason* (London: Paladin Grafton Books, 1988).

60 Gellner, *Plough, Sword and Book*, 34–35.

61 Marx, "On the Jewish Question," 236, 237, 241. See also Cuddihy, *The Ordeal of Civility*, 119–20, 152–54, and passim; and Wistrich, *Socialism and the Jews*, 25–34 and passim.

62 Dennis B. Klein, *Jewish Origins of the Psychoanalytic Movement* (New York:

Praeger, 1981), 93-94.

63 Beller, *Vienna and the Jews*, 17; Niewyk, *The Jews in Weimar Germany*, 26–27; Friedländer, *Nazi Germany and the Jews*, 91–93; Kaznelson, *Juden im deutschen Kulturbereich*, 557–61; Mendelsohn, *The Jews of East Central Europe*, 95; István Deák, "Budapest and the Hungarian Revolutions of 1918–1919," *Slavonic and East European Review* 46, no. 106 (January 1968): 138–39; William O. McCagg, Jr., "Jews in Revolutions: The Hungarian Experience," *Journal of Social History*, no. 6 (Fall 1972): 78–105. 西顿－沃森 的引语来自 Katzburg, *Hungary and the Jews*, 35。

64 Deák, *Weimar Germany's Left-Wing Intellectuals*, 28–29. 有关综合讨论，包括德哈克的引语，参见 Stanley Rothman and S. Robert Lichter, *Roots of Radicalism: Jews, Christians, and the New Left* (New York: Oxford University Press, 1982), 84–86。See also Niewyk, *The Jews in Weimar Germany*, 37–38; Kaznelson, *Juden im deutschen Kulturbereich*, 561–77, 677–86; Wistrich, *Socialism and the Jews*, 83–85 and passim.

65 Max Horkheimer and Theodor W. Adorno, *Dialectic of Enlightenment* (New York: Herder and Herder, 1927), 173, 187, 192, 197, 184; T. W. Adorno, "Prejudice in the Interview Material," in *Authoritarian Personality*, ed. Adorno et al. (New York: Harper and Brothers, 1950), 608, 618. On the Jewishness of the members of the Frankfurt School, see Martin Jay, *Dialectical Imagination: A History of the Frankfurt School and the Institute of Social Research 1923–1950* (Boston: Little, Brown, and Company, 1973), 31–36.

66 Horkheimer and Adorno, *Dialectic of Enlightenment*, 43–80, esp. 43, 50, 57, 61.

67 同上书, 61-62。

68 同上书, 55。

69 同上书, 68-69。

70 同上书, 200。

71 Janos, *The Politics of Backwardness*, 177; Andrew Janos, *East Central Europe in the Modern World: The Politics of the Borderlands from Pre-to Postcommunism* (Stanford: Stanford University Press, 2000), 150–51; Jaff

444

Schatz, *The Generation: The Rise and Fall of the Jewish Communists of Poland* (Berkeley and Los Angeles: University of California Press, 1991), 76, 96–97; Arthur Liebman, *Jews and the Left* (New York: John Wiley and Sons, 1979), 46–66.

72 Stephen J. Whitfield, *American Space, Jewish Time* (Hamden, Conn.: Archon Books, 1988), 125; Grunfeld, *Prophets without Honor*, 153.

73 Werner Sombart, *Der proletarische Sozialismus* (Jena: Verlag von Gustav Fischer, 1924), 1:75–76, 2:298–303; Nikolai Berdiaev, *Smysl istorii. Opyt filosofii chelovecheskoi sud' by* (Paris: YMCA-PRESS, 1969), 116–17, 109.

74 Sonja Margolina, *Das Ende der Lügen: Russland und die Juden im 20. Jahrhundert* (Berlin: Siedler Verlag, 1992), 101. Cf. Isaac Deutscher, *The Non-Jewish Jew and Other Essays* (London: Oxford University Press, 1968).

75 Löwy, *Redemption and Utopia*, 136, 59–60; Lev Shternberg, "Problema evreiskoi natsional' noi psikhologii," *Evreiskaia starina* 11 (1924): 36, 44.

76 Shternberg, "Problema," 37.

77 Lazar' Kaganovich, *Pamiatnye zapiski rabochego, kommunista-bol' shevika, profsoiuznogo, partiinogo i sovetsko-gosudarstvennogo rabotnika* (Moscow: Vagrius, 1996), 41.

78 *Burnaia zhizn' Lazika Roitshvanetsa*, in I. Erenburg, *Staryi skorniak i drugie proizvedeniia* (n.p., 1983), 115.

79 Schatz, *The Generation*, 138.

80 同上。

81 特别参见 Lewis S. Feuer, "Generations and the Theory of Revolution," *Survey* 18, no. 3 (Summer 1972): 161–88; and Lewis S. Feuer, *The Conflict of Generations: The Character and Significance of Student Movements* (New York: Basic Books, 1969)。

82 转引自 McCagg, *Jewish Nobles and Geniuses*, 106–7。

83 McCagg, "Jews in Revolutions," 96; Rudolph L. Tőkés, *Béla Kun and the Hungarian Soviet Republic* (New York: Frederick A. Praeger, 1967), 53; György Borsányi, *The Life of a Communist Revolutionary, Béla Kun* (New

York: Columbia University Press, 1993), 431; Kaganovich, *Pamiatnye zapiski*, 40.

84 转引自 Abram Kardiner and Edward Preble, *They Studied Man* (Cleveland: World Publishing Company, 1961), 139; and Löwy, *Redemption and Utopia*, 33。

85 Schatz, *The Generation*, 57.

86 Janos, *The Politics of Backwardness*, 182; Marjorie Boulton, *Zamenhof: Creator of Esperanto* (London: Routledge and Kegan Paul, 1960), 19-20; Evgenii Gnedin, *Vykhod iz labirinta* (Moscow: Memorial, 1994), 8.

87 Arendt, *The Origins of Totalitarianism*, 40; Marx, "On the Jewish Question," 239.

88 On the German Jewish "blood and soil," see George L. Mosse, *Germans and Jews: The Right, the Left, and the Search for a "Third Force" in Pre-Nazi Germany* (New York: Howard Fertig, 1970), 77-115.

89 Samuel, *The World of Sholom Aleichem*, 6. Benjamin Harshav, *Language in Time of Revolution* (Stanford: Stanford University Press, 1993), 25-29 and passim.

第三章 巴别尔的初恋：犹太人和俄国革命

1 Hirsz Abramowicz, *Profiles of a Lost World: Memoirs of East European Jewish Life before World War II* (Detroit: Wayne State University Press, 1999), 65, 79; Robert J. Brym, *The Jewish Intelligentsia and Russian Marxism: A Sociological Study of Intellectual Radicalism and Ideological Divergence* (London: Macmillan, 1978), 30-34; Arcadius Kahan, *Essays in Jewish Social and Economic History* (Chicago: University of Chicago Press, 1986), 1-69; Benjamin Nathans, *Beyond the Pale: The Jewish Encounter with Late Imperial Russia* (Berkeley and Los Angeles: University of California Press, 2002), 4, 40; Alexander Orbach, "The Development of the Russian Jewish Community, 1881-1903," in *Pogroms: Anti-Jewish Violence in Modern Russian History*, ed. John D. Klier and Shlomo Lambroza (Cambridge: Cambridge University Press, 1992), 138-40.

2 Joachim Schoenfeld, *Jewish Life in Galicia under the Austro-Hungarian Empire and in the Reborn Poland 1898-1939* (Hoboken, N.J.: KTAV Publishing House, 1985), 8.

3 Samuel, *The World of Sholom Aleichem*, 63.

4 有关赫梅利尼茨基和犹太人－乌克兰人的联系，参见 Joel Raba, *Remembrance and Denial: The Fate of the Jews in the Wars of the Polish Commonwealth during the Mid-Seventeenth Century as Shown in Contemporary Writings and Historical Research* (Boulder, Colo.: East European Monographs, 1995); and Frank Sysyn, "The Jewish Massacres in the Historiography of the Khmelnytsky Uprising: A Review Article," *Journal of Ukrainian Studies* 23, no. 1 (Summer 1998): 83–89。也可参见 Peter J. Potichnyj and Howard Aster, eds., *Ukrainian-Jewish Relations in Historical Perspective* (Edmonton: Canadian Institute of Ukrainian Studies, 1988), 尤其是下列文章, Jaroslaw Pelenski, Frank Sysyn, Israel Bartal, and George Grabowicz; and Zenon E. Kohut, "The Image of Jews in Ukraine's Intellectual Tradition: The Role of *Istoriia Rusov*," in *Cultures and Nations of Central and Eastern Europe: Essays in Honor of Roman Szporluk*, ed. Zvi Gitelman et al. (Cambridge, Mass.: Ukrainian Research Institute, 2000), 343–53。对于乌克兰历史有关问题，我感谢 Frank Sysyn 和 Roman Koropeckyj 的帮忙。

5 Zborowski and Herzog, *Life Is with People*, 152.

6 Abramowicz, *Profiles of a Lost World*, 66, 345; M. S. Al'tman, "Avtobiograficheskaia proza M. S. Al'tmana," *Minuvshee* 10 (1990): 208.

7 参见第一章。有关神秘的地名，特别参见 Peter Bakker, "Notes on the Genesis of Caló and Other Iberian Para-Romani Varieties," in *Romani in Contact: The History, Structure and Sociology of a Language,* ed. Yaron Matras (Amsterdam: John Benjamins Publishing Company, 1995), 133; and Hancock, "The Social and Linguistic Development," 28。

8 Al'tman, "Avtobiograficheskaia proza," 213.

9 Schoenfeld, *Jewish Life in Galicia*, 12.

10 同上书，13。

11 Howard Aster and Peter J. Potichnyj, *Jewish Ukrainian Relations: Two Solitides* (Oakville, Ont.: Mosaic Press, 1983). "彩蛋" 引语来自 Feliks Roziner, *Serebrianaia tsepochka: Sem'pokolenii odnoi sem'i* (Tel Aviv: Biblioteka Aliia, 1983), 59。

12 John A. Armstrong, "Mobilized Diaspora in Tsarist Russia: The Case of the Baltic Germans," in *Soviet Nationality Policies and Practices*, ed. Jeremy

R. Azrael (New York: Praeger, 1978), 63–104, esp. 69, 75, 99n. 16 (the quotations are from 88); N. V. Iukhneva, *Etnicheskii sostav i etnosotsial' naia struktura naseleniia Peterburga: vtoraia polovina XIX-nachalo XX veka* (Leningrad: Nauka, 1984), 73; Ingeborg Fleischhauer, "The Germans' Role in Tsarist Russia: A Reappraisal," in *Soviet Germans: Past and Present*, ed. Ingeborg Fleischhauer and Benjamin Pinkus (London: Hurst and Company, 1986), 18. 也可参见 John A. Armstrong, "Socializing for Modernization in a Multiethnic Elite," in *Entrepreneurship in Imperial Russia and the Soviet Union,* ed. Gregory Guroff and Fred V. Carstensen (Princeton: Princeton University Press, 1983), 84–103。

13 Iukhneva, *Etnicheskii sostav*, 184, 56–79; Thomas C. Owen, *Russian Corporate Capitalism from Peter the Great to Perestroika* (Oxford: Oxford University Press, 1995), 187–88.

14 有关俄罗斯文化中的 "德国人"，至今依然没有一本俄语书籍介绍；有关最近一篇文章，参见 A. V. Zhukovskaia, N. N. Mazur, and A. M. Peskov, "Nemetskie tipazhi russkoi belletristiki (konets 1820kh-nachalo 1840kh gg.)," *Novoe literaturnoe obozrenie*, no. 34 (1998): 37–54。In German, 参见 Dieter Boden, *Die Deutschen in der russischen und der sowjetischen Literatur: Traum und Alptraum* (Munich and Vienna: Günter Olzog, 1982), and Maximiliane Müntjes, *Beiträge zum Bild des Deutschen in der russischen Literatur von Katharina bis auf Alexander II* (Meisenheim am Glan: Verlag Anton Hain, 1971)。我感谢 Daniela Rizzi 就这个问题和我进行精彩对话。

15 特别参见 Brym, *The Jewish Intelligentsia*, 26–34; Kahan, *Essays*, 20–27; Ezra Mendelsohn, *Class Struggle in the Pale: The Formative Years of the Jewish Workers' Movement in Tsarist Russia* (Cambridge: Cambridge University Press, 1970), 1–26。

16 参见 Klier and Lambroza, *Pogroms*; and Hans Rogger, *Jewish Policies and Right-Wing Politics in Imperial Russia* (Berkeley and Los Angeles: University of California Press, 1986), esp. 113–75。

17 Andrew Godley, *Jewish Immigrant Entrepreneurship in New York and London 1880–1914: Enterprise and Culture* (New York: Palgrave, 2001), 71–72; for

the statistics, 参见上书, 68-87, and Mordechai Altshuler, *Soviet Jewry on the Eve of the Holocaust: A Social and Demographic Profile* (Jerusalem: Center for Research of East European Jewry, 1998), 9。也可参见 Zvi Gitelman, " 'From a Northern Country' : Russian and Soviet Jewish Immigration to America and Israel in Historical Perspective," in *Russian Jews on Three Continents: Migration and Resettlement*, ed. Noah Lewin-Epstein et al. (London: Frank Cass, 1997), 23。

18 Kahan, *Essays*, 29-30; Mendelsohn, *Class Struggle*, 4-5; Steven J. Zipperstein, *The Jews of Odessa: A Cultural History, 1794-1881* (Stanford: Stanford University Press, 1985), 15; Iukhneva, *Etnicheskii sostav*, 24; Nathans, *Beyond the Pale*, 91-100.

19 B. V. Anan'ich, *Bankirskie doma v Rossii 1860-1914 gg: Ocherki istorii chastnogo predprinimatel'stva* (Leningrad: Nauka, 1991), 8-13; Alfred J. Rieber, *Merchants and Entrepreneurs in Imperial Russia* (Chapel Hill: University of North Carolina Press, 1982), 57-60; Arcadius Kahan, "Notes on Jewish Entrepreneurship in Tsarist Russia," in Guroff and Carstensen, *Entrepreneurship in Imperial Russia and the Soviet Union*, 107-18.

20 Anan'ich, *Bankirskie doma*, 37, 41, 72-73, 86-87, 139, and passim; Kahan, "Notes," 122-23; Brym, *The Jewish Intelligentsia*, 25; Nathans, *Beyond the Pale*, 68, 128-29; Mikhael' Beizer, *Evrei Leningrada 1917-1939: Natsional'naia zhizn' i sovetizatsiia* (Moscow; Mosty kul'tury, 1999), 15.

21 Kahan, "Notes," 111.

22 Brym, *The Jewish Intelligentsia*, 24-25 (including the Sachar quotation); Kahan, "Notes," 118; Anan'ich, *Bankirskie doma*, 73, 135-37.

23 Kahan, "Notes," 119-20; Anan'ich, *Bankirskie doma*, 49-66; Brym, *The Jewish Intelligentsia*, 24-25.

24 Anan'ich, *Bankirskie doma*, 41, 79.

25 Kahan, *Essays*, 3.

26 Robert Weinberg, "The Pogrom of 1905 in Odessa: A Case Study," in Klier and Lambroza, *Pogroms*, 252-53; Kahan, "Notes," 115-16; Owen, *Russian*

Corporate Capitalism, 188; Nathans, *Beyond the Pale*, 102−3; Iukhneva, *Etnicheskii sostav*, 211−12.

27 Kahan, *Essays*, 15−22; Kahan, "Notes," 115−17. Cf. Bonacich, "A Theory of Middleman Minorities," 586−87.

28 Nathans, *Beyond the Pale*, 217−18; Zipperstein, *The Jews of Odessa*, 108, 116. The Smolenskin quotation is on 108.

29 Isaak Babel', *Sochineniia*, vol. 2 (Moscow: Khudozhestvennaia literatura, 1992), 146. 我的翻译基于 David McDuff 的翻译，参见 Isaac Babel, *Collected Stories* (New York: Penguin, 1994); and Walter Morison's in Isaac Babel, *The Collected Stories* (New York: Meridian, 1974)。

30 Nathans, *Beyond the Pale*, 218, 224; B. N. Mironov, *Sotsial' naia istoriia Rossii perioda imperii*, vol. 1 (St. Petersburg: D. Bulanin, 1999), 31.

31 Erich Haberer, *Jews and Revolution in Nineteenth-Century Russia* (Cambridge: Cambridge University Press, 1995), 13; Nathans, *Beyond the Pale*, 102−3, 314−15, 343−44, 354, and passim; Beizer, *Evrei Leningrada*, 14.

32 Babel', *Sochineniia*, 2:171.

33 同上。

34 特别参见 Ruth Apter-Gabriel, ed., *Tradition and Revolution: The Jewish Renaissance in Russian Avant-Garde Art 1912−1928* (Jerusalem: Israel Museum, 1988); John E. Bowlt, "Jewish Artists and the Russian Silver Age," in *Russian Jewish Artists in a Century of Change, 1890−1990*, ed. Susan Tumarkin Goodman (Munich: Prestel, 1995), 40−52 (the Efros quotation is on 43); and Igor Golomstock, "Jews in Soviet Art," in *Jews in Soviet Culture*, ed. Jack Miller (New Brunswick, N.J.: Transaction Books, 1984), 23−30.

35 Nathans, *Beyond the Pale*, 111−12; Iukhneva, *Etnicheskii sostav*, 208−10; Lev Deich, *Za polveka* (Berlin, 1923; reprint, Cambridge: Oriental Research Partners, 1975), 11, 17−19. Henry J. Tobias, *The Jewish Bund in Russia: From Its Origins to 1905* (Stanford: Stanford University Press, 1972), 18.

36 Abramowicz, *Profiles of a Lost World*, 118−20. 也可参见 Abraham Cahan, *The Education of Abraham Cahan* (Philadelphia: Jewish Publication Society of

America, 1969), 116, and Nathans, *Beyond the Pale*, 236-37。

37 Zhabotinskii, *Izbrannoe*, 28-32; Cahan, *The Education*, 79; Boulton, *Zamenhof*, 8. 也可参见 René Centassi and Henri Masson, *L'Homme qui a défié Babel: Ludwik Lejzer Zamenhof* (Paris: L'Harmattan, 2001), 16。The Mutnikovich quotation is from Tobias, *The Jewish Bund*, 12.

38 Vladimir Iokhel'son, "Dalekoe proshloe," *Byloe*, no. 13 (July 1918): 55; Mandel'shtam, *Sochineniia v dvukh tomakh*, 2:20-21; Cahan, *The Education*, 79. 也可参见 Steven Cassedy, *To the Other Shore: The Russian Jewish Intellectuals Who Came to America* (Princeton: Princeton University Press, 1997), 6-14。

39 *Deiateli SSSR i revoliutsionnogo dvizheniia Rossii: Entsiklopedicheskii slovar' Granat* (Moscow: Sovetskaia entsiklopediia, 1989), 161. Cf. Yuri Slezkine, "Lives as Tales," in *In the Shadow of Revolution: Life Stories of Russian Women from 1917 to the Second World War*, ed. Sheila Fitzpatrick and Yuri Slezkine (Princeton: Princeton University Press, 2000), 18-30. 也可参见 Cassedy, *To the Other Shore*, 25-35。

40 Babel', *Sochineniia*, vol. 1 (Moscow: Khudozhestvennaia literatura, 1991), 39.

41 同上书，2:153。

42 同上书，143。

43 S. Marshak, *V nachale zhizni* (Moscow: Sovetskii pisatel', 1961), 89-90; 普希金翻译引自 Alexander Pushkin, *Collected Narrative and Lyrical Poetry*, trans. Walter Arndt (Ann Arbor: Ardis, 1984), 358-63。作为犹太男孩得到肯定的一个传统方式，这两个案例都在以下书籍中讨论过，Efraim Sicher, *Jews in Russian Literature after the October Revolution: Writers and Artists between Hope and Apostasy* (Cambridge: Cambridge University Press, 1995), 38。

44 Babel', *Sochineniia*, 2:175-76.

45 Cahan, *The Education*, 8.

46 Babel', *Sochineniia*, 2:174-75.

47 Cahan, *The Education*, 145; *Deiateli*, 160; A. Kushnirov, *Stikhi* (Moscow: Khudozhestvennaia literatura, 1964), 54; The Pasternak and Aronson quotations are from Bowlt, "Jewish Artists," 44.

48 Marshak, *V nachale zhizni*, 243.

49 Babel', *Sochineniia*, 2:238.

50 Raisa Orlova, *Vospominaniia o neproshedshem vremeni* (Ann Arbor: Ardis, 1983), 15.

51 Mandel'shtam, *Sochineniia v dvukh tomakh*, 2:21.

52 Babel', *Sochineniia*, 1:39−41.

53 Deich, *Za polveka*, 34; Iokhel'son, "Dalekoe proshloe," 56−57; I. J. Singer, *The Brothers Ashkenazi* (New York: Atheneum, 1980), 8; L. Trotskii, *Moia zhizn': Opyt avtobiografii*, vol. 1 (Berlin: Granit, 1930), 106; Joseph Nedava, *Trotsky and the Jews* (Philadelphia: Jewish Publication Society of America, 1971), 31; Babel', *Sochineniia*, 2:178.

54 Cahan, *The Education*, 8; *Deiateli*, 161.

55 Ronald Sanders, *The Downtown Jews: Portraits of an Immigrant Generation* (New York: Harper and Row, 1961), 310−14; Jeffrey Veidlinger, *The Moscow State Yiddish Theater: Jewish Culture on the Soviet Stage* (Bloomington: Indiana University Press, 2000), 139−46; Nataliia Vovsi-Mikhoels, *Moi otets Solomon Mikhoels: Vospominanie o zhizni i gibeli* (Moscow: Vozvrashchenie, 1997), 81−88.

56 Cahan, *The Education*, 74, 47−48; G. A. Landau, "Revoliutsionnye idei v russkoi obshchestvennosti," in *Rossiia i evrei*, ed. I. M. Bikerman et al. (Paris: YMCA Press, 1978), 108; *Deiateli*, 161, 155; Trotskii, *Moia zhizn'*, 1:219; Nedava, *Trotsky and the Jews*, 33.

57 Sholem Aleichem, *Tevye the Dairyman and the Railroad Stories*, trans. Hillel Halkin (New York: Schocken Books, 1987), 81.

58 The "spoilt for Russia" quotation is from Alexander Herzen, *My Past and Thoughts* (Berkeley and Los Angeles: University of California Press, 1982), 66.

59 L. N. Tolstoi, *Kazaki* (Moscow: Khudozhestvennaia literatura, 1967), 35, 39−40, 122.

60 S. N. Eisenstadt, *From Generation to Generation: Age Groups and Social Structure* (New York: Free Press, 1971), 44−51 and passim. Cf. Lynn Hunt,

The Family Romance of the French Revolution (Berkeley and Los Angeles: University of California Press, 1992).

61 特别参见 Daniel Brower, *Training the Nihilists: Education and Radicalism in Tsarist Russia* (Ithaca: Cornell University Press, 1975); and Abbott Gleason, *Young Russia: The Genesis of Russian Radicalism in the 1860s* (New York: Viking Press, 1980)。

62 S. Ia. Nadson, *Stikhotvoreniia* (Moscow: Sovetskaia Rossiia, 1987), 212, 234, 293; Mandelshtam, *Sochineniia*, 2:16 (cf. Osip Mandelstam, *The Prose of Osip Mandelstam*, trans. Clarence Brown [Princeton; Princeton University Press, 1965], 84). 有关犹太人是受害者的主题的最佳研究，参见 L. Andreev, M. Gor'kii, and F. Sologub, eds., *Shchit: Literaturnyi sbornik* (Moscow: T-vo tipografii Mamontova, 1915), 该书发表于第一次世界大战中犹太人从边境地区被大规模驱逐出境之后。也可参见 Joshua Kunitz, *Russian Literature and the Jew* (New York: Columbia University Press, 1929), 95–168. The "islands of freedom" quotation is from Brym, *The Jewish Intelligentsia*, 53。

63 *Deiateli*, 80 (ellipses in the original). 阅读圈老读者的两个引语转引自 Mendelsohn, *Class Struggle*, 38。

64 Cahan, *The Education*, 145–46.

65 Mandelshtam, *Sochineniia*, 2:16. 索菲亚·佩罗夫斯卡娅和安德烈·哲利亚博夫1881 年因为刺杀亚历山大二世而被处决。

66 *Deiateli*, 18–19.

67 同上书，158。 也可参见 Haberer, *Jews and Revolution*, 151–55。 我使用了 Haberer 的翻译，略有修订。

68 参见 Brym, *The Jewish Intelligenstia*; Jonathan Frankel, *Prophecy and Politics: Socialism, Nationalism, and the Russian Jews, 1862–1917 [ZT]*(Cambridge: Cambridge University Press, 1981); Yoav Peled, *Class and Ethnicity in the Pale: The Political Economy of Jewish Workers' Nationalism in Late Imperial Russia* (New York: St. Martin's Press, 1989); Tobias, *The Jewish Bund*。布尔什维克革命后，崩得分子和其他非布尔什维克政党一起被解散（同时继续在新边界的波兰一边运作）。换句话说，崩得分子从未获得公平的机会——但这是问题的一

部分：该党与少数民族主义联系太紧密，成为马克思主义者难以令人信服（尤其是考虑到亲犹太人的普世主义者的选择），而过于强调马克思主义和治外法权，也难以成为民族主义者。

69 Chaim Weizmann, *The Letters and Papers of Chaim Weizmann*, gen. ed. Meyer W. Weisgal, vol. 2, ser. A, November 1902–August 1903 (London: Oxford University Press, 1971), 306–7. For a discussion of the three emigrations, 有关三次移民的讨论，参见 Nathans, *Beyond the Pale*, 86。关于政治选择与俄罗斯和犹太环境中"嵌入程度"之间的联系，参见 Brym, *The Jewish Intelligentsia*, 44。

70 Haberer, *Jews and Revolution*, 94. Aron Zundelevich 领导的维尔纳圈几乎全部由该市犹太教神学院的学生组成。参见 Haberer, *Jews and Revolution*, 79。

71 同上书，254–57, 275, 318–19; Brym, *The Jewish Intelligenstia*; 3; Nedava, *Trotsky and the Jews*, 143。

72 Tobias, *The Jewish Bund*, 76–79; I. Domal'skii, *Russkie evrei vchera i segodnia* (Jerusalem: Alia, 1975), 53; Nedava, *Trotsky and the Jews*, 144–46; Brym, *The Jewish Intelligentsia*; 73; Oleg Budnitskii, "V chuzhom piru pokhmel'e: Evrei i russkaia revoliutsiia," in *Evrei i russkaia revoliutsiia: Materialy i issledovaniia*, ed. O. V. Budnitskii (Moscow: Mosty kul'tury, 1999), 13; Beizer, *Evrei Leningrada*, 50; Iaakov Menaker, *Zagovorshchiki, ikh spodvizhniki i soobshchniki* (Jerusalem: n.p., 1990), 171, 302.

73 有关俄国革命运动中的阶级和民族问题，参见 Ronald Grigor Suny, *The Revenge of the Past: Nationalism, Revolution, and the Collapse of the Soviet Union* (Stanford: Stanford University Press, 1993), esp. 20–83。也可参见 B. N. Mironov, *Sotsial'naia istoriia Rossii perioda imperii*, vol. 2 (St. Petersburg: DB, 1999), 42–43。

74 Leonard Schapiro, "The Role of the Jews in the Russian Revolutionary Movement," *Slavonic and East European Review* 40 (December 1961): 153. 也可参见 Haberer, *Jews and Revolution*, 270–71 and passim。

75 Iokhel'son, "Dalekoe proshloe," 55.

76 I. O. Levin, "Evrei v revoliutsii," in *Rossiia i evrei*, 132–33.

77 F. M. Dostoevsky, "Dnevnik pisatelia za 1877 g.," in *Taina Izrailia*, 19–20.

Pobedonostsev 引语来自 Rogger, *Jewish Policies*, 67。

78 Zhabotinskii, *Izbrannoe*, 52–54. 也可参见 Vl. Zhabotinskii, *Chuzhbina* (Moscow: Mosty kul' tury; Jerusalem: Gesharim, 2000), 222–23。

79 Nathans, *Beyond the Pale*, 260, 264, 348, 351.

80 特别参见 Rogger, *Jewish Policies*, 56–112。

81 有关大屠杀，参见 in particular, Klier and Lambroza, *Pogroms*。

82 Maksim Gor' kii, *Iz literaturnogo naslediia: Gor' kii i evreiskii vopros*, ed. Mikhail Agurskii and Margarita Shklovskaia (Jerusalem: Hebrew University of Jerusalem, 1986), 190–202.

83 Babel' , *Sochineniia*, 2:142, 148, 154–56.

84 同上书，143–44.

85 Gor' kii, *Iz literaturnogo naslediia*, 199.

86 A. Lunacharskii, *Ob antisemitizme* (Moscow: Gosizdat, 1929), 17.

87 V. I. Lenin, "Kriticheskie zametki po natsional' nomu voprosu," in V. I. Lenin, *Voprosy natsional' noi politiki i proletarskogo internatsionalizma* (Moscow: Politizdat, 1965), 10, 13, 15; E. E. Kirillova and V. N. Shepeleva, eds., "Vy…rasporiadilis' molchat' …absoliutno," *Otechestvennye arkhivy*, no. 3 (1992): 78–79; Gor' kii, *Iz literaturnogo naslediia*, 351. For Lenin' s genealogy, 参见 O. Abramova, G. Borodulina, and Koloskova, *Mezhdu pravdoi i istinoi (ob istorii spekuliatsii vokrug rodosloviia V. I. Lenina* (Moscow: Gosudarstvennyi istoricheskii muzei, 1998); and M. G. Shtein, *Ul' ianovy i Leniny: Tainy rodoslovnoi i psevdonima* (St. Petersburg: VIRD, 1997)。

88 Lenin, "O prave natsii na samoopredelenie," in Lenin, *Voprosy natsional' noi politiki*, 81n.

89 Gor' kii, *Iz literaturnogo naslediia*, 170–71, 113, 115, 204, 269.

90 Eric Lohr, "Enemy Alien Politics within the Russian Empire during World War I " (Ph.D. diss., Harvard University, 1999). 也可参见 Peter Gattrell, *A Whole Empire Walking: Refugees in Russia during World War I* (Bloomington: Indiana University Press, 1999); Peter Holquist, "To Count, to Extract, and to Exterminate: Population Statistics and Population Politics in Late Imperial and Soviet Russia," in *A State*

of Nations: Empire and Nation-Making in the Age of Lenin and Stalin, ed.
Ronald Grigor Suny and Terry Martin (New York: Oxford University Press,
2001), 111-44; Mark von Hagen, "The Great War and the Mobilization of
Ethnicity in the Russian Empire," in *Post-Soviet Political Order: Conflict
and State Building*, ed. Barnett R. Rubin and Jack Snyder (London and New
York: Routledge, 1998), 34-57, esp. 43; and V. V. Kanishchev, *Russkii bunt
—bessmyslennyi i besposhchadnyi: Pogromnoe dvizhenie v gorodakh Rossii v
1917-1918 gg.* (Tambov: TGU, 1995)。

91 On Russia's "Time of Troubles," 参见 Peter Holquist, *Making War, Forging
Revolution: Russia's Continuum of Crisis, 1914-1921* (Cambridge: Harvard
University Press, 2002)。

92 Babel', *Sochineniia*, 2:43, 101, 70, 36.

93 同上书，246。

94 E. G. Bagritskii, *Stikhotvoreniia* (Leningrad: Sovetskii pisatel', 1956), 174-
76.

95 有关托洛茨基就读的第一所学校，参见 Trotskii, *Moia zhizn'*, 54-58。

96 Bagritskii, *Stikhotvoreniia*, 202.

97 Babel', *Sochineniia*, 2:129.

98 Al'tman, "Avtobiograficheskaia proza," 210, 214, 219.

99 Nadezhda and Maia Ulanovskie, *Istoriia odnoi sem'i* (New York: Chalidze
Publications, 1982), 30.

100 同上书，34, 41, 36。

101 Babel', *Sochineniia*, 2:206. For Babel's interrogation, 参见 Vitalii Shentalinskii, *Raby
svobody: V literaturnykh arkhivakh KGB* (Moscow: Parus, 1995), 26-81。

102 Iosif Utkin, *Stikhi* (Moscow: Pravda, 1939), 21-22; Bagritskii, *Stikhotvoreniia*,
250-51, 259-61, 262-63.

103 特别参见 Budnitskii, "V chuzhom piru pokhmel'e"; Henry Abramson, *A Prayer
for the Government: Ukrainians and Jews in Revolutionary Times, 1917-
1920* (Cambridge: Ukrainian Research Institute and Center for Jewish Studies,
Harvard University, 1999); Peter Kenez, "Pogroms and White Ideology in the

Russian Civil War," in Klier and Lambroza, *Pogroms*, 293–313; Holquist, "To Count, to Extract, and to Exterminate。"

104 Babel', *Sochineniia*, 1:127.

105 V. Shklovskii, *Sentimental' noe puteshestvie* (Moscow: Novosti, 1990), 38–39, 43, 81.

106 Beizer, *Evrei Leningrada*, 30–32, 49–51; M. Frenkin, *Russkaia armiia i revoliutsiia, 1917–1918* (Munich: Logos, 1978), 244; Menaker, *Zagovorshchiki*, 427. 孟什维克（布尔什维克的正统马克思主义反对者）的领导层中犹太人比例更大，但在红军和新苏维埃国家成立后，大多数犹太革命者认为革命是布尔什维主义。

107 Beizer, *Evrei Leningrada*, 70.

108 同上书，78–79; Gabriele Freitag, "Nächstes Jahr in Moskau! Die Zuwanderung von Juden in die sowjetische Metropole 1917 bis 1932" (Ph.D. diss., Johann-Wolfgang-Goethe-Universität, Frankfurt am Main, 2000), 131–36, 143; Benjamin Pinkus, *The Jews of the Soviet Union: The History of a National Minority* (Cambridge: Cambridge University Press, 1988), 77–81。女布尔什维克者的数字来自 *Vserossiisskaia perepis' chlenov RKP. Vypusk 5. Natsional' nyi sostav chlenov partii* (Moscow, 1924), 62。我感谢 Gabriele Freitag 让我注意到这些数据。

109 L. Krichevskii, "Evrei v apparate VChK-OGPU v 20-e gody," in Budnitskii, *Evrei i russkaia revoliutsiia*, 320–50; Schapiro, "The Role of the Jews," 165. On the Latvians, 参见 Andrew Ezergailis, *The Latvian Impact on the Bolshevik Revolution* (Boulder, Colo.: East European Monographs, distributed by Columbia University Press, 1983)。

110 A. L. Litvin, *Krasnyi i belyi terror v Rossii, 1918–1922* (Kazan: Tatarskoe gazetno-zhurnal' noe izdatel' stvo, 1995), 168–71, 79–82; N. A. Sokolov, *Ubiistvo tsarskoi sem' i* (Moscow: Soverskii pisatel', 1991, originally published in Berlin in 1925); Edvard Radzinskii, *Gospodi... spasi i usmiri Rossiiu* (Moscow: Vagrius, 1996); S. P. Mel' gunov, *Krasnyi terror v Rossii* (New York: Brandy, 1979), 66–71.

111 The numbers are from Golomstock, "Jews in Soviet Art," 38.

112 Beizer, *Evrei Leningrada*, 70; *Gorodskie imena vchera i segodnia; Peterburgskaia toponimika* (St. Petersburg: LIK, 1997), 216.

113 Lunacharskii, *Ob antisemitizme*, 46–47. For intermarriage statistics, 参见 Altshuler, *Soviet Jewry on the Eve of the Holocaust*, 74。

114 Sokolov, *Ubiistvo*, 134–41, 153–61, 170.

115 V. V. Shul'gin, *"Chto nam v nikh ne nravitsia…" Ob Antisemitizme v Rossii* (Moscow: Khors, 1992), 34–35 (italics in the original).

116 同上书, 143。Cf. Jan T. Gross, *Neighbors: The Destruction of the Jewish Community in Jedwabne, Poland* (Princeton: Princeton University Press, 2001), 132–37.

117 Shul'gin, *"Chto nam v nikh ne nravitsia"*, 71–82, 257–58.

118 同上书, 141–42。

119 *Rossiia i evrei*, 5–8, 22, 26, 59, 117.

120 Ia. A. Bromberg, *Zapad, Rossiia i Evreistvo: Opyt peresmotra evreiskogo voprosa* (Prague: Izd. Evraziitsev, 1931), 54–55.

121 *Rossiia i evrei*, 104, 212–13; Bromberg, *Zapad, Rossiia i Evreistvo*, 188.

122 For the "historical guilt," if not of "commissars" and "Chekists" themselves, then of their children and grandchildren. 对于 "历史罪行"，如果不是 "政委" 和 "契卡警察" 自己的罪行，那么就是他们子孙后代的。参见 David Samoilov, *Perebiraia nashi daty* (Moscow: Vagrius, 2000) (the quotation is on 55); Vas. Grossman, *Vse techet* (Frankfurt: Posev, 1970), 153–57 (on Leva Mekler); and Margolina, *Das Ende*。

123 For the argument that national canons are "assembled from deeds that are somehow special". 有关国家经典是 "多少有些特殊的事迹的汇总"，参见 Gross, *Neighbors*, 136。有关二战后的赔偿要求，参见 Elazar Barkan, *The Guilt of Nations: Restitution and Negotiating Historical Injustices* (New York: W. W. Norton, 2000)。

124 Beizer, *Evrei Leningrada*, 46.

125 Lenin, "Kriticheskie zametki," 8–9; Levin, "Evrei v revoliutsii," 131; Lev Kopelev, *I sotvoril sebe kumira* (Ann Arbor: Ardis, 1978), 67.

126 Gor'kii, *Iz literaturnogo naslediia*, 304.

127 同上书，307 (including the Frumkina and Trainin quotations); Trotskii, *Moia zhizn'*, 2:61-63; Nedava, *Trotsky and the Jews*, 122。

128 A. Lunacharskii, *Ob antisemitizme*, 5-6.

129 Babel, *Sochineniia*, 2:32.

130 同上书。

131 同上书，124, 252。

132 同上书，69。

133 同上书，34。

134 曼德尔斯塔姆的原文（"Miauknul kon', i kot zarzhal-kazak evreiu podrazhal"）中，哥萨克人行动像一个犹太人。

135 Babel', *Sochineniia*, 1:65, 127, 128, 132, 144; 2:43, 264.

136 同上书，2:163。

137 Perets Markish, *Izbrannoe* (Moscow: Sovetskii pisatel', 1957), 272; Ulanovskie, *Istoriia*, 9-22 and passim; Babel', *Sochineniia*, 1:127; Anatolii Rybakov, *Roman-vospominanie* (Moscow: Vagrius, 1997), 14.

138 基于 Katerina Clark 的开创性著作 *The Soviet Novel: History as Ritual* (Chicago: University of Chicago Press, 1981)。

139 A. Fadeev, *Razgrom* (Moscow: Ogiz, 1947), 49, 89, 169. Cf. A. Fadeev, *The Rout* (Moscow: Foreign Languages Publishing House, n.d.), 162.

140 Fadeev, *Razgrom*, 153, 42, 28, 6, 50.

141 同上书，152-54。

142 同上书，116, 128。

143 Iurii Libedinskii, *Izbrannye proizvedeniia*, vol. 1 (Moscow: Khudozhestvennaia literatura, 1980), 90-94, 103, 128, 145.

144 A. Tarasov-Rodionov, *Shokolad*, in *Sobachii pereulok: Detektivnye romany i povest'* (Moscow: Sovremennyi pisatel', 1993), 298-99; Vasilii Grossman, "Chetyre dnia,' in *Na evreiskie temy*, vol. 1 (Jerusalem: Biblioteka Aliia, 1985), 45, 47.

145 Bagritskii, *Stikhotvoreniia*, 91-108.

146 Fadeev, *Razgrom*, 154; Libedinskii, *Izbrannye proizvedeniia*, 1:95; M. D.

Baital'skii, *Tetradi dlia vnukov*, Memorial Archive, f. 2, op. 1, d. 8, 24; 有关英语翻译，参见 Mikhail Baitalsky, *Notebooks for the Grandchildren: Recollections of a Trotskyist Who Survived the Stalin Terror*, trans. Marilyn Vogt-Downey (Atlantic Highlands, N.J.: Humanities Press, 1995), 67; Grossman, "Chetyre dnia," 54; Vas. Grossman, *Vse techet* (Frankfurt: Posev, 1970), 154–55。

147 A. Arosev, *Zapiski Terentiia Zabytogo* (Berlin: Russkoe tvorchestvo, 1922), 101–2.

148 同上书，105。

149 同上书，103。

150 Bagritskii, *Stikhotvoreniia*, 167–71.

151 M. Gor'kii, L. Averbakh, S. Firin, eds., *Belomorsko-baltiiskii kanal imeni Stalina: Istoriia stroitel'stva 1931–1934* (Moscow: OGIZ, 1934).

152 该观点基于 Vladimir Papernyi's *Kul'tura Dva* (Moscow: NLO, 1996)。

153 同上书，260; Arosev, *Zapiski*, 40; Il'ia Errenburg, *Zhizn' i gibel' Nikolaia Kurbova* (Moscow: Novaia Moskva, 1923), 173。For an analysis of both Arosev's *Zapiski* and Ehrenburg's *Zhizn' i gibel'*，参见 Mikhail Geller, *Kontsentratsionnyi mir i sovetskaia literatura* (London: Overseas Publications, 1974), 101。

154 Eduard Bagritskii, *Stikhotvoreniia i poemy* (Minsk: Nauka i tekhnika, 1983), 147–64.

155 St. Kuniaev, "Legenda i vremia," *Dvadtsat' dva*, no. 14 (September 1980): 149; Maxim D. Shrayer, *Russian Poet/Soviet Jew: The Legacy of Eduard Bagritskii* (Oxford: Rowman & Littlefield, 2000), 74, 88–90.

第四章　霍黛儿的选择：犹太人和三个应许之地

1 Sholem Aleichem,Tevye the Dairyman and the Railroad Stories, trans. Hillel Halkin (New York: Schocken Books, 1987), 57, 69.

2 参见 Harshav, *Language in Time of Revolution*, 8–11。

3 转引自 Sanders, *The Downtown Jews*, 415。也参见 Eli Lederhendler, *Jewish Responses to Modernity: New Voices in America and Eastern Europe* (New York: New York University Press, 1994), 121–27。

4 Bromberg, *Zapad, Rossiia i evreistvo*, 186, 190.

5 布伦纳的引文来自 Ariel Hirschfeld, "Locus and Language: Hebrew Culture in Israel, 1890-1990," in *Cultures of the Jews: A New History*, ed. David Biale (New York: Schocken Books, 2002), 1019。

6 Rybakov, *Roman-vospominanie*, 13-14; Ester Markish, *Stol' dolgoe vozvrashchenie* (Tel Aviv: n.p., 1989), 25; Meromskaia-Kol' kova, *Nostal' giia? Net!* (Tel Aviv: Lim, 1988), 19-20; Roziner, *Serebrianaia tsepochka*, passim. 我感谢 Noemi Kitron 告诉我有关她父亲的信息。"斯大林建立的'锡安山'"这个短语来自 Robert Weinberg, *Stalin' s Forgotten Zion. Birobidzhan and the Making of a Soviet Jewish Homeland: An Illustrated History, 1928-1996* (Berkeley and Los Angeles: University of California Press, 1998)。

7 Bromberg, *Zapad, Rossiia i evreistvo*, 181.

8 转引自 Amos Elon, *The Israelis: Founders and Sons* (New York: Holt, Rinehart and Winston, 1971), 134-35。

9 本－古里安的引文来自 Zeev Sternhell, *The Founding Myths of Israel: Nationalism, Socialism, and the Making of the Jewish State* (Princeton: Princeton University Press, 1998), 21。

10 参见 Elon, *The Israelis*, 116, and Oz Almog, *The Sabra: The Creation of the New Jew* (Berkeley and Los Angeles: University of California Press, 2000), 213, 238, and passim。

11 Abraham Cahan, *The Rise of David Levinsky* (New York: Harper and Row, 1966), 459.

12 Bromberg, *Zapad, Rossiia i evreistvo*, 184. 也参见 Cassedy, *To the Other Shore*, 63-76, 109-27。

13 Alfred Kazin, *A Walker in the City* (New York: Harcourt, Brace and Company, 1951), 61-62. 也参见 Steven J. Zipperstein, *Imagining Russian Jewry: Memory, History, Identity* (Seattle: University of Washington Press, 1999), 24-25。

14 Vladimir (Zeev) Zhabotinskii, *Piatero* (Odessa: Optimum, 2000); Walter Benjamin, *Selected Writings*, vol. 1 (Cambridge: Harvard University Press, Belknap Press, 1996), 252.

15 Roziner, *Serebrianaia tsepochka*, 189; Mikhail Agurskii, *Pepel Klaasa. Razryv*

(Jerusalem: URA, 1996), 27.

16 Freitag, *Nächstes Jahr*, 44, 69−70, 83; Beizer, *Evrei Leningrada*, 81, 116, 360; Altshuler, *Soviet Jewry on the Eve of the Holocaust*, 225, 15（引文来自第15页）。

17 Altshuler, *Soviet Jewry on the Eve of the Holocaust*, 34−35, 220, 225, 253.

18 Izi Kharik, *Mit layb un lebn* (Minsk, 1928), 19−20; 德语翻译参见 Freitag, *Nächstes Jahr*, 6；俄语翻译参见 Izi Kharik, *Stikhi i poemy* (Moscow: Sovetskii pisatel',1958), 110。

19 Iu. Larin, *Evrei i anti-semitizm v SSSR* (Moscow and Leningrad: Gosizdat, 1929), 97−99; 121−22; Beizer, *Evrei Leningrada*, 95−99. 也参见 Matthias Vetter, *Antisemiten und Bolschewiki. Zum Verhältnis von Sowjetsystem und Judenfeindschaft 1917−1939* (Berlin: Metropol Verlag, 1995), 98−100。

20 V. Kirshon and A. Uspenskii, "Koren' kovshchina (epizody iz p' esy)," *Molodaia gvardiia*, no. 10 (October 1926): 43. Cf. V. Kirshon and A. Uspenskii, *Konstantin Terekhin (Rzhavchina)* (Moscow: Gosizdat, 1927). Sergei Malashkin, *Luna s pravoi storony* (Riga: Literatura, 1928), 71; Boris Levin, *Iunosha* (Moscow: Sovetskii pisatel', 1987 [originally published in 1933]), 124−25, 131−32; Matvei Roizman, *Minus shest'* (Berlin: Kniga i stsena, 1931 [written in 1925−26]). 有关20世纪20年代苏联的鬼神学，参见 Victoria E. Bonnell, *Iconography of Power: Soviet Political Posters under Lenin and Stalin* (Berkeley and Los Angeles; University of California Press, 1997), 207−11。

21 Feliks Chuev, *Molotov: Poluderzhavnyi vlastelin* (Moscow: Olma Press, 2000), 637; G. V. Kostyrchenko, *Tainaia politika Stalina: Vlast' i antisemitizm* (Moscow: Mezhdunarodnye otnosheniia, 2001), 109−10; Mikhail Shreider, *Vospominaniia chekista-operativnika*, Memorial Archive, f. 2, op. 2, d. 100, 11. 330−77. 有关统计数据，参见 A. I. Kokurin and N. V. Petrov, eds., *Lubianka: VChKOGPU-NKVD-NKGB-MGB-MVD-KGB, 1917−1960, Spravochnik* (Moscow: Demokratiia, 1997), 12, 104; and N. V. Petrov, K. V. Skorkin, eds., *Kto rukovodil NKVD 1934−1941: Spravochnik* (Moscow; Zven' ia, 1999), 139−40, 459−60, 495。

22 V. G. Tan-Bogoraz, ed., *Evreiskoe mestechko v revoliutsii* (Moscow and

Leningrad: Gosizdat, 1926), 25; E. Markish, *Stol' dolgoe vozvrashchenie*, 76–80; Baital'skii, *Tetradi dlia vnukov*, Memorial Archive, f. 2, op. 1, d. 8, 1. 24, for the English translation, 参见 Baitalsky, *Notebooks for the Grandchildren*, 67; Rybakov, *Roman-vospominanie*, 10; Agurskii, *Pepel Klaasa*, 24; Meromskaia-Kol'kova, *Nostal' giia*, 45。

23 Altshuler, *Soviet Jewry on the Eve of the Holocaust*, 104.

24 同上书, 106–9; Beizer, *Evrei Leningrada*, 118。

25 Altshuler, *Soviet Jewry on the Eve of the Holocaust*, 118–27, 308.

26 Freitag, *Nächstes Jahr*, 114; Beizer, *Evrei Leningrada*, 88, 120.

27 转引自 Kostyrchenko, *Tainaia politika*, 58。

28 Beizer, *Evrei Leningrada*, 121, 125; Freitag, *Nächstes Jahr*, 124.

29 Freitag, *Nächstes Jahr*, 129; Altshuler, *Soviet Jewry on the Eve of the Holocaust*, 308, 129, 313–14; Larin, *Evrei i anti-semitizm*, 109.

30 Yehoshua Yakhot, "Jews in Soviet Philosophy," in Miller, *Jews in Soviet Culture*, 216–17; *Pervyi vsesoiuznyi s ezd sovetskikh pisatelei, 1934. Stenograficheskii otchet* (Moscow: Khudozhestvennaia literatura, 1934), 700–702; *Istoriia sovetskoi politicheskoi tsenzury: Dokumenty i kommentarii [ZT]* (Moscow: Rosspen, 1997), 102; Joachim Braun, "Jews in Soviet Music," in Miller, *Jews in Soviet Culture*, 75–86; Arkady Vaksberg, *Stalin against the Jews* (New York: Alfred A. Knopf, 1994), 69; Vadim Tepliskii, *Evrei v istorii shakhmat* (Tel Aviv: Interpresscenter, 1997), 81–85.

31 *Stroka, oborvannaia pulei: Moskovskie pisateli, pavshie na frontakh Otechestvennoi voiny* (Moscow: Moskovskii rabochii, 1976), 138–46; 以及斯廖兹金的家族档案。也参见 *Golosa iz mira, kotorogo uzhe net: Vypuskniki istoricheskogo fakul' teta MGU 1941. V pis' makh i vospominaniiakh* (Moscow: MGU, 1995), 7。莫斯科国立大学历史系1941年毕业生在战争中遇难的, 至少有1/3是犹太人。

32 Mikhail Svetlov, *Izbrannoe* (Moscow: Khudozhestvennaia literatura, 1988), 23–25, 115, 150; Aleksandr Bezymenskii, *Izbrannye proizvedeniia v dvukh tomakh*, vol. 1 (Moscow: Khudozhestvennaia literatura, 1989), 35, 53.

33 Lev Kopelev, *I sotvoril sebe kumira* (Ann Arbor: Ardis, 1978), 191–92. 有关

英语译本（我的翻译基于该译本），参见 Lev Kopelev, *The Education of a True Believer*, trans. Gary Kern (New York: Harper and Row, 1978), 166。

34 Baital'skii, *Tetradi dlia vnukov*, Memorial Archive, f. 2, op. 1, d. 8, 1. 49.

35 同上书，l. 129; Svetlov, *Izbrannoe*, 72, 102。

36 Kopelev, *I sotvoril*, 257–58; Sheila Fitzpatrick, ed., *Cultural Revolution in Russia*, 1928–1931 (Bloomington: Indiana University Press, 1978), esp. Fitzpatrick's "Cultural Revolution as Class War."

37 Meromskaia-Kol'kova, *Nostal'giia*, 47.

38 Orlova, *Vospominaniia*, 52–53; Inna Shikheeva-Gaister, *Semeinaia khronika vremen kul'ta lichnosti, 1925–1953* (Moscow: Nn'iudiamed, 1998), 5–6. "政府之家" 是特地为苏联政治精英成员建造的居所。

39 Beizer, *Evrei Leningrada*, 123; Baital'skii, *Tetradi dlia vnukov*, Memorial Archive, f. 2, op. 1, d. 8, ll. 19, 50.

40 *Pravda*, June 3, 1935; Orlova, *Vospominaniia*, 75.

41 Orlova, *Vospominaniia*, 70. 有关 IFLI 的历史，参见 Iu. P. Sharapov, *Litsei v Sokol'nikakh* (Moscow: AIRO-XX, 1995)。

42 David Samoilov, *Perebiraia nashi daty* (Moscow: Vagrius, 2000), 120, 141. 科佩列夫的引文来自 Sharapov, *Litsei*, 42。

43 Pavel Kogan, *Groza* (Moscow: Sovetskii pisatel', 1989), 98, 51, 120, 70, 74, 138.

44 Boris Slutskii, *Izbrannaia lirika* (Moscow: Molodaia gvardiia, 1965), 28.

45 Kopelev, *I sotvoril*, 81.

46 Samoilov, *Perebiraia*, 57–58.

47 同上书，55; Meromskaia-Kol'kova, *Nostal'giia*, 32–33. For the Germans and Jews as "mobilized diasporas" in Russia and the USSR。有关作为俄罗斯帝国和苏联 "动员侨民" 的德国人和犹太人，参见 Armstrong, "Mobilized and Prolarian Diasporas," 403–5; 有关犹太 – 苏联精英的开创性著作，参见 Victor Zaslavsky and Robert J. Brym, *Soviet Jewish Emigration and Soviet Nationality Policy* (London: Macmillan, 1983), 82–85。

48 Meromskaia-Kol'kova, *Nostal'giia*, 50.

49 同上书，205; Orlova, *Vospominaniia*, 40。

50 Agurskii, *Pepel Klaasa*, 28–29.

51 Eugenia Semyonovna Ginzburg, *Journey into the Whirlwind*, trans. Paul Stevenson and Max Hayward (New York: Harcourt, Brace and World, 1967), 295. Cf. Evgeniia Ginzburg, *Krutoi marshrut*, vol. 1 (New York: Possev-USA, 1985), 300.

52 Vasily Grossman, *Life and Fate* (New York: Harper & Row, 1980), 83; Cf. Vasilii Grossman, *Zhizn' i sud' ba* (Moscow: Vagrius-Agraf, 1998), 53, 54–55, 62.

53 Gnedin, *Vykhod iz labirinta*, 84, 26.

54 Kopelev, *I sotvoril*, 129–30, 133, 150. Cf. Kopelev, *The Education*, 102–3, 106, 124.

55 V. Izmozik, "Evreiskii vopros' v chastnoi perepiske sovetskikh grazhdan serediny 1920-kh gg.," *Vestnik Evreiskogo universiteta v Moskve*, no. 3 (7) (1994): 172, 177, 180.

56 同上书，167, 169, 173, 180;阿尼西莫夫的引文来自 I. L. Kyzlasova, *Istoriia otechestvennoi nauki ob iskusstve Vizantii i Drevnei Rusi, 1920–1930* (Moscow: Izdatel' stvo Akademii gornykh nauk, 2000), 238。

57 M. A. Bulgakov, *Rukopisi ne goriat* (Moscow: Shkola-press, 1996), 580–81, 584–85.

58 转引自 Kostyrchenko, *Tainaia politika*, 106。也参见 N. Teptsov, "Monarkhiia pogibla, a antisemitizm ostalsia (dokumenty Informatsionnogo otdela OGPU 1920kh gg.," *Neizvestnaia Rossiia XX vek* 3 (1993): 324–58。

59 Izmozik, "Evreiskii vopros," 165–67; Kostyrchenko, *Tainaia politika*, 107–8.

60 Trotskii, *Moia zhizn'*, 2:61–63; Chuev, *Molotov*, 257。莫洛托夫的请求见于俄罗斯联邦的国家档案馆（GARF），f. 5446, op. 82, d. 53, ll. 1–13。

61 Kirillova and Shepeleva, "Vy," 76–83; Abramova et al., *Mezhdu*, 7, 51–67.

62 V. I. Stalin, *Marksizm i natsional' nyi vopros* (Moscow: Politizdat, 1950), 163. 有关苏联的民族政策，参见 Yuri Slezkine, "The USSR as a Communal Apartment, or How a Socialist State Promoted Ethnic Particularism," *Slavic*

Review 53, no. 2 (Summer 1994): 414–52。有关基于档案的最完整处理，参见 Terry Martin, *The Affirmative Action Empire: Nations and Nationalism in the Soviet Union, 1923–1939* (Ithaca: Cornell University Press, 2002)。

63 有关犹太异族通婚及意第绪语的流失，参见 Altshuler, *Soviet Jewry on the Eve of the Holocaust*, 74–76; 91–92, 96, 268–70; Beizer, *Evrei Leningrada*, 84, 86, 128; Freitag, *Nächstes Jahr*, 102, 140, 248。

64 Larin, *Evrei i antisemitizm*, 169; 卡冈诺维奇的引文来自 Kostyrchenko, *Tainaia politika*, 113。

65 Kostyrchenko, *Tainaia politika*, 90–99, 111–22.

66 Beizer, *Evrei Leningrada*, 102–11; Kostyrchenko, *Tainaia politika*, 100–111; *Vlast' i khudozhestvennaia intelligentsiia: Dokumenty TsK RKP(b)—BKP(b), VChK-OGPU-NKVD o kul' turnoi politike, 1917–1953*, ed. Andrei Artizov and Oleg Naumov (Moscow: Demokratiia, 1999), 255–56; *Pravda*, May 24, 1935; Vaksberg, *Stalin against the Jews*, 73–77; A. Ia. Vyshinskii, *Sudebnye rechi* (Moscow: Iuridicheskoe izdatel' stvo, 1948), 232–33, 246–47, 253, 261, 277–81, 288–89.

67 V. Veshnev, ed., *Neodolennyi vrag: Sbornik khudozhestvennoi literatury protiv antisemitizma* (Moscow: Federatsiia, 1930), 14–15, 17–18.

68 Larin, *Evrei i antisemitizm*, 115, 31, 260, 262–63, 264, 265.

69 转引自 L. Dymerskaia-Tsigelman, "Ob ideologicheskoi motivatsii razlichnykh pokolenii aktivistov evreiskogo dvizheniia v SSSR v 70-kh godakh," *Vestnik Evreiskogo universiteta v Moskve*, no. 1 (1994): 66。有关旧栅栏区的排犹主义，参见 Amir Weiner, *Making Sense of War: The Second World War and the Fate of the Bolshevik Revolution* (Princeton: Princeton University Press, 2001), 273–74。

70 Izmozik, "Evreiskii vopros," 166; Svetlana Allilueva, *Dvadtsat' pisem k drugu* (Moscow: Zakharov, 2000), 34.

71 Kokurin and Petrov, *Lubianka*, 17–18, 105–6; Petrov and Skorkin, *Kto rukovodil NKVD*, passim; *Sistema ispravitel' no-trudovykh lagerei v SSSR, 1923–1960: Spravochnik* (Moscow: Zven' ia, 1998), 105; Pavel Sudoplatov, *Razvedka i Kreml': Zapiski nezhelatel' nogo svidetelia* (Moscow: Geia,

466

1997); Babel', *Sochineniia*, 1:128.

72 Meromskaia-Kol'kova, *Nostal'giia*, 43–44.

73 Shikheeva-Gaister, *Semeinaia khronika*, 28–29;（这里使用的）英文翻译来自 Fitzpatrick and Slezkine, *In the Shadow of Revolution*, 378–79。

74 Ulanovskie, *Istoriia*, 93.

75 同上书，96, 111–12。

76 Godley, *Jewish Immigrant Entrepreneurship*, 22–23, 51–53, 56–59; Thomas Kessner, "The Selective Filter of Ethnicity: A Half Century of Immigrant Mobility," in *The Legacy of Jewish Migration: 1881 and Its Impact*, ed. David Berger (New York: Brooklyn College Press, distributed by Columbia University Press, 1983), 169–85.

77 Stephen Steinberg, *The Academic Melting Pot: Catholics and Jews in American Higher Education* (New York: McGraw Hill, 1974), 9, 13, 15.

78 Larin, *Evrei i antisemitizm*, 113; Steinberg, *The Academic Melting Pot*, 16–31; Jerome Karabel, "Status-Group Struggle, Organizational Interests, and the Limits of Institutional Autonomy: The Transformation of Harvard, Yale, and Princeton, 1918–1940," *Theory and Society* 13, no. 1 (1984): 1–40.

79 Kessner, "The Selective Filter of Ethnicity," 177.

80 Meyer Liben, "CCNY—A Memoir," *Commentary* 40, no. 3 (September 1965): 65.

81 David A. Hollinger, *Science, Jews, and Secular Culture: Studies in Mid-Twentieth-Century American Intellectual History* (Princeton: Princeton University Press, 1996), 50; Joseph Freeman, *An American Testament: A Narrative of Rebels and Romantics* (New York: Farrar & Rinehart, 1936), 61, 246. 有关更广阔的美国背景，以及弗里曼在其中的位置，参见 David A. Hollinger's "Ethnic Diversity, Cosmopolitanism, and the Emergence of American Liberal Intelligentsia," in *In the American Province: Studies in the History and Historiography of Ideas* (Baltimore: Johns Hopkins University Press, 1985), 56–73, esp. 62–64。

82 *An American Testament*, 160–61.

83 Isaac Rosenfeld, *An Age of Enormity: Life and Writing in the Forties and Fifties,*

ed. Theodore Solotaroff (New York: World Publishing Company, 1962), 332–33; 也参见 Alexander Bloom, *Prodigal Sons: The New York Intellectuals and Their World* (New York: Oxford University Press, 1986), 41。

84 Irving Howe, *Steady Work: Essays in the Politics of Democratic Radicalism, 1953–1966* (New York: Harcourt, Brace & World, 1966), 118; on the Ulanovskys' Jewish contacts, 特别参见 Ulanovskie, *Istoriia*, 108。

85 Bloom, *Prodigal Sons*, 48–49.

86 Isaac Babel, *The Complete Works of Isaac Babel*, ed. Nathalie Babel, trans. with notes by Peter Constantine (New York: W. W. Norton, 2002), 748. 有关俄语原文, 参见 I. Babel', *Peterburg 1918*, ed. E. Sicher (Ann Arbor: Ardis, 1989), 209。 Henry Roth, *Call it Sleep* (New York: Farrar, Straus and Giroux, 1991), 145.

87 Harshav, *Language in Time of Revolution*, 137, 144–45.

88 转引自 Almog, *The Sabra*, 64–65。

89 同上书, 56 and passim. 本－古里安的引文来自 Sternhell, *The Founding Myths of Israel*, 93。 也参见 Uri Ben-Eliezer, *The Making of Israeli Militarism* (Bloomington: Indiana University Press, 1998)。有关苏联, 参见 Véronique Garros, Natalia Korenevskaya, and Thomas Lahusen, eds., *Intimacy and Terror: Soviet Diaries of the 1930s* (New York: New Press, 1995); Jochen Hellbeck, ed., *Tagebuch aus Moskau, 1931–1939* (Munich: Deutscher Taschenbuch Verlag, 1996); Jochen Hellbeck, "Fashioning the Stalinist Soul: The Diary of Ivan Podlubnyi (1931–1939)," *Jahrbücher für Geschichte Osteuropas*, no. 3 (1996): 344–73; "Writing the Self in the Times of Terror: The 1937 Diary of Aleksandr Afinogenov,' in *Self and Story in Russian History*, ed. Laura Engelstein and Stephanie Sandler (Ithaca: Cornell University Press, 2000); Igal Halfin, *From Darkness to Light: Class, Consciousness, and Salvation in Revolutionary Russia* (Pittsburgh: University of Pittsburgh Press, 2000)。

90 转引自 Almog, *The Sabra*, 75。

91 J. Arch Getty and Oleg V. Naumov, eds., *The Road to Terror: Stalin and the Self-Destruction of the Bolsheviks, 1932–39* (New Haven: Yale University

468

Press, 1999), 557-60.

92 同上书, 561。

93 Ulanovskie, *Istoriia*, 128-29.

94 Babel', *Sochineniia*, 2:379-81.

95 Shikheeva-Gaister, *Semeinaia khronika*, 41-42;（这里使用的）英语翻译来自 Fitzpatrick and Slezkine, *In the Shadow of Revolution*, 384。

96 Roziner, *Serebrianaia tsepochka*, 194.

97 Altshuler, *Soviet Jewry on the Eve of the Holocaust*, 26-27; Kostyrchenko, *Tainaia politika*, 132; Martin, *The Affirmative Action Empire*, 424-27, 432-61; Roziner, *Serebrianaia tsepochka*, 191-93; Weiner, *Making Sense of War*, 138-49.

98 Martin, *The Affirmative Action Empire*, 311-25, 337-39; Kostyrchenko, *Tainaia politika*, 132.

99 N. I. Rutberg and P. N. Pidevich, *Evrei i evreiskii vopros v literature sovetskogo perioda* (Moscow: Grant, 2000); John Bowlt, "From the Pale to the Reconstruction of the World," in *Tradition and Revolution: The Jewish Renaissance in the Russian Avant-Garde Art 1912-1928*, ed. Ruth Apter-Gabriel (Jerusalem: Israel Museum, 1988), 43; Kostyrchenko, *Tainaia politika*, 137.

100 I. Stalin, *Works* (Moscow: Foreign Languages Publishing House, 1955), 13:40-41.

101 Artizov and Naumov, *Vlast' i khudozhestvenaia intelligentsiia*, 132-37, 333; Martin, *The Affirmative Action Empire*, 451-61; Kostyrchenko, *Tainaia politika*, 149-77; *Pravda*, February 1, 1936; *Pravda*, February 10, 1936; B. Volin, "Velikii russkii narod," *Bol'shevik*, no. 9 (1938): 32-38. 也参见 I. Trainin, "Bratstvo narodov v sotsialisticheskom gosudarstve," *Bol'shevik*, no. 8 (1938): 32-46, and V. Kirpotin, "Russkaia kul'tura," *Bol'shevik*, no. 12 (1938): 47-63。有关综合概述，参见 David Brandenberger, *National Bolshevism: Stalinist Mass Culture and the Formation of Modern Russian National Identity, 1931-1956*(Cambridge: Harvard University Press, 2002)。

102 Kopelev, *I sotvoril*, 141, 143, 149. Cf. Kopelev, *The Education*, 114, 116, 122.

103 Slutskii, *Izbrannaia lirika*, 30.

104 Samoilov, *Perebiraia*, 188.

105 同上书, 196, 202。

106 同上书, 205。

107 同上书, 204。

108 Margarita Aliger, "Tvoia pobeda," *Znamia*, no. 9 (1945): 1–28.

109 Kopelev, *I sotvoril*, 130; Martin, *The Affirmative Action Empire*, 449–51.

110 N. V. Petrov and A. B. Roginskii, " 'Pol' skaia operatsiia' NKVD 1937–
    1938 gg.," in *Repressii protiv poliakov i pol' skikh grazhdan* (Moscow:
    Zven' ia, 1997), 36.

111 Grossman, "Ukraina bez evreev," in *Na evreiskie temy*, 2:335.

112 转引自 Nedava, *Trotsky and the Jews*, 11–12。

113 *Evreiskii antifashistskii komitet v SSSR, 1941–1948: Dokumentirovannaia
    istoriia* (Moscow: Mezhdunarodnye otnosheniia, 1996), 46.

114 Grossman, *Zhizn' i sud' ba*, 57, 基于 Grossman, *Life and Fate*, 86–87。

115 Grossman, *Zhizn' i sud' ba*, 62; Grossman, *Life and Fate*, 94. On the effect
    of World War II on Soviet ideology and collective identities, including
    Jewishness。有关二战对苏联意识形态和集体身份（包括犹太性）的影响，参见
    Weiner, *Making Sense of War*, esp. 207–8。

116 Grossman, "Ukraina bez evreev"; Weiner, *Making Sense of War*, 273–74,
    191–93; 引文出自第 270 页。

117 Weiner, *Making Sense of War*, 209–27.

118 *Evreiskii antifashistskii*, 35–47. 翻译基于 Shimon Redlich, ed., *War, Holocaust
    and Stalinism: A Documented Study of the Jewish Anti-Fascist Committee in
    the USSR* (Luxembourg: Harwood Academic Publishers, 1995), 173–83。

119 Kostyrchenko, *Tainaia politika*, 230–31; *Evreiskii antifashistskii*, 30–35, 56–
    61, 179.

120 Kostyrchenko, *Tainaia politika*, 236–42; *Evreiskii antifashistskii*, 184–236;
    Redlich, *War*, 73–93.

121 *Evreiskii antifashistskii*, 72; 翻译基于 Redlich, *War*, 221。

/ 注 释 /

122 *Evreiskii antifashistskii*, 102; cf. Redlich, *War*, 210.

123 *Evreiskii antifashistskii*, 113; cf. Redlich, *War*, 238. 有关战时苏联的普遍和特别苦难，参见 Weiner, *Making Sense of War*, esp. 209–16。

124 *Evreiskii antifashistskii*, 114; cf. Redlich, *War*, 239.

125 *Evreiskii antifashistskii*, 93.

126 同上书，136–39; Kostyrchenko, *Tainaia politika*, 428–41。

127 Kostyrchenko, *Tainaia politika*, 429–30; Markish, *Stol' dolgoe vozvrashchenie*, 172; *Nepravednyi sud. Poslednii stalinskii rasstrel (stenogramma sudebnogo protsessa nad chlenami Evreiskogo antifashistskogo komiteta)* (Moscow: Nauka, 1994), 28.

128 *Evreiskii antifashistskii*, 284–85; cf. Redlich, *War*, 380.

129 *Evreiskii antifashistskii*, 283–87; cf. Redlich, *War*, 382–83.

130 *Evreiskii antifashistskii*, 290; Kostyrchenko, *Tainaia politika*, 405.

131 *Evreiskii antifashistskii*, 273, 294.

132 同上书，302; Kostyrchenko, *Tainaia politika*, 406–7, 413–14; *Sovetsko-izrail' skie otnosheniia: Sbornik dokumentov* (Moscow: Mezhdunarodnye otnosheniia, 2000), vol. 1, pt. 1, p. 400。

133 *Nepravednyi sud*, 33, 89.

134 同上书，147, 150。

135 同上书，23, 155, 30, 33, 111。

136 Kostyrchenko, *Tainaia politika*, 194–96, Chuev, *Molotov*, 332–33.

137 Kostyrchenko, *Tainaia politika*, 561–91, 598–600; G. Kostyrchenko, *V plenu u krasnogo faraona* (Moscow: Mezhdunarodnye otnosheniia, 1994), 242; Ethan Pollock, "The Politics of Knowledge: Party Ideology and Soviet Science, 1945–1953" (Ph.D. diss., University of California, Berkeley, 2000), 400, 413.

138 Kostyrchenko, *Tainaia politika*, 243–71, 266, 521–53, 259–64; *Istoriia sovetskoi politicheskoi tsenzury*, 102.

139 Kostyrchenko, *Tainaia politika*, 533–34, 302, 329, 363.

140 同上书，603–26; L. L. Mininberg, *Sovetskie evrei v nauke i promyshlennosti SSSR v period Vtoroi mirovoi voiny, 1941–1945* (Moscow: Its-Garant, 1995)。

141 Kostyrchenko, *Tainaia politika*, 572-88; Allilueva, *Dvadtsat' pisem*, 156-69.

142 Kostyrchenko, *Tainaia politika*, 460-61; Sudoplatov, *Razvedka i Kreml'*, 212, 255-56, 321-23, 329-35, 343-63, 464-66; Christopher Andrew and Oleg Gordievsky, *KGB: The Inside Story* (New York: Harper Perennial, 1991), 408-12, 418-19. 有关在美国进行的苏联间谍活动, 参见 John Earl Haynes and Harvey Klehr, *Venona: Decoding Soviet Espionage in America* (New Haven: Yale University Press, 1999); Allen Weinstein and Alexander Vassiliev, *The Haunted Wood: Soviet Espionage in America—the Stalin Era* (New York: Random House, 1999)。

143 有关苏联的二元论, 参见 Stephen Kotkin, *Magnetic Mountain: Stalinism as Civilization* (Berkeley and Los Angeles: University of California Press, 1995), esp. 288-98; 有关战争的角色, 参见 Weiner, *Making Sense of War*; 有关斯大林统治后期的意识形态和科学, 参见 Pollock, "Politics of Knowledge"。引文来自 I. V. Stalin, *Sochineniia* (Stanford: Hoover Instituion Press, 1967), vol. 3 (= 16), pp. 144, 146。

144 Getty and Naumov, *The Road to Terror*, 561; Kostyrchenko, *Tainaia politika*, 649.

145 Kostyrchenko, *Tainaia politika*, 629-85.

146 Grossman, *Zhizn' i sud' ba*, 431.

147 根据根纳迪·科斯蒂琴科 (Gennady Kostyrchenko) 收集的数据 (由于无法获得许多相关文件, 未经详细档案调查证实), 对 "犹太资产阶级民族主义" 的攻击导致约 500 人被捕, 约 50 人被处决。我感谢科斯蒂琴科教授与我分享他的结论。

148 Kostyrchenko, *Tainaia politika*, 592.

149 同上书, 264。

150 特别参见 Mordechai Altshuler, "More about Public Reaction to the Doctors' Plot," *Jews in Eastern Europe* 30, no. 2 (Fall 1996): 24-57; A. Lokshin, " 'Delo vrachei': 'Otkliki trudiashchikhsia,' " *Vestnik Evreiskogo universiteta v Moskve*, no. 1 (1994): 52-62; and Weiner, *Making Sense of War*, 290-97。

151 Markish, *Stol' dolgoe vozvrashchenie*, 69.

152 Sudoplatov, *Razvedka i Kreml'*, 41, 349-61, 470-71.

153 同上书，361; Kostyrchenko, *Tainaia politika*, 452; *Nepravednyi sud*, 267, 271–72。

154 *Nepravednyi sud*, 341, 142, 146–47, 150–51, 172, 176, 196, 368.

155 George Schöpflin, "Jewish Assimilation in Hungary: A Moot Point," in *Jewish Assimilation in Modern Times*, ed. Bela Vago (Boulder, Colo.: Westview Press, 1981), 80–81; Stephen Fischer-Galati, "The Radical Left and Assimilation: The Case of Romania," in Vago, *Jewish Assimilation*, 98–99; Schatz, *The Generation*, 181–85, 206–29; András Kovacs, "The Jewish Question in Contemporary Hungary," in *The Hungarian Holocaust: Forty Years After*, ed. Randolph L. Braham and Bela Vago (New York: Columbia University Press, 1985), 210–17. 也参见 Jeffrey Herf, *East German Communists and the Jewish Question: The Case of Paul Merker* (Washington, D.C.: German Historical Institute, 1994)。

156 Seymour Martin Lipset and Earl Raab, *Jews and the New American Scene* (Cambridge: Harvard University Press, 1995), 96; Hollinger, *Science, Jews, and Secular Culture*, 10.

157 Rubinstein, *The Left, the Right, and the Jews*, 57–58, 73; Peter Novick, *The Holocaust in American Life* (New York: Houghton-Mifflin, 1999), 94.

158 Philip Roth, *American Pastoral* (New York: Vintage Books, 1997), 4, 11, 318, 402.

159 同上书，213; Shikheeva-Gaister, *Semeinaia khronika*, 15–17;（这里使用的）英文翻译来自 Fitzpatrick and Slezkine, *In the Shadow of Revolution*, 372。

160 Roth, *American Pastoral*, 3, 318.

161 特别参见 Nathan Glazer, *American Judaism* (Chicago: University of Chicago Press, 1989)。有关超人的创造，参见 Stephen J. Whitfield, "Declarations of Independence: American Jewish Culture in the Twentieth Century," in Biale, *Cultures of the Jews*, 1109–10。

162 Steinberg, *The Academic Melting Pot*, 120–23; Hollinger, *Science, Jews, and Secular Culture*, 8–9.

163 有关犹太人对美国自由主义的贡献，参见 Hollinger, *In the American Province*, 66–70; The quotation is from Freeman, *An American Testament*, 246；也参见

Cassedy, *To the Other Shore*, 152-55; and Jacob Neusner, *American Judaism: Adventure in Modernity* (Englewood Cliffs, N.J.: Prentice-Hall, 1972), 65-68。

164 Andrew R. Heinze, "Jews and American Popular Psychology: Reconsidering the Protestant Paradigm of Popular Thought," *Journal of American History* 88, no. 3 (October 2001): 952; Mark Shechner, *After the Revolution: Studies in the Contemporary Jewish American Imagination* (Bloomington: Indiana University Press, 1987), 241. 也参见 Nathan G. Hale, Jr., *The Rise and Crisis of Psychoanalysis in the United States: Freud and the Americans, 1917-1985* (New York: Oxford University Press, 1995); Ellen Herman, *The Romance of American Psychology: Political Culture in the Age of Experts* (Berkeley and Los Angeles: University of California Press, 1995), esp. 1-16; 238-75, and 304-15; Fuller Torrey, *Freudian Fraud: The Malignant Effect of Freud's Theory on American Thought and Culture* (New York: Harper Collins, 1992); John C. Burnham, "The Influence of Psychoanalysis upon American Culture," in *American Psychoanalysis: Origins and Development*, ed. Jacques M. Quen and Eric T. Carlson (New York: Brunner/Mazel, 1978): 52-72; Donald H. Blocher, *The Evolution of Counseling Psychology* (New York: Springer, 2000)。

165 Nikolas Rose, *Governing the Soul: The Shaping of the Private Self* (London: Free Association Books, 1999), 117 and passim, esp. 104-17, 159-60, 202, 228, 245-57; also Burnham, "The Influence," 65; and Hale, *The Rise and Crisis*, 276-99.

166 Vladimir Nabokov, *Pnin* (New York: Doubleday, 1957), 52; Jeffrey Berman, *The Talking Cure: Literary Representations of Psychoanalysis* (New York: New York University Press, 1985), 217; Torrey, *Freudian Fraud*, 201; Philip Rieff, *The Triumph of the Therapeutic: Uses of Faith after Freud* (New York: Harper and Row, 1966), 40.

167 Samuel, *The World of Sholom Aleichem*, 3, 6, 7.

168 Zborowski and Herzog, *Life Is with People*, 12.

169 同上书，13。

170 同上书，17。

/ 注 释 /

171 Isaac Deutscher, *The Prophet Outcast; Trotsky 1929-1940* (London: Oxford University Press, 1977), 346-49, 366, 389-97, 405-10, 422; Andrew and Gordievsky, *KGB*, 157, 161, 165-66; Senate Subcommittee to Investigate the Administration of the Internal Security Laws of the Committee of the Judiciary, *Hearing on Scope of Soviet Activity in the United States*, 84th Cong., 2d sess., February 29, 1956, pt. 4, pp. 77-101, and February 8, 1956, pt. 1, pp. 103-36. 也参见同上书, 85th Cong., 1st sess., February 14 and 15, 1957, 3421-29; Haynes and Klehr, *Venona*, 252-58; Weinstein and Vassiliev, *The Haunted Wood*, 272-74。

172 Seth L. Wolitz, "The Americanization of Tevye or Boarding the Jewish 'Mayflower,' " *American Quarterly* 40, no. 4 (December 1988): 514-36.

173 Sholem Aleichem, *Tevye the Dairyman*, 130.

174 同上书, 45, 52, 64, 130. Wolitz, "The Americanization," 516 and passim, esp. 526-27.

175 Aleksandr Bek, *Volokolamskoe shosse* (Moscow: Voenizdat, 1962), 8, 31, 94-105. 有关该小说的流行（题目为《潘菲洛夫的人》）, 参见 Almog, *The Sabra*, 67, 128-30。

176 *Natsional' nyi sostav naseleniia SSSR (po itogam perepisi 1959 g.)* (Moscow, 1961), 14, 23; *Vysshee obrazovanie v SSSR: Statisticheskii sbornik* (Moscow: Gosstatizdat, 1961), 70; Mordechai Altshuler, *Soviet Jewry since the Second World War: Population and Social Structure* (New York: Greenwood Press, 1987), 176; Michael Paul Sacks, "Privilege and Prejudice: The Occupations of Jews in Russia in 1989," *Slavic Review* 57, no. 2 (Summer 1998): 247-66.

177 Sacks, "Privilege and Prejudice," 253-64.

178 S. V. Volkov, *Intellektual' nyi sloi v sovetskom obshchestve* (Moscow: Fond Razvitie, 1999), 30-31, 126-27. 特别参见 Sheila Fitzpatrick, *Education and Social Mobility in the Soviet Union, 1921-1934* (Cambridge: Cambridge University Press, 1974), and Sheila Fitzpatrick, *The Cultural Front: Power and Culture in Revolutionary Russia* (Ithaca: Cornell University Press, 1992)。

179 Andrei Sakharov, *Memoirs* (New York: Alfred A. Knopf, 1990), 194-95. 有关原文, 参见 Andrei Sakharov, *Vospominaniia* (Moscow: Prava cheloveka, 1996),

1:270-71。

180 Volkov, *Intellektual'nyi sloi*, 50, 77-78, 104, 198; Zaslavsky and Brym, *Soviet Jewish Emigration*, 107.

181 Allilueva, *Dvadtsat'pisem*, 10.

182 V. P. Mishin, *Obshchestvennyi progress* (Gorky: Volgo-Viatskoe knizhnoe izdatel'stvo, 1970), 282-83; 也参见 Altshuler, *Soviet Jewry since the Second World War*, 117; and Zaslavsky and Brym, *Soviet-Jewish Emigration*, 108.

183 Domal'skii, *Russkie evrei*, 88, 105; *Vysshee obrazovanie v SSSR* (Moscow: Gosstatizdat, 1961), 70; *Narodnoe obrazovanie, nauka, i kul'tura v SSSR* (Moscow: Statistika, 1971), 240; *Narodnoe khoziaistvo SSSR v 1970 g.* (Moscow: Statistika, 1971), 658.

184 Beizer, *Evrei Leningrada* (introduction by Nataliia Iukhneva), 7; V. Kaverin, *Epilog* (Moscow: Agraf, 1997), 46; T. I. Bondareva and Iu. B. Zhivtsov, "Iz" iatie… proizvesti bez ostavleniia kopii," *Otechestvennye arkhivy*, no. 3 (1992): 67; Weiner, *Making Sense of War*, 216-23.

188 Agurskii, *Pepel Klaasa*, 331.

186 有关感觉屈才的苏联资产阶级的排犹主义，参见 Zaslavsky and Brym, *Soviet-Jewish Emigration*, 106-7。

187 Agurskii, *Pepel Klaasa*, 337. The Semichastnyi report is in *Istoriia sovetskoi politicheskoi tsenzury*, 142-43.

188 Zaslavsky and Brym, *Soviet-Jewish Emigration*, 109.

189 Veblen, "The Intellectual Pre-eminence," 36, 39.

190 Golomstock, "Jews in Soviet Art," 53-63（引文来自第63页）。也参见 Tumarkin Goodman, *Russian Jewish Artists*, esp. 35-38 and 91-93。

191 Agurskii, *Pepel Klaasa*, 57, 334; Ginzburg, *Journey into the Whirlwind*, 14-15.

192 Agurskii, *Pepel Klaasa*, 88, 407; Ulanovskie, *Istoriia odnoi sem'i*, 5.

193 Ulanovskie, *Istoriia odnoi sem'i*, 301-441, esp. 304-29 and 437-41. For the information about Mikhail Gefter's college days, I am grateful to his classmate M. S. Al'perovich, a distinguished Soviet historian. 关于米哈伊尔·盖夫特大学时代的信息，我非常感谢他的同班同学 M. S. Al'perovich，一位杰出

的苏联历史学家。在他的 "Istorik v totalitarnom obshchestve (professional'no-biograficheskie zametki)," [*Odissei* (1997): 251-74, Al'perovich] 中 描 述 了 Shura Belen'kii 的 "案例"，这位学生拒绝和他被捕的父亲断绝关系。我在 2001 年夏天访问莫斯科时，问了有关该案例的具体情况，他提到了追捕 Belen'kii 并 要求将其从共青团开除出去（从而被大学开除）的团伙头儿是 M. Gefter，"他是 一名狂热的共青团积极分子，是那些偏离党的路线的人的正统举报者"。

194 Agurskii, *Pepel Klaasa*, 219-20; 363-64. On Vainshtein, 参见 Zvi Y. Gitelman, *Jewish Nationality and Soviet Politics: The Jewish Sections of the CPSU, 1917-1930* (Princeton: Princeton University Press, 1972)。 On Slepian, 参见 *"Drugoe iskusstvo": Moskva 1956-76 v khronike khudozhestvennoi zhizni* (Moscow: Interbuk, 1991), 1:23-24, 54-55; 2:164。

195 当记者问及作为莫斯科共青团的一员，他 "是否相信这个政权" 时，盖夫特的回 答会让法兰克福学派感到骄傲："如果一个人说是，那听起来，即使不像是直接的 责备，那么至少像是荒谬的事情的暗示。信任？政权？囚犯能信任他牢笼的栅栏 吗？如果他信任，那是因为他是瞎子，还是因为他的灵魂和思想与牢笼被反常地 焊接在一起？今天，我称之为卡夫卡式处境。但是，以青春记忆的形式回到我身 边的 '我' 拒绝了今天的话语。你所说的 '政权' 对他来说是一种存在方式，一 种不可避免地比之前更好的存在方式——比以前所有的方式都好。存在的方式肯 定会是那样的，因此也是一个倒置的梯子：向下移动，从想要的到 '曾有过的'！ 你周围都是人，人的需求和快乐，但对你来说，除了一个序曲，甚至序曲的序曲， 别无其他。这是自欺欺人吗？在我同意之前，我会问：'在任何信仰、对真理（真 理总是独一无二的）的声称中，难道没有自欺欺人吗？如果我们把自欺欺人从历 史中剔除，还会有历史吗？' 时代之间的差距，世代之间的决裂就等于各个词语之 间缺乏一致性。在认识到这种缺乏的过程中，可以找到联系。就在那里。"Mikhail Gefter, *Ekho Kholokosta i russkii evreiskii vopros* (Moscow: Rossiiskaia biblioteka Kholokosta, 1995), 176.

196 Raisa Orlova, *Memoirs*, trans. Samuel Cioran (New York: Random House, 1983), 3, 7. For the original, 参见 Orlova, *Vospominaniia*, 13, 17.

197 Aleksandra Brushtein, *Doroga ukhodit vdal'* (Moscow: Khudozhestvennaia literatura, 1965).

198 Rothman and Lichter, *Roots of Radicalism*, 81–82; Percy S. Cohen, *Jewish Radicals and Radical Jews* (London: Academic Press, 1980), 20–21; Feuer, *The Conflict of Generations*, 423; Liebman, *Jews and the Left*, 67–69.

199 Rothman and Lichter, *Roots of Radicalism*, 215–16.

200 同上书，216–17, 219。

201 Roth, *American Pastoral*, 255, 386.

202 Will Herberg, *Protestant, Catholic, Jew: An Essay in American Religious Sociology* (New York: Doubleday Anchor Books, 1960), 189–90. 也参见 Glazer, *American Judaism*, 106–28; and Neusner, *American Judaism*, passim。"投错胎的可怕孩子" 这个短语来自 Roth, *American Pastoral*, 412。

203 Elie Wiesel, "Trivializing the Holocaust: Semi-Fact and Semi-Fiction," *New York Times*, April 16, 1978, 2:1, 29. 也参见 Novick, *The Holocaust in American Life*, 211; and Tim Cole, *Selling the Holocaust: From Auschwitz to Schindler, How History Is Bought, Packaged, and Sold* (New York: Routledge, 1999), 16 and passim。

204 B. Morozov, ed., *Evreiskaia emigratsiia v svete novykh dokumentov* (Tel Aviv: Ivrus, 1998), 7–43; Stefani Hoffman, "Jewish Samizdat and the Rise of Jewish National Consciousness," in *Jewish Culture and Identity in the Soviet Union*, ed. Yaacov Ro'i and Avi Becker (New York: New York University Press, 1991), 89–94.

205 Agurskii, *Pepel Klaasa*, 325–26; Markish, *Stol' dolgoe vozvrashchenie*, 338.

206 Agurskii, *Pepel Klaasa*, 243.

207 同上书，325–26。Markish, *Stol' dolgoe vozvrashchenie*, 339.

208 Markish, *Stol' dolgoe vozvrashchenie*, 341.

209 Morozov, *Evreiskaia emigratsiia*, 199.

210 同上书，199, 165–67。也参见 Yaacov Ro'i, "Soviet Policy towards Jewish Emigration: An Overview," in Lewin-Epstein et al., *Russian Jews on Three Continents*, 45–67。

211 Morozov, *Evreiskaia emigratsiia*, 95–96, 110, 200, 166–67.

212 J. J. Goldberg, *Jewish Power: Inside the American Jewish Establishment* (Reading, Mass.: Addison-Wesley, 1996), 174. 也参见 167–74。

213 Gitelman, "From a Northern Country," 25-26, 28-30; Morozov, *Evreiskaia emigratsiia*, 24; Yehuda Dominitz, "Israel's Immigration Policy and the Dropout Phenomenon," in Lewin-Epstein et al., *Russian Jews on Three Continents*, 113-27.

214 Meromskaia-Kol'kova, *Nostal'giia*, 8.

215 这个说法来自 Gennady Kostyrchenko。参见其著作 *V plenu u krasnogo faraona* (Moscow: Mezhdunarodnye otnosheniia, 1994)。

216 A. I. Solzhenitsyn, *Dvesti let vmeste*, vol. 2 (Moscow: Russkii put', 2002), 445,216.

217 The latest 2002 census results are at http://www.gazeta.ru/2003/11/10/perepisj.shtml. 也参见 Rozalina Ryvkina, *Evrei v postsovetskoi Rossii-kto oni? Sotsiologicheskii analiz problem sovetskogo evreistva* (Moscow: YPCC: 1996), 123-33; Lev Gudkov, "Antisemitizm v postsovetskoi Rossii," in *Neterpimost' v Rossii: starye i novye fobii*, ed. G. Vitkovskaia and A. Malashenko (Moscow: Tsentr Carnegi, 1999), 44-98; Mark Tolts, "The Interrelationship between Emigration and the Socio-Demographic Profile of Russian Jewry," in Lewin-Epstein et al., *Russian Jews on Three Continents*, 147-76; Mark Tolts, "Recent Jewish Emigration and Population Decline in Russia," *Jews in Eastern Europe* 1, no. 35 (Spring 1998): 5-24。

218 Gudkov, "Antisemitizm v postsovetskoi Rossii," 84; Ryvkina, *Evrei v postsovetskoi Rossii*, 68-78; Fo ster, "Ethnicity and Commerce," 441.

219 David Biale, *Power and Powerlessness in Jewish History* (New York: Schocken Books, 1986), 160. 也参见 Novick, *The Holocaust in American Life*, 146-69; and Cole, *Selling the Holocaust*, 121-45 and passim。

220 Calvin Goldscheider, *Jewish Continuity and Change: Emerging Patterns in America* (Bloomington: Indiana University Press, 1986), 137; Kotkin, *Tribes*, 44, 55, 63, 274; Lipset and Raab, *Jews and the New American Scene*, 26; Whitfield, *American Space*, 7; Thomas Sewel, *Ethnic America: A History* (New York: Basic Books, 1981), 98.

221 Goldscheider, *Jewish Continuity and Change*, 110-18; Calvin Goldscheider,

"Jobs, Education, and Careers: The Socioeconomic Transformation of American Jews," in *Changing Jewish Life: Service Delivery and Planning in the 1990s*, ed. Lawrence I. Sternberg et al. (New York: Greenwood Press, 1991), 7–8; Whitfield, *American Space*, 9; Rubinstein, *The Left, the Right, and the Jews*, 59–64; Charles Kadushin, *The American Intellectual Elite* (Boston: Little, Brown, and Company, 1974), 18–31.

222 Richard D. Alba and Gwen Moore, "Ethnicity in the American Elite," *American Sociological Review* 47, no. 3 (June 1982): 373–83; Charles E. Silberman, *A Certain People: American Jews and Their Lives Today* (New York: Summit, 1985), 152–55; Rothman and Lichter, *Roots of Radicalism*, 97–98; Goldberg, *Jewish Power*, 280, 291, 388 (《名利场》引文来自第280页；企业家名单来自第388页); Rubinstein, *The Left, the Right, and the Jews*, 61; Whitfield, *American Space*, 133–36; Lipset and Raab, *Jews and the New American Scene*, 27。

223 Goldscheider, *Jewish Continuity and Change*, 112–14; Kotkin, *Tribes*, passim.

224 Benjamin Ginsberg, *The Fatal Embrace: Jews and the State* (Chicago: University of Chicago Press, 1993), 1, 103, 133–43; Alba and Moore, "Ethnicity in the American Elite," 377; Goldberg, *Jewish Power*, xxi; Ze'ev Chafets, *Members of the Tribe: On the Road in Jewish America* (New York: Bantam Books, 1988), 54; Stephen D. Isaacs, *Jews and American Politics* (New York: Doubleday, 1974), 1–42.

225 Novick, *The Holocaust in American Life*; Charles S. Liebman and Steven M. Cohen, *Two Worlds of Judaism: The Israeli and American Experiences* (New Haven: Yale University Press, 1990), 31–34.

226 Cuddihy, *Ordeal of Civility*, 212.

227 Joseph R. Levenson, "The Province, the Nation, and the World: The Problem of Chinese Identity," in *Approaches to Modern Chinese History*, ed. Albert Feuerwerker, Rhoads Murphey, and Mary C. Wright (Berkeley and Los Angeles: University of California Press, 1967), 278. 犹太裔美国人的族外通婚，参见 *Harvard Encyclopedia of American Ethnic Groups* (Cambridge:

Harvard University Press, Belknap Press, 1980), 596; and Lipset and Raab, *Jews and the New American Scene*, 72。For intermarriage in American history, 参见 David A. Hollinger, "Amalgamation and Hypodescent: The Question of Ethnoracial Mixture in the History of the United States," *American Historical Review* 108, no. 5 (December 2003): 1363-90。引文来自 Sholem Aleichem, *Tevye the Dairyman*, 80-81。

图书在版编目(CIP)数据

犹太人的世纪 / (美) 尤里·斯廖兹金
(Yuri Slezkine) 著；陈晓霜译. -- 北京：社会科学
文献出版社, 2020.9 (2021.11重印)
书名原文：The Jewish Century
ISBN 978-7-5201-6277-7

Ⅰ.①犹… Ⅱ.①尤… ②陈… Ⅲ.①犹太人-民族
历史 Ⅳ.①K18

中国版本图书馆CIP数据核字（2020）第035786号

犹太人的世纪

著　　者 / 〔美〕尤里·斯廖兹金（Yuri Slezkine）
译　　者 / 陈晓霜

出 版 人 / 王利民
责任编辑 / 周方茹
文稿编辑 / 赵晶华
责任印制 / 王京美

出　　版 / 社会科学文献出版社·联合出版中心（010）59367151
　　　　　　地址：北京市北三环中路甲29号院华龙大厦　邮编：100029
　　　　　　网址：www.ssap.com.cn
发　　行 / 市场营销中心（010）59367081　59367083
印　　装 / 北京盛通印刷股份有限公司

规　　格 / 开　本：787mm×1092mm　1/16
　　　　　　印　张：30.25　字　数：378千字
版　　次 / 2020年9月第1版　2021年11月第2次印刷
书　　号 / ISBN 978-7-5201-6277-7
著作权合同
登 记 号 / 图字01-2018-4978号
定　　价 / 92.00元

本书如有印装质量问题，请与读者服务中心（010-59367028）联系